普通高等学校旅游管理教材

酒店人力资源管理

（第二版）

周亚庆　黄浏英 ◎ 编著

Hotel Human
Resources Management

清华大学出版社
北　京

内 容 简 介

本书以酒店人力资源开发与管理为主线，根据酒店行业的基本特征和旅游管理学科的特色，注重理论性与实践性、系统性与前沿性的有机融合。本书的主要内容包括：酒店人力资源管理的基本内涵、发展态势与根本目标；酒店人才规划、工作分析与员工招聘；酒店员工培训的原则、程序与方法；酒店员工职业发展理论、职业发展路径与职业发展阶段及管理；酒店用人机制、团队管理与劳动关系管理；酒店绩效目标、绩效考评与绩效反馈；酒店薪酬的构成、形式、设计与管理；酒店员工工作秩序、工作空间与人际氛围的管理。

本书既可作为高等院校酒店及旅游管理专业的教材，也可作为酒店及旅游管理专业教师的教学参考书，还可作为酒店及旅游从业者的培训教材。

本书封面贴有清华大学出版社防伪标签，无标签者不得销售。

版权所有，侵权必究。举报：010-62782989，beiqinquan@tup.tsinghua.edu.cn

图书在版编目（CIP）数据

酒店人力资源管理/周亚庆，黄浏英编著．—2版，—北京：清华大学出版社，2019.12（2023.8重印）
普通高等学校旅游管理教材
ISBN 978-7-302-54477-7

I. ①酒… II. ①周… ②黄… III. ① 饭店-人力资源管理-高等学校-教材 IV. ① F719.2

中国版本图书馆CIP数据核字（2019）第266110号

责任编辑：邓　婷
封面设计：刘　超
版式设计：文森时代
责任校对：马军令
责任印制：从怀宇

出版发行：清华大学出版社
网　　址：http://www.tup.com.cn，http://www.wqbook.com
地　　址：北京清华大学学研大厦A座　　邮　编：100084
社 总 机：010-83470000　　邮　购：010-62786544
投稿与读者服务：010-62776969，c-service@tup.tsinghua.edu.cn
质量反馈：010-62772015，zhiliang@tup.tsinghua.edu.cn

印 装 者：三河市科茂嘉荣印务有限公司
经　　销：全国新华书店
开　　本：185mm×260mm　　印　张：17.75　　字　数：435千字
版　　次：2011年12月第1版　2019年12月第2版　印　次：2023年8月第7次印刷
定　　价：49.80元

产品编号：060138-01

第二版前言

《酒店人力资源管理》第一版自2011年12月出版后，得到了部分高校师生和业界人士的认同，至今已累计印刷7次，产生了一定影响。在使用本书的过程中，一些热心的读者朋友肯定了本书的基本架构，把发现的问题反馈给我们，并提出合理的意见和建议，使我们深受启发与鼓舞，也使我们有动力对本书做出进一步修订与完善。

自2011年以来，我国酒店业的内外部环境发生了重大变化，而且其中的某些变化完全出乎许多业界人士的预料。环境变化带来的结果，既有"陷阱"，又有"馅饼"。如何面对不确定环境，如何灵活应变，如何创新突破，关键在于拥有与用好合适的人力资源。在分析酒店业的历史、现状及未来的基础上，探究酒店人力资源的有效管理，寻求影响酒店发展的人才问题的解决之道，具有极其重要的现实意义。

为了保持本书的前沿性和系统性，我们借鉴了相关理论研究和管理实践方面的新成果，吸收了体验式教学的成果，对本书的内容进行深入的分析、提炼、修订和完善。本书第二版的编著得到了众多良师益友的无私帮助。邹益民教授一如既往地提出了许多有益的意见，并提供了相关的素材。清华大学出版社的邓婷编辑对本教材的出版给予了大力支持。项保华教授对本书框架提出了相关建议，并授权引用其书稿中的部分内容。此外，家人一直理解和支持笔者，努力为笔者营造良好的创作环境。本书参考和引用了国内外众多学者的研究成果，获得了浙江大学众多师生的真心支持。在此，一并表示诚挚的感谢！

由于笔者自身能力的局限，书中肯定存在欠妥和疏漏之处，敬请各位同行与广大读者不吝赐教。

周亚庆　黄浏英
2019年8月于浙江大学紫金港校区

第一版前言

酒店员工的态度、能力与行为直接决定酒店服务水平,从而影响顾客的情绪、态度与消费决策。没有满意的员工,就没有满意的顾客,也就没有满意的酒店绩效。因此,酒店人力资源管理一直是酒店管理工作的重中之重。但是,由于酒店工作的某些特征,如工作时间的不稳定性、工作角色的特殊性、工作性质的严谨性,容易造成员工的情绪失调、个性丧失、职业怠倦、工作压力感和无成就感等症状。我国许多酒店都面临人才短缺、员工流失率居高不下等困境。因此,如何吸引、选拔、培养、维系员工,已成为我国酒店业迫切需要解决的现实问题。

有效的人力资源开发与管理机制必须能够充分激发员工的工作热情与创新精神,做到人尽其才、才尽其用,提高员工工作效率,增进员工的满意度与忠诚度。因此,酒店人力资源管理的核心问题主要包括两个方面:如何提升员工劳动生产率?如何提升员工工作生活质量?员工劳动生产率可从工作效率与效果等方面进行测度,员工工作生活质量可从工作满意度、工作参与感和工作压力感等方面加以衡量。员工劳动生产率一贯受到酒店管理者的重视,但员工工作生活质量却被众多酒店管理者所忽视。酒店管理者有责任为员工创造一个井然有序、宽松愉悦、友好温馨的工作环境,让员工能够心情舒畅地达成工作目标。

为便于学生更好地掌握酒店人力资源管理的内容体系,笔者在每章的开头设置了"引言"与"学习目标",在每章的结尾设置了"本章小结",以引导学生明确基本要点,并体现内容的前后呼应。设计"复习思考题"的主要目的是促使学生掌握知识点并深化对知识点的理解;设计"案例分析题"的主要目的是帮助学生学会理论联系实际并提高其解决酒店人力资源管理具体问题的能力。本书中选用的案例未注明来源的均为笔者多年来根据收集到的资料所编写的,以帮助读者加深对相关知识的理解。

本书的构架与内容凝结了笔者近年来的研究心得与实践体验,融会了学术界与业界的理论前沿与实践感知。邹益民教授为本书框架的拟订与修正提出了很多有益意见,并提供了很多一手的素材。浙江旅游职业学院的褚倍副教授与浙江工业大学的颜澄老师参与了初稿的写作,为本书提供了有益的思路和丰富的素材。笔者的硕士研究生秦铭雪、伍恒东、潘丽君、高立参与了部分章节初稿的写作,收集了相关的文献。浙江大学旅游管理系的各位同人在教学、科研与生活中给予了笔者真诚的支持与热情的帮助。此外,家人长期以来也默默地给予了笔者理解与帮助。在写作过程中,参考和引用了国内外众多学者的学术成果,并得到了浙江大学管理学院科研种子基金的支持。在此,一并表示诚挚的感谢!

从构思、撰写、修改到成稿,笔者自感尽了最大努力,希望本书的架构能达到先进性和实用性的目标。本书的基本特点包括三个方面:一是系统性,本书不仅阐述了酒店人力资源管理的基本理念与原理,而且分析了酒店人力资源管理的实务与方法;二是应用性,本书既注重对当前先进的酒店人力资源管理理论与经验的介绍,更注重结合我国酒店人力资源管理的实际状况,提出的主要观点与方法对我国酒店人力资源管理实践具有一定的应用价值;三是探究性,本书重视对酒店人力资源管理理念和酒店人力资源管理问题的探究,并力求在架构与内容上有一定新意。笔者从选人、育人、用人、留人等层面探索如何构建酒店人力资源管理体系,兼顾理论探究与实践剖析,从一定程度上说是理想与现实、理论与实践的有机结合。但是,由于笔者能力有限,书中还存在欠妥与疏漏之处,敬请各位同行与广大读者批评指正。

周亚庆　黄浏英
于浙江大学紫金港校区

目　　录

第一章　酒店人力资源管理概述 ······ 1
第一节　酒店人力资源管理的基本内涵 ······ 1
一、人力资源的概念 ······ 1
二、人力资源的基本特征 ······ 3
三、人力资源管理的内容 ······ 4
第二节　酒店人力资源管理的发展态势 ······ 6
一、人性假设理论与激励理论 ······ 6
二、人力资源管理的发展历程 ······ 9
三、人力资源管理的基本趋势 ······ 12
第三节　酒店人力资源管理的根本目标 ······ 15
一、人力资源管理理念 ······ 15
二、人力资源管理的目标 ······ 17
三、人力资源管理的任务 ······ 20
本章小结 ······ 23
复习思考题 ······ 24
案例分析题 ······ 24

第二章　酒店员工招聘 ······ 25
第一节　酒店员工招聘的基础工作 ······ 25
一、人才规划 ······ 25
二、工作分析 ······ 37
第二节　酒店员工招聘程序 ······ 40
一、招聘筹划 ······ 40
二、招聘宣传 ······ 42
三、考核录用 ······ 44
四、招聘评估 ······ 47
第三节　酒店员工招聘途径 ······ 48
一、内部招聘 ······ 48
二、外部招聘 ······ 50

第四节　酒店员工招聘技术……53
一、笔试……53
二、面试……55
三、操作与身体技能测试……58
四、心理测试……58
五、模拟测试……59

本章小结……60
复习思考题……60
案例分析题……60

第三章　酒店员工培训……62
第一节　酒店员工培训特征与原则……62
一、员工培训的功能……62
二、员工培训的特征……65
三、员工培训的原则……66

第二节　酒店员工培训体系与程序……68
一、员工培训误区……68
二、员工培训体系……71
三、员工培训程序……74

第三节　酒店员工培训类型与方法……87
一、员工培训内容……87
二、员工培训类型……90
三、员工培训方法……93

本章小结……97
复习思考题……97
案例分析题……97

第四章　酒店员工职业生涯管理……99
第一节　职业生涯管理与职业发展概述……99
一、职业生涯规划……99
二、职业生涯管理……105
三、职业发展理论……109

第二节　职业发展路径设计……113
一、职业发展通道……113
二、职业发展阶梯……115
三、职业发展机会……116

第三节　职业发展阶段及管理……117
一、职业生涯早期管理……118

二、职业生涯中期管理 …… 122
　　三、职业生涯后期管理 …… 126
本章小结 …… 129
复习思考题 …… 129
案例分析题 …… 129

第五章　酒店用人与劳动关系管理 …… 131
第一节　酒店用人机制 …… 131
　　一、酒店用人原则 …… 132
　　二、员工结构优化 …… 136
　　三、员工动态管理 …… 138
第二节　酒店团队管理 …… 142
　　一、团队与团队精神 …… 142
　　二、高效团队的特征 …… 144
　　三、卓越团队创建 …… 146
第三节　劳动关系管理 …… 150
　　一、劳动合同管理 …… 151
　　二、职业安全管理 …… 156
　　三、员工健康管理 …… 161
本章小结 …… 163
复习思考题 …… 163
案例分析题 …… 164

第六章　酒店绩效管理 …… 165
第一节　酒店绩效目标 …… 165
　　一、绩效与绩效目标 …… 165
　　二、绩效目标设计思路 …… 168
　　三、绩效目标确定步骤 …… 173
　　四、绩效目标实施要点 …… 174
第二节　酒店绩效考评 …… 175
　　一、绩效考评概述 …… 175
　　二、绩效考评主体 …… 181
　　三、绩效考评方法 …… 185
　　四、绩效考评步骤 …… 191
第三节　酒店绩效反馈 …… 192
　　一、绩效反馈概述 …… 193
　　二、绩效反馈准备 …… 194
　　三、绩效反馈原则 …… 197

　　　　四、绩效反馈技巧 199
　本章小结 201
　复习思考题 201
　案例分析题 201

第七章　酒店薪酬管理 203
　第一节　酒店薪酬管理概述 203
　　　　一、薪酬的构成 203
　　　　二、薪酬的功能 206
　　　　三、薪酬管理的原则 208
　第二节　酒店薪酬形式 210
　　　　一、工资 210
　　　　二、奖金 211
　　　　三、福利 212
　　　　四、津贴和补贴 214
　　　　五、股权 214
　第三节　酒店薪酬设计与管理 215
　　　　一、薪酬水平 215
　　　　二、工作评价 219
　　　　三、薪酬结构 220
　　　　四、薪酬制度 222
　　　　五、薪酬支付 224
　　　　六、薪酬调整 226
　本章小结 227
　复习思考题 227
　案例分析题 227

第八章　酒店员工工作环境管理 229
　第一节　工作秩序管理 229
　　　　一、制度管理 230
　　　　二、文化管理 232
　　　　三、现场管理 239
　第二节　工作空间管理 245
　　　　一、个性空间 245
　　　　二、过错空间 247
　　　　三、表演空间 252
　第三节　人际氛围管理 253
　　　　一、理解员工 254

二、激发员工···256
三、关爱员工···258
本章小结··263
复习思考题··263
案例分析题··264

参考文献··266

第一章 酒店人力资源管理概述

引言

酒店员工的态度、能力与行为直接决定酒店的服务质量,从而显著影响酒店的经营绩效。如何对人力资源进行有效管理,对酒店构建持续竞争力具有重大意义。本职工作是个人追求理想与实现事业的基本平台。绝大多数员工都有发挥自身潜力与实现自身抱负的愿望,酒店能够满足员工的自我实现需要是其努力工作与快乐工作的最大动力。因此,酒店必须以人为本,从个人需求出发,注重人岗匹配,权衡每项工作对人的知识、能力与价值观的要求,让每个人在追求自我实现需要的同时,有效达成组织目标。

学习目标

（1）理解酒店人力资源管理的内涵。
（2）掌握酒店人力资源管理的内容。
（3）理解人性假设理论与激励理论。
（4）了解人力资源管理的基本趋势。
（5）掌握酒店人力资源管理的理念。
（6）理解酒店人力资源管理的目标。

第一节 酒店人力资源管理的基本内涵

人力资源决定着酒店其他资源的有效开发和利用,完善的人力资源管理体系是提高酒店整体品质与增强酒店活力的根本。酒店经营者把人力资源管理放在重要的战略地位,努力营造吸引、培养、善用和留住人才的良好环境,有利于提高酒店人才队伍整体素质和增强酒店竞争力。酒店行业应倡导以人为本的理念,努力提升人力资源的价值,实现人力资本的增值,促进行业的长远发展。因此,我们需要了解人力资源的概念与基本特征,明确酒店人力资源管理的内涵与主要内容。

一、人力资源的概念

酒店管理者要努力让员工高效达成目标,使有限的人力资源发挥最大的作用。著名酒店集团都拥有一套科学、系统的人力资源管理体系和一支训练有素、实践经验丰富的职业人才队伍。酒店产品作为一种服务产品，其品质保证必须依赖正确的服务理念与高超的服务技巧，酒店管理与服务的竞争力在很大程度上取决于人才的竞争力。因此，各大酒店集团都高度重视人力资源的开发和管理，通过与著名院校联合设立酒店管理学校或培训机构，来吸引与保留大批优秀人才，并系统筹划员工的培养、考核、晋级与激励等事务。著名管理学家彼得·德鲁克（Peter F. Drucker）于1954年在讨论员工及其工作的管理时，引入了"人力资源"这一概念。他指出：人力资源与其他资源相比，唯一的区别就是该管理对象是人；人力资源拥有其他资源所没有的素质，即协调能力、融合能力、判断力和想象力；管理者可以利用其他资源，但人力资源只能自我利用，因为人对自己是否工作拥有完全的自主权。[①] 随着管理实践的不断深化，学者对于人力资源的概念有了更为广泛与深刻的理解。关于人力资源概念的主要阐释有：①人力资源是指一个国家或地区有劳动能力的人口的总和；②人力资源是包含在人体内的一种生产能力；若该能力尚未发挥，它就是潜在的劳动生产力，若该能力已经充分使用，它就成为现实的劳动生产力；③人力资源是指一切具有为社会创造物质与文化财富，为社会提供劳务与服务的人；④人力资源是指一定社会区域内有劳动能力的适龄劳动人口和超龄劳动人口的总和；⑤人力资源是存在于人身上的社会财富的创造力，是人类可用于生产产品或提供服务的体力、技能和知识；⑥人力资源是指能够推动整个经济和社会发展的具有智力劳动能力和体力劳动能力的人口的总和。

一般认为，人力资源是指能够推动整个经济和社会发展的劳动者的能力，它反映了一个国家和地区人口总体所拥有的劳动能力。人力资源包括数量、质量与结构三个方面。

1. 人力资源数量

人力资源数量是指一个国家或地区拥有劳动能力的人口数量。它的构成部分包括适龄就业人口、未成年就业人口、老年就业人口、待业人口、就学人口、家务劳动人口、军队服役人口和其他人口。人力资源数量可分为以下三个层次。

（1）理论人力资源，即一个国家或地区可以利用的全部人力资源。

（2）现实人力资源，即现实国民经济活动可以利用的就业人口和谋求职业人口的总和，也称"经济活动人口"。

（3）直接人力资源，即已经被使用的人力资源，它表现为就业人口。

2. 人力资源质量

人力资源质量是一个国家或地区的劳动力素质的综合反映。劳动者素质由劳动者的道德品质、身体素质、智力素质和专业劳动技能水平等方面构成。影响人力资源质量的因素包括：人类体质与智力遗传、营养状况、教育状况（国民教育发展水平、成人教育、早期教育）、文化观念以及经济与社会环境等。人力资源质量成为衡量一个国家或地区投资环境的重要因素，因此，我国必须通过有效的人力资源开发，使人力资源数量优势转化为质量优势。

3. 人力资源结构

合理的人力资源结构是酒店保持品牌优势、竞争优势、成本优势的关键因素，而人力资源管理的核心目标，就是形成一个高素质的人力资源组合，但当前人力资源结构失衡的

---

① 赵曙明. 中国企业集团人力资源管理战略研究[M]. 南京：南京大学出版社，2003：52-53.

现状逐渐成为影响酒店业发展的关键问题。我们可以从供求结构、层次结构、学历结构、年龄结构、职称结构、专业结构与地区分布结构等方面来分析酒店业的人力资源结构。为了准确把握一个单体酒店或酒店集团的人力资源结构，我们需要深入剖析其人力资源的岗位（职务）结构、年龄（工龄）结构、个性结构、性别结构、学历结构、职称结构、专业结构、能力结构与工作经历等。

在彼得·德鲁克提出现代意义上的人力资源概念以后，怀特·巴克（E. Wight Balkke）于1958年在《人力资源功能》一书中把人力资源管理作为管理的普通职能加以讨论。他认为，人力资源管理包括人事行政管理、劳工关系、人际关系以及行政人员的开发等各个方面。领导学之父沃伦·本尼斯（Warren G. Bennis）认为，领导者最重要的角色是善于选择员工，决定谁可以加入团队；领导者必须让整个团队建立共同的梦想与相互信任的气氛，没有梦想与信任，所有员工都将沦为修理机器的员工。①"定位"之父杰克·特劳特（Jack Trout）认为，领导者是引领方向的战略家，必须做出果断而强硬的决定，必须灵活调整战略以适应形势，必须在困境时表现极大的勇气，在顺境时反而小心翼翼；领导者令企业可亲可信，本人成为被追随者，而没有追随者，就不会有领导力。② 因此，酒店人力资源效率能否得到充分发挥，在很大程度上取决于酒店管理者对其管理的有效性。人力资源管理是酒店整体管理的重要组成部分，其目的是最大限度地挖掘人的潜在能力，充分调动人的积极性、主动性和创造性，使有限的人力资源发挥尽可能大的作用，使酒店经营与管理活动获得成功。③雷蒙德·诺伊（Raymond Noe）等认为，人力资源管理是指对员工的行为、态度以及绩效产生影响的各种政策、管理实践以及制度的总称。④

根据各家观点与人力资源内涵，本书将酒店人力资源管理的概念界定为：酒店通过各种政策、制度和管理实践，获取、培育、使用、评价和保留员工，进而促进组织目标与员工目标实现的过程。

二、人力资源的基本特征

管理的对象包括人、财、物、时间、信息等，其中最重要的是人。人是生产力中最活跃、最积极的因素，人具有自觉的能动性。人力资源与其他资源相比，具有以下几个基本特征。

（1）生成过程的时代性。一个国家的人力资源，在其形成过程中受到时代条件的制约。同时在社会上发挥作用的几代人，自出生之日起就置身于既定的生产力和生产关系之中，当时的社会发展水平从整体上制约着这批人力资源的素质。

（2）开发对象的能动性。与物力资源、财力资源、信息资源、技术资源等相比，能动性是人力资源最重要的特征。在开发过程中，自然资源完全处于被动的地位；人力资源则不同，在被开发过程中，人有意识、有目的地进行活动，能主动调节与外部的关系，具有能动性。人力资源本身具有自我开发与自我利用的能力，一个组织对员工能动性的调动程

---

① 汉迪. 大师论大师：汉迪解读13位管理大师[M]. 汪芸，译. 北京：中国人民大学出版社，2006：51.
② 杰克·特劳特. 什么是战略[M]. 火华强，译. 北京：机械工业出版社，2011：128-134.
③ 张四成，王兰英. 现代饭店人力资源管理[M]. 广州：广东旅游出版社，1998：2.
④ 雷蒙德·诺伊，约翰·霍伦贝克，巴里·格哈特，等. 人力资源管理：赢得竞争优势[M]. 刘昕，柴茂昌，译. 9版. 北京：中国人民大学出版社，2018：3.

度，直接决定该组织人力资源的开发程度。

（3）个体素质的差异性。人与人之间在态度、能力、个性、追求、绩效、价值观、社会文化背景等方面存在差异。由于工种的不同，酒店对各岗位人员素质的要求也不同，而且差异非常大。例如，厨房的洗菜工、负责公共区域卫生的人员，只要具备基本的劳动能力与道德品质就行了，而对酒店总经理等高层管理者的素质要求则非常高。只有充分考虑到员工个体的差异性，酒店才能够有针对性地开发与使用员工。

（4）人力价值的难测性。组织难以测度员工个体所拥有的能力，只能通过考试制度、技能鉴定、从业经历等加以判断。但是由于考试制度本身的缺陷、技能鉴定难以科学化等原因，使得人力资源价值难以度量，这在一定程度上导致人力资源开发与管理的难度。

（5）使用过程的时效性。任何个体都有其才能发挥的最佳年龄段，当然，由于个体的差异，员工才能发挥的最佳期不尽相同。因此，人力资源的开发与使用必须把握最佳时机。

（6）闲置过程的消耗性。人力资源处于闲置状态时具有消耗性，即为了维持本身的存在，人类必须消耗一定数量的其他自然资源，如粮食、水、能源等。这是人力资源用以维持生命所必不可少的消耗。

（7）开发过程的持续性。物质资源一般经过开发与使用之后，就不存在继续开发的问题了。人力资源则不同，其使用过程同时也是开发过程，而且这种开发具有持续性。任何人在工作之后，还需要不断学习，继续充实和提高自己。

（8）组织过程的社会性。人力资源开发的核心，在于提高个体的素质。但是，在现代社会中，在高度社会化大生产的条件下，个体要通过一定的群体来发挥作用，合理的群体组织结构有助于个体的成长及个体作用的发挥，不合理的群体组织结构则会影响个体的工作效率与效益。群体组织结构在很大程度上又取决于社会环境，社会环境构成了人力资源开发的大背景，它通过群体组织直接或间接地影响人力资源的开发。

三、人力资源管理的内容

人力资源管理是酒店管理的核心部分。酒店围绕着"人"要开展哪些具体管理活动呢？一般可以将这些具体管理活动划分为引人、选人、育人、用人、留人、流人六个方面。各个方面的人力资源管理活动存在相互交叉与相互影响。

（一）引人

引人的关键在于创造吸引人才的组织环境。我国人口众多，劳动力基数庞大，但目前相当一部分酒店存在着招工难和员工不稳定的现象。这与社会上对酒店行业的偏见不无关系。在很多地区，认为酒店业是吃青春饭的行业，是伺候人的行业，是不稳定的行业。因此，在我国酒店业中，鲜有像欧美国家那样白发苍苍却依然风度翩翩、热情洋溢的酒店前台职员。因此，如何吸引优秀人才到酒店工作应当成为酒店管理的工作重点，酒店可以采取的措施包括设计富有吸引力的招聘信息、工作岗位、薪酬战略与人事政策等。

（二）选人

选人的内容既包括酒店根据自身的发展需要，在劳动力市场上招聘所需要的人才，也包括酒店从内部选拔人才。选人是人力资源管理工作的重要环节,如果人选合适,那么育人、用人、留人工作就会事半功倍。在选人上,酒店需把握以下三个要点。

(1)选人者具有足够的能力。如果选人者不能识别谁是合适人选,酒店就无法实现人岗匹配、人尽其才。

(2)招聘信息要面广、及时。如果招聘信息不畅、滞后,酒店就无法获得足够数量的候选者,也就难以选聘到合适的员工。

(3)酒店领导者应坚持"适应就是人才"的原则,每个岗位都要努力招聘最适合的人才,避免人力高消费与拔高使用的情形。选人工作对应的是酒店员工的招聘管理。

(三)育人

育人是指酒店进行员工培训与开发,开展职业生涯管理,使得员工素质不断提高,实现酒店和员工的同步发展。员工培训并不仅仅是人力资源部门的工作,酒店要建立从上而下、从里到外的培训组织体系。人力资源部门主要对职业道德、组织文化、行为规范等进行培训,而技能培训则应该具体落实到各个相关部门。在育人上,酒店需掌握的一个重要原则是"因材施教",应根据个体的职责、态度、知识、能力与经历等特点,展开针对性培训。为了使员工胜任更高的职位,人力资源管理部门应"按需施教",针对员工的每一次晋升,结合实际工作中可能出现的需要与问题,筹划与实施相应等级的培训,而每一项培训,都是为了员工的进一步发展做好充分准备,使员工不断从培训中得到激励,明确自身的职业发展定位。[①]

(四)用人

用人是指酒店采取有效的激励手段,充分调动每一位员工的主观能动性,激发"人"的上进心,挖掘"人"的潜力,把"人"和其他生产要素合理组织起来。人们的专长和能力只有与他们的工作要求和职位相一致时,才能得到充分发挥,这就要求酒店遵照量才适用的原则。所谓量才适用就是根据每个人的专长、能力、志向与条件,做到才以致用、各得其所。

希尔顿酒店集团的创始人康拉德·希尔顿(Conrad N. Hilton)在人才选拔上非常慎重,但一旦决定人选,就给予其充分的肯定权与否决权。他非常信任与尊敬被提拔的员工,让他们在各自岗位上发挥聪明才智。由于他对员工的信任、理解与尊重,酒店拥有了一种温馨、愉悦与协作的工作氛围。他竭力打造微笑服务与团队精神,让员工保持发自内心的微笑,让大家合力把一个个美梦变成现实。

(五)留人

留人是指酒店采取合理有效的措施,留住有价值的员工。这些措施包括酒店制度设计、报酬内容与形式的设计、组织文化建设、工作环境管理、管理者与员工的有效沟通等。"千军易得,一将难求"。随着优秀人才对酒店发展的重要性不断增强,酒店间的人才竞争愈发激烈,"挖人""跳槽"等现象屡屡发生,人才流动越来越频繁,这常常给人才流失的酒店造成巨大损失,因此"留人"在酒店管理中越来越具有战略意义。

[①] 赵曙明. 中国企业集团人力资源管理战略研究[M]. 南京:南京大学出版社,2003:176-177.

(六)流人

酒店既需要留住人才,也需要促进员工的合理流动。人才流动机制的合理性,主要是指酒店在不违反劳动合同的情况下,应满足人才内部流动或外部流动的需要。根据"银行效应",人才必然流向"高利率"和"高自由度"的部门或组织。内部流动有利于人才对酒店运营的综合把握,为人才具备"一专多能"奠定基础,既增加人才的自身价值,又增强酒店预防人才危机的能力。

香格里拉酒店集团(简称"香格里拉")始终坚持"卓越的酒店源自卓越的员工,而非绚丽的水晶吊灯或昂贵的地毯。"香格里拉非常重视员工的甄选工作,坚持"聘用工作态度好的员工,并通过培训使他们技巧娴熟"。在完成选人环节后,香格里拉会对员工展开持续、系统的指导与培养,通过让员工践行"以发自内心的待客之道,创造难以忘怀的美好经历,时刻令客人喜出望外"的使命宣言,创造一个既有利于同事事业发展又有助于实现个人生活目标的环境,使众多员工能够在实现与酒店共同成长的同时实现个人理想,让优秀员工心甘情愿地与组织一起成长。香格里拉之所以在酒店业内一贯保持相对较低的员工流失率,让很多员工拥有"自豪而不骄矜"的品质,并创造"独特的亚洲式热情好客之道",就在于其拥有一套完整的选人、育人、用人与留人机制。[①]

第二节 酒店人力资源管理的发展态势

为了对员工进行卓有成效的管理,酒店管理者需要理解人性假设理论与激励理论等管理理论,了解人力资源管理的发展阶段,并根据酒店所处的内外环境变化,把握人力资源管理的发展趋势。

一、人性假设理论与激励理论

组织的生命力源于每位员工的工作热情。为了让员工产生组织所希望的行为,管理者需要重视如何引导或控制员工的行为,即"如何使人做某事"。为此,管理者需要理解人的行为产生的原因,而为了理解人的行为产生的原因,管理者首先要了解"人是什么",即要研究人的本质。人性假设理论着重探究"人是什么",激励理论着重探究"如何使人做某事"。

(一)人性假设理论

任何管理者心中都存在对人性的认识,并根据人性的认识来采取相应的管理手段。尽管管理者在进行人员管理时,明白要依据客观实际,但其对于人性的认识往往有很大的主观性,且可能与客观实际不完全吻合,因此,不同管理者对于人性的认识其实是其对于人性的假设。若要明白不同管理者的言行与风格,我们就要明白他们对于人性的基本假设。管理者对于员工的一些基本假设,如员工是否热爱本职工作、员工是否值得信赖以及员工是否具有主观能动性等,成为其开展人力资源管理工作的基本依据。因此,人性假设理论

---

① 根据香格里拉酒店集团官网和笔者与相关人员访谈所获取的资料整理而成。

为探究人力资源管理工作提供了重要的理论基础。人性假设理论是对影响人的工作积极性的最根本人性因素进行探究所形成的理论成果，它是对人的工作行为中的动力源泉与追求对象的系统认识。人性假设理论是学者们对于人性问题探究的结果，是对人的本质特征所做的理论假定。人力资源管理理论的形成与发展，在很大程度上受到人性假设理论的影响。[①]人性假设主要有四种：经济人假设、社会人假设、成就人（自我实现人）假设和复杂人假设。

1. 经济人假设

经济人假设的基本观点是：人的一切行为都是为了最大限度地满足自己的利益，人的工作动机是为了获得经济报酬。根据这种假设，人由经济诱因而引发工作动机，人在组织中是被动地受组织操纵和激发的，因此，组织对大多数人必须采取强制、控制、指挥和以惩罚相威胁等手段，使之为实现组织目标做出充分贡献。由这种人性假设所发展出的管理办法为：①以经济报酬获得员工的效率和服从，对消极怠工的员工采取严厉惩罚；②管理的重点是提高员工劳动生产率，完成工作任务；③制定严格的工作规范，加强规章制度管理；④管理者关注对员工的工作态度、工作行为和工作结果的控制。

经济人假设是西方早期管理思想和实践的基础。由著名的"科学管理之父"弗雷德里克·温斯洛·泰勒（Frederick Winslow Taylor）及其同伴所创造的科学管理理论和实践则是全面而具体地将这种人性假设理论运用于企业人事管理的典型。在 20 世纪初的相当一段时期内，科学管理理论和方法极大地提高了劳动生产率。据估算，仅实行计件工资制一项，就至少使当时的劳动生产率提高了 25%。在西方企业管理和人事管理的发展中，科学管理思想具有极为重要的价值。尽管推崇经济人假设的管理者，会相对忽视人的情感需要，并受到许多人激烈的批评，然而工作是谋生的首要手段，这使得经济动机在促使人们努力工作上依然持续发挥着重要作用。

2. 社会人假设

社会人假设的基本观点是：人在工作中不仅关心物质需要，而且重视友谊、尊重、关怀等需要，即人具有社会交往需要；人际关系是形成人的身份感的基本因素，组织成员之间的关系和组织归属感比经济报酬更能激发人的工作积极性。一般认为，社会人假设是由美国社会心理学家乔治·埃尔顿·梅奥（George Elton Mayo）等人主导的霍桑试验的结果奠定基础的。经济人假设在某种程度上揭示了人类内心的动物性本能，体现了自我的保护与利益追求，但这种假设忽视了人的社会性，从而必然与社会实践有一定脱节，难以解释互惠合作与利他行为等社会现象，难以实现个人与组织长期利益的有效协调，因此，在应用上具有局限性。[②]由于人都是生活在社会中的，人的思想与行为必然受到法律法规、伦理道德与社会群体规范的制约，人必然受到一定社会的历史、文化、政治、经济的影响而被打上社会的烙印。

根据社会人假设，管理者应活跃于员工中，了解员工的思想和要求；鼓励员工多进行交往，随时协调和解决下属之间的矛盾，以健康积极的组织文化来融洽员工关系；倡导相互尊重、信任的人际交往，营造充满关爱、友好的交往氛围，努力培养员工的归属感和集

---

① 张小林. 人力资源管理[M]. 杭州：浙江大学出版社，2005：25.
② 朱富强. 现代经济学中人性假设的心理学基础及其问题——"经济人"假设与"为己利他"行为机理的比较[J]. 经济学家，2011（3）：49-58.

体感。在管理实践中，一旦员工感知到组织的充分信任，即使组织把各项工作标准调高，员工也会尽力去完成任务。现在许多企业喜欢以组建任务团队的方式来实现目标。这种方式有助于参与其中的员工增强彼此之间的信任、沟通和尊重，把个人利益融入团队利益中。酒店管理者可通过组织各种富有吸引力的集体活动来满足员工的社交需要和尊重需要，以及通过日常关怀来培养员工对组织的归属感和认同感。

3. 成就人假设

"成就人"亦称"自我实现人"，是美国心理学家亚伯拉罕·马斯洛（Abraham Maslow）首先提出的一种人性假设。成就人假设的基本观点是：人更注重自我实现，只有当自身的才能和潜力充分发挥出来后，才会感到最大的满足。所谓自我实现是指个人才能得以充分展示，个人理想与抱负得以实现，以及人格趋于完善。根据成就人假设，组织只有使个人有机会将自己的能力充分表现出来，才能最大限度地调动人的积极性。

道格拉斯·麦格雷戈（Douglas M. McGregor）提出的 Y 理论深化了"成就人"假设的观点。他在《企业的人性方面》一书中，提出了两种截然不同的人性假设，即 X 理论与 Y 理论。X 理论的基本观点为：一般人天生懒惰，厌恶工作，总是尽可能少干工作；没有雄心大志，无进取心，不愿负责任，而宁愿接受他人指挥和管理，因此，管理者需要采取强制措施或惩罚方法，迫使他们实现组织目标。Y 理论的基本观点为：一般人都是勤奋的，只要环境条件合适，人是乐于工作的；人对工作的态度取决于对工作的理解和感觉；人在工作中具有自我指导和自我控制的愿望与能力，外来的控制和惩罚不是驱使人工作的唯一手段；大多数人都具有相当程度的想象力、独创性和创造力，只要不为外界因素所控制，这种想象力、独创性和创造力就会得到正常发挥；在适当条件下，一般人都会主动承担责任；在现代工业条件下，一般人的潜力只利用了一部分。麦格雷戈认为，与 X 理论相比，Y 理论更实际有效，因此他建议让员工参与决策，建立良好的群体关系，为员工提供更具挑战性和成就感的工作。根据 Y 理论的观点，管理者的基本任务是为员工创造成长空间，让员工成就心中梦想。

推崇经济人假设的管理者在激励方式上强调金钱刺激与物质激励，即在工资报酬、工作条件、福利待遇上下功夫，其关注焦点是员工工作的外部条件，亦被称为"外在激励"。而"内在激励"关注的焦点不是工作的外部条件，而是工作本身，即现有工作能否使员工产生兴趣与爱好，能否满足员工求真、求善、求美的愿望，能否使员工在工作中发挥潜力与取得成就，能否满足员工自尊和自我实现的需要。显然，内在激励比外在激励更深刻、更持久。

根据成就人假设，酒店管理者可采取以下几种管理办法。

（1）尽量使工作富有意义和挑战性，使员工从工作中获得满足和自尊。

（2）管理者的主要职责就是要创造一个使每位员工都能从工作中得到内在激励的工作环境，让员工自我激励，使个人需要与组织目标自然和谐地统一起来。

（3）管理者应赋予员工一定的权力和责任，使员工感觉到组织的认可和信任，使员工的工作动力被充分激发出来，进而表现出超乎寻常的自信，释放更大的潜能与取得更大的成就。

4. 复杂人假设

在 1965 年出版的《组织心理学》一书中，埃德加·H. 沙因（Edgar H. Schein）在总结关于人性假设的研究成果的基础上，提出了复杂人假设的概念。复杂人假设的基本观点是：

人是矛盾的统一体，人与人是不同的，人是会变的，因此，人是复杂的；人的需要是多种多样的，并且会随着人的成长和生活处境的变化而变化；人有需要偏好并不是表明其他需要不重要，而只是表明在一定时期内人有相对稳定的主导需要。即便是同一位员工，在不同的时间和环境下，也可能会有不同的主导需要，而且随着年龄的增长、知识的更新和事业的发展，其需要偏好往往会发生变化。

根据人的复杂性，酒店管理者可采用以下几种管理办法。

（1）善于发现员工的个体差异，因人而异地发挥员工所长和满足员工所需。

（2）对员工进行具有针对性和灵活性的指导和激励。

（3）努力发现员工没有得到满足的需要，并力争使员工的需要得到真正满足，而且当发现员工的某种需要一时难以满足时，还可以通过培训、教育、文化引导等手段改变员工的兴趣与偏好，以有利于员工追求与组织目标的协同。

（二）激励理论

激励的作用就在于激发人的动机，使人努力上进，充分发挥人的能力，以便更好地实现组织目标和个人目标。人们存在各种各样的生理需要与心理需要。在一个组织中，员工的个人目标就是寻求这些需要的满足。组织应针对每个员工的个性化需要，采取针对性的激励手段，以引导员工为实现组织目标而行动。因此，管理者需要用心探究如何使员工产生与维持组织所期望的行为。

为达到该目的，管理者必须深刻理解以下几个激励的基本原理。

（1）动机的形成。激励手段必须针对员工未满足的需要，并且随着员工需要的变化而变化，由此激发员工的工作动机，使其产生组织所希望的行为。

（2）行为的产生。管理者通过系统培训增强员工的能力，通过授权等方法创造员工行动的条件，通过组织目标与文化引导员工的行为，通过规章制度规范员工的行为，从而使员工能够执行组织所分配的任务并使其行为指向组织目标的实现。

（3）行为的持续或改变。管理者根据员工的行为结果对于组织目标实现的贡献程度给予相应的奖惩，而且奖惩的内容和强度必须能够在一定程度上影响员工个人目标的实现程度，以强化员工良好的行为或改变员工不良的行为。总之，激励是通过影响员工个人需要的满足来促进相应动机的产生，引导员工在组织中的行为，以达成组织期望目标的过程。

根据上述的激励原理，人们通常把激励理论分为以下三大类。

（1）内容型激励理论。该理论从研究人的需要入手，着重探讨什么能使一个人采取某种行为，即着重研究激励的起点和基础，其中的代表性理论包括需要层次理论、ERG理论、成就激励理论与双因素理论等。

（2）过程型激励理论。该理论主要研究一个人从动机的产生到采取行动的心理过程，着重探讨行为产生、发展、改变和结束的过程，其中的代表性理论包括期望理论与公平理论等。

（3）行为改进型激励理论。该理论从研究行为控制入手，着重探讨如何引导和控制人的行为，其中的代表性理论包括强化理论与归因理论等。

二、人力资源管理的发展历程

人力资源管理的发展历程，实质上是人们对人力价值认识的不断深化过程。就管理理论的发展历程而言，大致经过了经验管理思想、科学管理思想、行为管理思想、定量管理思想与权变管理思想阶段。通过结合管理理论的发展以及众多学者的研究脉络，本书将人力资源管理思想的演进过程划分为四个阶段。

（一）劳动关系管理阶段

在劳动关系管理时期，在大多数管理者的心目中，人的价值和机器的价值没有本质区别，工人工作条件艰苦，劳资关系紧张，劳资纠纷时有发生。为了缓和劳资矛盾，管理者逐渐开始尝试改善工人的生产条件与生活条件。该阶段推崇经济人的人性观，以经验管理思想与科学管理思想为核心。在经验管理思想阶段，管理的有效性主要取决于管理者个人的素质。科学管理思想阶段的管理特点是标准化，由此构建的各项管理制度已基本成形，等级观念逐步延伸到组织的各个层面，其代表人物是主张科学管理理论的弗雷德里克·温斯洛·泰勒、提出一般管理理论的亨利·法约尔（Henri Fayol）、倡导官僚组织理论的马克斯·韦伯（Max Weber）以及推广动作研究的吉尔布雷斯（Gilbreth）夫妇。最早突破经验管理思想的弗雷德里克·温斯洛·泰勒在1911年发表的《科学管理原理》一书中，提出了通过对工作方法的科学研究来提升员工劳动生产率的基本理论和方法。从人力资源管理思想的角度，这一阶段的关注重点包括工作分析、人员选拔、人员培训、任务和奖金系统的制定以及管理者的专业化和职业化等。就酒店业来说，最初的经营方式大多属于家庭式经营，其人力资源管理的主要特征是：家庭成员是酒店的主人，其他员工均为临时雇用；雇员与雇主之间没有明确约定双方的关系，雇员的权益缺乏法律保障；实行家长式的管理；雇员培训采用师带徒的方式。随着现代酒店业的兴起，管理逐步标准化，劳资双方的关系开始在法律的框架内运作，劳动关系逐步表现为由劳资双方达成的契约关系。[①] 科学管理的逐步普及，促进了工作专业化程度与劳动生产率的提升，但劳资矛盾并没有得到真正改善，因为员工感受不到来自组织的关怀与尊重。

（二）人际关系管理阶段

这一阶段的代表人物是梅奥等人，由他们发起的以霍桑试验为起源的人际关系运动，在整个管理学界引起了革命，也对人力资源管理产生了重要影响。人力资源管理开始从以工作为中心转变到以人为中心，把人和组织看成统一和谐的社会系统。[②]在人际关系管理阶段，社会人和成就人（自我实现人）的人性观逐步得到关注与认可。在19世纪晚期和20世纪早期，罗伯特·欧文（Robert Owen）、雨果·芒斯特伯格（Hugo Munsterberg）、玛丽·派克·福莱特（Mary Parker Follett）与切斯特·巴纳德（Chester Barnard）等就认识到人的因素对于一个组织成功的重要性。罗伯特·欧文认为把财力用于改善工作条件是最明智的投资；雨果·芒斯特伯格建议将心理测试用于员工甄选，将学习理论的概念用于员工培训，以及将人的行为研究用于员工激励；玛丽·派克·福莱特提出人员导向的思想；切斯特·巴纳德确信管理者的工作就是激励员工更加努力地工作。他们都具有一个共同的信念，即人是组织最重要的资产，组织应该对人进行适当的管理。[③]

霍桑试验在一定程度上证明了融洽的人际关系对于团队合作与组织绩效的重要性。由

[①] 陈绍友，林增学，李俊. 饭店人力资源管理[M]. 重庆：重庆大学出版社，2003：11.
[②] 张爱卿，钱振波. 人力资源管理 [M]. 3版. 北京：清华大学出版社，2015：17.
[③] 斯蒂芬·P. 罗宾斯，玛丽·库尔特. 管理学[M]. 孙健敏，黄卫伟，等，译. 7版. 北京：中国人民大学出版社，2004：37.

梅奥带领的团队在1927—1932年的研究结果表明：员工劳动生产率与其心理、态度、动机、同事之间的人际关系以及上下级之间的关系密切相关；人的行为与人的情感有密切的关系，员工除追求物质利益外，还追求人与人之间的友情、安全感与归属感。梅奥等人所建立的人际关系学说，展示了以下几种与当时流行的科学管理思想不同的新观点。

（1）员工是社会人。员工不是单纯的经济人，有心理与社会方面的情感需要，管理者要重视员工作为社会人的需要。

（2）企业中除了存在正式组织之外，还存在非正式组织。一般而言，非正式组织有自己的核心人物与领袖，有大家共同遵守的价值观与行为规范。非正式组织以其特有的感情倾向与精神导向，左右着成员们的行为，有时会与组织的正式规定相冲突，并影响劳动生产率，因此，管理者要关注非正式组织的作用，重视人际关系的协调。

（3）新的领导能力在于提高员工满意度。员工的高满意度来源于其个人需要的有效满足。员工满意度越高，员工士气就越高。

（三）开放系统管理阶段

在这一阶段，人力资源管理开始成为组织职能管理的有机组成部分，人力资源部门被视为与生产、财务、营销等部门并行的一个子系统。在第二次世界大战时，为了解决战争中的资源分配问题，英国和美国的军队组建了运筹研究小组。该小组总结出来的运筹方法取得了巨大成功。这些研究人员在战后纷纷到企业工作，伴随计算机技术的发展，定量管理思想得到迅速发展。在20世纪60年代至70年代中期，从系统的角度分析组织的理论得到了快速的发展，这也是从人事管理转变为人力资源管理的重要时期。该阶段的企业在人性观的认识上呈现多元的观点，经济人、社会人、自我实现人以及复杂人假设的推崇者都占有一定比例。根据系统理论，组织是一个具有反馈特性的开放系统，由相互依存的众多因素组成。例如，一个企业由采购、财务、生产、营销、人力资源等部门构成，管理者的职责是促进各部门的相互协调，以达成组织整体管理的优化。系统理论强调组织是一个开放系统，组织是一个与外部环境相互作用、相互影响的系统，因此，劳动力市场中劳动者的素质与供求状况会影响组织的效益。管理者必须时刻关注内外环境的变化，以把握可能的机会与避免潜在的威胁。在国际酒店集团中，把员工作为资源进行开发与管理的各种举措层出不穷，对员工关系的管理步入资源管理阶段。

（四）战略资源管理阶段

在前面三个阶段，企业虽然意识到人是一种重要资源，但并不认为是战略性资源。在企业战略形成过程中，往往把人力资源因素放在相对次要的位置。在20世纪70年代后期，当时复杂多变的环境迫使企业经营者认识到战略与环境匹配的重要性，并逐步认识到不存在普遍适用的管理方法，于是出现了权变管理思想，认为战略定位与管理方法要根据环境的变化而进行适时调整。与此同时，日益增多的管理者开始认同复杂人的人性观。从20世纪80年代至今，人力资源管理逐步迈向战略性人力资源管理阶段，人力资源战略渐渐成为组织重要的竞争战略，人力资源逐渐被当作战略资源进行管理。战略性人力资源管理主张人力资源管理在组织管理中应处于核心位置，强调人力资源与经营战略的有效匹配。相应地，人力资源的负责人就成为组织战略决策层的主要成员。

资源，尤其是战略性资源，在不同的业务范围和职能领域如何进行分配是企业战略实施的一个关键问题。战略资源是持续优势的来源，具有价值性、稀缺性、不完全模仿性和不可替代性等特征。[①] 战略的成功在很大程度上必须依托自己的资源禀赋，因此，酒店必须不断积累与优化配置自身的资源。在任何组织内，一流人才是最稀缺的战略资源，因此，酒店人力资源管理必须具有战略性与系统性，强调人才开发与配置必须同企业的战略与目标相一致。[②] 酒店必须把人才当作资产看待，用发展的眼光来确定如何分配人力资源，并详细评估人才的使用结果。随着国际酒店集团的大力扩张与渗透，我国酒店业面临日益激烈的竞争环境，为此，培养、引进与配置具有预见性、洞察力与系统性思维的人才资源，是打造酒店核心竞争力的必然选择。

戴维·尤里奇（Dave Ulrich）认为人力资源工作者应该扮演好四个新角色：战略合作伙伴、行政专家、员工后盾以及变革推动者。在此基础上，人力资源管理的三支柱模型被提炼出来，并逐渐得到各界的广泛关注。这三个支柱分别是人力资源业务伙伴（HR Business Partner, HRBP）、人力资源专家中心（Center of Expertise, COE）和共享服务中心（Shared Service Center, SSC）。在一定程度上，三支柱模型促进了人力资源管理职能从服务型向战略型、从职能驱动向业务驱动、从同质化向定制化的转型，从而让人力资源部门发挥更多的战略功能。[③]当然，任何工具都有适用前提，比如，缺乏规模与效益支撑的组织，或者"对事不对人"的管理理念没有扎根的组织，往往就不适合采用三支柱模型。

三、人力资源管理的基本趋势

（一）市场化

企业经营实践不断证明，市场竞争机制终将渗透到组织的各个层次与各个部门，市场化将成为人力资源管理的重要趋势之一。人力资源管理是市场经济的产物，对劳动力市场的依赖性将逐步加大。对一个组织而言，无论需要什么类型的员工，都可以通过劳动力市场招聘到相对合适的人选，或者通过市场竞争机制，把组织需要的人才从其他单位"挖"过来。至于不符合需要的在职人员，则可通过引入"优胜劣汰"的市场竞争机制，迫使其重新进行职业定位或另觅其他就业机会。对劳动者来说，从在学校选择专业开始，就应关注劳动力市场的动向，使所学专业既与自己的兴趣和特长相符合，又与劳动力市场的需求和将来的就业机会结合起来。[④]作为最早参与市场竞争的开放性行业，我国酒店业的竞争呈现愈演愈烈的趋势，已经由简单的价格竞争、质量竞争上升到了品牌竞争、人才竞争的高级竞争阶段。

（二）战略化

企业竞争归根结底是人才竞争，人力资源职能将在战略形成与战略执行上得到越来越充分的体现，人力资源专家或经理将逐步实现从事务人员到行政专家、战略伙伴的角色转变。酒店能否最大限度地开发员工潜力，使员工个体目标与组织目标相一致，直接关系到

[①] BARNEY J B. Firm resources and sustainable competitive advantage [J]. Journal of management, 1991, 17（1）：99-120.
[②] 杨云. 国外接待业人力资源管理研究评述[J]. 旅游学刊，2006（2）：82-88.
[③] 张正堂. HR三支柱转型：人力资源管理的新逻辑[M]. 北京：机械工业出版社，2018：10-14.
[④] 邱艳. 现代人力资源管理的新趋势[J]. 中山大学研究生学刊（社会科学版），2000（1）：50-54.

服务质量。因此，酒店管理者必须从战略高度上重视人力资源，切实转变观念，把员工视作宝贵的战略资源。酒店的战略决策活动无不与外部环境相关，只有准确地把握环境动态，才能使战略决策适应环境的变化，充分体现市场变化的要求，不断满足顾客的需要。而具有环境洞察力的高级管理人才与复合型人才非常紧缺，在战略决策方案正式出台之前，酒店首先要确保现有人力资源能够支撑战略的有效执行。

（三）国际化

在全球经济日趋一体化的背景下，酒店市场的空间增大了，这既有利于我国本土酒店集团拓展海外业务，更充分地利用国内外两种旅游资源、两个旅游市场，优化旅游资源配置，又有利于其引进新的酒店运行机制，提高酒店的整体素质和竞争能力，从而实现与国际旅游业的全面接轨。但是，我国本土酒店集团将面临进一步的挑战，国外投资者在国内建设、改造、经营与管理酒店将不再受企业设立形式和股权方面的限制，这意味着国际竞争国内化的进程加快，中外酒店集团的竞争将进一步升级。经过多年的发展，我国酒店业尽管在经营和管理上日益与国际接轨，取得了长足进步，但是与国外著名酒店集团相比，我国大多数本土酒店竞争力明显不足，如体制不顺、机制不活、规则不全、规模偏小、产品类同、人才队伍储备不足等。在优胜劣汰的竞争法则下，竞争力弱的企业最终将被逐出竞技场，丧失生存空间。

我国酒店业要做大做强，必须提升国际竞争力。高素质的人才是酒店应对国际化市场竞争的关键因素。因此，人力资源管理的国际化是大势所趋，在未来市场竞争中，我们需要关注以下几个方面。

（1）管理者必须考虑如何有效地领导和促进团队适应国际化的竞争格局。

（2）酒店要加速培养具有全球视野和运营能力的职业经理人，并培养、引进、使用高素质的人才。

（3）跨文化的人力资源管理成为重要内容。本土化管理人员与外来管理人员实现有效沟通是酒店在国际化竞争进程中获得成功的重要保证。人力资源部门需要为子公司及海外的分支机构获取和留住所需人力资源，制定适合于来自不同国家、具有不同文化背景的组织成员的人事政策，以激励组织成员有效应对国际化的竞争环境。

（四）信息化

随着计算机技术、网络技术和通信技术的发展及其在人力资源管理中的运用，酒店管理者逐渐认识到信息化对于提高人力资源管理效率的重要作用。越来越多的酒店通过信息管理系统对人力资源信息进行统一管理，如对人事测评、人事档案、员工培训、员工考勤、薪酬核算等进行信息化管理。通过应用人力资源管理软件系统，酒店可以构建一个多功能、综合性的人力资源信息管理平台，可以基于更全面的数据进行人事决策和人员信息化管理。随着信息技术和网络技术的广泛应用，许多企业的信息处理方式发生了翻天覆地的变化，企业的管理者和员工可以通过信息网络平台进行便捷的沟通，组织结构因而日趋扁平化、开放化，组织拥有更快速的反应能力，员工获得更多充分发挥个人能力的机会。例如，万豪国际集团信息网络平台运作的成功，一方面源于信息技术、互联网的发展，另一方面源于该集团信息网络平台的先进设计思想与丰富及时的内容。当然，对于人力资源信息管理平台的投资，酒店经营者必须要注意与人员技能、管理者素质、企业规模、组织文化、激励制度等因素的协调，尤其对于新建酒店来说，只有当业务发展与人力资源数量增长到一定规模时，才有对信息技术的应用进行较大规模投资的必要性。

（五）法制化

市场经济必须以法制化为基础。我国近年来颁布与实施的一系列法律法规，大多数与推动改革开放、促进市场经济发展有关。这必然要求企业人力资源管理走向规范化与法制化。随着劳动法与劳动合同法的制定、修订与实施，酒店的人力资源管理实践面对着更大的挑战。在没有法制的约束下，部分酒店经营者基于企业利润最大化的原则来管理员工，出于减少劳动力成本支出的考虑，可能会损害员工的利益；而法制化的要求则会在一定时期内导致劳动力成本的持续上升，因此，以前部分不合理但合法的员工管理措施只好被迫放弃，但酒店必须适应这种变化。在酒店人力资源管理中，管理者应该坚持平等、相互尊重、公平竞争、不得歧视妇女、遵守劳动合同等原则，且所制定的人力资源政策必须符合国家的有关法律和政策。

（六）外包化

为了保证有更多的精力聚焦于核心业务的管理，人力资源业务外包（outsourcing）必将成为许多酒店的选择。通过与一些具有更好的人力资源管理技能的机构进行战略合作，酒店可以提升人力资源管理的效率。但是，酒店管理者应意识到与核心能力有关的人力资源业务一般不应该外包，否则就可能给予竞争者机会，削弱企业独特能力的优势地位。在人力资源业务外包时，酒店必须避免潜在的风险，因为不恰当的外包可能导致核心技能的流失与受制于其他组织。

因此，酒店采取人力资源外包策略时，必须把握两个要点：一方面是可以外包不属于核心能力的业务活动；另一方面是酒店必须有能力把自己人力资源的业务流程与合作者的业务流程进行有效整合。在外包关系延续期间，酒店应该对外包商的行为进行及时的督导与纠偏，与外包商保持正常有效的沟通。例如，普通岗位员工招聘、员工培训、档案管理、社会保险等事务工作可以选择外包。大多数单体酒店一般没有专职的培训机构，可以将员工培训工作外包给专职的培训机构。由于酒店客源存在季节性波动，为了降低劳动管理成本，某些临时性、辅助性或替代性的工作岗位的劳动力需求，可以选择劳务派遣的形式，即由外部的劳务派遣单位负责劳动者的招聘、甄选、考核、录用、薪酬支付、社会保险缴纳等劳动管理事务工作，酒店通过向劳务派遣单位支付派遣服务费，获得劳动力的使用权。

（七）人本化

人本化即以人为中心，是指酒店要树立与贯彻以人为本的理念，充分认识到人是酒店管理活动的第一要素，使人性得到最完美的发展。管理者倡导人本化，就是要把人放在企业的中心地位，使员工得到尊重和信任，使企业拥有一种良好的人文环境和工作氛围。通过尊重员工的价值，管理者不仅从物质上而且从精神上建立组织与员工间的感情，最终造就一条令人满意的价值链：满意的员工造就满意的顾客，满意的顾客带来满意的效益。

人本化的要点包含以下三个层面。

（1）企业即人。企业是由人组成的集合体，企业无"人"则"止"。因此，酒店管理者应把人的因素放在组织的中心位置，把人的因素作为组织最重要的战略资源。

（2）企业为人。企业存在和发展的宗旨是为了满足社会不断增长的物质和文化生活的需要，同时也是为了提高员工的工作生活质量。

（3）企业靠人。企业经营管理的主体是全体员工，必须发挥全体员工的智慧。如果酒店管理者的眼里只有几个"人才"，不尊重与关心其他员工，那么这个酒店很有可能因为各方面"人才"的流失而陷入非常被动的局面。只有每个员工做好本职工作并心系组织未来，酒店才能获得持续发展的动力。

（八）职业化

从事不同职业的人需要掌握不同的职业技能。酒店是典型的服务型企业，而且许多工种都需要经历实践性很强的服务过程。这往往要求酒店从业人员具备良好的服务意识与服务技能，以满足目标顾客对"酒店人"的职业化要求，让顾客感觉到"宾至如归"。

职业化是提升酒店服务质量的必由之路，因此管理者必须重视酒店从业人员的职业化修炼。职业化修炼是指员工根据所从事的职业特性和职业要求，对自身职业素养的感悟、提升和完善。工作是否真正快乐，最终还是取决于员工自己。如果没有积极的心态，员工就无法品味到工作的快乐。如果没有良好的职业习惯和技巧，员工就难以享受成功的快乐。因此，酒店管理者必须注重员工职业素质的培养。

第三节　酒店人力资源管理的根本目标

观念支配行动，态度决定行为。酒店要有效实现人力资源管理的目标，不仅需要树立正确的人力资源管理理念，而且需要明确人力资源管理的基本任务。

一、人力资源管理理念

酒店人力资源管理强调的是"以人为本"，给员工更大的发展空间与更多的关爱，从而增强员工的凝聚力与工作积极性。在酒店人本管理中，对外须"顾客第一"，对内则须"员工第一"。因此，酒店应根据目标市场、经营情况以及管理中出现的各种问题，把用人之道放在首位，敢于用人，善于用人，本着尊重人、关心人、理解人、信任人、帮助人、培养人、爱护人、激励人的原则[①]，激发员工的潜能与增进员工的忠诚度。

（一）战略理念

酒店业属于劳动密集型行业，人力资源是决定酒店发展的核心资源，管理者应把人力资源管理提升到战略高度。过去所谓的"人事管理"主要侧重于一些事务性的工作，如劳动组织、档案保管、绩效考核、职务升迁、薪酬分配等，相应的负责部门被称为"人事部"。人事管理往往被看作一种单纯的技术性业务管理活动，属于战术管理。而人力资源管理则是指基于组织战略目标的人力资源规划、使用、开发的管理系统，其管理活动具有战略性、

---

① 王泽光. 中国旅游饭店的机遇与发展：论加入 WTO 后旅游饭店的走向[M]. 北京：中国旅游出版社，2002：219.

整体性和未来性的特点，相应的负责部门被称为"人力资源部"，并直接参与组织的战略决策。人力资源管理不只局限于对劳动力的进、出、管等事务性管理，而且还要结合酒店实际情况、行业发展趋势及人才市场信息做出总体的战略规划。在时间跨度上，酒店要以长远的眼光对人才需要做出分析预测，制定人力资源的吸引和培养战略。在人才组合方面，酒店要确立合理的人才结构与配置，体现人才的梯队性。在人才开发上，酒店要有计划、有步骤地进行滚动培养，实施重点人才优先培养、紧缺人才从速培养、一般人才分批培养的策略，并注重开发人的潜力与活力。

（二）资源理念

人力资源是能动的、可开发的资源。人力资源是企业的首要资源，人在企业经营活动中起着决定作用，因为其他资源一般只有通过人的活动才能发挥作用。酒店是通过向客人提供食宿及其他服务来获得经济效益的经济组织，其服务的优劣程度直接决定着酒店经济效益的高低。在市场经济条件下，酒店想要在激烈竞争中站稳脚跟、打开局面，就要努力提高服务质量，不断提高整体素质，增强组织活力，创造著名品牌。而酒店服务质量提高的关键则取决于员工的服务意识、专业技能、心理素质等因素。企业素质归根到底是人的素质，企业活力的源泉在于员工积极性和创造性的发挥，因此，酒店经营成功的关键在于人力资源的有效开发与使用。

（三）投资理念

人力资源是一种具有巨大潜力的资源，而要把这种资源转化为生产力，企业就必须对其进行投资。目前，有相当一部分酒店的经营者把培训、工资、福利仅仅看作是成本，在人力成本投入上精打细算，在人力资源产出管理上无所作为，片面追求减员增效，压缩工资与福利支出，减少培训费用，致使员工疲于加班加点、精神恍惚、情绪低落，导致员工素质低下，组织凝聚力下降，优秀员工流失率增高。其实，酒店的定员管理、薪酬政策、培训投入是一种投资决策，其准则并不是绝对数量的多少，而是合理的投入产出比例。酒店定员决策必须建立在科学的工作分析、合理的劳动定额基础之上，所追求的是岗位设置科学合理、工作任务安排恰当、工作时间利用科学，而不是简单的裁员或招聘。薪酬是员工个人价值的体现，"将欲取之，必先予之"，酒店管理者若想看到员工积极而有效的工作表现，就必须保证员工的正常收入，提高员工的生活质量。"磨刀不误砍柴工"，科学有效的员工培训无疑是一种理性的投资行为。

（四）开发理念

在人事管理年代，酒店往往把规范员工的行为作为员工管理的重心，强调"大河有水小河满，大河无水小河干"，强调集体利益和企业利益高于一切，要求员工个人的行为必须服从企业的目标，导致出现酒店员工潜力巨大、动力不足的状况。彼得·德鲁克认为："组织的效率，来自于组织中每一个人是否能够最充分地发挥自己的聪明才智。每个人既能自由地发挥自己的才智，又能够相互分工协调，这便是组织的奥秘所在。任何组织，如果不能让个人充分地发挥自己的才能，这种组织必定是最低效的或无效的。"酒店业态多元化和市场需求多样化让各种创新的思维与开发的手段都有了无限的施展空间。当顾客游走在品牌酒店与文化主题酒店的每个角落，都能经常感受到创新的动力与创意的能量，但酒店经营模式的创新与创意的商业化运作，经常面临难以言喻的困难与挑战，圆满结果的取得往往归功于杰出人才的贡献。酒店管理者想要实现预期的宏伟目标，就要做到人力资源管理重心的转移，即从规范员工行为转向开发员工潜能，注重构筑酒店与员工的共同愿景。没有涓涓细流，何来大江大河；没有员工的奋发进取，何来酒店事业的辉煌。酒店管理者既要注重组织发展，又要顾及员工发展，应致力于建立一种组织与员工共同成长的机制，使员工能最大限度地发挥自己的聪明才智，并实现自己的人生价值，真正实现酒店人力资源管理从管理人到解放人的飞跃。

案例 1-1　偏好给员工"上课"的领导

宁波某星级酒店总经理林风年近五十岁，中等个头，举止优雅，笑口常开，口齿伶俐。无论谁与他第一次碰面，都会被他那平易近人、和蔼可亲的态度所吸引，被他那口若悬河、滔滔不绝的口才所折服。在酒店新员工培训期间，刚毕业的大学生张星就领教了林总那大气蓬勃的发言，并深深为其倾倒。张星对这位老总非常感兴趣，并有意向老员工打听他的具体情况。根据打听到的消息，张星对林总的初步印象是：他为人很好，非常健谈，很有主见，喜欢给员工上课，善于说服他人。但从老员工说话的口气看，他们好像有意隐瞒着什么。在正式上班后，张星发现该酒店在具体运作上存在很多问题，如部分员工出工不出力、部门间沟通不畅以及多头管理现象较为严重等。更让张星感到不解的是，员工经常聚在一起发牢骚，尤其对林总的管理方式大为不满，说他拥有教师情结、刚愎自用、爱出风头、废话太多等。有一天，张星鼓足勇气走进了林总的办公室，准备就酒店的进一步发展谈谈自己的意见。林总非常客气地请他坐下，叫秘书给他沏了一杯茶，并请他畅所欲言。张星整理了一下思绪后，开始谈他所看到的问题。但不到两分钟，他的话就被林总打断，然后他再次领教了林总的"口才"，部分老师给学生上课的一幕似乎在此刻"重演"。在整个谈话过程中，林总把他存在的疑虑全部阐释了一遍。当时，张星认为林总说得非常在理，但走出办公室后，他又觉得似乎还存在问题。此后，张星又找林总沟通了几次，但结果仍然一样，他无法表达自己的真正想法。在整个过程中，林总都像在给他上课，而且他的思想也似乎被林总清洗了一遍，但他又总觉得林总所说的话不完全正确。张星后来再也不主动向林总反映问题了。他认为林总实在太能讲、太喜欢讲，尤其善于在现场改变别人的想法。但是，他置员工的想法于何地呢？

该案例说明，在领导与员工谈心的过程中，领导的"善听"比"善言"更重要。当员工提出自己的见解时，甚至还未完全表达自己的观点时，领导的打断或教导行为实际上表现了对员工的不尊重，员工的自尊心会因此受到伤害，"以人为本"自然就无从谈起。

二、人力资源管理的目标

任何酒店人力资源管理的根本目标就是通过合理组织和运用人力资源以提高员工的劳动生产率并达成组织的战略目标。酒店人力资源管理的具体目标大致包括以下几方面内容。

（一）形成高效的人力资源组合

酒店想要实现正常运转并取得良好的经济效益和社会效益，不仅需要一套先进的管理方法，更需要一支高效的人才队伍。酒店需要通过科学的岗位设置，使人力资源实现优化组合，做到职责分明、人尽其才、才尽其用，形成一个精干、有序、高效的有机劳动组织。

1. 优化组合

酒店要合理安排和使用各类员工，使每个员工发挥积极性和创造性，充分发挥群体协同作用，提升整体效率与效益。在人力资源配置上，酒店必须兼顾人力资源的数量、质量与结构。当前，许多酒店存在着部分人员素质偏低的现象，从业人员甚至高层管理者的素质缺陷直接影响了酒店的绩效。因此，酒店要注重在职员工潜能的开发，并着力吸引优秀人才从事酒店工作。

2. 战略布局

尽管众多酒店管理者已经认识到人力资源是组织的重要资源，但是他们没有认识到人力资源的时效性和流动性。为了保证酒店能够长期拥有充足的、持续的人才资源，酒店应有一定的人才储备以适应各项业务的发展。因此，酒店需要基于发展战略规划，做到有计划地开发和利用人才资源，从长远考虑智力投资、队伍建设与绩效提升。

3. 权责分明

酒店要通过科学的工作分析，基于工作描述与职务要求，明确规定各项工作的任务、责任、权力与素质要求等，以避免产生"有人有力不愿使"和"有些工作没人做"的情形。

4. 精干高效

酒店属于劳动密集型企业，在进行组织结构设置时，要尽量体现组织结构扁平化的要求，使得组织层次和管理幅度合理配置，避免出现令出多门、多头领导的现象，让合适的员工在合适的岗位上通过科学的方法和精简的步骤来保质保量地完成工作，从而打造高效的酒店管理模式。

（二）提高员工的工作生活质量

工作生活质量是指组织中所有员工，通过与组织目标相适应的公开交流渠道，有权影响组织决策，改善自身工作，进而导致人们更多的参与感、更高的工作满意度和更少的精神压力。[①] 有效的人力资源管理机制必须能够充分激发员工的工作热情，提高员工工作成效，提升员工满意度。因此，酒店管理者必须认真探究如何提升员工工作效率与工作生活质量。

长期以来，许多酒店管理者不够重视员工的工作生活质量。实际上，只有工作生活质量的改善与提高，员工的工作效率提升才有客观的基础。工作生活质量改善的关键是员工在工作中能否获得快乐的体验。酒店人力资源管理的关键是如何使员工在快乐工作的过程中提高工作效率。为了提高员工的工作生活质量，酒店可以采取的举措包括：①设置工作生活质量管理小组；②全面了解与合理满足员工的个性化需要；③重视员工情绪管理；④鼓励员工参与组织决策；⑤构筑畅通的信息传递渠道；⑥构建有效的授权机制。

---

① 胡君辰，姚凯，陶小龙. 人力资源开发与管理[M]. 5版. 上海：复旦大学出版社，2018：6.

授权是指管理者根据工作的需要，授予下属一定的职权，使下属在自己承担的职责范围内有权处理问题、做出决定，为管理者分担相应的工作。管理者应将自己不必亲自做、下属可以做好的事情交给下属去完成。有效的授权对于员工愉快而高效地工作具有非常积极的意义：其一，有利于提高下属的工作安全感。其二，有利于调动和发挥下属的工作积极性。管理者通过授权，可以增强下属的工作责任心和工作热情，激发下属努力向上的动力。其三，有利于改善上下级的关系。有效授权使下属从按指令行事的消极状态转变为各负其责的积极状态，使上下级之间的关系变成合作共事、互相支持的关系，从而有利于形成和谐友好的工作团队。因此，恰当的授权可以改善上下级关系，促进相互理解与信任，提高员工工作生活质量。

案例 1-2　越俎代庖的新任副总

江西某酒店工程部经理吕彬由于打造高效团队、营造愉悦氛围与创造出色业绩，升任为酒店主管设备、安全与服务质量的副总经理。他的原助理赵军被提拔为工程部经理。由于吕彬比较熟悉与喜欢设备管理工作，他还是把主要精力放在工程部的事务上，认为自己能够做得比继任的工程部经理更好。吕彬经常去工程部对一线操作工人进行指导，着手解决一些实际问题，或者直接下达任务，行使了现任工程部经理赵军的职责。于是，赵军就很少做决策，在遇到需要抉择的事情时，都要请示吕彬。工程部员工的抱怨日益增多，因为要经常面临吕彬与赵军的双重指挥。上下级之间、员工之间的关系日趋紧张。

吕彬既要处理工程部的具体事情，又要分管酒店其他事务，忙得晕头转向。他找到了刚从某著名大学 MBA 班学成归来、主管人力资源工作的副总李凌，以寻求解决问题的方法。在李凌的总体协调下，他们制定了具体的解决方案：首先，重新安排吕彬每天的工作时间，按照工作的流程与重要性进行时间分配。吕彬要尽量控制自己不去酒店工程部。在去之前，首先问自己：我为什么要去？我必须去吗？需要解决的事情是否属于自己的职责范畴？其次，帮助现在的工程部经理赵军重新明确职责。以后凡是工程部的任务，即使需要吕彬协助解决，也由赵军下达命令。最后，帮助吕彬充实安全管理与服务质量管理的专业知识。经过一段时间的努力，吕彬基本上从工程部的日常事务中脱离出来，也有更多时间处理其他更为重要的事宜。赵军也慢慢地胜任了自己的本职工作，工程部有了更多的欢声笑语。

案例中的新任副总吕彬对接替自己的工程部经理赵军不够信任，很多工作不敢放手让他去做，不愿分权与授权，有时候即使授了权，也经常插手，这严重打击了接替者的积极性，使赵军对自己的能力产生了怀疑。赵军没有权力就不愿意承担责任，于是责任又回到了吕彬的身上。此外，吕彬直接对工程部一线员工下达任务，越俎代庖，相当于剥夺了现任工程部经理的大部分权力，而且工程部的一线员工受到多头领导，不知道该听谁的，工作积极性受到严重影响。在李凌的协助下，吕彬与其下级管理人员明确了各自的权限，共同承担了解决问题的责任，最终顺利解决了由其管理不当造成的问题，使工程部恢复了往日的高效合作与愉快工作的氛围。

(三)创造自动自发的工作环境

人力资源管理的重心并不在于"管人",而在于"安人",谋求人与职、人与事的最佳组合。安心、安乐为员工动力之源。"天时不如地利,地利不如人和",正说明人心向背的巨大威力。酒店需要通过各种有效的激励措施,创造一个良好的工作氛围,使员工安于工作、乐于工作,有效发挥员工的聪明才智和创造能力。

1. 科学的管理机制

在人力资源开发过程中,酒店应依托完善和科学的管理机制,保证制度规范、流程畅通、权责明确,坚持内部员工选拔与外部人才引进相结合,促进优秀人才脱颖而出,达到人适其位、岗得其人、人事相宜的目标。

2. 卓越的组织文化

如果说各种规章制度、服务守则是规范员工行为的"有形规则",那么组织文化则作为一种"无形规则"存在于员工的意识中。组织文化可以被比喻为行为的"基因",它通过标识、仪式与惯例等方式,传播组织的核心价值观,告诉员工在组织里什么目标是最重要的,哪些事情是组织所倡导的,能够引导员工行为朝同一个方向努力。优质的组织文化往往能减少人力资源管理的成本和提升员工的劳动生产率。酒店管理者要努力创建服务至上、追求卓越的组织文化。

3. 和谐的人际关系

酒店管理者与员工之间只有双向互动、通力协作,才能达到双赢的效果。管理者要设计和保持一个良好的环境,使个体在群体中高效完成既定目标。因此,管理者需要具备处理和改善人际关系的能力,能够构建一个良好的、和谐的人际关系氛围,并鼓励和推动员工参与管理过程,让员工拥有一种"主人翁"的责任感。

三、人力资源管理的任务

人力资源管理的基本任务是指那些对于实现人力资源管理目标具有关键作用的管理体制与机制。为了有效提高员工的劳动生产率与工作生活质量,以及营造员工乐于工作的氛围,酒店需要努力完成以下基本任务。

(一)构建人尽其才的管理平台

管理平台就是员工实现职业目标的空间、条件、路径与相应管理机制,表明组织将给员工职业目标实现提供怎样的舞台。

1. 尊重知识、尊重人才的舆论氛围

随着以信息技术为核心的科学技术的迅猛发展,以高新技术及其产业为基础的知识经济迅速兴起,世界经济发展的动力已经从主要依靠物力资本转向主要依靠人力资本,人才成为最宝贵、最重要的资源,脑力劳动在劳动形态中的地位和作用越来越突出。酒店现代化管理迫切要求营造尊重知识和人才的舆论氛围。

2. 公开、公平、公正的竞争机制

员工选聘是为特定的工作岗位寻找合适人才而进行的一系列活动。酒店只有通过公开

招聘、公平竞争、公正录取,才能使得人才脱颖而出,才能真正吸引到优秀人才,才能为酒店发展选聘到合适的人力资源。

3. 能位相称、各尽所能的用人机制

每一个工作岗位都有特定的能力要求。能位相称是指工作岗位应该与人的能力相匹配。处于不同层次的酒店管理者,所应具备的技术能力、人际能力和概念能力也不同。在选拔与培训管理者时,酒店必须具有针对性。

只有充分发挥人的能力,酒店才能提高工作成效。酒店要注重提高各类人员的素质,包括思想素质、身体素质、文化素质、业务素质等,使各类人员不断更新知识与技术,提高思想道德和文化水平,充分发挥每个人的智慧和才能,充分开发与利用人力资源,真正做到各尽所能。

4. 科学客观、目标导向的考评制度

酒店需要建立一套科学有效的人才考评机制,应用各种科学的定性与定量的考评方法,全面、客观地评估员工的态度、行为、工作目标的完成程度,以帮助员工全面地认识自己和充分调动员工的工作积极性。

(二)构造潜能开发的培养体系

酒店培养体系是一个系统工程,涉及计划体系、组织体系、制度体系、方法体系和评估体系。酒店管理行之有效的关键在于建立一套有助于员工不断成长的机制。

1. 提升员工自我开发的能力

强调员工自我开发,其目的是提高员工自我管理的能力。这要求管理者给予个体充分的尊重与认同,努力激发个体的渴求与梦想。为此,管理者要从文化、教育、修养三个方面来着手[①]。

(1)重视文化引导。通过酒店文化建设,引导员工增强行为的自觉性,促使员工与酒店形成一个利益共享、风险共担的命运共同体。

(2)重视教育作用。酒店取得竞争优势地位依托管理能力与服务质量,管理能力与服务质量依托人才,人才培养依托培训和教育。

(3)重视修养提升。酒店要利用员工自我修养提升的方式,提升员工的综合素质,增强员工开发自身潜能的能力。通过员工自我开发机制的构建,酒店使员工处于自我激励、自我运转的主动状态。

2. 构建因材施教的培训体系

同一酒店的员工在能力上存在着较大的差异,不同岗位的员工,对其能力要求也不一样。能力差异往往是由员工不同的知识结构、文化程度、性格特征、品质修养以及直接环境所导致的。这要求主管人员因材施教、因人而异。酒店想要培训工作切合不同人员的情况,就要正视员工群体差异性的现实,区分员工的不同特点,根据各人不同的表达能力、操作能力、记忆力、心理素质等采用灵活多样的培训方法。

3. 构建实用的职业管理体系

酒店要为员工创造职业发展的条件,应在职业生涯指导、职业发展通路、职业培训体

---

① 张四成,王兰英. 现代饭店人力资源管理[M]. 广州:广东旅游出版社,1998:37.

制等方面，建立员工职业生涯管理的体系。酒店应根据自己的业务特点和人员成长的内在发展规律，提炼同类业务人员的技能特征和成功行为特征，形成该类业务人员的资格标准和行为标准，并以此标准来规范与培训业务人员，提高其技能，改进其行为，提升其绩效。

4. 构建人才成长的制度环境

为了促进人才成长，酒店还要重视对人才的系统性培养，打造有利于人才成长的环境，可从企业价值观、愿景规划、人际沟通、学习氛围等方面着手，并实行员工报酬与当期经营业绩挂钩的制度。当企业增长到一定规模时，应积极推行管理者期权与骨干人员持股的做法，以激发核心人才主动性与积极性的发挥，为企业长期发展提供更强大的动力源。

卓越的酒店服务品质必须基于优秀的酒店员工。卓美亚（Jumeirah）酒店集团被视为全球最豪华和最富有创新意识的酒店集团之一，其目标是通过建立世界级豪华酒店和度假村，成为服务行业的领导者。个性化是卓美亚酒店集团旗下每一家酒店的特性，其中最为著名的酒店是迪拜帆船酒店。[①]为了能够给目标顾客提供最优质的服务，卓美亚酒店集团致力于打造一流员工队伍，努力创造有助于员工快速成长的环境，具体表现在以下几个方面。

（1）系统的员工培训体系。该集团为员工的学习与培训提供全方位、全过程的支持，在员工的上岗、转岗、提升时，都有硬性的培训规定，让员工方便、快捷地获得工作所需的知识与信息。

（2）"劳逸结合"的工作制度。酒店员工来自全球各地，为吸引优秀员工尽可能长时间在酒店工作，该集团努力为员工提供灵活的工作制度，提供具有市场竞争力的薪资与福利，鼓励员工相互交流管理经验或工作心得，兼顾员工的工作与休闲，给员工一定的工作时间选择权。

（3）优良的成长环境。该集团中级以上的管理者，都有良好的教育背景，都经由基层部门的锻炼，这就使潜在人才都能看到升迁的希望。集团岗位若有空缺，就及时公布，鼓励员工参加竞聘，激励员工进步，努力使员工看到自己的成长方向与成长空间。[②]

（三）构建动力激发的激励机制

激励是指充分调动人的积极性，使每个人都感到才有所用、能有所展、劳有所得、功有所赏，从而自觉地努力工作。人的心理活动难以凭直观感知，主要通过其行为表现出来。由激励产生的动机与行为不是固定不变的，受多种主客观因素的影响，在不同的时间、不同的场合，其表现必然不同。管理者必须以动态的而不是静止的视角去认识和观察这一问题。激励的对象是有差异的，从而决定了不同的人对激励的满意程度和心理承受力也各不相同，这就要求对不同的人采用不同的激励手段。激励的目的是使人的潜力得到最大限度的发挥。酒店若要充分发挥激励的作用，就要建立科学有效的激励机制。

1. 物质激励机制

在制定战略目标、营造愉悦氛围和构建参与机制时，管理者很容易忽视物质报酬是大多数人从事工作的主要原因。物质激励制度是酒店最基本也是最重要的激励制度，主要通过酒店的薪酬制度反映出来。成功的薪酬制度可以吸引优秀员工，降低员工流失率，促使员工努力工作。员工通过获取薪酬不仅能得到生活保障，而且能得到自身价值的实现以及

---

① 昊晏平．世界著名酒店集团比较研究[M]．2 版．北京：中国旅游出版社，2012：403-404
② 魏星．饭店文化建设案例解析[M]．北京：旅游教育出版社，2007：44-46

获得生活的乐趣。

2. 文化激励机制

优秀的酒店文化可以营造一种奋发向上的工作氛围，可以对员工产生激发、鼓舞和推进作用，从而使员工更加具有工作热情。酒店文化激励机制建设的关键在于构建和传播核心价值观，使价值观深入人心，使所有员工的思想观念与行为趋同化，形成共同观念与行为准则。酒店只有具备让员工认同的思维和做事方式，才能对员工的态度和行为产生引导作用。酒店在确立核心价值观后，还必须强化员工的团队合作意识。为了加强员工的团队合作意识，酒店要明确每个员工为实现目标应遵循的行为准则、权利与义务，同时，要加强民主管理，鼓励员工参与酒店的经营决策，从各方面加强员工的主人翁意识。此外，酒店要利用内部正面的或是负面的、积极的或是消极的、成功的或是失败的重大事件，从文化角度进行认真细致的分析，总结出其积极的影响和失败的原因。酒店要利用典型事件的经验和教训，在员工中进行大力渲染，给员工带来心理上的震动，给员工留下深刻的印象，从而使员工认识到酒店文化的重要作用，并能自觉地贯彻落实和推广弘扬。

3. 竞争激励机制

竞争往往在不确定环境下进行，伴随着机会、要求与压力。适度的压力能够产生积极的影响，促使员工超常发挥自身的水平，因此，在保证竞争适度性与公平性的情况下，竞争能对员工起到显著的激励作用。理论上的自由竞争是一种简化和理想的产物，现实中的竞争并非只是一种简单或单一的压力，而是多种压力的组合。由于受到人为因素等方面的影响，竞争存在着不公平性。酒店管理者在利用竞争机制激励员工时，要着力使竞争在公平的规则及操作下进行。

4. 领导激励机制

员工工作积极性的高低直接影响酒店服务工作的绩效，而员工工作积极性的高低与领导对员工的激励效果密切相关。领导的职能就在于通过为员工排忧解难、激发热情、鼓舞斗志，使员工努力为实现组织目标做出贡献。美国管理学家哈罗德·孔茨（Harold Koontz）等认为，领导是一种影响力，是对人们施加影响的艺术或过程，从而使人们情愿地、热心地为实现组织或群体目标而努力。由此可见，酒店管理者的综合素质和领导水平直接影响员工的主动性与创造性。领导激励机制的作用在于管理者可以将员工的个人需要和工作绩效有机地结合起来，为员工提升绩效进行有效的指导、协调与激励。

本章小结

人力资源是指能够推动整个经济和社会发展的劳动者的能力。能动性是人力资源区别于非人力资源的最重要特征。人力资源管理的重要意义是使酒店能够快速适应内外环境的变化，尤其是适应目标顾客需求的变化。没有满意的员工，就没有满意的组织绩效，因此，人力资源管理一直是酒店管理的重中之重。酒店人力资源管理的主要内容包括引人、选人、育人、用人、留人、流人等六个方面。在人力资源管理实践中，管理者往往根据其对于人性的认识来采取相应的管理方式。人性假设理论为人力资源管理的研究与应用提供了一定的理论基础，主要的人性假设包括四种，即经济人、社会人、成就人（自我实现人）和复杂人假设。为了让人产生组织所期望的行为，管理者需要掌握激励理论，探究"如何使人做某事"。人力资源管理经过了劳动关系管理、人际关系管理、开放系统管理与战略资源管理等发展阶段。酒店人力资源管理的根本目标就是通过合理组织和运用人力资源以提高员工的劳动生产率与达成组织的战略目标，其具体目标包括三个方面，即形成高效的人力资源组合、提高员工的工作生活质量与创造自动自发的工作环境。

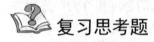

复习思考题

1. 人力资源具有哪些基本特征？
2. 人力资源管理的目标是什么？
3. 如何构建人尽其才的管理平台？
4. 人力资源管理的主要内容是什么？
5. 人们对于人性有哪些不同的假设？
6. 人力资源管理经历了哪些发展阶段？
7. 酒店如何提升员工的工作生活质量？
8. 酒店如何确立与时偕行的人力资源管理理念？

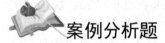

案例分析题

浙江金华某酒店经过二十多年的发展，已在当地具有了一定知名度。酒店总经理吴某作为酒店的创始人和所有者，已经六十多岁，一直以来依靠自己的判断与决策指引酒店的前进方向。对于酒店的大小管理事务，他事必躬亲，对于500元以上的任何花费都要亲自批示，发现办公室的地面不整洁也要亲自批评处理。在谈到为什么不能放心地将日常管理事务交给副总尤某负责的时候，吴某总是认为尤副总素质不高、能力不够，只有自己对酒店最了解，最能管理好。为了能够将所有事情处理好，吴总每天很早就来到酒店，大部分时间都用于穿梭在各个部门，对各项工作进行现场指导。部门经理以及其他管理人员把原本属于自己职责范围的部分工作也推给了吴总，基本上绝大多数事情都要吴总亲自拍板，而一旦吴总离开酒店一段时间，酒店的服务质量与工作效率就会下降。对于部分员工来说，吴总离开酒店的时间意味着"放假"。为了能够按照自己的意愿经营酒店并达到理想目标，吴总很少离开酒店，几乎没有休息的时间，天天操心不已，时时忙碌不已。尽管吴总喜欢大权在握所带来的那种满足感，并且他一贯认定唯有如此才能使自己放心与满意，但是他也渐渐明白如果不想方设法发挥其他管理者的作用，那么他就可能每天都陷于琐事当中，也就不可能有充分时间来考虑酒店的发展战略。曾经，吴总试图通过授权的方式让管理人员承担更多的责任，但效果并不理想，许多管理者似乎都有意把权力还给他，因为管理者还是事事向他请教，甚至造成他需要关注的事情好像比以前还多。有一次，在吴总与某著名大学教授的交流过程中，他抱怨："管理人员似乎就不想承担责任，也没有自己的主见，企业缺乏值得重用的人才。"

问题：

1. 吴总经理负担过重的根源是什么？
2. 如何授权才能激发组织成员的工作能动性？

第二章　酒店员工招聘

> **引言**
>
> 　　酒店员工招聘是指酒店依法从社会上吸收劳动力、增加新员工或获取急需的管理人员、专业技术人员或其他人员的活动。员工招聘是酒店员工队伍建设的基础，关系到酒店的生存与发展。20世纪90年代以来，企业面临的竞争环境日趋复杂多变，于是实践界逐渐把焦点转移到企业如何获得竞争优势上。与技术、资金等资源相比，人力资源更能为企业带来持续竞争力，因此，战略性人力资源管理成为酒店构建持续竞争优势的重要手段。酒店需要建立完整的员工招聘体系，为员工招聘做好充分的准备，树立正确的员工招聘指导思想，遵循科学的员工招聘程序，并综合运用有效的员工招聘方法。

> **学习目标**
>
> （1）理解酒店员工招聘的基础工作。
> （2）理解人力资源供求预测的方法。
> （3）了解酒店人才规划的重要意义。
> （4）掌握酒店工作分析的主要内容。
> （5）理解酒店定员管理的基本方法。
> （6）理解酒店员工招聘的基本程序。
> （7）掌握酒店员工招聘的主要途径。
> （8）掌握酒店员工招聘的测试技术。

第一节　酒店员工招聘的基础工作

　　酒店员工招聘必须基于酒店的人力资源规划和工作分析。科学的人力资源规划是酒店经营成功的基础，系统的工作分析为正确的人事决策提供了依据。

一、人才规划

　　人才规划必须以市场需求为导向，对未来酒店人才队伍的数量、质量与结构等做出正确的预测，使人才储备满足组织进一步发展的需要。酒店人力资源管理工作必须注重人事相宜，权衡每项工作对个人的知识、能力与价值观的要求，因此，酒店选人机制必须以正确的人才理念为基础，依靠科学的人力资源规划，尤其是核心人才与紧缺人才的规划。

（一）酒店人才理念

酒店能否正常运营并取得预期效果，关键在于酒店是否拥有数量充足、素质匹配的人才。《国家中长期人才发展规划纲要（2010—2020年）》中提到，人才是指具有一定的专业知识或专门技能，进行创造性劳动并对社会做出贡献的人，是人力资源中能力和素质较高的劳动者。在实际生活与工作中，部分酒店经营者也曾陷入所谓的"四唯"人才评价标准误区，即"唯学历"标准、"唯资历"标准、"唯职称"标准、"唯身份"标准。虽然学历、资历、职称、身份等对于酒店全面评价一个人具有一定的参考价值，但不能过度放大这些指标在评价一个人时所起的作用，因为这些指标都无法直接反映一个人是否适应酒店行业的要求、某一酒店的要求或酒店某一岗位的要求。酒店要想实现人力资源的有效组合，就要确立适应就是人才的理念，即只要胜任本职工作的人，都是企业的人才，都应得到相应的尊重和重用来具有施展才华的广阔天地，从而调动绝大多数员工的积极性。酒店人才的适应性，主要体现在以下三个层面。

1. 适应行业的要求

适应酒店行业要求的人，即酒店职业人。酒店行业对人才有特殊的要求，如强烈的职业意识、积极的职业心态、良好的职业习惯与特殊的职业技能等。目前，部分酒店对人才的重视主要停留在口头上，对酒店人才标准的识别，比较重视外部条件而非内在素质，如过于看重年龄、外貌、资历等。追根溯源，这是因为部分酒店管理者对人才的界定有失偏颇。酒店服务质量在很大程度上取决于员工的服务态度，因此，酒店员工最重要的素质说起来很简单，即"发自内心的热爱"。对职业的认同感是对酒店人才最根本的要求。态度决定一切，一个人有了职业认同感，才可能发挥显才能，挖掘潜才能。由于酒店行业比其他行业更需要员工频繁地与人打交道，酒店人才还需要具备开朗的性格和善于沟通的本领。从某种程度上讲，酒店人才是具有职业认同感的人和适合该行业基本要求的人，只有这样的人才可能发展成为酒店各级经营管理人才、职能管理人才以及专业技术人才。此外，部分酒店管理者对于人性的假设仅仅停留在"经济人假设"的层次上，对员工的管理主要采取控制的办法，激励方式主要为金钱手段，缺乏必要的人性化管理。然而，在知识经济背景下，人性尊重、知识驱动比强制手段、金钱驱动更重要，员工追求的不仅是一份能获得高薪的工作，更是一项有发展前途的职业或事业。

职业化是酒店行业对人才的基本要求，科学的人才理念的要义之一就是职业导向。相关研究表明，敬业度是影响服务人员工作满意度与顾客满意度关系的重要变量，只有对工作满意且敬业的服务人员才可能令顾客满意，为组织创造良好的经济效益。因此，管理者在重视员工满意度的同时应高度关注他们的敬业度，通过适当的心理测试与面试方式，选用具有敬业精神的员工，激发员工的工作热情，培养员工的敬业意识。[①] 酒店经营者要改变唯学历的倾向，应该将学历只作为评价酒店人才职业标准的因素之一，将重点置于如何界定与培养各方面都吻合酒店行业要求的"酒店职业人"。

2. 适应企业的要求

适应特定企业要求的人，即企业人。不同企业有不同的组织文化和管理风格，对人才

---

① 温碧燕. 有满意的员工就会有满意的顾客吗——员工敬业度的影响[J]. 旅游学刊，2011（5）：68-76.

也有不同的要求。在某企业如鱼得水、春风得意的人,也许在另一个企业就难以发挥同样的作用。有的员工在原单位可以呼风唤雨,但在新单位却度日如年、日子难熬。究其原因在于在新的工作环境里,该员工要面对不同的核心领导者、不同的管理层、不同的团队,除非自己能够适应新变化,否则就会有强烈的失落感,这又会影响其工作积极性。部分酒店人才之所以表现优秀,是因为所在酒店能充分发挥其优势。部分酒店人才是隶属某一特定酒店的人才,能够适应特定酒店的组织文化和管理风格。

(1) 深刻认同组织价值观。每个企业都有自己独特的人才观与价值观,某些员工非常认同酒店长期形成的习惯做法与价值准则。他们之所以长期选择留在这里,是因为他们对酒店产生了感情——一种家的归属感,能从中获得家庭般的温暖,熟悉酒店的人、事、物,愿意遵守"家规",有很强的成员感,感觉在这里工作很安全、很快乐、很幸福。

案例 2-1 选聘适合酒店的员工[①]

部分酒店虽然赢得了顾客的高度满意,但是其员工却对高强度和高压力的工作产生满腹的抱怨,上海波特曼丽思卡尔顿酒店(原上海波特曼丽嘉酒店)通过倡导"让人感动"的服务标准,同时兼顾了员工满意度和顾客满意度。该酒店曾经连续两年分别蝉联了"亚洲最佳商务酒店"和"亚洲最佳雇主"的第一名。在著名的人力资源咨询公司翰威特"最佳雇主评选"中,该酒店曾连续5次进入"十佳"。酒店管理层并不讳言与所有的商业机构一样,其经营的最终目的是不断实现盈利从而让每位员工也明确了解自己是促成总体经营结果的一部分。他们的制服口袋里装着酒店统一的信条卡,他们的座右铭是"我们以绅士、淑女的态度为绅士、淑女们忠诚服务"。酒店管理层认为如果要使员工成为绅士和淑女,那么选择"合适的员工"是尤为重要的环节。在酒店行业里,该酒店的选聘条件是出了名的严谨。该酒店有一套完善的招聘程序,其基本步骤为:HR 面试;HR 标准化面试;部门经理面试;直线上司面试;HR 总监面试;酒店总经理面试。其中第二关——标准化面试与众不同,是对"选择对的员工"的保证。在这个面试阶段,所有候选人回答的面试问题都一样,他们的答案将会与标准答案进行比对,该酒店会录用与标准答案最接近的应聘者,而标准答案是由专业的咨询公司提供的,该公司通过酒店行业内众多成功人士对这些面试问题的回答,提炼他们作答时一致性很高的答案。因此,如果候选人给出的答案与这些行业精英类似,就可以在一定程度证明其具有酒店行业所需要的优秀素质。

该酒店的选聘标准表明,一方面员工既要拥有从事特定岗位所需的特殊禀赋,另一方面员工的个性与价值观必须与企业文化理念相符合。只有同时具备了这两个条件,员工才会真正找到成就感与归属感,才会有高敬业度与高满意度。

(2) 适应企业管理风格。适应特定企业管理风格的员工能更好地施展自身才能与提升工作效率,因为他们了解企业倡导什么与反对什么,从而增进行为的针对性与有效性。有些企业重视"结果",强化关注工作成果的考核体系;有些企业重视"过程",强调流程整

[①] 根据中国服务营销网《一切来自员工满意度》、深圳新闻网《波特曼丽嘉:"绅士淑女"成就最佳雇主》、中国人才指南网《上海波特曼丽嘉酒店:六道面试一道都不能少》与中国旅游报《"我们的标准是让人感动"——上海波特曼丽思卡尔顿酒店服务质量二三事》等文献改编而成。

合与过程控制。有些企业强调"一次做对",严惩"过错行为";有些企业鼓励"创新行为",给予"试错机会",宽容"员工行为"。一般而言,企业管理风格一旦形成,就不会轻易发生变化。努力适应企业既定风格的员工才有可能获得机会与被重用。一个企业的管理风格往往与创业者以及高层管理团队的风格、意识或习惯密切相关,因此,适应企业管理风格往往也意味着适应领导管理风格。例如,有些员工长期与现任上司在一起工作,几乎知悉领导的一切生活习惯与喜怒哀乐,且在性格和能力上与领导刚好形成互补,在工作和生活上能与该领导形成高度默契,在一定程度上可弥补该领导的性格缺陷与能力缺陷,甚至有些时候可以成为领导的"替身",代替领导发言或下达命令,他将因此成为领导心中不可或缺的员工。

案例 2-2 辉煌的历史源于领导的支撑

小顾现就职于某旅业集团的人力资源部,负责员工的招聘、培训和绩效考评工作。他感觉该工作无法完全发挥自身的能力,工作压力较小,晋升空间不大,领导对其不够重视,因此,在工作之余,他一直在谋求理想的工作单位。小顾1997年毕业于某著名大学,获得管理学硕士学位。同年,他成为深圳某大型IT企业人力资源部的员工。由于专业基础扎实,沟通能力较强,他很快得到领导的赏识。当时,该企业正致力于人力资源部的重构工作,他凭借科班出身、出色的专业素质和领导的大力推荐,被提拔为人力资源部部长。此后几年,他提出了很多人力资源开发与管理的方案,大多数都得以实施。虽然有些方案由于涉及面太广,在开始阶段受到很大阻碍,但在领导的大力支持下,都得到了实施,并取得了一定效果。于是,不到30岁的他就拥有了相当大的权力与财力,一时成为企业的"红人",领导器重他,员工敬重他。凭着十几万的年薪,很快他就在深圳购买了房子。在其他人的心目中,他俨然是一位"成功人士"。因为第一份工作就获得如此成功,小顾自己都有点儿飘飘然了。现在回想起来,小顾自己都认为当时有些不"自重"了,他觉得自己在该企业已经发挥出最大潜力,也基本达成自己所有意图。令众多同事意料不到的是,有一天他忽然觉得当前工作缺乏挑战性,有一些厌倦情绪,想换一家单位,一切从头开始。小顾认为已经在管理岗位上证明了自己,下一份工作应是市场开拓岗位。虽然领导极力挽留,但他毅然决定辞职,以寻找一份更能体现自身价值的工作。由于长期处于要位,没有获得充分休息,他又决定在重新投入工作前好好享受一番。鉴于大学期间没有好好看看祖国的大好河山,小顾开始周游全国各地,这种生活持续了将近一年。2002年年初,小顾决定开始寻找另外一份工作,并很快成为某著名服务型企业市场营销部的客户经理。与管理岗位不同,客户经理的工作面临持续销售业绩的挑战。几乎每隔几天,顶头上司就要向他们施加压力。由于长期以来难以完成企业要求的业绩,小顾很难从这份工作中获得成就感。其上司是一位刚离婚的女士,由于情绪不好,经常向他发脾气,而且小顾也难以适应她絮絮叨叨、重视细节的领导风格。聊以自慰的是,小顾的上司经常碰到管理问题,而他总能给她想出较好的解决办法。在这个岗位上工作将近四年,小顾一直没有获得期望中的成功,他决定换一个工作岗位或辞职。从2006年年初开始,小顾一直筹划更换新的工作,并于当年5月份正式离开该企业。其后,小顾从事过好几份工作,但他都觉得不太如意。近年来,小顾经常反思最初的那份工作为何能够获得极大成功,之后的多份工作又为何难以取得重大进展。

小顾逐渐认识到：他较为认同最初就业单位的管理风格，与以前的上司很合得来，彼此间有种默契感，也许这是那份工作颇为顺心的主要原因。小顾的一位同学问其是否考虑过再回那家企业？他回答说："虽然与以前的领导仍然保持联系，但现在回去非常没有面子，可能给那位领导丢脸，其他员工会认为领导当时重用的人原来不过如此。"

该案例说明，小顾第一份工作的成功与适应企业特定的管理风格、与领导的大力扶持密切相关。对于企业领导来说，一方面，应采取有效措施识别与培养适应本企业管理风格的员工；另一方面，为了使骨干员工更忠诚于企业，应让他们明白其他企业抛来的"橄榄枝"也许是"陷阱"而不是"馅饼"，因为他们可能难以适应其他企业的管理风格，也就难以重现事业的辉煌。

（3）适应企业规章制度。规章制度是一种管理工具，无好坏之分，它能否取得预期效果最终取决于员工的认同与遵守。酒店作为一个"半军事化"管理的服务组织，其规章制度必须具有权威性、严谨性与系统性，且原则上所有人都必须服从制度规定。具体而言，规章制度包括企业基本制度、管理制度、技术规范、业务规范与个人行为规范等。为了给客人提供物超所值的服务，合格的酒店员工就必须以规章制度约束自身行为与确定工作方法。对于适应特定酒店规章制度的员工来说，他们往往具有很高的工作效率，也更容易获得职业生涯的成功。

3. 适应岗位的要求

适应特定岗位的职业要求的人，即岗位人。岗位是组织的细胞，是责任、权力、名称、素质和利益的结合体。对从事不同岗位的员工的素质要求主要通过酒店的任职资格来表述。任职资格说明了在某个岗位工作的人所必须具备的素质和条件，其重点是要明确任职的关键要素和核心能力，即明确胜任该岗位的关键素质。然而，我国一些酒店往往对此缺乏充分研究，如把身材、年龄、学历、经验等作为关键要素，在招聘广告中把上述要素列为必要应聘条件。其实，这些要素应酌情而定，对于新建酒店而言，经验是关键要素，而对于老酒店而言，经验并不是必要条件。酒店招聘员工，既要讲究与企业的匹配，也要讲究与岗位的匹配。目前我国的一些酒店之所以留不住人才，一个很重要的原因就在于招进来的人并不适合自己的企业，要么是个人价值观与组织文化存在很大冲突，难以融入组织而被迫离去；要么是品貌、学历、能力等过剩，心有不甘而另攀高枝。

当前，不少酒店或教育机构推崇培养"综合型人才""高层次人才"或"宽基础、泛专业"人才，但是"适应就是人才"的理念正日益受到许多成功人士的认同。首先，它体现了知人善用的原则。适应本职工作、符合某一个岗位要求的人，显然是企业所需的人才。一个人能否发挥作用，关键在于是否有适合其发展的岗位。其次，它体现了人尽其才的原则。适应了酒店岗位要求的人，有用武之地，能发挥才能。最后，它体现了经济性的原则。在每个岗位都考虑选择最适合的人，使每个人都得到较为充分的利用，可以避免人才资源的浪费。有时，高层次人才反而干不好低层次工作。有些酒店正是由于存在能力过剩的员工，而增加了员工队伍的不稳定性。

案例 2-3 适合的岗位让他"如鱼得水"

小王现就职于某酒店集团战略投资部，主要从事证券投资工作，并负责筹划集团酒店业务上市事宜。小王自1999年开始在杭州某金融机构从事证券研究工作。该单位属于国有企业，与其他同学相比，小王的工资待遇一般。他的工作性质与其硕士研究生的学习生涯具有类似性，如他所说的"无非是看看材料，写写东西而已"，因此他很快适应了该岗位的工作。但该工作的薪酬与他的要求相比，具有一定距离，因此在收到一家待遇更好的金融企业抛来的"橄榄枝"后，他很快投身于新的工作单位，其岗位没有变化，仍然是从事证券投资与分析工作。由于薪资有了较大幅度的提高，且工作环境相对自由宽松，小王越来越感觉日子美好。在新的单位工作不到一年，在一位同学的鼓动下，小王又跳槽到一家上海的单位，其工作性质还是一样。由于该企业的老总与小王是校友，他有了更大自由度，其证券研究工作也有了更好的支撑平台。于是，小王经常有机会出差，到各地从事调查研究。虽然工作地点在上海，但他经常到杭州出差，几乎每个星期，在杭州的同学都会收到他的电话，邀请大家吃饭，由他"买单"，然后从同学中收集一些有用的信息。小王的同学经常说："这家伙过得真潇洒，工作即生活，生活即工作。"应该说，在这家单位，小王干得还是比较顺心的。但不到一年，小王的上司另谋高就，由于该上司非常赏识他，想把他带走。而且，该上司还对他的其他同事说："小王与他配合默契，还想与他一起工作，希望在调动工作时，有关各方给予关照。"小王在一次聚会上感慨："当时好像是被'逼'走的。"但无论过程与结果，他都很开心，毕竟这是领导对他的认同。由于在同一岗位工作了将近七年，小王在圈内已小有名气。不久后，老同学又碰面了，小王说自己又要换工作单位了。一位同学笑着问他："怎么老是换工作，说明你不敬业、不忠诚。"小王马上反驳："我敬业爱岗，自毕业后一直在同一岗位工作，在现实中这样的人很少，因此我至少是一个专家，或者说是一个学者型员工，在工作中能努力做到理论与实践的统一，这也是我之所以能不断被'挖走'的原因。"2010年，小王又换了一份工作，到一家酒店集团上班了；这让他的同学感到非常诧异。小王解释道："旅游业现已成为国家战略性支柱产业，且工作时可常常入住高星级酒店，多好的工作环境，而且，我现在还是做老本行，我这辈子不会离开证券投资与分析岗位了。"

笔者认为，小王成为"香饽饽"的根本原因是其特别适应某一岗位的要求，他愿意也有能力完成与该岗位相对应的职责。任何企业都需要这种"敬业、爱岗、专精"的员工。酒店快乐工作平台构建的基础是每个员工都热爱且擅长从事所在岗位的工作，每个人都安心处在最合适位置而非最高位置。因为，对于某些"岗位人"来说，他们更喜欢做好、做精某一方面的工作，而不喜欢成为"发号施令"的管理者。

（二）人力资源规划

人力资源规划是指组织为了更好地实现战略目标，科学地预测与分析人力资源需求与供给状况，通过必要的政策和措施来确保在合适时间和所需岗位获取人力资源的过程。科学的人力资源规划，能使酒店对未来的人力资源供求关系做出较为准确的预测，有利于有效利用人力资源，确保酒店在发展过程中对人力资源的需求得到满足。

1. 人力资源规划步骤

人力资源规划的制定取决于企业目标、工作分析与绩效考评情况，一般可划分为以下八个步骤。

（1）确立目标。人力资源规划主要根据企业目标来制定。因此，人力资源规划试图达到的目标必须与企业目标以及人力资源管理的具体内容密切相关。

（2）收集信息。根据已确立的人力资源规划目标，从企业内外部收集各种有关信息。内部信息包括酒店发展战略、员工流动趋势、劳动力成本趋势等；外部信息包括宏观经济发展趋势、酒店行业发展前景、主要竞争者动向、劳动力市场趋势、政府政策法规等。

（3）人力资源需求预测。根据收集的各种信息，预测酒店下一步发展对人力资源的需求。

（4）人力资源供给预测。根据收集的各种信息，预测酒店所需人力资源的供给情况。

（5）人力资源余缺预测。对劳动力的供给与需求都预测完毕以后，人力资源规划者就可以通过两方面数据的比较，确定在不同的工作类别中可能出现的劳动力富余或短缺的状况，并据此决定采取哪些有效措施来解决潜在的人力资源供需矛盾。

（6）制定人力资源规划。在科学预测的基础上，制定适合酒店发展的人力资源规划，确定计划的时间段、目标、具体内容等。

（7）实施人力资源规划。酒店在实施人力资源规划前要做好充分的准备工作，在实施时要尽力按照计划执行，要协调好各部门、各岗位之间的关系，要注意对规划实施状况进行必要检查。

（8）评估与修正人力资源规划。酒店将人力资源规划付诸实施后，要对该规划进行定期和不定期的评估，并及时向有关各方反馈评估结果。通过客观的反馈信息，酒店可以知道原来规划中哪些是可操作的，哪些是有待完善的，哪些是无法实施的，并据此对原来规划进行必要修正。

2. 人力资源需求预测

人力资源需求预测是指估算酒店未来需要的员工数量、质量与结构。它是酒店编制人力资源规划的前提，其直接依据是酒店发展战略与年度预算。

1）主观估计法

主观估计法是指酒店管理人员根据经验和直觉来预测和确定未来所需人力资源数量和类型的方法。该方法的基本步骤是：首先由酒店各级管理人员根据部门职责、发展计划与未来某段时期增减的业务量，提出本部门各类人力资源的需求量，然后通过酒店人力资源部门进行估算与平衡，最后由酒店最高管理层进行决策。

2）专家预测法

专家预测法是专家们对组织某个领域的预测达成一致意见的结构化方法。德尔菲法是一种得到最广泛应用的专家预测法。德尔菲法是指采用书面形式分别将所要解决的问题发送给专家，接着征询、回收、综合专家的意见，然后将综合意见再分别反馈给专家，经过多次意见交换，逐步获得一致预测结果的方法。德尔菲法的基本步骤包括：选择和邀请专家；将与问题相关的信息分别提供给专家；让专家各自独立发表意见；汇总专家的第一次意见，再分发给专家，让专家据此再次发表意见；如此反复多次，最后形成代表专家组意见的预测结果。

3）转换比率法

转换比率法是指将酒店业务量转换为人力资源需求的方法。这是一种适合短期需求预测的方法，而且一般不考虑员工劳动生产率提高的影响。以酒店客房服务员为例，首先，用客房总数与客房出租率求得全年计划产量，即全年清扫客房数；然后，结合直接劳动的标准时间，即清扫客房的单位时间，求出酒店客房部全年所需的总工时；最后，将总工时除以每人每年的实际工作时间，即可得出所需服务员数量。

4）趋势分析法

趋势分析法是指酒店通过找出对人力资源的数量和结构影响最大的因素，并分析该因数的变动而导致的人力资源的数量和结构的变化规律，由此推测出酒店未来人力资源需求的方法。

5）经济计量法

经济计量法是指将酒店员工需求量和影响员工需求量的主要因素之间的关系用数学模型的形式表达出来，依据数学模型及主要因素来预测酒店员工需求的方法。趋势分析法本质上是经济计量法的一种，但其自变量只有一个，而经济计量法一般要考虑多种因素，且要考虑各因素间的相互作用。

6）定员分析法

定员管理，亦称劳动定员管理或人员编制管理，是指酒店为完成既定的组织目标与工作任务，根据酒店的经营方向、规模、档次、业务情况、组织结构、员工素质等，本着节约用人、提高效率的精神，确定酒店的岗位设置，规定必须配备的各类人员的数量。酒店的劳动定额和定员管理是相辅相成的，定额是基础，定员是保证。酒店各类员工的工作性质和特点不同，确定人员数量的具体方法也就不同。

（1）效率定员法。效率定员法是一种根据工作量、劳动效率、出勤率来计算定员的方法。凡是实行劳动定额管理并以手工操作为主的工种，都可以用这种方法计算定员。劳动定额是指在一定的技术和组织条件下，为完成一定量的工作，所规定的劳动消耗量的标准，或规定在单位时间内完成产品数量的标准。劳动定额有三种表现形式，即时间定额、产量定额和看管定额。时间定额是指劳动者生产单位产品所需的劳动时间，如服务员整理一个标准客房需要30分钟。产量定额是指劳动者在单位时间内生产合格产品的数量，如一名客房服务员在8小时内需要完成14间客房的整理工作。看管定额是指一个员工同时要看管的机器设备数量或看管操作岗位的数目，如一名餐厅看台服务员需要同时看管4张餐桌。在上述三种形式的劳动定额中，基本的表现形式是时间定额和产量定额。时间定额和产量定额之间的静态关系成反比关系。

（2）岗位定员法。岗位定员法是指根据酒店内部组织机构和各种服务设施，确定需要的岗位数量，再考虑各个岗位的工作量、劳动效率、工作班次和出勤率等因素来确定人员数量的方法。这种方法一般适用于酒店的前厅工作人员、综合服务设施服务人员、门卫人员、行李人员、值班电工、锅炉工等岗位的定员。

（3）比例定员法。比例定员法是指根据相关人员之间的比例关系来计算定员的方法。这一方法的基本依据是酒店的某类人员与另一类人员或员工总数之间客观上存在一定的比例关系，如酒店集团总部的员工食堂就餐人数与厨师人数的比例关系等。

（4）职责定员法。职责定员法是指根据酒店内部的组织机构、业务分工与岗位职责来确定人员数量的方法。它主要适用于酒店管理人员和工程技术人员的定员。

（5）设备定员法。设备定员法是指根据设备开动台数、设备开动班次和人员看管定额来计算定员的方法。它主要适用于锅炉房、总机房等岗位的定员。

3. 人力资源供给预测

人力资源需求预测的是组织内部对于人力资源的需求态势，而人力资源供给预测则要分析组织内部和组织外部人力资源的供给态势。

1) 内部供给预测

人力资源内部供给预测需要考虑酒店内部的相关因素，如员工年龄分布、人员调动、离职、退休、跳槽、解雇等情况。

（1）技能清单法。技能清单法是指通过把反映员工工作能力特征的信息制作成清单来预测潜在的人力资源供给的方法。技能清单的设计要有针对性，并根据员工情况的变化来及时更新，从而为人事决策提供可靠依据。技能清单一般分为两类，即普通员工技能清单与管理人员技能清单。普通员工技能清单包括员工的工作经历、教育背景、专业技能、岗位胜任度和发展潜力等信息。管理人员技能清单集中反映管理者的管理技能及管理绩效，其内容包括教育程度、管理经验、管理幅度、下属职责、管理对象特征、管理培训经历、当前管理绩效、领导力和发展潜力等。管理人员技能清单为管理者的流动决策提供可靠信息。技能清单有助于酒店掌握现有人力资源状况，估算现有员工工作调动的可能性大小，决定哪些员工可以补充酒店当前及未来的关键岗位空缺，使酒店能够更加合理、有效地开发人力资源。

（2）人员核查法。人员核查法是指通过对现有人力资源的数量、质量、结构和各岗位上的人员分布状况进行核查，以掌握可供酒店调配的人员数量和人员潜力利用的方法。该方法多用于短期人力资源供给预测。

（3）员工流动分析法。员工流动分析法是指通过掌握酒店不同岗位的员工流动趋势，从而预测酒店内部人力资源可能的供给量。员工内部流动趋势能够表明在不同的时间里，处于各种不同工作类型中的员工所占的比例或数量，发现酒店内部存在的员工晋升路线，明确现有岗位的员工来自于何处。该方法在描述一家酒店的劳动力供给趋势方面是十分有用的。若酒店的各种条件比较稳定，这种方法还可以用来预测未来的劳动力供给状况。

（4）管理者继任图法。管理者继任图法可用于分析与设计管理人员的供给状态。该方法可以一目了然地掌握酒店管理人员的供给情况，并可以进一步了解不同层次与部门的管理人员的接班和供给问题。该方法的基本思路是：针对酒店各层次、各部门管理职位的空缺，制订相应的管理人员继任计划；根据每一个管理职位的要求，确定几位继任候选者；根据候选者的实际表现及作为继任候选者的晋升潜力，列出候选者晋升次序；假设在候选者晋升高一级职位的条件下，进一步明确候选者原来岗位的继任人选，依此类推，直至所有空缺的岗位都找到符合要求的继任者为止。

图2-1是管理者继任图的示例（图中均为化名）。英文字母用于表示晋升可能性，其中A表示"具备晋升条件"，B表示"需要进一步培训"，C表示"不合适"。阿拉伯数字用于表示管理者在当前工作上的实际表现，其中1表示"出色"，2表示"良好"，3表示"一般"，4表示"欠佳"。括号内的数字表示年龄。因此，A1表示候选者"具备晋升条件"且"当前工作表现出色"。根据图2-1，若现任酒店副总经理欧阳平一旦退休，酒店就必须从三个候选者中挑选一个人来补充该职位的空缺，相应地，必须为三位候选者物色继任人选。若任飞扬晋升为酒店副总经理，周毅仁担任市场部经理，则下一步必须物色人选填补由于周毅仁的晋升而留下的职位空缺。从示例当中，我们可以发现管理者继任图的重要意义：一是酒店会减轻个别人离职造成的不良影响；二是继任图有助于调动候选者的工作积极性；三是继任图能表明部分候选者只有经过一段时间的培训与实践，才有胜任更高一级管理岗位的可能性，这有助于员工的自我开发与自我激励。

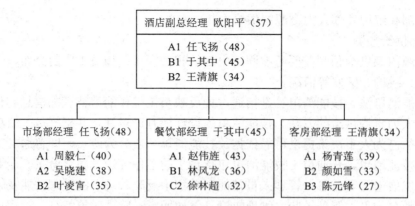

图 2-1 管理者继任图示例

2) 外部供给预测

外部供给预测是根据酒店发展要求，预测劳动力市场上酒店所需人力资源的供给情况。当从组织内部无法获得足够的人力资源供给时，酒店就需要通过外部的劳动力市场来解决人员的补缺问题。外部供给预测主要基于对酒店外部人力资源供给因素的分析。一般而言，影响人力资源外部供给的因素主要包括以下几个方面。

（1）本地区人口总量与人力资源储备。这决定了该地区可提供的人力资源总量。当地人口数量越大，人力资源储备量越大，则人力资源供给就越充裕。

（2）本地区人力资源基本构成。这决定了在年龄、性别、教育、专业、技能、经验等层次与类别上，可提供的人力资源的数量与质量。

（3）本地区经济发展水平。这决定了本地对外地劳动力的吸引力。当地经济越发达，经济发展趋势越好，对外地劳动力的吸引力就越大，当地劳动力供给就越充裕。

（4）本地区教育水平。一个地区的教育模式、教育层次与教育质量，特别是政府与有关组织对培训和再教育的投入，将直接影响人力资源供给的质量。

（5）本地区薪酬水平外部竞争力。当地劳动力市场工资水平、酒店业薪酬水平、与其他地区相比较的相对价格、物价指数等都会影响劳动力的供给。

（6）本地区劳动者的就业倾向。一个地区的社会文化会显著影响劳动者的就业倾向，因此，当地劳动者的择业心态、就业模式、工作价值观等都会影响酒店行业人力资源的供给。

（7）区域地理位置对外地人口的吸引力。一般而言，交通便捷、气候宜人、宜商宜居、生态资源丰富的地区对外地劳动力的吸引力较大。

（8）本地区失业率的高低。高失业率意味着外部劳动力供给较充裕，获得人力资源较为容易；低失业率意味着外部劳动力供给较紧张，获得人力资源较为困难。

（9）区域政策法规。各地政府为了促进本区域的经济发展，增加本地劳动力的就业机会，保障劳动者的合法权益，都会颁布有关的政策法规，这必将影响外部劳动力的供给。

（10）宏观经济形势。酒店外部人力资源供给受宏观经济形势的影响。一般而言，宏观经济形势越好，各类组织对劳动力的需求越大，酒店获得所需人力资源的难度越大。

（11）科学技术发展。科学技术的进步与应用情况，将对各行业人力资源的供求状况产生很大的影响。高科技在酒店中的应用与推广预示着高技能、高智慧、富于创造性的人力资源将非常紧缺。

（12）本酒店对就业者的吸引力。酒店经营规模、品牌声誉、组织文化、薪酬水平、培训投入、晋升机会、发展空间等，都会影响外部人力资源的供给。

4. 人力资源供求平衡政策

为了实现人力资源的供求平衡，酒店需要基于对人力资源供求关系影响因素的分析，根据人力资源供求预测，制定人力资源政策。供求平衡政策主要根据两种情形制定，即人力资源短缺时的政策和人力资源富余时的政策。

（1）人力资源短缺时的政策。当人力资源短缺或人力资源供不应求时，酒店通常出台以下政策：①鼓励员工加班加点，增加员工工作量；②聘用部分全职临时工或兼职临时工；③制订招聘计划，聘用正式员工；④推进业务外包，把一部分业务外包给外部组织；⑤减少业务量；⑥运用新技术或增添新设备，以机器取代部分人工；⑦加强员工培训，使部分员工能承担更多的责任，或使他们胜任短缺岗位的工作；⑧引导人员合理流动，把酒店内部富余人员安排到短缺岗位。

（2）人力资源富余时的政策。当人力资源富余或人力资源供大于求时，酒店通常采取以下政策：①实施裁员计划，或鼓励员工辞职；②实施提前退休计划；③推行弹性工作制，减少员工的工作时间；④降低工资或福利支出；⑤扩大业务量；⑥创造培训机会，以提高部分员工素质，为未来发展储备人力资源。

（三）酒店人才规划

在人才理念确立与人力资源规划的过程中，酒店需要重视核心人才与紧缺人才的规划。当前酒店业面临着日益激烈的人才竞争，尤其是紧缺人才的争夺将更为激烈，因而加速引进、培养与补充酒店经营管理人才、职能管理人才、专业技术与服务人才具有必要性与迫切性。

1. 人才规划的重点

酒店核心人才，既包括酒店集团层面的核心人才，也包括单体酒店的高级管理者，一般是指酒店高级经营人才、酒店职业经理人、酒店集团职能部门总监等。他们一般都具有高学历背景，具有理论和实践经验，了解国际竞争趋势，熟悉战略制定和经营管理。从目前人才供给状况来看，我国酒店业中最缺乏的是高层次战略人才。实际上，具有扎实理论功底、独到战略眼光与丰富实践经验的人才长期处于紧缺状态。也就是说，酒店业的核心人才处于匮乏状态，但是只有一流的人才才能造就一流的酒店，因此，酒店人才规划的制定与实施对于酒店长期发展具有重大意义。在人才规划上，酒店既要统筹兼顾，又要突出重点，其重心是酒店紧缺的核心人才规划。

（1）国际化酒店人才。当前，我国酒店业已经与国际酒店业实现进一步的融合，我国酒店集团要想进军国际酒店市场，并在国际酒店业中占据重要地位，国际型人才的培养与配备规划已成为当务之急。例如，面对激烈的市场竞争，锦江国际酒店管理有限公司筹划与推进品牌国际化战略，致力于打造国际化的管理团队，从全球范围内甄选管理人才，委托国际猎头公司在全球招募职业经理人，选聘了来自不同国家和地区的高级酒店管理人才。

随着国际化酒店人才需求的日益增长，相关酒店集团需要推进针对性的管理举措：一要进行前瞻性、科学性的国际酒店人才招聘规划；二要加强国际交流，推进人才国际化的引进与培养进程；三要加快现有人才的升级培养，特别是培养国际型、复合型、创新型的高级酒店人才；四要采取有效措施，吸引出国学习和从事研究的人员加入本酒店，并要积极引进海外人才；五要建立国际化人才的培养模式，要以潜能开发和综合素质提高为中心，培养具有国际视野、了解国际最新知识和经验、掌握国际酒店运作方式、熟悉国际交流和合作流程的国际化人才。

（2）酒店中高层经营管理人才。酒店中高层经营管理人才，主要指董事长、总裁、总经理、副总经理或酒店集团层面的总监和酒店的中层管理人才。酒店要通过完善的人才规划，对中高层经营管理人才的供需进行科学预测，推进各种经营管理人才素质提升的培训活动，加快中高层经营管理人才的引进力度。

（3）酒店专业技术与服务人才。酒店要努力提升专业技术与服务人才的职业化水平，可以通过开办各种形式的培训班或研修班，提升现有专业人才的技术水平。同时，针对市场发展的需要，酒店要加大服务设计、电子商务、营销策划、工程管理、西餐烹饪与日韩料理等专业人才的培养。

2. 酒店人才政策

为了吸引、补充、储备、使用与留住核心人才与紧缺人才，酒店必须出台富有吸引力的人才政策。

（1）引进政策。如何吸引优秀人才，是酒店在竞争中能否立于不败之地的关键。酒店中一般员工的发展方向就是成为核心人才，因此，酒店对核心人才的引进政策就为一般员工树立了标准，确立了前进方向。在核心人才的引进上，需关注的要点包括：①塑造酒店良好的形象；②重视招聘团队的组建，必须有酒店高层加入招聘团队；③在聘用条件上体现对优秀人才的重视；④尽可能解决优秀人才的"后顾之忧"，在住房问题、家庭问题与子女教育问题等方面，能解决的要尽量解决，以处处体现尊重人才与关心人才的理念。

（2）开发政策。在人才开发政策上，酒店要改变只注重适应性培训与技能性培训的现状，注重对人才的职业生涯规划与继续培养。酒店需关注的要点包括：首先，应建立科学的绩效评估体系，了解他们现有的才能、特长与绩效，评估他们的管理和技术潜质；其次，要帮助他们设置合理的职业目标，并提供必要的职业发展信息；最后，要建立顺畅的沟通机制，使酒店与人才的价值观和愿景达到统一。为帮助人才妥善制订个人职业计划，使其个人生涯目标与组织发展目标一致，酒店应根据人才的不同年龄、职位、才能、兴趣、价值观等，设计不同的教育方式和培养方案，按人才生涯志向，准备好多重选择，并揭示各个职位的流动方向、晋升路线，使员工据此确定个人发展途径。可供选择的开发政策之一是"双向选择制"，即根据人才自身的要求与组织发展的需要，决定其是否从技术岗位、基层服务岗位升迁到管理岗位，从而贯彻"适位而非高位"的人才管理理念。相应地，酒店需要建立正式的"技术升迁路径"或"岗位职级制"，以吸引与维系技术过硬、服务到位且对管理职务无兴趣或不胜任的专业技术人才。在酒店的核心专业领域里设立技术或岗位级别，使其薪酬待遇与管理岗位具有可比性，在技术人才或服务骨干达到一定的技术或岗位等级后，其薪酬待遇可达到或超越管理岗位上的人才。

（3）晋升政策。晋升政策必须体现对优秀人才的重视。在选择职业或工作调动时，优秀人才往往要考虑酒店是否具有吸引人的内部晋升政策，以及在未来职业生涯中获得晋升的难易程度。晋升政策必须体现"任人唯贤"与"公平竞争"的思想。在人才职业发展过程中，酒店会出现晋升机会，但由于竞争者众多，只有少数人能成功晋级。酒店要力求进行"赛马式"选才，给优秀人才提供众多发展机会。

（4）薪酬政策。薪酬政策是吸引与留住优秀人才的关键因素。具有竞争力的薪酬政策可以体现酒店对人才的重视，在人才争夺战中能产生非常明显的作用。薪酬政策的竞争力是相对而言的，酒店内部人才会选择外部参照物，一旦他们感觉相对待遇不高，就会导致满意度降低与工作效率降低，甚至心有不甘而另谋出路。因此，酒店要努力让自己的薪酬待遇具有相对竞争优势。

二、工作分析

酒店通过全面而深入的工作分析，可以掌握各项工作的具体内容并明确工作人员的素质要求，这就为员工招聘工作提供了科学依据。工作分析有助于酒店选拔与任用合适员工，有助于酒店有效开展员工培训活动，有助于员工改善与提高工作绩效。

（一）工作分析的内容

工作分析是指对某特定工作的性质与特征做出明确的描述，并确定完成这一工作所需具备的资格条件。工作分析的内容包括两部分，即工作描述与任职资格。

1. 工作描述

工作描述是指有关工作性质与特征的说明，包括工作名称、工作内容、工作环境、社会环境、聘用条件等。规范的工作描述一般包括以下几个方面。

（1）工作名称。工作名称要具有明确性，以有利于对各种工作进行识别、登记、分类以及确定组织内外的工作关系。在对工作名称进行设计时，酒店要避免名称的互相模仿、千篇一律与缺乏可操作性。除了体现工作特点和职权范围外，名称的设计还可以作为一种激励手段来使用，让员工觉得在酒店的发展前途是一片光明的。例如，前台营业部门的领班可称为服务经理，总台领班可称为接待服务经理，餐厅领班可称为餐厅服务经理，客房领班可称为楼面服务经理，以及具有一定工作年限的服务经理可称为高级服务经理，等等。这既符合酒店基层管理者的工作性质和职权范围，又让他们有了一个好听的工作名称和良好的职业发展通路。

（2）工作内容。这是对工作活动与工作程序的描述，是工作描述的主体部分，包括工作任务、工作职责、工作流程、工作关系，以及完成工作所需的原材料与机器设备等。

（3）工作环境。这是对工作条件与物理环境的描述，包括工作场合的温度、光照度、湿度、通风设备、噪声与安全条件等。

（4）社会环境。在工作描述中，重视社会环境的说明是一个新趋势。社会环境包括工作群体中的人数、完成工作所要求的人际交往数量与质量、各部门之间的关系、社会习俗，以及工作场合内部与临近的文化和生活设施等。

（5）聘用条件。酒店想要吸引与留住优秀人才，就要有相应的聘用条件作为保障。在设计与工作内容相匹配的聘用条件时，酒店要根据工作要求的不同，设计不同的聘用标准。聘用条件包括工作时间、薪酬结构、薪酬支付方法、工作季节性、晋升机会、进修机会以及该工作在组织中的地位等。

2. 任职资格

任职资格又称职务要求，是对承担某项工作的人员所需具备的基本素质和条件的说明。

一般来说，酒店员工所应具备的素质要求主要包括以下几个方面。

1）一般要求

这是对从事某项工作的员工的一般性要求，包括年龄、性别、学历、工作经验和品德等。

2）生理要求

这是指某项工作对员工身体素质方面的要求，包括外貌、健康状况、体力、运动灵活性、感官灵敏度等。

3）心理要求

这是指酒店员工在承担某项工作时所应具备的知识、技巧与能力等特征，包括观察力、判断力、决策力、集中能力、记忆能力、学习能力、理解能力、创造性、计算能力、语言表达能力、解决问题能力、兴趣、态度、事业心等。以下从知识要求与能力要求两方面进行说明。

（1）知识要求。日益成熟的消费者已不满足于酒店提供的标准化服务，他们在寻求被人关注与高效定制。因此，具有良好的文化素养与广博的文化知识，是一个人从事酒店工作的基础。首先，酒店员工只有具备一定的文化基础知识，才能更好地理解酒店的战略意图与文化理念，从而增强自身的归属感；其次，酒店员工还必须掌握一定的专业基础知识，以便更好地为顾客提供专业服务；再次，酒店员工必须掌握一定的服务知识，如人际沟通、社会礼仪和公共关系等，以便更好地识别顾客的需求，更好地满足顾客的需要，为顾客创造更多或更适合的价值。

（2）能力要求。任何一项为企业与顾客创造价值的计划能否获得成功，均是由员工的态度与行为决定的，他们代表着酒店产品、服务或形象的好坏，可以为酒店赢得顾客忠诚，也可以使顾客掉头就走。因此，酒店员工必须拥有认知与满足顾客需求的能力与愿望。何塞与布兰查提出的应变领导模式理论按成熟度划分员工的素质。所谓成熟度是指员工对承担工作责任的能力和愿望的大小。它取决于两个因素，即任务成熟度（能力）和心理成熟度（愿望）。任务成熟度是相对于员工的能力而言的，若员工具有完成工作所需的能力和经验，那么他的任务成熟度是高的；反之，则低。若员工具有强烈的为企业与顾客创造价值的动机或愿望，而无须过多的外部激励，就认为他具有较高的心理成熟度；反之，则低。因此，只有同时具备能力与愿望的人，才能表现出真正的行动力，从而实现想做事、能做事、做成事。

称职、热情、用心的员工队伍是酒店经营获得成功的关键要素，因此，酒店需要精心选拔合适员工，招聘具有出众服务意识与独立处理问题能力的大学毕业生。对于想从事酒店工作的学生来说，非常有必要通过系统教育和深入实践来获得各方面知识和能力。

（二）工作分析的程序

工作分析是对某项工作的工作性质与任职资格进行全面评估的过程，一般分为四个阶段，即准备阶段、调查阶段、分析阶段和完成阶段。

1. 准备阶段

准备阶段的主要任务是了解酒店组织的基本情况，确定工作分析对象，组建工作分析小组。具体工作包括：①组建由酒店员工、管理人员和工作分析人员参加的工作小组；②在分析酒店组织结构的基础上，查阅酒店现有的工作分析材料，大致明确工作类型与工作流程；③确定调查样本，确保所选择的样本具有代表性；④把各项工作分解成若干工作要素，大致确定工作的基本要求，明确需要解决的关键问题。

2. 调查阶段

在工作调查阶段，工作分析小组需要全面调查整个工作过程、工作内容、工作环境和工作人员等。收集相关信息是该阶段工作的重点。工作分析小组应有效运用问卷、访谈、观察、员工工作日志等方法，系统收集有关工作性质和任职资格的信息。具体工作包括：①拟订调查提纲，编制调查问卷；②根据实际情况选择相应的工作分析方法；③全面收集各项工作性质与特征的信息；④系统收集各项工作任职资格的信息。

3. 分析阶段

分析阶段的主要任务是对有关工作性质与特征以及任职资格的调查资料进行系统的分析。具体工作包括：①全面核对、审查所收集的各种信息；②分析工作性质与特征以及工作任职资格的关键要素；③明确工作分析必需的材料。

4. 完成阶段

完成阶段的主要任务是根据酒店的要求和所收集的信息，编制工作分析文件。工作分析的结果主要表现为两个重要文件：一是工作描述，二是任职资格说明。在本次工作分析完成后，酒店需要将工作分析文件进行归档，并对整个过程进行总结与展望。

（三）工作分析的方法

通过工作分析，酒店要回答与解决两个问题：某项工作是做什么事情的？什么样的人最适合做这些事情？[1]工作分析能否达成预期目标，主要取决于能否收集到所需的工作信息，因此，酒店需要灵活运用各种工作分析方法。

1. 问卷法

问卷法是指工作分析人员运用已编制的问卷，要求被调查者认真填写，以获取有关工作特征及工作任职资格的方法。在应用问卷法时，工作分析人员一般首先从标准化的工作分析问卷中选择适合特定酒店的问卷或者自编调查问卷，接着把问卷交给被调查者（任职者、任职者的上级或专业人士）填写，然后进行问卷的收集、统计和分析，并据此形成工作分析文件。目前，常用的结构化工作分析问卷包括职位分析问卷、管理职位描述问卷、通用工作分析问卷、能力需求量表、工作因素调查问卷等。

2. 观察法

观察法是指工作分析人员对在现场工作的员工进行认真观察，做好详细记录，然后进行系统分析的方法。在运用观察法时，工作分析人员需把握的要点包括：设计一份详细的观察提纲，以便及时、有效地记录所需的信息；尽可能不引起现场工作人员的注意，否则会造成信息失真；注意被观察对象的代表性。

3. 访谈法

访谈法是指由工作分析人员与工作人员及相关人员进行直接交谈，以获得各项工作详细信息的方法。为了提升访谈效果，工作分析人员应根据工作分析目的编制访谈提纲。在

---

[1] 张小兵，孔凡柱. 人力资源管理[M]. 3版. 北京：机械工业出版社，2017：52.

确定某项工作的主要责任与工作环境时，运用访谈法可快速、有效地获取所需信息。

4. 参与法

参与法是指工作分析人员通过直接参加某项工作，从而全面、深入地体验、分析与概括该项工作的特征和任职资格的方法。参与法要求工作分析人员具有该项工作的专业知识与实践经验，否则就无法把握工作的关键点。

5. 实验法

实验法是指工作分析人员运用生理学、医学以及心理学的测定方法，对工作进行定量分析的方法。一般来说，实验法的要点是工作分析人员选择与控制一些与某项工作有关的关键变量，并估算各种变量之间的关系。实验法要求设计严密、获得被试者的配合以及严格选择与控制有关变量。

6. 工作日志法

工作日志法是指由任职者本人在一定时期内详细记录工作中的有关事项，然后由工作分析人员对工作日志进行整理、分析和总结，并据此形成工作描述与任职资格文件的方法。工作日志法有利于提升员工的参与意识，促使员工养成及时做好工作记录的习惯。工作日志法的主要缺点是标准化程度差，记录的信息可能不够客观。

第二节　酒店员工招聘程序

有计划地招聘一定数量的新员工，将新鲜血液输入酒店，是酒店持续发展的重要保证。酒店员工招聘程序一般包括招聘筹划、招聘宣传、考核录用与招聘评估等阶段。

一、招聘筹划

招聘筹划为酒店的招聘活动确定了总体方向与具体目标，对员工招聘起着统率全局的作用。它是酒店依据所处的经营环境，在充分考虑自身竞争实力与人力资源状况之后而制定的综合性决策。酒店高层管理团队需要基于酒店重大决策与长远方向的考虑，在选聘人才与人事政策上达成共识。

（一）确立指导思想

酒店想要使招聘工作卓有成效，就要树立正确的指导思想。酒店一方面应具有战略眼光与全球视野，关注长期人力资源供求；另一方面应与实际情况相结合，充分尊重客观情况，对现状进行综合分析与评估，依托科学合理的依据制订员工招聘计划。

1. 塑造形象的思想

酒店招聘员工是酒店向社会展示企业形象的过程。在塑造形象时，酒店必须抓好以下三个关键环节。

（1）招聘信息发布及时且有效。招聘信息应尽早向特定层次的人员发布，以使更多优秀人才获得必要信息，同时，相关信息要体现酒店"以空间吸引人才"，即酒店将给优秀人才提供理想的政策与平台，而不仅仅以"高薪诚聘"的幌子来吸引"眼球"。

（2）招聘进程安排清晰且紧凑。招聘过程应尽可能严谨、高效，相关环节应确保不脱节，时时体现对应聘者的尊重与关爱，如给应聘者提供舒适而宽敞的"等候区"等。

（3）招聘工作人员素质良好。招聘人员必须具有一定的亲和力，能够平等待人、有效沟通，以在应聘者心目中树立酒店良好的企业形象，增加酒店对他们的吸引力，并通过他们的口碑，让更多的人向往到本酒店工作。

2. 投资决策的思想

员工招聘实际上是企业的一项投资决策，其正确与否将长期影响组织的经营优势。为提高该项投资决策的有效性，酒店需要关注以下几个方面。

（1）确保信息完整、对称与真实。

（2）确定与坚持必要的投资准则。树立合理的投入产出观，重引进更重开发，重选人更重育人。

（3）构建科学有效的机制。招聘决策者应认真听取各方面的意见，在相互交流、相互尊重与达成共识的基础上，明确招聘目标，确定招聘方案及负责人，实施招聘方案以及建立动态反馈和评估机制。

3. 双向选择的思想

员工招聘既是企业挑选应聘者的过程，也是应聘者挑选企业的过程，因此企业需要遵守市场交易规则，努力在企业与应聘者之间营造平等互动、双向选择的局面。平等互动有助于构建相互信任的关系，双向选择有助于达成人事匹配的效果。

4. 遵纪守法的思想

遵纪，即遵守行规；守法，即遵守国家法律。在员工招聘的过程中，酒店不应为了"挖人"而"不择手段"，应以行业规则为准，实现公平交易与良性竞争，如以"俱乐部转会"或"调剂"的方式获得所需人才。在人才竞争中，行业规则与法律要求不同，后者具有强制性，一旦违背法律要求，就要被追究法律责任，因此酒店必须遵守一切相关法律。

（二）分析供求状况

人力资源供求情况直接关系到酒店招聘政策。为了做好员工招聘工作，酒店首先需要对人力资源供求状况进行详尽分析，以便正确制定员工的招聘标准和政策。人力资源外部供给的影响因素较为广泛，且不易控制。与其他服务行业相比，酒店业在吸引优秀人才上没有明显优势。近年来，"人才难招""人才难留"成为许多酒店管理者的一块心病。因此，酒店管理者要分析与把握所需人员的内部可调配性、外部可获得性以及各类人员在市场上的稀缺程度等。

（三）策划招聘方案

在招聘筹划阶段，酒店管理者应认真思考以下问题：什么岗位需要招聘、选拔？招聘多少人员？每个岗位的任职资格是什么？运用什么渠道发布信息？采用什么样的招聘测试手段？招聘预算是多少？关键岗位的人选何时必须到位？招聘的具体议程如何安排？

酒店管理者需要根据经营现状、发展目标和社会劳动力资源的情况确定招聘计划；根据招聘数量的多少与岗位的重要程度确定招聘组织；根据国家有关部门的政策、酒店短缺岗位的任职资格以及酒店人力资源市场的供求情况确定招聘区域、范围和条件，同时确定相应的人事政策，并据此确定招聘简章。

需要特别指出的是，在引进中高层管理人才和关键技术人才时，酒店的人才引进政策将直接关系到外部人才的招聘与内部员工队伍的稳定。因此，酒店要正确处理好"空降兵"与"子弟兵"的关系，即要有效协调引进的人才与原有人才的待遇。如果引进人才与原有人才的待遇差距过大，势必会影响原有人才的稳定性和积极性。

二、招聘宣传

发布招聘信息与受理求职者应聘，既是招聘筹划工作的延续，又是考核录用工作的基础，起着承上启下的作用。这一阶段主要抓好两大环节：一是发布招聘简章，其目的在于使就职者获得及时的招聘信息，并起到一定的宣传作用；二是接受求职者应聘，其目的是通过简单的目测、交谈与验证，确定他们是否拥有基本资格，并通过让他们填写求职申请表，了解他们的基本情况，为下一步的考核录用工作奠定基础。在员工招聘中，一个企业的外在形象往往会起到关键的作用。酒店需要开展有效的宣传活动，以在求职者和公众心目中树立良好声誉。

（一）发布招聘信息

发布招聘信息就是向可能应聘的人群传递酒店待聘岗位及应聘者任职资格的信息。

1. 招聘广告的制作

招聘广告要达到应有效果，必须遵循以下几个原则。

（1）真实。招聘广告的内容必须客观、真实，广告中所承诺的一切都应该是酒店有能力不折不扣兑现的。

（2）合法。招聘广告中出现的信息，必须符合国家和地方的法律、法规和政策。

（3）准确。招聘广告的内容要简洁明了、重点突出。招聘广告一般应包含广告主题、企业介绍、招聘岗位和数量、应聘条件、甄选方法、录用条件、录用待遇、审批机关、报名办法及联系方式等。

（4）独特。招聘广告的目的是引起人们对广告的注意。现在最有魅力的广告是那些很特别、很有个性的广告，一些关键岗位的招聘广告经常被单独地放在宣传平台的醒目位置上。

（5）激发兴趣。兴趣往往来自工作性质本身，如工作内容的丰富性、工作富有挑战性。工作地点、工作环境等也会激发求职者的兴趣。

（6）激起渴望。酒店要重视让人们产生兴趣的工作因素，再配以诱人的条件，以激起人们获得该工作的渴望。

（7）唤起行动。激发兴趣与激起渴望是唤起行动的基础，因为"心动才会行动"。很多招聘广告都有"要想获得更多的信息，请致电"等类似的用语，以及其他鼓励求职者同酒店人力资源部进行即时联系的措施，以有效唤起人们的行动。

2. 招聘信息发布的原则

在招聘信息发布上，为了达成预期目标，酒店需要关注以下几个原则。

（1）广泛性。招聘宣传需要有一定的接触面与影响面。宣传的范围取决于招聘对象的来源。一般来说，招聘宣传的空间范围越大，宣传的时段越长，接收到招聘信息的人员就越多，前来应聘的求职者就越多，选聘到优秀人才的可能性就越大。例如，为了吸引国外优秀人才的加盟，酒店就必须借助具有国际影响力的媒介。

　　（2）及时性。为了获得持续发展，酒店必须审时度势、把握机遇、快速行动。因此，酒店领导者必须根据对市场机会的把握，确定所需的人才类型，并及时向外界发布招聘信息与人才引进政策，以在人才阵地上取得先机。一旦及时获得合适人才，酒店就能不失时机，快速扩张。

　　（3）针对性。招聘宣传需要有很强的针对性，即根据招聘岗位与所需人才的类型，向特定对象发布招聘信息。在招聘宣传上，要注意招聘简章对特定对象的吸引力，即工作描述准确和任职资格明确，从而提高员工招聘的效率。例如，大型酒店集团为了满足长期发展对各类人才的需求，《中国旅游报》和在业界享有盛誉的旅游杂志都是可供选择的宣传阵地。

　　（4）经济性。招聘宣传支出在招聘预算中一般占据最大比例，但能否产生预期效果，则难以准确评估。招聘宣传的广度越大，期限越长，媒介影响力越强，相应成本就越高。因此，在宣传预算上，酒店必须紧紧围绕招聘目标，尽可能选择经济、高效的宣传手段，而不能单单为了制造"轰动效应"或"塑造形象"，不考虑投入产出比。

　　3. 招聘信息发布渠道的选择

　　在选择招聘信息发布渠道时，酒店必须综合考虑所用渠道的影响力、时效性与经济性。

　　（1）报纸。报纸的优点包括：招聘主题短小精炼，广告内容多少可灵活选择；影响范围集中于某一特定的地域；各种栏目分类编排，便于求职者查找。报纸的缺点包括：时限较短；容易被潜在的求职者忽略；集中性的招聘广告信息可能导致发布的信息被其他酒店刊登的竞争性招聘信息淹没；报纸发行对象无针对性，酒店不得不为大量无关的读者付费；报纸的印刷质量较为一般，因此招聘信息可能被优秀的人才所忽视。当酒店想将招聘对象限定于某一地区或者大量工作岗位需要招聘员工时，报纸是较为合适的信息发布渠道。

　　（2）杂志。杂志的优点包括：专业杂志会到达特定的职业群体手中；广告内容多少富有灵活性；广告的印刷质量比较高，易引起优秀专业人才的注意；杂志一般有较高的声誉，会增强招聘广告的可信度；时限较长，求职者可能会将杂志保存下来并多次翻看。杂志的缺点是：发行的地域太广，故当希望将招聘范围限制在某一特定区域时，并不适用；广告的预约期较长，可能会影响招聘信息发布的及时性。当需要招聘员工的工作岗位较为专业时，采用杂志传播信息比较合适。

　　（3）广播和电视。广播和电视的优点包括：不太会被观众（听众）忽略；能够比报纸和杂志更好地将招聘信息传递给不是很积极的求职者；可以将求职者来源限定在某一特定地域内；极富灵活性；比印刷广告更能有效地宣传职位的吸引力；一般不会因广告集中而引起招聘竞争。广播和电视的缺点包括：只能传递相对简单的招聘信息；缺乏持久性，制作成本相对较高。当需要迅速扩大影响或者空缺岗位有很多种时，酒店可以采用广播和电视的方式。

　　（4）互联网。互联网的优点包括：招聘信息可以尽可能详细；费用很低，速度很快；可以突破地域的限制；可以实现即时的双向互动。互联网的缺点包括：很难引起消极求职者的注意；网络信息的可靠性与影响力较为有限。

　　除以上渠道外，酒店还可利用随意传播的信息发布形式。这是有关部门或人员运用口头的、非正式的方式进行招聘信息发布的渠道。其主要特点是：费用最低（几乎不需要费用），可以进行双向交流，速度较快；主要缺点是：覆盖面窄。一般所需人员明显供大于求且所需职位层次不高时，酒店可以考虑选用这种渠道。

（二）组织报名工作

在组织报名阶段，酒店要重视报名流程的设计、工作人员的选择以及报名现场的管理。在求职者直接接触招聘人员之后，求职者会对该酒店形成初步印象。若求职者对酒店及其待聘岗位较为满意，就会进入领取、填写求职申请表阶段。求职申请表一般包含以下几项信息。

（1）求职者识别与联系信息，如姓名、性别、住址、电话号码、身份证号码等。
（2）求职者家庭信息，如婚姻状况、家庭构成、子女情况等。
（3）求职者身体特征，如身高、体重、健康状况、是否残疾等。
（4）求职者受教育状况，如教育水平、学历、职业培训情况等。
（5）求职者过去的工作经历及业绩，特别是与所申请职位相关的工作经历。
（6）求职者个人需求信息，如个人兴趣、爱好、特长、工作意向、薪酬期望。

在设计和使用求职申请表时，酒店应注意相关内容要根据工作描述与任职资格来确定，同时还要注意符合有关法律和政策的要求。

（三）资格审查与初选

资格审查是对求职者是否符合待聘岗位基本要求的一种审查。最初的资格审查是人力资源部门审阅求职者的个人资料或求职者申请表。人力资源部门将符合要求的求职者名单与相关资料移交用人部门，由用人部门进行初选。初选工作的主要任务是从求职者中选出参加面试的人员。由于个人资料或求职者申请表所反映的信息不够全面，招聘人员可能会凭个人经验与主观臆断来决定参加面试的人员，可能会产生优秀人才漏选的现象。初选工作在费用和时间允许的情况下应坚持面广的原则，即应尽量让更多求职者参加面试。初选的目的就是把明显不符合招聘条件的求职者挡在面试大门之外。这不仅可以节约费用，而且可以节约时间和精力。除了通过目测和简单交谈以初步确定求职者是否符合招聘条件外，招聘人员还需要对求职者的材料进行仔细分析。

求职者材料一般可分为两大类：一类是客观内容，如学习经历、工作经历、知识结构、技术经验等；另一类是主观内容，如个人兴趣、爱好、性格、工作期望等。客观内容又可分为两类，即常规客观内容和关键客观内容。常规客观内容是指普通的客观内容，如学习经历、普通的工作技能等；关键客观内容是指与应聘岗位直接相关的客观内容，如与岗位相关的知识、技术、能力、工作经验等。因此，招聘人员应对关键客观内容进行认真分析，以评估材料的可信度。招聘人员可以就可信度最差的内容对求职者采用"步步紧逼"的方式进行提问，尽可能对其中的细节问题进行连续提问。招聘人员不一定需要明白相关的技术知识，可以根据求职者的反应来判断求职材料的关键内容是否真实。

三、考核录用

考核录用阶段是招聘工作的关键，主要包括全面考核和择优录用两项工作。全面考核，就是根据酒店的招聘条件，对就职者进行适应性考查。酒店应根据不同的岗位确定不同的考核方式。一般来说，面试是最基本的方式，实践考试在技术人员的招聘中占据重要地位。管理人员的选拔，可结合多种人才测评技术，如心理测试、公文筐测试、无领导小组讨论、角色扮演等。择优录用，就是通过全面评估与精心筛选应聘者，为每个岗位选择最佳人选。为了有效地做出录用决策，酒店必须关注以下几个要点。

（一）招聘考核

招聘考核就是根据酒店的招聘条件，运用各种科学方法与经验方法对求职者进行全面性考核的过程。人和人之间在知识、技能、潜能、个性、工作积极性等方面是存在差异的，这些差异一般可以通过各种招聘考核技术加以识别。因此，只有通过科学考核，酒店才能知道哪位求职者更适合某一特定工作岗位，落选者也能从中了解自身不足之处。酒店应根据不同的招聘对象，确定合适的考核方式。

（二）录用决策

录用决策就是把多种考核结果组合起来，综合评定，严格筛选，确定录用者名单，并初步拟订工作分配去向。录用决策的基本要求是：对照招聘要求，参照考核结果，在求职者之间进行全方位比较与衡量。一般可采取权重分析方法，即根据招聘要求，对待聘岗位所需要的各种素质分别赋予不同的权重，然后用加权法求出各个求职者的得分值，具体例子如表 2-1 所示。在录用决策中，参与决策的人应该少而精，一般为主管经理和部门负责人。同时，录用决策应该快速及时，尤其在紧缺岗位招聘上，更应快速决策，以防紧缺人才被竞争者"抢走"。

表 2-1 某企业员工招聘考核表

素质要素		加权值	求职者分数（满分100分）			最低标准
			1号	2号	3号	
思想品德（合格/不合格）		一票否决				
外语水平		0.10				
计算机操作能力		0.10				
知识	广度	0.05				
	深度	0.10				
	结构	0.05				
专业技能		0.30				
工作意愿		0.10				
综合素质		0.20				
总 分		1.00				

（三）录用员工

在确定录用人员之后，酒店应颁发录用通知书，以体现对求职者的尊重。求职者在收到录用通知书后，应在规定的时间内与酒店签订合同和办理入职手续。

1. 通知求职者

通知求职者是录用工作的一个重要部分。通知分为录用通知书和拒绝通知书，前者容易表述，后者则相对较难处理。在通知求职者时，最重要的原则是及时。酒店之所以会跟有些优秀人才失之交臂，是因为在决定录用后没有及时通知他们。因此，酒店一旦做出录用决策，就应该立刻通知被录用者。

在录用通知书中，酒店应清晰阐述新员工报到的时间、地点、方式，具体说明新员工如何抵达报到地点和其他必要信息。此外，酒店需要让被录用者知道他们的到来对于酒店发展的意义。对于所有被录用人员，酒店应用相同方式通知他们，不要有的人用电话通知，有的人用信件通知。同样，酒店应用相同方式通知所有未被录用的求职者。当然，在通知内容的表述上，相关人员需要掌握一定的技巧，总体上应该本着善意、坦率、诚恳的原则。

2. 签订合同

新员工一般要经过培训期或试用期，并需要与酒店签订培训合同或试用合同。培训或试用合同是对员工和组织双方的约束和保障。以试用合同为例，其内容一般包括试用的职位、试用的期限、试用期的报酬与福利、试用期应接受的培训、试用期的工作绩效目标与应承担的责任、试用期应享受的权利、员工转正的条件、试用期组织解聘员工的条件与承担的责任、员工辞职的条件和应承担的责任、员工试用期被延长的条件等。

3. 安置新员工

在安置新员工时，酒店一般需要抓好以下几项工作。

（1）做好准备工作。酒店首先要做好日程安排工作，让新员工感受到有效管理和特别礼遇。酒店管理者应设身处地考虑新员工所需了解的信息，为新员工准备好所有相关资料。

（2）表示热烈欢迎。一般情况下，酒店应为新员工举办入职仪式，热情地欢迎他们。管理者应尽快让新员工熟悉即将面临的工作环境和人际氛围。

（3）说明重要事项。这项工作无论对于酒店还是对于新员工都非常重要。直接上司应与新员工商定工作时间，告诉新员工什么时候开始领工资及工资的发放形式，以及让新员工了解酒店的薪酬待遇与人事政策。

（4）展望美好前景。酒店管理者应向新员工讲述企业的发展历程、现状、前景和任务，并且要给新员工全面介绍酒店的基本情况，以及他们将如何影响酒店的运营。管理者尤其要向新员工阐明各项工作与组织前景之间的联系，以及如何为组织发展做出贡献。管理者在向员工展望美好明天的同时，要努力使新员工对酒店产生归属感。

（5）表明工作期望。直接上司需要向新员工说明他们从事的工作以及对他们的工作期望，要真诚地关心新员工即将面临的问题，并给予必要的鼓励与支持。

（6）介绍实际工作。直接上司要给新员工提供一次预先了解实际工作情况的机会。管理者如果在员工正式上岗前就已经对工作内容做过详细真实的介绍，那么就会减少新员工的顾虑。管理者要坦诚地指出该工作的积极方面以及潜在的消极方面，让新员工对未来工作岗位有足够的思想准备。

（7）熟悉工作场所。直接上司要带领新员工熟悉工作环境，把他们介绍给同事，让他们体验一下将来的工作场所，告诉他们遇到问题应该怎么办。同时，管理者应利用这个机会让新员工与老员工相互熟悉并建立最初的同事友谊。

（8）配备良师益友。为了使新员工尽快适应新的工作环境，酒店应给他们提供及时、有效的帮助。因此，为新员工配备良师益友具有非常重要的意义。良师益友可以帮助新员工尽快熟悉本职工作、建立良好同事关系、处理各种工作关系与把握工作重点。许多酒店奉行"老人带新人"的工作方法，取得了非常好的效果，尤其是在市场营销、公共关系部门，这种"老人带新人"的做法就显得更有必要。

四、招聘评估

在招聘评估时，酒店既要重视招聘结果评估，又要重视招聘测试方法评估。在此基础上，酒店还要总结本次招聘的成功与不足之处，如系统评估在关键岗位上是否找到了合适人选。

（一）招聘结果评估

招聘结果评估包括成本效益评估、录用人员数量评估和录用人员质量评估。成本效益评估主要对招聘成本、成本效用和招聘收益成本比等进行评价。招聘成本分为招聘总成本和招聘单位成本。成本效用评估是对招聘成本所产生的效果进行的分析，主要有以下分析指标：

$$总成本效用＝录用人数÷招聘总成本$$
$$招聘成本效用＝应聘人数÷招聘期间费用$$
$$选拔成本效用＝被选中人数÷选拔期间费用$$
$$人员录用效用＝正式录用人数÷录用期间费用$$

招聘收益成本比既是一项经济评价指标，也是对招聘工作的有效性进行考核的一项指标。招聘收益成本比越高，一般说明招聘工作越有成效。

录用人员数量评估主要有以下分析指标：

$$录用比＝录用人数÷应聘人数×100\%$$
$$招聘完成比＝录用人数÷计划招聘人数×100\%$$
$$应聘比＝应聘人数÷计划招聘人数×100\%$$

录用比越小，说明录用者的素质可能越高；当招聘完成比大于100%时，说明在数量上全面完成招聘任务；应聘比越大，则说明招聘信息发布的效果越好。

录用人员质量评估实际上是在录用人员选拔过程中，对其能力、潜力、素质等进行的各种测试与考核的延续。

（二）招聘测试方法评估

招聘测试方法评估主要是指对招聘测试方法的信度评估与效度评估。

1. 信度评估

信度即可靠性，是指通过某项测试所得结果的稳定性和一致性。信度系数越大，表示该测试结果越一致、稳定和可靠。信度评估一般包括三种方式，即重测信度、复本信度、内在一致性信度。

（1）重测信度。它又称为稳定系数，是指用同一种测试方法对一组应聘者在两个不同时间进行测试的结果的一致性。一致性可用两次结果之间的相关系数来测定。此方式不适用于应聘者受熟练程度影响较大的测试，因为被测试者在第一次测试中可能记住某些测试题目的答案，从而提高了第二次测试的成绩。

（2）复本信度。它又称为等值系数，是指对同一应聘者运用两种对等的、内容相当的测试的结果的一致性。一般而言，如果对同一应聘者使用两张内容相当的个性测试量表时，两次测试结果应当大致相同。复本信度的高低反映了两个测试复本在内容上的等值性程度。复本信度的主要优点在于能够避免重测信度导致的记忆效果与练习效应。

（3）内在一致性信度。它又称为内在一致性系数，是指把同一（组）应聘者进行的同一测试分为若干部分，并考察各部分所得结果之间的一致性。这可用各部分结果之间的相关系数来判别。

2. 效度评估

效度即有效性，是指对应聘者实际测到的品质、特征与所想要测到的品质、特征之间的符合程度。一项测试的有效性，取决于其能否测出想要考查的内容。效度评估包含多种方式，在此介绍预测效度、同测效度、内容效度等三种方式。

（1）预测效度。它是指测试结果用来预测将来行为的有效性。在人员甄选过程中，预测效度是表明甄选方法是否有效的一个常用指标。评估人员可以把应聘者在测试中得到的分数与他们被录用后的绩效表现相比较，两者的相关性越高，则表示所采用的测试方法越有效，并可据此来评估、预测应聘者的潜力。若相关性很低或不相关，则表明此方法不能有效预测应聘者的潜能。

（2）同测效度。它是指对现有员工进行某种测试，通过他们的测评得分与其工作绩效的相关程度来证明测评的有效性。在正式运用一种测评方法之前，评估人员为了证明该测评方法是有效的，就先用另一组员工（现有员工）的测试结果来证明。另一组员工（现有员工）的测试结果与实际工作绩效之间的相关程度越高，说明此测试效度越高。在此基础上，评估人员就可把该测试方法用于员工招聘测试。通过运用同测效度，招聘工作人员能很快检验某测试方法的有效性。如果将该测试方法用于员工甄选测试，其主要弊端是可能无法准确判断应聘者的潜能。

（3）内容效度。它是指测试项目对所要测量的内容范围的代表性程度。内容效度适合于所要测量的内容总体能够明确界定的情况。因此，内容效度多应用于应聘者的知识测试与实际操作技能测试，而不适用于应聘者的个性、潜力与能力倾向的测试。

第三节　酒店员工招聘途径

酒店员工招聘主要通过两种途径，即内部招聘和外部招聘。酒店应坚持采用内部系统培养和外部适当引进相结合的办法，以保证人力资源的持续开发和动态优化。

一、内部招聘

内部招聘是指酒店通过内部各种渠道，选择适合待聘岗位要求的人员。内部招聘的实质是酒店利用现有员工来补充岗位空缺。当出现岗位空缺时，酒店应优先从现有员工中物色合适人选。

内部招聘具有以下几个优点。

（1）有效激励员工。当酒店强调从内部选拔人才时，其员工就有为取得更好的工作机会而拼搏的动力，这种政策产生的动力常常能够激发员工的积极性和创造性。

（2）降低招聘风险。酒店对内部人员的品行与能力已经有了比较深入的了解，可以减少由于对求职者缺乏足够了解而带来的风险。

（3）降低招聘成本。内部选聘一般可以简化招聘程序，节约招聘测试费用，而且内部人员比外部人员所需要的职业定位时间更短，所需要的培训也更少。

（4）更快适应工作要求。内部员工比较熟悉酒店经营状况，能够很快了解工作流程与适应工作环境。

一般而言，内部来源的员工比外部来源的员工离职率要低，但它明显的缺点是人员选择的范围小，易受主观偏见的影响，易产生"近亲繁殖"的现象，可能会使酒店缺少足够活力，以及不利于吸引外部优秀人才。

（一）内部晋升

内部晋升一般是指由上级主管向人力资源部门推荐人选，酒店通过对相应人员的审查、考核、岗前培训等一系列程序，把符合要求的人员安排到高一级岗位上的过程。有效的内部晋升取决于酒店的内部选拔政策，有赖于对员工的系统培养和潜力开发。酒店若要使内部晋升计划获得成功，还要做好以下几方面工作。

（1）确定晋升候选人。考察员工是否具有晋升资格，必须坚持任人唯贤、用人所长与能级对应等原则。

（2）测试候选人的管理技能。为了掌握晋升候选人以往的工作表现和发展潜力，必须对候选人进行一些测试，考察其管理能力，即测定其分析问题能力、决策能力、领导能力以及人际交往能力等，以此确定其是否真正具备晋升潜力。

（3）确定晋升人选。一般是在测试的基础上，利用评分法来确定人选，以将非量化的依据转化为可定量比较的依据。

（二）内部调动

内部调动一般是指酒店把员工调配到与其原有岗位层次相同的待聘岗位上的过程。酒店员工内部调动的原因主要包括以下几个。

（1）酒店组织结构调整，如设立新部门，部分员工被调动到新部门去工作。

（2）员工拥有的能力与原工作要求不相适应。

（3）员工对原工作岗位失去兴趣，为了调动其工作积极性，需要安排该员工到其感兴趣的岗位上去工作。

（4）为了使员工成为多面手，增强他们的适应能力，对不同岗位上的员工定期地进行轮流换岗。

（5）员工在原工作部门出现了较为严重的人际关系问题，为了给其创造新的工作环境，对其进行工作调动。

（三）重新聘用

一些酒店由于一段时期经营情况不好，会暂时让一些员工下岗待聘，当情况好转时，再重新聘用这些员工。酒店经营必须经常面对季节性因素的影响。酒店经营季节性的影响因素主要由气候条件、社交活动、风俗民情、突发事件、国家政策等社会因素组成。旅游旺季、节假日以及节庆活动期间往往形成酒店业的旺季。旅游淡季、非节假日及非节庆活动期间则形成酒店业的淡季。酒店业的淡旺不均现象，为酒店员工的合理配置提出了难题。在旅游淡季，游客数量锐减，酒店为了避免更多的经济损失可能不得不精简部分人员，但一旦旺季来临，或者酒店获得了新的发展机会，则会重新聘用暂时下岗的员工。重新聘用的方式能增强员工对酒店的归属感与忠诚度，增强相关利益者对酒店持续发展的信心。

二、外部招聘

外部招聘是指酒店面向外部劳动力市场寻求应聘者以获取所需人力资源的过程。在内部补充机制不能满足酒店对人力资源的需求时，酒店就必须考虑外部招聘途径。酒店外部招聘的原因主要包括：没有合适的内部候选人；所需人员属于操作层或不同工种；外部人员能给组织带来新的理念和思维；酒店为发展业务或开拓新业务，需要补充大量人手，而内部招聘又解决不了。

外部招聘具有以下几个优点。

（1）选择余地大。外部招聘具有更广选择范围与更大选择余地，可以从更多求职者当中挑选适合本酒店要求的员工。

（2）增强酒店活力。外部招聘可以为酒店输入新生力量，给酒店带来新思想，对原有员工也有一定的鞭策作用。

（3）减少人情影响。与内部招聘相比，外部招聘更容易避免原有人际关系网络等因素带来的影响，更易实现公平竞争。

（4）扩大组织影响。外部招聘是酒店对外界进行宣传的好机会，可以借助各种媒介，积极扩大酒店在求职者和公众中的影响，树立良好外部形象。

外部招聘的缺点主要包括：招聘成本高；影响内部员工的积极性；增加评测候选人的困难；需要更长的员工培训时间与工作适应期；可能面临外来者原有工作理念与酒店文化的冲突。

（一）借助引荐

熟人引荐是指酒店通过组织内外的熟人推荐人选来获得所需人力资源的方式。由于熟人了解酒店情况与空缺岗位人选的要求，他们会推荐适合招聘要求的人选前来应聘。一般来说，可靠的熟人希望他所介绍的人选是出色的，能够为他争光，而不是给他脸上抹黑，因此，熟人引荐的人员可能成为空缺岗位的理想候选人。熟人引荐的招聘方式的优点是：招聘与应聘双方在事先已了解彼此，可提高求职者质量，可减少招聘环节和费用。其缺点是：由于是熟人引荐，有时会因碍于情面而影响招聘水平；如果此类人员录用过多，易在酒店内部形成裙带关系。

（二）借助招聘会

随着我国人力资源开发及就业体制的建立与完善，以及人才市场的形成与规范，各种人才见面会、交流会、招聘会等也相继增多。酒店应有目的地参加相关招聘会，抓住时机，广为宣传，塑造形象，积极网罗人才。同时，酒店要关注所在地人力资源状况以及相关行业的人事政策和人力资源供求情况，以便知己知彼、有的放矢。

院校毕业生是酒店人才的重要来源。大部分学生通过系统的学习过程，已经基本掌握酒店经营管理的业务知识，初步具备服务操作技能，具有素质高、潜力大、容易接受新事物、求知欲强等特点。为了充分展示实力和招收优秀毕业生，酒店可以在相关院校举办专场招聘会或参加院校组织的校园招聘会。与社会招聘相比，校园招聘的时间较长，从供需洽谈会的见面到人事关系的转移一般需要半年左右时间。

（三）借助网络

21世纪是网络经济的时代，互联网像一张无边无际的天网，笼罩在人类生活与工作的"上空"，以特有的方式改变人类的思维与观念。越来越多的求职者习惯于在网上搜寻工作机会，网络招聘已成为员工招聘的主要渠道之一。网络招聘的优点是：有多种类型的招聘网站可供选择，信息容量大，不受版面容量的限制；可通过链接提供多层次、详尽的信息；费用相对不高，覆盖面广，周期长，联系便捷。网络招聘的缺点是：容易导致招聘竞争的出现；有时广告的真实性难以辨认；网站的知名度、吸引到的求职者结构将在很大程度上决定招聘结果的有效性。酒店通过网络招聘人才，既可以通过商业性的职业网站发布招聘信息或寻找合适人选，也可以在自身主页上发布招聘信息。

（四）借助"猎头"

酒店可通过有声誉、有实力的就业中介机构来寻找合适人选。猎头公司是为各类组织招聘高层次人才的就业中介机构。高层管理者、重要中层岗位与尖端技术人员的招聘，是一项专业性和竞争性非常强的工作，有时酒店利用自身力量往往难以觅得合适人才。因此，酒店可以委托专业搜寻、网罗人才的"猎头"公司，凭借其人才情报网络与专业的眼光和方法，以及特有的"挖人"技巧，去猎取酒店所需的理想人才。猎头公司掌握着酒店业界高级人才的资料，能够为雇主保密，能够帮助雇主一开始就接触到较为适合岗位要求的高素质求职者。拥有超级猎头之称的罗伯特·斯塔克认为，猎头成功的秘诀在于，为客户寻找到最合适人选，争取一次成功，有时必须宁缺毋滥。

一般来说，猎头公司从来不帮那些找不到工作的人找工作，而是帮那些从来不缺工作机会的人找工作。猎头公司可能看中的人才类型主要包括：硕士、博士等研究人员；知名院校的MBA毕业生；从业经验丰富的人才；外语优秀的人才；国内知名经营与技术人才；国外归来的留学生、华裔、回国创业的人才；国内曾在外企工作过的优秀经营人才、技术人才；由于原有单位人事变动，面临管理职位变动的人才；寻找机会跳槽的优秀高级经营与技术人才。

（五）借助"外脑"

现代社会的知识更新速度越来越快，科技突飞猛进，经营环境千变万化，酒店想要自己拥有和培养各类人才，既不经济，又不现实。因此，酒店可采取借助"外脑"的途径。其方法主要有：一是聘请"独立董事"，保证决策的客观性和科学性；二是聘请顾问参与组织的重大决策和有关部门的专项活动；三是委托专业公司经营管理或进行咨询与策划，以减少经营风险。

借用"余力"是借助"外脑"的重要形式。随着经济的发展、科技的进步和人民生活水平的提高，人的平均寿命在大幅度提高，人的有效工作年限在延长，而由于经济结构调整过程中的劳动力相对过剩，导致对提前退休采取了比较宽松的政策。酒店应该利用这一机遇，制定相应的人事政策，以吸引有一技之长的临近退休人员，充分发挥他们的"余力"。

（六）借助"培训"

越来越多的酒店中高层管理者积极参加各种外部培训班，以更新知识结构、拓展人际关系网与发现新机会。在培训期间，他们可能会接触到各种各样的人才，有些人才可能正是所在单位急需引进的。因此，酒店管理者应利用外部培训机会，有意识地物色所需的紧缺人才，并借助同学情谊与自身魅力吸引优秀人才加盟。

此外，酒店管理者还可以通过参加行业协会与专题会议等来结识和招募人员，以及通过临时性就业服务机构或劳务派遣机构来招募短期工作人员等。

案例 2-4　从同学中物色人才

张建为某酒店管理公司的总经理，他热衷于参加外部培训班，每年总有一段时间离开所在酒店，"专心"学习。2000 年，张建成为某大学旅游管理专业研究生课程进修班的学员，学制两年。开学后的前半年，他几乎从未缺课。在上课时，他与众多同学一起学习，组织案例讨论。在课余时间，他与这些同学一起锻炼身体和参与各种活动。但是半年后，他却成为表现"最差"的学生，在课堂上很少见到他的身影。2002 年，张建又成为该大学 2002 级企业管理课程进修班的一员。与以前一样，他前期积极，后期就"神龙见首不见尾"了。2004 年，学校课程进修班的招生人员突然发现"他又来报名了"。2013 年，张建又参加了该学校的一个高级管理人员创新能力提升培训班。其后，他还参加了其他机构的一些培训班。张建的行为曾经引起某教授的注意，该教授与他相约并进行了深入交流。当张建说出基本意图时，该教授恍然大悟。原来，张建参加培训班的主要目的包括两方面：一是学习新知识；二是从中物色一些人才。张建先后参加了多个培训班的学习，共付出了将近二十万元的学费，他不仅学到了知识、开阔了视野，而且他从各个班级中招聘的人才已在企业中发挥出重大作用。

借助培训机会来寻求适合本酒店的人才是一种较为有效的选才途径，因为彼此是同学关系，大家没有什么保留，选才者可以与目标人选建立紧密联系，全面了解目标人选的专长、才能、志向与性格等，并从中选择适合组织发展需要的人才。

第四节　酒店员工招聘技术

招聘技术是指酒店人力资源管理中的人员测评与选拔技术。酒店可以运用招聘技术，对求职者进行全方位的测评，以了解求职者真正拥有的知识和技能以及有待开发的潜力。招聘技术在员工招聘中的作用日益突出，掌握人员测评与选拔的基本理论与方法，对酒店招聘到合适人才具有重要意义。

一、笔试

笔试是指让应试者在试卷上笔答事先拟好的试题，然后由评估人员根据应试者解答的正确程度予以评定成绩的一种考核方法。笔试一般在以下几种情况下使用：一是应聘人员过多，需要通过笔试先淘汰一部分人员；二是招聘岗位需要特定的专业知识与能力，学历和职称难以说明应试者是否具有必要的、应知应会的知识；三是需要测试应试者的智商等要素。笔试是测试求职者学识水平的重要工具，这种方法可以有效地测量求职者的基本知识、专业知识、管理知识、综合分析能力和文字表达能力等素质。

（一）笔试的形式

笔试主要分三大类，即客观式考试、论述式考试和论文式考试。

1. 客观式考试

客观式考试即以客观型试题为主要试题形式的考试。客观式考试的特点是试题涵盖面广、信息量大、可控制考试过程中的误差。因此，这是当今采取的主要考试形式。

客观式考试主要采用标准化方法来控制考试过程中的主观因素。考试标准化具体包括试题编制的标准化、考核过程的标准化、评分的标准化、分数合成的标准化以及分数解释的标准化等。标准化考试是一个系统过程，每个环节都要统一标准、严格规范，并对误差进行严格控制。

2. 论述式考试

论述式考试是以论述型试题为主要试题形式的考试。论述式考试的特点是试题灵活、考查内容层次比较深，但是，评分比较困难，会受到评卷者主观因素的影响。这也是当今采取的主要考试形式之一。

论述式试题根据答题范围，可以分为限制性论述题和扩展性论述题。限制性论述题对于试题答案的形式和长度等都进行了非常具体的限制。扩展性论述题对作答方式和范围的限制相对较少，此类考试一般允许考生自己决定答题的形式，让考生充分自由发挥其综合分析和系统评价的能力。

3. 论文式考试

论文式考试是以论文型试题为主要试题形式的考试。与客观型试题相比，论文式试题有其独特的特点与作用：要求考生自己提供答案，要求考生自己计划、自己构思、用自己的语言来表达；侧重从理解与应用的角度测评考生对复杂概念、原理、知识点关系的理解和应用知识解决问题的能力；解答时间较长，要求考生花费相当长的时间，表达与组织自己的论点与论据。

（二）笔试的内容

按照笔试的内容，笔试可划分为综合考试、深度考试与结构考试。

1. 综合考试

综合考试又称百科知识考试或广度考试，考试内容很广，可以包括自然常识、社会常识、外语、文艺等。考查百科知识的目的是了解应聘者对基本知识的了解程度，从知识角度考核应聘者的综合素质。

2. 深度考试

深度考试又称专业知识考试，考试内容主要涉及与工作岗位有直接关联的专业知识。例如，当招聘财务人员时，酒店就应该了解该应聘者对会计、财务、金融等方面知识的掌握程度与深度。

3. 结构考试

结构考试又称相关知识考试。结构考试主要是了解应聘者对从事应聘岗位所需相关知识掌握程度的一种考试。例如，在应聘营销岗位时，相关知识考试内容包括消费行为学、市场营销、心理学、管理学、人际沟通与商务谈判等方面的知识。

（三）笔试的利弊

笔试方式有其自身的优点和缺点。笔试一般用于员工招聘的初筛阶段。

1. 笔试的优点

笔试的主要优点是相对公平与客观，具体来说，主要包括以下几个方面。

（1）公平。笔试是相对比较公平的一种考核手段。知识丰富且灵活运用的求职者会通过考核，而知识面狭窄或不知如何运用知识分析问题的求职者将遭到淘汰。

（2）客观。成绩评定一般依据评分标准或参考答案，相对比较客观，而且可以保存与查阅被试者的考卷，能用于再评估，或者与其他考核手段相结合，进行更为全面的评价。

（3）经济。与其他各种考核手段相比，笔试的费用相对较低。笔试往往就是编制一些试卷，组织人员对求职者进行测试即可。

（4）高效。笔试的过程一般都比较短，而且可以很快得出考核结果。笔试对态度、知识和能力等方面的考查具有一定的可信度，花费时间少，运作效率高。

（5）简便。笔试不需要特殊的专业人才，所以操作相对比较简便，任何酒店需要招聘员工时都可以运用。

2. 笔试的缺点

笔试也存在某些缺点，因此，酒店还必须结合其他测评方法，如面试、心理测试、情景模拟等。具体来说，笔试的缺点包括以下几个方面。

（1）难以保证试题的合理性。笔试的试题不能有效地检验被试者是否符合待聘岗位的要求。虽然有些人考得很好，但是并不能说明他掌握了必要的知识与技能。

(2) 过分强调记忆能力。有些好成绩往往是靠记忆、背诵来获得的，这样招聘的员工有可能只是记忆力比较强，而其他能力，特别是酒店行业需要的服务意识、动手能力、社交能力却无法考查。

(3) 主观题缺乏标准。有的时候很多主观题没有标准答案，所以阅卷时可能出现主观偏差，这样的考核结果也就难以进行横向比较了。

二、面试

面试是指应试者用口头语言来回答面试官的提问，面试官通过双向沟通形式来了解应试者的素质状况、能力特征以及求职动机的一种人员测评技术。面试是酒店员工招聘中最常用的方式。面试能否取得预期效果，主要取决于面试官是否具有足够的经验和相应的专业技能。与其他测评方式相比，面试的优点主要表现为以下几个方面。

(1) 面试使招聘人员有机会接触求职者，并随时解答各种疑问，这是书面材料无法做到的。求职者的报名表、个人简历和推荐信等对于酒店的录用决策所起到的作用，都无法取代招聘人员对求职者的面试。

(2) 面试不仅可以评估求职者的学识水平，还能评估求职者的能力、才智及个体心理特征等。面试可使招聘人员有机会直观地了解求职者的外表、举止、社交能力、口头表达能力与情绪控制能力等。

(3) 面试有助于双方的互动沟通。面试提供了一个双向沟通的渠道，借此酒店可以向求职者传递有关酒店的信息，以达到宣传酒店、树立形象的目的，有助于提高酒店的声誉。

（一）面试的类型

按照不同的分类标准，面试可分为不同的类型。按照面试的标准化程度，面试可分为非结构化面试、半结构化面试和结构化面试；按照面试官的人数，面试可分为小组面试和单独面试；按照面试的进程，面试可分为一次性面试和分阶段面试；按照面试题目的内容，面试可分为情景式面试和经验式面试。以下介绍一些常见的面试类型。

1. 非结构化面试

其特点是事先没有固定的面试框架，面试官可以与求职者讨论各种话题，不必依据任何固定的纲要与线索。非结构化面试可以帮助酒店全面了解求职者的能力、兴趣与特长。

2. 半结构化面试

半结构化面试包括两种具体形式：一种是面试官提前准备问题，但不一定按固定的次序提问；另一种是面试官依据事先设计的问题来对求职者进行提问。半结构化面试可以帮助酒店了解求职者的管理能力、技术能力和性格类型等情况。

3. 结构化面试

结构化面试又称为规范化面试，是指面试官提前准备好问题和各种可能答案的面试。结构化面试可以根据求职者的回答速度和质量对求职者做出不合格、一般、良好或优异表现等各种简洁的结论。它能减少面试的随意性，突出重要问题，是一种比较规范的面试方式。

4. 系列化面试

系列化面试是指酒店将面试的内容划分为若干部分，分别由酒店各个不同层次的管理者对应聘者进行面试。各层次的主试人员依据标准评价表对求职者独立做出评估意见，然后对每位主试人员的评定结果进行综合比较分析，最后做出录用决策。系列化面试对于求职者是否具备待聘岗位所需的技能和个人特征，有着更可靠、更有效的结果。

5. 小组面试

小组面试是指一组面试官对求职者进行的面试。小组面试允许每位面试官从不同侧面提出问题。与单独面试相比，小组面试能获得更深入、更有意义的测评结论。小组面试的一种变形是"集体面试"，即由小组面试人员对多个求职者同时进行面试。面试小组提出一些需解决或答复的问题，然后评价不同求职者提供的答案。

6. 压力面试

压力面试是指面试官提出一系列让求职者感觉有压力的问题，使求职者产生不舒服感、紧张感、压力感的面试。面试官通常寻找求职者在回答问题时出现的破绽，在找到破绽后，就集中对破绽进行质问，希望借此使求职者无法镇定。这种面试可以测试求职者如何应对工作中的压力，了解求职者的机智和应变能力，探测求职者在适度压力下是否会恼羞成怒、意气用事或失去理智。

案例 2-5　如何面对上司的无理要求[①]

面试官：你心目中的理想上司具有哪些基本素质？

应聘者：关心员工，善于给员工创造机会，懂得如何开发员工。

面试官：与上司意见不一致怎么办？

应聘者：我可以利用合适时机与上司进行交流，若无法改变上司的想法，一般情况下应听从上司的安排。

面试官：员工可以不服从上司的命令吗？

应聘者：不一定，要视具体情况而定。

面试官：若上司命令你去做违法的事情，你会怎么办？

应聘者：应该委婉地拒绝，这是有关原则的问题。

面试官：若面临被辞退的风险呢？

应聘者：还是拒绝。如果是这样的上司，相信以后也很难获得真正的机会。

面试官：假如你发现，上司的行为有违酒店规章制度，你会如何处理？

应聘者：首先，我会与上司进行简单的交流，用比较委婉的方式提出我的困惑，向他确认是否由于我本人有什么认识或经验上的不足，而导致我对该行为的看法存在偏差。当确认这不是一场误会时，我会明确指出他的行为与酒店的规章制度有冲突，并提出自己的想法与建议。如果上司坚持违反企业原则，我会进一步与更高层次的领导进行沟通。

面试官：你不担心你的上司因为这件事对你怀恨在心吗？

应聘者：我认为这是正确的做法。这是一个有关员工诚信的问题，我认为作为酒店的

[①] 杨毅宏，等. 世界 500 强面试实录[M]. 北京：机械工业出版社，2005：41-42.（该案例前半部分基于作者的实际面试经历，后半部分源于《世界 500 强面试实录》）

一员，就有必要维护企业利益和遵守企业制度。在这样的情况下，我应该坚持做对的事情，否则就是有违职业道德。

该应聘者面对具有一定压力的面试题时，表现从容，思路清晰，展现了良好的综合素质。

（二）面试的组织

面试是一项较为复杂的工作，酒店招聘人员在正式面试之前，应做好面试的各项组织和准备工作。

1. 确定面试步骤

面试的结果受到多种因素的影响，如求职者、面试环境、面试官、面试内容等。一般来说，完整的面试过程包括以下三个阶段。

（1）面试准备阶段。该阶段主要包括面试团队组建、准备面试问题、确定评估方式、培训面试官等事项。

（2）面试实施阶段。该阶段的主要任务是通过有效提问，确认求职者是否具有待聘岗位所要求的素质。

（3）面试总结阶段。该阶段主要包括面试结果评估、面试结果反馈和面试结果存档等事项。

2. 选择面试场所

选择面试场所应考虑以下两个因素。

（1）根据面试的类型和方式确定面试场所。如果是单独面试可选择较小的空间，而小组面试则要有较大的空间。

（2）面试场所要求安静、整齐、舒适。如果面试场所混乱、嘈杂或拥挤不堪，会影响面试效果，同时，面试场所也会形成求职者对酒店的第一印象，不理想的面试场所会给求职者留下不良印象，会降低酒店对优秀人才的吸引力。

3. 明确面试方式

所选择的面试方式应有助于面试官识别符合待聘岗位要求的员工。例如，欲识别一群求职者中谁更具领导才能时，可选择"集体面试"的方式，通过让多个应聘者以小组讨论的方式解决某一问题，借此评估求职者的合群性、人际关系处理能力、应变能力与支配他人的能力等。

4. 设计面试内容

面试内容和面试目的有着密切关系，主要内容应根据所要达到的目的来设计和准备。例如，对应聘酒店餐饮部管理职位的候选人，可提出如下问题：如何进行酒店人力资源的开发与管理（综合性问题）；如何加强餐饮成本控制（具体问题）；以本酒店经营状况为依据，假设一些情况，由求职者谈谈有关餐饮业务发展或管理的设想（探索性问题）。

（三）面试的技巧

在面试过程中，面试官应关注评价要点与掌握相应技巧。

1. 准备技巧

面试官应对求职者的有关背景资料进行审核，力求掌握其基本情况，对问答的主要内容列出提纲，对在审核资料时发现的需要澄清的问题做出重点标识，以做到心中有数。

2. 提问技巧

面试官要注意营造良好气氛，不应有匆忙、焦急和不耐烦的表情，并且不要以高人一等的姿态对求职者发表言论，不要有意显示自己的权威性或对求职者进行说教，更不要与求职者发生争论，因为面试官的态度和说话的语气、腔调都会对求职者产生影响。在提问时，面试官要关注以下方面：一是避免提出以"是"或"否"进行回答的问题，要提出那些需要应试者做出更详尽回答的问题；二是不要传递所期望的答案的信息，如当求职者回答正确时点头或微笑；三是不要像对待囚犯那样审问求职者；四是不要采取讽刺或漫不经心的态度；五是不要让漫谈充斥整个面试过程，也不要让求职者支配整个面试进程，应尽量多提出开放性问题，倾听求职者的回答，并鼓励他们充分表达自己的想法。

3. 反馈技巧

在面试进行期间，若求职者提出一些比较敏感的问题，面试官应该用比较巧妙的方式进行回应。如果求职者提出诸如工资和福利情况、晋升和发展机会等问题，也应利用合适时机进行回答。在面试过程中，可能会遇到一些意外情况，如双方突然沉默，此时面试官一定要通过有效反馈尽快打破沉默，可采用的一些技巧是事先多准备一些问题，一旦出现沉默局面，可立即用这些问题打开僵局。

4. 结束技巧

在正式结束面试过程前，面试官应给予求职者最后一次展示自身价值的机会，因为先前的面试环节，可能无法让求职者表现自己的一些优点，如可以向求职者提问"你还有什么疑问"或"你还有什么需要补充的"。如果此类问题没有引起求职者的积极反应，可以在一定程度上说明求职者不爱思考、不思进取或不在乎这份工作。面试官要努力以积极方式来结束面试，应当告知是否对求职者感兴趣，拒绝求职者时要讲究策略。如果感兴趣，应告诉求职者何时可以得到明确答复。如果正在考虑但不能马上做出决策，则应当告诉求职者会很快收到书面或其他形式的面试结果。

三、操作与身体技能测试

操作能力测试是指身体的协调性与灵敏度测试。身体技能测试是指力量与耐力测试。对大多数人来说，身体技能和操作能力是可以通过技术训练来培养的。操作与身体技能测试可以被用作判断求职者是否适合接受训练，估计求职者需要多长时间才能学会这些技能，以及决定求职者能否胜任待聘岗位的依据。操作与身体技能测试有助于剔除那些难以胜任待聘岗位的应聘者。

四、心理测试

心理测试是指通过一系列的心理学方法来测量求职者的智力水平和个性差异。根据测试的内容，心理测试可分为智力测试、能力倾向测试、人格测试、兴趣测试与价值观测试等。

1. 智力测试

智力是指人的学习、记忆、思考、认识客观事物并运用知识解决实际问题的潜在能力。专门应用于人事选拔的智力测试，主要包括奥特斯的心理能力自我测验、万德利克的人事测验以及提芬的适用性测验。

2. 能力倾向测试

能力倾向测试与智力测试的内容与目的有很大不同。智力测试侧重于对个人所获得的学识、经验、技能的测试，而能力倾向测试是根据测试结果来预测个人今后在学业或职业上取得成绩的可能性。因此，智力测试是教育和训练的结果，而能力倾向测试是智力和能力发展的结合。能力倾向测试的内容一般可以分为一般能力倾向测试、特殊职业能力测试、心理运动机能测试等。

3. 人格测试

人格测试也称为个性测试，是指测量个人在一定条件下经常表现出来的相对稳定的性格特征。人格测试主要是为了考查应聘者人格特点与工作行为的关系。酒店把人格测试引入员工招聘过程，有助于在对应聘者的知识、能力和技能考查的基础上，进一步考查其工作动机、工作态度、情绪稳定性等心理素质，使考查更全面、科学、客观，从而保证选拔出具有较高知识素质、能力素质和心理素质的优秀人才。

4. 兴趣测试

兴趣测试是指将求职者的兴趣同各种职业成功的员工的兴趣进行比较，以判断求职者适合从事什么工作，并作为员工前程规划的参考依据。若员工从事感兴趣的工作，一般能完成得更出色。如果酒店选拔与那些成功的在职者有大致相同兴趣的人来填补职位，这些求职者在新的工作岗位取得成功的可能性更大。如果一个人与从事某种职业的那些在职者具有相同的兴趣，那么此人在这个职业中很可能得到更多满足感，从而拥有更高的工作主动性和积极性。目前，广为应用的兴趣测试是斯特朗—坎贝尔的兴趣测试和霍兰德的职业兴趣测试、库德的兴趣调查表等。

5. 价值观测试

价值观是个人对客观事物的意义与重要性的总体评价，它使人的行为带有个人和某种稳定的倾向性。价值观念测试把各种可能的兴趣、动机等归纳为不同类型的价值观念，根据受试者对某一方面的兴趣和反应的强烈程度，确定受试者是属于哪种价值观念的人。

五、模拟测试

模拟测试也称情景模拟测试，是指在控制的情景模拟状态下所进行的测试，通过把被试者安排在与待聘岗位相似的、模拟的、逼真的工作环境中，要求被试者及时处理可能出现的各种问题，以考核被试者的心理素质、专业技能与潜在能力的一种测试技术。模拟测试的具体形式包括系统仿真、公文处理、无领导小组讨论、管理游戏、即兴演讲、角色扮演等。在情景模拟过程中，求知者表现出与组织目标实现相关或无关的行为，据此判断求职者是否适合酒店待聘岗位的要求。模拟测试可以揭示有关求职者的本能、常识、社交能力与判断能力等方面的信息，尤其适合于对求职者是否具有某种潜能的评价。

评价中心（assessment center）是指多位评价者根据求职者在一系列测试中的表现得出评价结论的过程。在运用评价中心技术时，招聘人员组合了多种招聘技术，运用了多种甄选方法来对求职者的管理潜力进行评价。[1]评价中心技术具有较高的测试效度，适用于管理人才的甄选和培养。

本章小结

人才是酒店发展的根本，拥有一支高素质的人才队伍是酒店的制胜法宝。为了选聘适合的人才，酒店首先要做好员工招聘的基础工作，即人才规划与工作分析；其次，要遵循科学的员工招聘程序，一般包括招聘筹划、招聘宣传、考核录用、招聘评估等步骤；再次，要拓展员工招聘途径，根据所需岗位的要求，采用适合的途径；最后，要有效掌握员工招聘技术，有效结合笔试、面试、操作与身体技能测试、心理测试、模拟测试以及评价中心技术等。

复习思考题

1. 外部招聘有哪些具体形式？
2. 如何做好面试的组织工作？
3. 工作分析的主要内容是什么？
4. 人力资源规划一般包含哪些步骤？
5. 酒店员工招聘包含哪些基本步骤？
6. 如何理解"适应就是人才"的内涵？
7. 请举例分析，酒店如何制定与实施吸引优秀人才的人事政策？
8. 在酒店选拔员工时，智力测试、兴趣测试与能力倾向测试各有什么用途？

案例分析题

杨乐是某著名高校旅游管理系的学生，他在高中时就入了党且一直担任班长。在大学一年级时，杨乐被推举为该班的班长。班主任吴立觉得他为人稳重，具有良好的沟通能力与一定的组织能力。在开始阶段，杨乐与吴立的配合比较默契，他渐渐得到吴立的充分信任。对于吴立交代的事情，杨乐基本能圆满完成。但在一次会议上，吴立的同事向他反映杨乐经常缺课，上课时不太认真，其所在班级的学习氛围也不好。吴立当时并没有把这件事放在心上，只是要求杨乐不要缺课，并注意发挥班干部的模范带头作用。过了一段时间以后，吴立发现杨乐参与了学校多个社团的工作，有时借故把班级事情推掉，有时不能按时完成所交代的事情。按照学校的要求，每名学生在暑期都要参加社会实践。杨乐在杭州某四星级酒店实习。该酒店副总张勇与吴立是相交多年的朋友。张勇向他反映杨乐善于与

---

[1] 雷蒙德·诺伊，约翰·霍伦贝克，巴里·格哈特，等. 人力资源管理：赢得竞争优势[M]. 刘昕，柴茂昌，译. 9版. 北京：中国人民大学出版社，2018：249.

别人沟通,但经常缺勤,或者找借口不来实习。当吴立看到杨乐提交过来的实习报告时,他很生气地说:"这种材料都能提交上来,你真是太不认真了。"新学期开学后,吴立重新调整了班干部队伍,杨乐不再担任班长。转眼间,学生都在找工作了。由于近些年的就业形势比较紧张,许多学生在找工作时都深受打击,或者未能找到如意的工作。有一天,吴立到学生寝室了解学生就业情况。虽然大多数学生还没有找到理想单位,但有几位学生却为"选择机会太多而烦恼不已"。其中,杨乐同时被三家用人单位看中。这三家单位都是学生心目中较为理想的就业之地。吴立于是让大家讲讲杨乐身上具有什么优点。经了解得知,杨乐擅长与他人交流,乐于助人,做事目的性强,综合素质高。有位学生开玩笑说:"他有时表现得'很功利主义',对于不值得做的事情,几乎不会投入精力,但一旦他决定要做某事,则行动迅速,效率惊人。"最后,他选择的就业单位是一家知名的外资企业,从事市场营销工作。2013年9月,吴立应邀参加了该班级的聚会活动,碰到了杨乐,并与他谈起了职业发展的话题。杨乐已经在该外资企业工作两年多了,销售业绩较好,但职位没有什么变化。他的上司反映其工作能力比较强,但喜欢自我做主,缺乏团队合作意识。杨乐本人也感到没有获得上司与同事的认可,有点"怀才不遇"的感觉。通过与吴立的坦诚沟通,杨乐逐步认识到自身存在的一些问题,并确立了成为市场营销管理者的职业目标。非常巧合的是,在2014年5月初,吴立在一次企业管理的高峰论坛上,结识了杨乐的上司,并谈到了他的状况。吴立得到了一个让人高兴的消息:杨乐在2013年年底被提拔为市场营销部经理助理,其中关键的一个原因是他在去年交出了非常亮丽的销售成绩单。但他习惯于自作主张的性格仍然让其上司感到"有点不放心"。杨乐的上司正着手推进他加入"后备管理人才培养计划",但对于如何有效提升他的管理素质,其上司还在斟酌中。

问题:

1. 杨乐何以获得许多用人单位的青睐?
2. 如果您是杨乐的上司,您会如何提升他的管理素质?

第三章 酒店员工培训

> **引言**
>
> 酒店员工培训是指酒店为了使员工在工作岗位上的表现达到组织的要求，使员工具备应有的工作知识、技能与态度，增进员工积极工作的动机与行为，提升员工的工作绩效，而有计划、有组织地对员工开展的培养和训练活动。员工培训有助于同时实现组织层面和个人层面的发展目标。酒店员工职业发展之路的畅通，离不开有效的职业培训体系，离不开对员工培训特征与原则的准确把握。因此，酒店要加强员工培训的管理，明确员工培训的内容，遵循合理的培训程序，掌握员工培训的方法，提高员工培训的效果，使员工更好地适应岗位要求，掌握从经验中学习的要领，拥有更强的工作动力和更清晰的职业方向。

> **学习目标**
>
> （1）了解酒店员工培训的功能。
> （2）理解酒店员工培训的特征。
> （3）掌握酒店员工培训的原则。
> （4）理解酒店员工培训的误区。
> （5）理解酒店员工培训的体系。
> （6）了解酒店员工培训的程序。
> （7）理解酒店员工培训的内容。
> （8）了解酒店员工培训的类型。
> （9）掌握酒店员工培训的方法。

第一节 酒店员工培训特征与原则

酒店员工素质的提高主要取决于有效的培训举措，而培训举措的科学制定与顺利实施则取决于对员工培训特征与原则的准确把握。

一、员工培训的功能

对于个人而言，有效培训具有更新观念、增加知识、提高技能、改善态度、改变动机、改进行为等功能；对于组织而言，有效培训具有提高效率、提升质量、降低成本、增加效益、增强合力、美化形象等功能。下面将从个人层面与组织层面对酒店员工培训的功能进行分析。

（一）个人层面

酒店员工培训有助于丰富员工知识与提高员工素质，能够为员工的成长和发展创造机会，使员工更加积极与自信地应对未来的工作挑战。

1. 更新观念

员工培训的重要作用之一是更新员工的观念与开阔员工的视野。酒店是创造快乐的企业，员工是创造快乐的使者。如果员工不能把握时代脉搏，不能融入社会发展的大潮中，就难以为顾客提供快乐的服务。顾客到酒店消费，与其说是来住宿、吃饭、娱乐，还不如说是来寻求一种享受的经历。顾客是否满意，主要源于其对酒店服务的一种主观印象和感觉。随着社会的发展，人们对酒店的需求由简单的生理需求逐渐发展到高层次的文化享受和心理满足。因此，酒店的氛围和品位就显得十分重要。为了使员工能适应市场环境变化对其工作的要求，酒店就必须通过有效的员工培训，让他们改变过时的观念，使他们能站在更高平台上，看得更远，做得更好。

2. 增加知识

随着科技的发展与社会的进步，新知识、新技术、新工艺日新月异，员工原有的知识将会变得老化或过时。在这种背景下，酒店员工只有不断地吸收知识、补充知识、更新知识，熟悉新理念、新产品、新市场，才能更好地适应工作岗位的要求。通过系统的培训，员工可以在短时间内掌握工作与生活所需的新知识。

3. 提高技能

酒店员工必须具备完成本职工作所需的服务技能。服务技能不是先天拥有的，员工只有通过系统的培养和训练，尤其是实践锻炼，才能掌握所需的服务技能。只有通过不断培训、工作、再培训、再工作的过程，员工才会真正掌握某些关键的服务技能，才会在工作中表现出娴熟的服务技巧。

4. 改善态度

员工态度培训的重要意义在于将酒店的理念体系、职业精神融入员工思想当中，使员工具有积极工作的热情。员工的工作态度、对客态度、学习态度等都是保证酒店有效运转的必要条件。从某种意义上来说，态度决定一切，没有好的态度，就没有忠诚、敬业、服从、奉献、自动自发。服务态度的培训日益受到众多酒店的重视，以力求从根本上改变员工内心的想法。我国部分酒店的培训重心是使员工树立一种"中国情"的服务意识，引导员工能发自内心地为客人提供最优质的服务。

5. 改变动机

在员工培训中，工作动机的改变是十分关键的一步。员工的工作动机取决于两个方面，即内在需要与外在诱因。知识、技能与态度培训的主要作用是强化外部刺激，提供外在诱因，而能否产生预期效果，则在于培训是否充分考虑了员工的自身需要。因此，在选择培训项目时，酒店只有对员工内在需要进行充分调研，才能做到有的放矢。酒店只有满足员工发自内心的追求，才能真正激发他们的工作动机。为了培养员工积极向上的工作动机，酒店要注意考查员工的实际能力与潜力，结合员工内心没有得到满足的渴求，设计有针对性的培训内容与培训方式。

6. 改进行为

受到良好培训的员工会觉得自己得到了酒店的重视和支持，他们往往能更好地理解本职工作的要求，会表现出更积极的工作行为，或者知道如何更有效地改进自己的行为。员工的绩效是由员工的行为引起的，而员工的行为又是由员工的动机引起的。为了促进员工产生有效的行为，酒店应把发展目标与员工个人目标有机地结合起来。酒店要增强未来发展的"可预见性"，使员工可以更好把握自己的前程，让员工体验到"实现酒店当前的目标"是在为"自己的将来打基础"，从而感知到所从事的工作不是临时的、权宜的、单一的，而是与人生目标相联系的。酒店如果把这种关联性转移到员工的个体行为中，有助于员工形成事业心和责任感，建立起对酒店的信念，并把这种信念贯彻到行动中。

酒店通过自身的业务经营活动，不仅反映出酒店的经营特色，而且通过员工的行为，反映出酒店在经营活动中的战略目标、群体意识、价值观念和行为规范。如何将酒店的经营特色、个性文化内涵用员工的言行表现出来，也是酒店文化建设的一项重要工作。例如，现在许多酒店都在制定员工言行规范，这当然是一件好事，但是在注重规范的同时，应该考虑在个性张扬的时代，顾客是否愿意接受千篇一律的规范。因此，酒店要通过有计划的培训，努力使每个员工都认识到，酒店文化是宝贵的资产，它是个人和酒店成长必不可少的精神财富，最终使员工以积极的人生态度去从事酒店的工作，以勤劳、敬业、创新的思路去指导自己的行为，使酒店文化有效落实到员工行为中。

（二）组织层面

员工培训对酒店的成功经营有着非常重要的影响，因为受到良好培训的员工，工作积极性更高，能够帮助酒店提升服务质量与赢得顾客忠诚。

1. 提高效率

培训是酒店提高劳动生产率的重要途径。实践证明，经过有效培训的服务员能端正工作态度，掌握服务知识，提高专业技能，适应不断提升的工作要求。提高酒店效率不是单个员工的事情，而是全体员工的事情。通过系统培训，酒店可以使全体员工达成共识，使他们协调行动、保持干劲与提升效率。

2. 提升质量

培训可以促进酒店服务质量的提高。培训可以使员工掌握良好的技能及丰富的行业知识，使员工工作起来得心应手。顾客对服务质量不满的原因有很多，但主要原因是员工服务不到位。酒店服务质量的高低主要取决于员工素质的高低，高素质员工是赢得顾客忠诚的保证。由于服务过程的多变性，酒店必须使员工具有较强的应变能力。此外，酒店尽管有明确的服务质量规范，但服务质量规范与实际服务提供之间常常存在差距，其主要原因一般是员工不可能完全达到质量规范的要求，因此，必须强化对员工的培训，尤其是对新员工的培训。

3. 降低成本

酒店想要有效满足消费者的住宿、餐饮与康乐需求，就要投入相当多的资金，同时，为了适应消费者的需求变化，还需要足够的设备维护保养和更新改造资金。此外，酒店服务的特点是人对人、面对面，要保证酒店业务的正常运行并保持必要品质，就必须有足够的人力资源作为保证，这就使得酒店的劳动力成本增高。为了提高设备与设施的利用率，降低劳动力成本，酒店就必须依托持续有效的培训。受过良好培训的员工，工作效率高，专业化水平高，责任心强，会正确地操作、维护与保养酒店设施与设备，从而预防和减少事故的发生，这必然会大大降低相关运作成本。

4. 增加效益

工作效率的提高、服务质量的提升与运作成本的降低最终必将转化为效益的增加。有效的员工培训不仅可以提升酒店的短期效益，而且可以提升酒店的长期效益。通过对员工进行持续、系统的培训，使酒店人力资源整体水平不断提升，其效果必将在酒店效益指标上反映出来。随着员工素质的整体提高，酒店能降低人力、物力、财力消耗，提供更为优质的产品与服务，创造更为卓越的顾客价值与企业价值。

5. 增强合力

有效的培训可以使员工达成共识、形成合力。为了促使员工增强合力，在员工培训过程中，酒店需要解决的重点问题包括：如何促使员工个人价值观与组织价值观保持一致？如何解决内部冲突和矛盾？如何打造宽松愉快的工作氛围？如何构建友好温馨的人际环境？个人行为与团体行为的协调一致性，是酒店形成合力的基本保证。

6. 美化形象

培训可以使员工改善自身的形象，使员工的仪容仪表贴上特定酒店的"标签"，这会强烈地影响顾客对员工与酒店的评价，从而影响顾客的满意与忠诚。一流的员工队伍所体现出来的整体形象，所表达的自信与可信的礼节、知识与技能，必然大大美化酒店在顾客心目中的形象，赢得顾客与公众的青睐，赢得优秀人才的加盟。

二、员工培训的特征

为了有效发挥员工培训的功能，酒店需要明确员工培训的基本特征。作为一种成人的职业教育与训练活动，酒店员工培训不同于一般意义上的学校普通教育。一般而言，酒店员工培训具有以下几个基本特征。

（一）成人性

酒店员工培训的对象是有具体工作岗位的成人。学习与培训活动必须服务于工作要求。与普通教育对象相比，作为成人的酒店员工无论从生活习性还是心理特征上，都有着较大的不同：一是年龄较大，机械记忆力衰退；二是学习目的明确，期望理论学习紧密联系实际；三是有工作压力，若他们没有意识到培训与工作的关系，就会不把培训当成一回事；四是成人必须承担很多的责任，在培训中容易受到各种因素的干扰，容易分散精力。[①]因此，在培训中，酒店必须强化逻辑性、结合实践与注重实用。

---

① 张四成，王兰英. 现代饭店人力资源管理[M]. 广州：广东旅游出版社，1998：84-85.

（二）针对性

酒店员工培训的主要目的是使受训员工能适应酒店经营业务发展的要求。酒店是一种综合性服务企业，客房、餐饮、商场、工程、财务等部门所需的专业知识和业务技能不尽相同，其培训要求也不同。为了增强各部门员工对工作的适应能力，培训部门在计划安排、课程设置、训练方法的选择等方面，必须从酒店实际需要出发，注重针对性。

（三）速成性

酒店接待工作的季节性特点导致了员工培训的速成性。当然，酒店行业的员工高流动率与高劳动力成本也在一定程度上造成了培训的速成性特点。许多酒店本着效率原则，在既定时间内增加培训内容，或在较短时间内达到所期望的培训目标，或充分利用工作间隔期、经营淡季开展职业培训。

（四）实用性

员工参加培训的目的是为了获得知识，提高技能，学到先进的工作方法。因此，学以致用是酒店员工培训的出发点，培训过程与培训内容要与实际工作相互渗透、有机结合，使员工通过培训，确实能将其所获得的知识转化为现实生产力，使其工作更加出色。如果培训内容空洞，不仅无法解决实际问题，也无法激起员工的学习兴趣，那么培训工作也就失去了意义。

（五）多样性

酒店员工培训的多样性体现在培训的多层次、多形式和多渠道等三个方面。培训的多层次体现在对不同层次的员工设置不同的培训课程，安排不同的学习内容。培训的多形式是由多样化的培训内容决定的。培训的多渠道是指酒店需要充分融合内部培训资源与外部培训资源。只有快速响应灵活多变的培训需求，有效整合多样化的培训举措，员工培训工作才能取得良好的效果。

（六）艰巨性

酒店是全天候营业的企业，24小时为客人提供服务，员工必须轮班工作。在正常运营的条件下，酒店实施在职培训是较为困难的，任务也是十分艰巨的。这主要表现为培训活动的时间安排与出勤时间的不一致性，有时还会受到经营业务的冲击而使培训工作不能按计划进行。因此，酒店培训部门在制订培训计划时，要充分估计到实施过程中的各种变化，尽量做到培训时间紧凑与内容精练。

三、员工培训的原则

基于对员工培训内涵、培训功能与培训特征的认识，酒店必须进一步明确员工培训的原则，以更好地指导员工培训工作的组织与实施。

（一）因材施教原则

《论语》中的"有教无类，因材施教"思想对企业开展培训工作具有深远的指导意义。

"有教无类"提倡所有的人都应接受教育、培养、训练，因此，酒店应对不同层面的员工都开展系统培训；"因材施教"则主张学员的素质不同，在教育内容与方法上也应不同。酒店员工在知识、态度、能力上存在差异，其工作职责也不尽相同，这就要求在培训上要体现因人而异。对于有能力、有信心但缺乏干劲的员工，培训的重点是如何改变其工作态度；对于积极肯干但无能力或无信心的员工，培训的重点是如何提升员工工作能力或增强员工自信心。

（二）激发动机原则

积极的工作动机才能产生积极的工作行为，因此，酒店应结合员工的内在需要，合理安排培训项目，使员工拥有努力工作的动机和主动工作的激情。有激情的员工会全身心地投入工作中。激情是一种强烈情绪的体现和爆发。一旦人的心态从认知上升为激情，就会产生巨大的心理动力。没有激情就没有奇迹！激情是产生强大执行力的催生剂。富有激情的员工能为酒店带来意想不到的价值，富有激情的团队与文化是酒店最有力的竞争武器之一，也是竞争对手最难抄袭、最难克隆的。

对于日复一日、单调无味的常规工作，员工的热情往往会渐渐消失，酒店必须通过持续培训以不断激发员工积极工作的动机。当员工失去可以感染客户的激情时，工作氛围就会变得沉闷，业绩就会下降，人心就开始动摇。酒店想要在竞争中求得生存和发展，就要做到点燃与保持员工的工作激情，而员工的工作激情就会感染并点燃客户，以此为酒店到达成功彼岸奠定坚实基础。工作激情是发自员工内心的内在驱动力。激发工作动机的主要目的就在于激发员工的内在驱动力。

（三）正面强化原则

为了使员工重视培训工作，酒店需要建立相应的奖惩机制。强化考核是保证员工培训质量的重要举措，也是检验培训效果的必要手段。在考核培训结果的基础上，如何奖惩是非常重要的一个环节。为了使员工主动地加入培训当中，酒店要倡导正面强化原则，即对员工在培训中的好行为与好结果进行强有力的激励，以使员工把培训收获转移到工作行为与工作绩效中。正面强化体现了酒店对培训工作的政策导向，而少用惩罚措施则是为了减少员工对培训工作的抵触情绪。在大多数培训工作中，经常看到的一种现象是员工对待培训工作的消极态度，人在培训现场而心不在培训上，其根源在于现行的培训奖惩体系。一般来说，在培训考勤环节上，大多数酒店都做得比较好，而对于培训内容的考核，则相对比较宽松。对于通过培训考核的员工，酒店一般不会采取有力度的奖励措施；对于没有通过培训考核的员工，一般会采取有一定警诫效应的惩罚措施。如果酒店对培训结果进行正面强化，就能促进众多员工积极参与培训工作，其最终效果自然会大大优于负面强化的效果。

（四）循序渐进原则

知识的更新、能力的提升与态度的改变是一个循序渐进的过程，培训要由浅入深、由易到难、由细节到大局。在一个有限的时期内，酒店要求员工快速学习与应用各种所需知识是不现实的。酒店应根据不同层次员工的素质，有计划地安排培训内容，让他们消化培训内容，让他们感觉培训有收获，并激发他们再次参加培训的兴趣。过多、过杂或超越员工接受能力的培训目标只能增加员工的压力,其结果往往如囫囵吞枣,无法达成预期设定的目标,使员工对培训工作产生厌烦情绪。

(五)及时反馈原则

为了使培训工作产生应有的作用,酒店必须坚持及时反馈原则。一方面,在培训过程中,酒店要促使培训师给予学员及时的反馈。教与学是一个相长的过程,培训师必须注重与学员的互动,及时解决学员提出的问题,并对学员的优秀表现与正确观点给予及时表扬。另一方面,在培训考核后,酒店要及时向学员反馈考核结果,让他们及时知道自己在培训中的收获与不足。很多培训活动都存在反馈滞后或不重视反馈的情况,这势必减少员工对培训活动的兴趣与激情。

(六)学以致用原则

为了使培训工作更适应在职员工的需要,酒店应坚持学以致用原则。一方面是培训要紧密结合员工个人成长的需求,兼顾员工现有工作岗位的要求与未来发展的需要;另一方面是培训要结合酒店发展状况和实际工作需要,使培训内容有助于员工更好地完成组织目标。为了学以致用,酒店在培训上必须抓住重点,尤其是要紧密结合实际工作中经常遇到的问题与难题。因此,比较有效的一种培训理念是坚持以实践问题为中心,先提炼问题,然后结合理论,提出分析问题的思路与解决问题的方案。在培训过程中,培训师应注重让学员多练习、多讨论,加深他们对某一问题、事实或理论的理解,使其能举一反三、触类旁通,更好地把培训中所学的知识与技能运用到工作中。

第二节 酒店员工培训体系与程序

员工培训对于酒店发展具有非常重要的意义,但为何部分酒店的培训并未取得良好效果,或者为何许多酒店管理者根本不重视员工培训,其根源在于培训认识误区与培训实践误区。本节将在阐述常见培训误区的基础上,探讨酒店员工培训的体系与程序。

一、员工培训误区

当前酒店培训存在诸多误区,这极大影响了培训工作的开展与培训作用的发挥。酒店管理者必须正确认识和消除培训中可能存在的误区,通过有效的培训设计,促使员工素质不断提高。有些酒店管理者根本不重视培训,认为培训是一项花钱的工作,能省则省;有些管理者认为培训是在"为他人作嫁衣",员工"翅膀硬了就要飞",培训是一项赔本的买卖。从前文所述的员工培训功能可以看出,上述观点是比较片面的。解决上述问题的关键是要让管理者深刻理解与认同培训工作的重要性。在员工培训工作上,酒店无法获得理想结果,其缘由可能是陷入了以下所述的一种或几种培训误区。

（一）重技能轻态度

有些酒店在培训上片面强调"实用至上"，重视对员工进行操作技能与服务技能的培训，因此，在培训上出现了"强调技能、不够重视知识、轻视态度"的倾向。技能的重要性是毋庸置疑的，但如果缺乏系统的服务知识与专业知识，酒店员工就无法成为高素质人才。实际上，培训中最重要的是员工要拥有正确的态度。如果态度积极、思想上进，员工就会主动地学习知识与掌握技能，并在工作中加以运用。

（二）重形式轻效果

许多酒店管理者很关注培训工作，但深入调查会发现，相当一部分管理者关注形式大于效果。不可否认，酒店员工可能经常有培训的机会，培训形式也多种多样，而且领导也经常向员工灌输培训的重要性。但是，在员工培训上肯投入，在培训机会上肯给予，并不等于有好的培训收益，因为员工可能只是参与培训过程，而没有真正学到知识与技能，或者学到的知识与技能无法有效地运用到工作当中去。

（三）重前台轻后台

前台员工直接面对顾客，其言行举止直接影响顾客对于服务质量的感知。因此，酒店应当重视前台员工的培训工作，但不能忽视后台员工的培训工作。酒店前厅、客房、餐饮、康乐部门的一线员工得到有效培训后，前台服务质量自然会在短期内提升。但如果后续培训无法产生明显效果，则往往意味着服务质量提升的"瓶颈"环节不在前台而在后台了。因为服务质量的提升需要多部门、多环节的配合，如果工程、安全等部门的员工缺乏相应的服务技能与服务意识，必然会导致服务质量的下降。

（四）高层无须培训

在很多培训场合中，高层管理者很少出现。许多高层管理者认为，培训主要针对中基层管理者与普通员工，培训的主要目的是提升员工素质。但实际上，高层管理者素质的高低才是影响酒店发展的关键。如果高层管理者不及时吸收新知识与学习新技能，就无法有效激励与指挥员工。高层管理者积极参与培训，就是对培训工作最有力的支持，必然会引起员工对培训工作的高度重视，也能在一定程度上保证培训取得较好效果。

（五）好时无须培训

在酒店经营情况非常好的时候，一切看上去似乎都很完美。一种常见的思维是，情况这么好，只要继续保持就行了，不需要培训。这时即使出现隐患，也往往会被大家忽视，直到经济效益出现大幅度滑坡，大家才会反思先前种种不利的迹象，这时管理者也许才明白提升员工团队素质的重要性。但面临的另一个问题是，在经济效益不好时，管理者把主要精力放在如何改善不利局面上，这时的"托词"是"培训不是当前的首要工作"，应节省各种无法短期见效益的开支。即使有的管理者意识到当前必须通过加强培训才能改善局面，但可能的情形是"效益差时无钱培训"。

(六)人才无须培训

有些员工看起来很忙碌,但并没有为酒店创造什么利润。为酒店做出主要贡献的是推动企业发展的关键人才,留住并科学运用这些关键人才是酒店前进的根本动力。尽管管理者认识到人才的重要性,但不少管理者认为人才不需要培训,需要培训的是表现一般的员工或不称职的员工。这种认识的危害非常大,长期的结果是人才的才智可能被榨干,再也难以发挥重要的作用。人才之所以表现优秀,是因为拥有更多的知识、技能与经验,有效培训可以使人才在各方面持续表现卓越。

(七)忙人无暇培训

员工工作忙一般意味着其得到重用或承担更多责任,也正因为忙,这些员工往往无暇参与培训工作,酒店管理者也往往对此表示默认。一旦忙人不用参加培训成为一种共识,那么即使酒店在培训上很舍得投入,但培训参与者可能主要是"闲人"。在很多的实际培训场合,也往往可以看到这种现象,工作岗位相对轻闲的员工在参与培训,而工作忙碌的员工要么不来,即使来了,也常常是应付了事。"忙人"一会儿接电话,一会儿交代事宜,刚要进入培训状态,又被另外的事情所打断。其实,忙是相对的,他们也许更需要通过有针对性的培训,学会如何放权和如何高效工作。酒店也要尽可能保证培训者有相对集中的培训时间,在此期间,尽可能不要"干扰"他们的"充电"过程。

(八)新人自会胜任

新员工能否尽快适应工作环境,很大程度上取决于新员工岗前培训的有效性。但实际情况是,大多数管理者认为新员工只要经过简单培训就行了,新员工自然而然地就会适应工作岗位的要求。酒店不对新员工进行系统培训,或只进行形式大于内容的培训,就会使新员工在很长一段时间内无法有效提高业绩。不可否认的一个事实是,酒店新员工的高离职率,其中的一个重要原因是没有得到相应的服务意识、服务知识、服务技能与工作流程方面的培训。

(九)流行什么培训什么

"追星"现象在各个领域普遍存在,培训领域也不例外。"流行什么概念就灌输什么理念"成为很多管理者奉行的培训观。正所谓"什么时髦学什么",要放眼全国,走向世界;要找出差距,高标定位,向世界级的 GE 学习,向全球酒店巨头洲际集团学习;工作完不成"没有任何借口";面对领导要时刻记住"忠诚胜于能力";扫黄打黑要有"执行力";防火工作要狠抓"细节";防洪抗旱要有"战略创意";造"特炫"运动鞋要"纳米技术";出版著作要"六个西格玛";婚庆礼仪公司要进行 ISO 认证;招待所要"基业长青";小旅馆要有"核心竞争力";快餐店推行阿米巴管理模式;景区的"寺庙"或"度假地"掀起"平衡计分卡"运动![1] 从表象上看,"追星"的效果很热闹,但实际效果可能不怎么样。

(十)培训缺乏针对性

培训缺乏针对性是酒店员工培训中的常见误区,其结果是造成人力、物力、财力的浪

---

[1] 马浩. 决策就是拍脑袋[M]. 北京:中信出版社,2005:4. (有改动)

费。培训应结合员工的需求，尽力做到因材施教。但实际情况是，大多数培训没有针对特定酒店的要求，没有进行有针对性的准备，更不用说，针对员工的要求进行个性化定制了。

缺乏针对性的培训甚至可能会产生负面的效果。笔者曾经见证了这一场面的发生。培训地点是江苏省无锡市郊区的一家酒店，培训内容是管理的基本知识。当时酒店的董事长与总经理都没有参与这次培训，参与培训的职员大多来自当地。培训讲师是比较崇尚民主管理模式的，因此，在培训过程中较多地向学员灌输民主管理、分权与放权的基本思想。意想不到的是，当天就有部分员工用新学的观点反驳上司的命令与要求，许多员工都在抱怨酒店高层的管理方式，导致人心涣散、效率低下。酒店总经理马上意识到问题的严重性，然后与该讲师探讨解决方法。其原因是该酒店一贯采取集权制的管理模式，而且管理者的领导方式一下子很难改变，而酒店员工一直以来也习惯这种领导方式，员工新接受的理念与酒店的现有管理方式之间产生了严重冲突。酒店总经理若能事先了解培训内容，就不会发生这种事情。为了体现培训的针对性，酒店总经理必须明确自己的管理风格，若坚持集权式的管理方式，就应该聘请知道如何发挥集权效率的讲师，向员工阐明集权的利弊，以及如何在此管理方式下提高个人的工作效率与效益。

二、员工培训体系

酒店想要使员工培训切实有效，就要避开培训误区，建立科学合理的员工培训体系。一般来说，员工培训体系的重点内容包括培训组织体系、培训制度体系和培训评估体系。

（一）培训组织体系

酒店应设置专门的机构与人员来保证员工培训工作的有效落实。酒店培训组织体系构建的要点是"高层有人抓，中层有人管，基层有人做"。

1. 培训工作有人抓

培训工作"有人抓"表明的是高层领导重视，并从权力机制上保证员工培训能得到有效支撑。在部门林立的酒店中，"有人抓"显得格外重要，否则就会因"上层无人协调"而使培训工作流于形式。员工培训应由总经理牵头，将人本理念贯穿到酒店管理的各个方面，将酒店的培训计划和战略目标结合在一起，开展提高性、持续性、系统性的培训活动。

高层领导重视培训工作，首先要在内心树立"人才是第一资源，培训是首要增值途径"等理念，走出业内存在的培训误区；其次要将理念落实到实际工作中，如要经常结合酒店发展趋势和员工需要，对培训计划的制订、培训方式和方法的选择给予指导，监督培训项目的实施，力求培训、经营齐头上，并重视培训效果评估，促进培训效果转移。"巧妇难为无米之炊"，高层领导要重视酒店培训预算，不能因酒店的经营管理困难，就拿培训开刀，要舍得在培训上花费精力与投入资源。

2. 培训工作有人管

只有高层领导对培训工作高谈阔论，郑重声明它的重要性，而没有管理培训的具体人选和机构，那么培训工作也还是"空中楼阁"。员工培训"有人管"具体是指酒店的相关部门（人力资源部或培训部）负责确定培训需求和目的、决定培训标准、选择培训师与培训教材、计划培训项目、实施培训项目以及协助高层领导确定培训预算等。

3. 培训工作有人做

培训工作需要"有人抓""有人管",但培训工作真正落到实处还是要有做实事的人。各项培训工作能否深入,能否真正达到预期目的,关键在于是否在每项培训工作上都有合适人选,是否能将各项事情落到实处。若没有真正做实事的人,或者在某些环节上具体操作的人缺乏应有能力,就会导致整个培训组织工作的不到位,甚至让更多的人认同"培训无用论"的观点。一般来说,酒店层面应有培训师,部门层面应有兼职培训师和培训员,班组层面应有操作示范员。

培训是管理者的重要职责,管理者就是培训者,各级管理者应从认识上、行为上、制度上保证培训工作的有效开展,并积极参与培训设计的主要环节,以从根本上解决管理与培训脱节、实践与培训脱节等现象。[①]

(二)培训制度体系

孟子曰:"不以规矩,不能成方圆"。为了保障员工培训体系的有效运作,酒店需要完善培训制度体系。

1. 全员培训制度

优质服务要靠全体酒店员工的尽心尽力,然而有的员工可能因为缺乏积极性或待遇低而不愿努力工作,有的员工可能因为能力欠缺或信心不足而无法做好本职工作,有的员工可能因为业务流程不畅或缺乏必要支撑而无法有效完成任务。因此,酒店有必要对全体员工按不同形式、要求与考核方法实施有针对性的培训,将员工培训与上岗、转岗及晋升有效结合起来。通过实行全员培训制度,促进员工努力学习,提高工作技能,改进工作态度,使所有员工有信心、有意愿、有能力为顾客提供卓越的服务。

2. 培训等级制度

培训等级制度主要是指酒店根据员工的不同等级而给予不同层次、不同侧重点的培训。处在不同等级的员工,其享受的培训待遇存在差别,但鉴于所承担责任的不同,在培训待遇上适当拉开不同层次员工的距离是有必要的。根据酒店设置的管理层次,员工培训制度相应地分为以下四个层次。

(1) 操作层员工的培训。操作层员工是酒店员工的主体,主要是酒店的服务员和技术工人,工作在第一线,其服务态度、工作技能将直接影响服务质量和酒店的对外形象。操作层员工培训的重点是提高他们的专业知识、服务技能及服务意识,重点解决动手能力。

(2) 基层管理者的培训。酒店基层管理人员是第一线的管理者,如主管、领班等,他们的工作重点是在第一线从事具体管理工作,执行中高层管理者的指令。对于基层管理者,酒店可采用课堂讲授、案例分析、角色扮演等传统培训方式,加强其对管理术语、酒店内部管理体制、消费心理、组织、指挥、协调、控制等知识的一般了解,促使其掌握一些改进工作质量、提高工作效率、开发创造力、有效鼓励下属与改善人际关系的技巧。

(3) 中层管理者的培训。酒店中层管理人员主要是指酒店各部门经理,他们的工作重点是根据酒店的方针、计划,负责编制本部门的工作计划并具体负责实施方案。因此,他们除了要精通本部门的经营管理工作外,还要了解相关部门的工作情况和基本业务知识。针对中层管理人员,酒店应采用理论与实践相结合的培训方式,使其掌握本职位所需的理

---

① 余昌国. 现代饭店管理创新[M]. 北京:北京燕山出版社,2005:254-259.

论知识和相关知识，提升计划、组织、指挥、协调和控制能力，掌握酒店其他部门的一般工作常识，以及本部门员工的培训和开发方法。

（4）高层管理者的培训。酒店高层管理人员是对整个组织活动负有全面责任的管理人员，他们对外代表组织，对内拥有重大问题的决策权，并对塑造组织文化有着重要影响，主要是指总经理、副总经理和部门总监等。酒店可采用专家进店培训或外派进修等方式，重点培训他们的决策能力、计划能力、领导力、综合协调能力、创新精神、全球视野以及财务管理能力等。

案例 3-1　接班人计划的基础：完备的培训体系[①]

处于发展快车道上的开元旅业集团，面临管理人才缺乏的挑战，不断总结"老带新"的自然孵化法，坚持"以内部培养为主、外部招募为辅"的原则，开发出一套有开元特色的"接班人计划"。其中，完备的培训体系是接班人计划体系构建的基础。开元构建了从员工、领班到部门经理等层次的基本培训体系，如专业管理、导师制、学分制培训等。在管理人才的职业发展过程中，针对各层次管理者的培训非常明显地体现着培训等级制度。就培训师选择而言，高层管理人员的培训以集团高管和专业院校专家为培训师，中层管理人员的培训以管理公司职能总监、酒店总经理为培训师，基层管理人员的培训以各酒店部门经理和培训经理为培训师，从而构成开元管理人才培训的三大板块。

开元旅业集团的培训计划呈现层次性、阶梯式的特点。培训不是"炒冷饭"，要有明确的目的，培训的内容要与员工的等级相联系。这种培训计划的推进，能保证企业有充分的战略性人才储备，不会由于个别人的离职而受到太大的影响，且有助于调动员工的积极性，有助于持续提升管理者的素质。

3. 培训考核制度

在完善培训等级制度的基础上，相应的考评制度必不可少。培训考核制度是实现酒店绩效目标和员工职业发展目标的有效外部推动力量。完善的培训考核制度是基于培训时间保证制度、培训效果评估制度和培训考评制度而制定的。

（1）培训时间保证制度。基于酒店工作的特殊性，特别是一线操作员工的休息日不确定，酒店应实行弹性的培训制度。也就是说，酒店规定各级别员工必须参加哪些培训项目，员工可根据自身兴趣和时间安排自愿选择参加哪些培训项目，但是，一个考评周期下来，必须达到若干个小时。培训时间与员工个人薪酬、升迁机会直接挂钩。

为了严格执行培训时间保证制度，酒店要辅以培训签到制度，如要求受训者每次提前5分钟到达培训场所，在课程结束前不得随意早退，否则视此次培训无效，或者将此次培训时间打一定折扣。员工的培训时间由人力资源部专人记录，并存入档案。

（2）培训效果评估制度。培训效果主要包括课堂效果与实践效果。培训时间保证制度强调的是培训的"量"，而培训效果评估制度则是强调的是培训的"质"。

（3）培训考评制度。培训考评的对象主要包括培训参与者、组织者与培训者。

[①] 改编自开元旅业集团提供的资料。

①参与者的考评。参与者即接受培训的员工。在综合考察员工培训的"量"和"质"的基础上，酒店采用一定的权重系数，利用加权平均法计算各位员工的培训考评成绩，并在员工信息栏公布，接受全体员工的监督。在同一级别的员工中，考评优异者将获得更高的薪酬与更多的晋升机会。也就是说，培训考评结果直接与员工报酬及晋升相挂钩。酒店的外语津贴就是一个典型的例子。

②组织者的考评。培训组织者主要是指酒店人力资源部的相关人员。酒店可根据培训性质、任务与预定目标，构建针对培训组织者的考评制度与奖惩制度，明确培训组织者要承担的职责与相应的权益，对培训组织者进行客观考评，这是促进他们尽职尽责、提升素质与提高培训质量的一项重要措施。酒店通过考评培训组织者履行职责的情况，推进强有力的奖惩措施，从而调动培训组织者的工作积极性，提高培训组织工作的效果。

③培训者的考评。一般来说，酒店可从知识水平、实践经验、培训技能与个人魅力等角度对培训者（即培训师）进行综合考评。具体来说，酒店可根据态度是否积极、表达是否清楚、思路是否清晰、内容是否先进、重点是否突出、教材是否合理、课堂效果是否良好、实践效果是否明显、参与者是否满意等情况对培训者进行系统考评，从而判断现任培训师是否称职，这有助于培训组织者挑选卓越型培训者，改进培训工作，提高培训质量。

（三）培训评估体系

实践表明，培训投资具有很高的投资回报率，既有个体工作质量方面的回报，又有效益提升、成本节约、团队合作方面的回报。培训评估不仅是这一次培训的最后一环，更是下一次培训的起始环节。通过培训评估，酒店可以有效了解受训者和酒店的进一步培训需求，从而为下次培训做好充分准备。培训评估的具体内容与方法见本章的"员工培训效果评估"部分。

三、员工培训程序

酒店员工培训的基本程序包括四个步骤：确定培训需求，制订培训计划，实施培训方案与评估培训效果。有效的培训流程可以使员工培训工作做到步步有章可循，有助于保障培训质量与总结培训经验。

（一）员工培训需求分析

确定培训需求既是酒店培训工作的开始，又是衡量培训工作效果的主要依据。培训需求分析一般包括三个层次：组织分析（organizational analysis）、任务分析（task analysis）和人员分析（person analysis）。①

1. 组织分析

组织分析是在全局上把握整个组织的培训需求。在进行组织分析时，管理者需关注的要点包括：培训的背景，酒店的战略方向，可用的培训资源，受训者的上司和同事对于培训活动的支持情况。

---

① 雷蒙德·诺伊，约翰·霍伦贝克，巴里·格哈特，等. 人力资源管理：赢得竞争优势[M]. 刘昕，柴茂昌，译. 9版. 北京：中国人民大学出版社，2018：263-269.

2. 任务分析

任务分析是针对具体工作要求的培训需求分析。任务分析以工作分析为基础,若酒店已有现成的工作分析文档,就可直接使用相关文件作为培训需求分析的主要依据。在进行任务分析时,管理者既要明确特定工作所包含的具体任务,又要明确这份工作的知识、技能、经验及其他要求,还要明确这份工作所要求的绩效标准。

3. 人员分析

人员分析是指针对员工个体的分析,以确认"谁需要接受培训""受训者需要哪些培训"与"受训者是否已经做好接受培训的准备"。因此,酒店要对员工个体的工作绩效进行深入的分析,其目的在于找出实际的工作绩效与要求的工作绩效之间的差距,以便通过有效培训提高员工绩效。酒店可从工作态度、工作行为、工作成果三个方面,全方位地对员工的工作表现进行系统评估,找出员工的绩效差距,确认员工的绩效欠佳是因为知识、技能或经验不足引起的,并据此确定培训需求与选择培训项目。

在分析培训需求时,酒店需要收集有效信息。培训需求信息收集的方法包括:资料分析法、绩效分析法、访谈法、观察法、问卷调查法与关键事件法等。

(二)员工培训计划制订

培训计划制订是培训管理过程的重要环节。顺畅开展的酒店培训工作往往与谋后而定的培训计划体系密切相关。有效的员工培训计划体系必须达到以下"三有"的要求。

1. 培训工作有计划

为了制订具有可操作性的培训计划,酒店培训工作人员需要明确培训计划制订的依据与准则,并结合酒店实际情况,制定培训总体规划及分步实施举措。

1)培训计划制订的依据

酒店培训计划制订的依据主要包括以下三个方面。

(1)酒店主管部门的要求。为了加强酒店行业的规范化管理,酒店主管部门制定了许多行业标准和要求,这些标准及要求可以作为培训计划制订的依据。

(2)酒店持续发展的要求。酒店为了获得持续经营优势,从经营战略、文化理念、规章制度到队伍素质等方面都需要通过有效培训落实到所有员工身上。

(3)酒店员工发展的要求。酒店员工为了做好本职工作,获得更好的发展机会,也期望酒店能有计划地开展培训工作。因此,酒店需要根据员工的职业生涯发展规划,为员工制订相应的培训计划。

2)培训计划制订的原则

培训计划的制订是针对培训目标和各项培训活动的安排过程,需要遵循一定的原则。

(1)系统性。系统性是指在制订培训计划时要求使用系统思考的方法。一般来说,系统性要求包括标准性、可靠性与全面性等具体要求。

其一是标准性。标准性的培训设计需要基于一些正式规则,培训设计过程的所有决定都必须遵循这些规则。培训设计过程的主要决定包括:培训什么?何时培训?谁是培训对象?采用什么培训方法?运用什么评估标准?需要达到什么效果?对既定规则的坚持是达成标准性的关键。如果培训计划制订主要依靠个人的经验或能力,那么培训计划就会受到个人主观因素的极大影响。

其二是可靠性。培训计划的制订需要可靠的资料作为基本依据。为了制订有效的培训计划，酒店需要收集相关的数据与信息，选择合适的评估标准。为此，酒店需要努力保证主要数据、信息与标准的可靠性。

其三是全面性。员工培训包括具有连续性与关联性的多项培训任务，任何一项任务的成败都可能影响培训的最终效果。酒店培训工作者忽视其中一项培训任务，忽视培训任务之间的时序关系与因果关系，都可能导致员工培训的不到位。因此，在培训计划制订过程中，酒店应全面考虑可能出现的培训问题与需要完成的培训任务。

（2）针对性。针对性是指在制订培训计划时必须适应不同的培训需求、工作任务与培训对象。首先，要符合不同的培训目的、培训类型与培训内容的要求；其次，要符合特定工作岗位与工作任务的要求；最后，要权衡考虑不同培训对象的素质差异、兴趣爱好与个性化需求。

（3）有效性。有效性是指培训计划要体现与酒店经营管理实践的紧密联系，要体现对员工工作效率与工作效益的积极影响，要经受员工工作实践的检验，要获得非常有价值的实践效果。

3）培训计划的层次

酒店要围绕培训总体计划，结合员工需求、工作分析与绩效评估，推进具体的、可操作的培训举措。

（1）培训总体计划。酒店培训总体计划是指根据组织发展战略、人力资源战略与员工开发战略，对酒店一定期限内的培训进行系统规划，并提出具体实施方案。在每个年度，酒店需要对培训总体计划进行适当修正。修正依据包括年度培训策略检讨与工作总结、年度人力资源新要求、培训工作实践基础等。

（2）年度培训计划。酒店年度培训计划一般根据培训总体计划的要求，由酒店主管培训的高层领导牵头、人力资源部（培训部）主导、其他所有部门参与制订。年度培训计划的具体内容包括培训组织建设、项目运作计划、资源管理计划、年度预算、机制建设等，并借此保证培训目标的实现。它回答的是酒店培训做什么、怎么做、需要多少资源、会得到什么收益等基本问题。

年度培训计划的制订由人力资源部（培训部）担负主要责任。其中，项目运作计划中的项目组合必须根据年度需求调查来进行调整。它的制订过程非常关键，必须考虑组织及员工两方面的要求，既要满足酒店的投资效益需求，又要满足员工的职业发展需求；既要考虑酒店资源条件与员工素质基础，又要考虑人才培养的超前性及培训效果的不确定性。

（3）项目计划。项目计划是指根据酒店年度培训计划，在全面、客观地分析培训需求的基础上，对培训目标、培训时间、培训地点、培训教师、培训对象、培训方式和培训内容等方面的系统设计，同时，也回答资金预算、操作流程、注意事项等基本问题。这将在本节"培训项目有方案"部分具体阐述。

（4）教学计划。教学计划是指为了保证培训项目计划的顺利实施，酒店对相关培训课程开发的过程进行管理，包括调研、定位、大纲讨论、讲义编写、教材制作、辅导材料编制、试卷设计等。此项计划一般由直线经理与责任讲师共同完成，培训部门提供专业支持。在单体酒店培训中，教材以引进为主，很少编制自己的教材。但对于知名酒店集团来说，就有必要以集团为单位，制订教材编制计划与打造培训师资团队。

2. 培训项目有方案

酒店培训由一个个具体的培训项目构成。培训项目有方案是指每次培训都要有相应的项目培训计划与实施方案，具体包含以下几个方面内容。

1）确定培训目标

在培训需求分析的基础上，酒店要结合各岗位的任职资格以及不同员工的职业生涯发展轨迹对能力素质的要求，确定相应培训目标。以员工职业发展过程为例，一般包括上岗培训、在岗培训、转岗培训和晋升培训。在每个阶段，酒店都应着眼于员工长远的发展，明确员工的培训目标。上岗培训的主要目标是让员工融入酒店环境，明确岗位职、责、权等，以保证员工适应工作的基本要求；在岗培训的目标是解决问题、提高绩效；转岗培训主要是适应工作变化，明确新岗位所需的各项知识和技能；晋升培训的重心则是提升工作能力，以胜任更高层次岗位的要求。培训目标的描述要尽量做到具体、可操作。

2）确定培训对象

由于培训资源的有限性和员工知识结构与能力结构的差异，酒店的任何培训都应围绕特定对象展开。确定培训对象要从酒店和员工双方的需求出发，合理选择，使双方经过培训后收到实际效果。例如，为了储备管理人才与提高拟晋升员工的胜任力，杭州最佳西方梅苑宾馆设立了适合预备管理人员的培训体系：采用定期培训班的方式，设立入选条件，符合条件的员工可自愿报名，各部门也可推荐员工参加，培训名单须通过总经理办公会的审核；培训的主要内容是管理基础知识，包括管理手册、质量手册、安全手册等内容，培训后通过考核的员工可获得相关证书，持有证书方可获得晋升资格；培训形式是在酒店内集中授课，或是外派培训，外派培训包括送至同行酒店进行在岗培训和送至专门的培训机构进行培训。

3）确定培训内容

培训内容的确定与培训对象的选择是相辅相成的。有什么样的培训对象，就应该有什么样的培训内容；有什么样的培训内容，就应该选择什么样的培训对象。选择合适的培训内容，是提高和保证培训效果的重要因素。

4）确定培训方法

培训方法将直接影响受训者对培训内容的接受程度，酒店需要选择与培训项目相匹配的培训方法。明确培训方法，如系统讲授还是专题研讨，有利于培训师和受训者做好充分准备。

5）确定培训讲师

酒店需要根据培训内容、培训对象与培训方法等确定培训讲师的选择标准，并与之约定培训事宜。为防止培训讲师，特别是外聘培训讲师因突发事件而不能参加培训，可根据培训讲师的选择标准选择次优的培训讲师以备用。提前确定培训讲师，有利于其准备培训内容，从而取得较好的培训效果。

培训师资主要包括以下几类。

（1）卓越型培训师。既有丰富的理论知识，又有丰富的实践经验；既熟练掌握各种培训技能，又有个人魅力。

（2）专业型培训师。既有理论功底和实践经验，也掌握培训技能，但缺乏个人魅力。

（3）技巧型培训师。富有个人魅力，也掌握培训技巧，但理论与实践功底不够。

（4）肤浅型培训师。掌握培训技能，但缺乏个人魅力和理论功底。

（5）讲师型培训师。说教式培训，不懂培训规律，且缺乏个人魅力。

（6）无能型培训师。培训时只会读讲稿、念材料。

酒店应根据培训层次和要求选择合适的培训师资。

6）确定考核方式

为保证与验证培训效果，酒店应根据培训考核制度，确定具体培训项目的考核方式，决定采取哪些考核指标、各种指标的权重以及相应的奖惩措施。

7）确定培训时间

培训时间的确定必须结合酒店的运营情况与学员的情况。为了使培训时间安排更具可行性，酒店可以就培训时间进行一次问卷调查。培训时间一般适合安排在酒店经营的淡季，最重要的环节是确定培训的时间段，即何时开始与何时结束。

8）确定培训地点

培训地点会影响培训效果，因此，培训地点应保持干净整齐、宽敞明亮、安静、舒适。酒店一般可以将会议室作为培训地点，并根据培训内容来布置培训场所。

9）确定经费预算

经费预算是指估计培训项目实施所需费用的总和。通过估算每项培训活动所需器材与设备的成本、教材教具费用、培训讲师费用、外出活动费用等，酒店可以得出该培训项目的总费用。

10）确定控制措施

酒店需要采用签到、随机点名、流动检查等控制方式，保证培训计划的执行进度与实施效果。培训过程实际上是酒店培养员工良好的思想、意志、作风、习惯的过程，所以必须高标准、严要求，切忌组织松散、流于形式，要努力做到不达要求不放行、考核不合格不上岗。

除上述内容外，酒店还应确定培训项目的具体负责人、培训教材、培训设备、后勤保障等相关内容。

案例 3-2　开元旅业集团后备高级管理人员专业理论培训计划[①]

高级管理人员的知识结构和专业理论水平，直接关系到其管理的思路和水平，进而关系到企业管理的效果。为了提升后备高级管理人员的专业理论水平，开元旅业集团制订了本培训计划。

一、培训目的

本次培训旨在拓宽受训者的视野和思路，优化受训者的知识结构，提升受训者的专业理论水平。通过培训，要求受训者：

（1）确立市场经济和现代企业意识，提高政策理解水平和把握企业宏观发展方向的能力；

（2）确立现代营销意识，提高把握市场机遇的能力和营销策划的水平；

（3）确立法制意识，提高依法经营的水平和依法治店的能力；

（4）确立现代管理意识，提高自身管理素质和整合企业内部资源的能力。

---

① 改编自开元旅业集团提供的资料。

二、培训内容

本次培训时间为一年,培训内容共分为以下四大专题。

1. 经济专题

(1)学习内容:市场经济理论、企业经济理论、产业经济理论、金融经济理论、宏观经济理论、国际经济理论、管理经济学等。

(2)专题研讨:市场经济与企业发展之道、宏观环境与酒店战略、酒店特征与盈利模式。

2. 营销专题

(1)学习内容:市场营销理论、消费者行为学、品牌经营原理、酒店营销策略等。

(2)专题研讨:如何构建酒店营销体系、如何打造名牌酒店、如何策划专项营销活动。

3. 法律专题

(1)学习内容:《反不正当竞争法》《消费者权益保护法》《劳动法》等法规和集团的主要规章制度。

(2)专题研讨:国家法制与企业经营管理、酒店企业如何规避法律风险、如何有效执行企业规章制度。

4. 管理专题

(1)学习内容:管理学原理、酒店信息管理、酒店人力资源管理、酒店财务管理、酒店管理者的修炼等。

(2)专题研讨:如何提升酒店执行力、如何构建酒店人力资源管理平台、如何建立科学的酒店财务管理体系、如何提升管理者的基本素质。

三、培训方式

本次培训主要采用以下方式。

1. 专题讲座

由专业理论导师和外请专家就某些重点内容开展专题讲座。

2. 读书报告

由参训人员通过自学规定科目写出读书报告,并在一定范围内进行交流。

3. 专题研讨

根据学习专题定期就某些问题展开集中研讨,以培养受训者的思维能力和语言表达能力。

4. 参观考察

根据学习内容的需要选择集团内和集团外的酒店进行现场考察,以增加感性认识。

5. 项目设计

根据所学理论,结合酒店实际,撰写一篇关于提升本酒店竞争力的研究报告,设计一个酒店专项营销活动的方案。

6. 论文写作

在学习期间,撰写一篇有理论深度和实际指导意义的论文,在公开发行的报刊和杂志上发表。

四、培训考核

本次培训将根据受训者的读书报告、研究报告、设计方案、论文和研讨时的发言,检验其学习效果。

3. 培训课程有大纲

在制定培训项目方案的基础上,酒店还要辅以培训课程大纲,以向受训者较为具体地展示培训要求、内容、方法等，使之做好充分准备。培训课程大纲一般包括以下内容：课程培训的目的与要求，如必须掌握的知识点与技能；课程培训的内容与时间安排；课程培训的形式与方法；课程培训的考核方式与要求。

案例 3-3　某酒店《员工快乐工作管理技巧》培训大纲

一、培训目的
通过本课程的学习，使学员：
（1）明确员工满意度的内涵；
（2）掌握快乐工作平台构建的要点；
（3）理解快乐工作氛围营造的技巧；
（4）重视员工情绪的把握与调整。
二、培训对象
酒店所有管理人员。
三、培训时间
2018 年 11 月 17 日下午 2 点至 5 点。
四、培训地点
酒店第一会议室。
五、培训方法
讲授法、研讨法、角色扮演法与案例分析法。
六、培训内容与时间安排
（一）引言：员工满意度（20 分钟）
　　1. 员工满意度的内涵。
　　2. 员工满意度与顾客满意度。
　　3. 员工满意度与员工成就感。
（二）构建快乐工作的平台
　　1. 给员工以希望（20 分钟）
　　（1）理想的企业发展前景。
　　（2）高素质的管理队伍。
　　（3）卓越的企业文化。
　　2. 给员工以机会（20 分钟）
　　（1）公平竞争。
　　（2）科学甄选。
　　（3）知人善任。
　　（4）职业生涯管理。
　　3. 给员工以待遇（20 分钟）
　　（1）确定薪酬管理原则。
　　（2）设计企业薪酬模式。

（3）做好岗位效能评价。
（4）完善绩效考评体系。
（三）营造快乐工作的氛围（30分钟）
　　1. 给员工以尊重
　　2. 给员工以理解
　　3. 给员工以关怀
（四）培养快乐工作的心态（30分钟）
　　1. 培养员工积极的心态
　　（1）积极心态的特征。
　　（2）积极心态的培养。
　　2. 培养员工良好的习惯
　　3. 提高员工的工作技能
（五）案例分析与问题研讨（40分钟）

七、培训考核

每位学员以"员工快乐工作管理技巧"为主题，写一篇不少于1500字的管理随笔，要求理论联系实际，密切结合本职工作，提炼关键问题，提出鲜明观点，并系统论证提出的解决方案。请于2018年11月24日前把管理随笔交给酒店人力资源部。

（三）员工培训方案实施

培训方案实施是整个培训程序中的关键步骤，这一阶段的工作应按照既定计划进行。培训方案实施的具体步骤主要分为三部分，即培训实施前的准备工作、培训实施的开始和管理、培训实施的结束和收尾。

1. 培训实施前的准备工作

1）联系学员

为了使学员对培训的意义、目的、内容等方面有所了解，使之能在受训前自觉地进行一些必要的调查研究，培训组织者需要准备一些相关资料在培训前分发给学员。这些资料最好在培训前10~20天分发。开班前两天，培训组织者要再次确认学员能否参加本次培训。

2）联络讲师

需要哪方面的培训专家应在培训实施前尽早确定，然后把培训内容、培训方法及培训的具体要求明确地传达给讲师，并请讲师提供培训大纲。培训组织人员应对教学大纲进行认真审核，主要看内容是否完整、重点是否突出，尤其要注意授课讲师之间的教学内容有无交叉，或者有无遗漏的培训内容。关于讲师的接送时间及方法、食宿安排、酬金支付，以及讲师对于教材、教室、教学器材、座位安排等有何要求，培训组织人员也应与讲师提前进行必要沟通。

3）配备设施

由于培训场所对培训效果会产生很大影响，并直接关系到培训的实际运作过程，酒店必须进行慎重选择。特别是在利用外部培训场所时，酒店需要对场地的大小、通风、空调、噪声、安全等情况进行周到的检查。对于桌、椅、黑板等设施，以及话筒、遥控笔、投影仪等器材，酒店也要做好事先准备。

4）准备教学资料

准备教学材料的事项具体包括购买教材、打印培训大纲、编排课程表、印制学员名册和培训须知等。同时,酒店应该把培训讲师的简历、专长、业界影响等相关资料一并提供给学员,以体现酒店对培训工作的精心准备与增加学员对培训工作的兴趣。

5）确认分组名单

为了使培训工作取得更好效果,使培训组织工作更有成效,以及促进酒店员工之间的沟通,酒店最好把所有学员按照一定标准分成若干小组。在分组时,培训组织者要尽量将酒店不同部门的人编排在一起,将有一定组织能力的人任命为组长。在培训开始前,培训组织者应将小组分好,并将名单发给学员,以促使他们进行事先联系。

6）落实培训经费

根据事先做好的经费预算,酒店应进一步把各项经费分解到各项培训工作,如资料购置费、教师交通费与授课费等经费的具体落实工作。例如,某高星级酒店在每年10月确定次年的培训计划及相应费用,各部门的培训费用需在预算前进行申报和审批,特殊情况需提前上报总经理审批后方可执行;其培训费用的主要部分包括外派员工培训费用、外聘讲师酬金及培训资料购买费用。

2. 培训实施的开始与管理

1）培训实施的开始

培训实施过程的开始一般包含以下几个环节。

(1) 学员报到。培训部门的人员至少要在学员报到前30分钟到达培训场地,对培训现场进行最后一次检查,并做好迎接学员的准备。

在培训会场的入口附近设置报到处,以亲切、周到的态度接待学员报到。此时可把事前来不及分发的培训讲义、参考资料等补发给学员。

(2) 开训仪式。这是培训过程的起点,包括酒店领导或培训部门负责人的致辞、培训工作人员的介绍。培训主持者一般应简要介绍出席开训仪式的有关人员。

(3) 课程简介。为了使学员了解培训课程的意义、目的、要求、培训方法等,培训负责人应对培训课程做出简短介绍。此介绍最好在开训仪式之后举行,这有利于消除学员的紧张感。

(4) 学员介绍。让学员彼此认识有利于消除学员的陌生感和促进相互了解,具体介绍内容一般包括姓名、所在部门、职务、工作内容、兴趣、爱好等。这项活动要根据学员的多少进行适当的增减,介绍方式也可以多种多样。

2）培训实施的管理

培训工作管理的重点环节是培训实施过程的组织与协调,因此,酒店需要强化全过程管理的思想,并明确谁是责任人。

(1) 课前准备工作。在每次培训课程的开始前,需要做好的相关准备工作一般包括如下几方面内容。

首先,再次与讲师进行联络。培训必须按照课程表进行,因此,培训部门人员一定要分别与讲师和学员进行相应沟通。关于讲师有时上课不准时或拖堂的情况,事先要与讲师进行商榷。若是外聘讲师,接送方法和时间、教具要求以及食宿安排等事项,都要进行确认并做好准备。

其次，准备培训教室及设备。确保上课教室与座位布置的准确无误。配合教室大小、教学方法等做好教学器材的准备。教学器材尤其是投影仪、计算机、话筒、白板笔等在开课前要做最后的检查与调整。

再次，关注前排座位的空席情况。如果学员的座位不固定，很多学员就经常会坐在教室的后面，前排座位容易成为空席。培训工作人员要引导学员到前排座位就座，先让前排座位坐满，这有利于良好培训气氛的建立。

最后，合理安排讲师休息室。最好在培训会场附近安排一个房间，供讲师课间休息用。要对讲师休息室的卫生、设备等事先进行检查。

培训工作人员应向培训讲师说明教室布置、座位安排、器材准备等情况，以及本次培训班开课情况和学员对本门课程的期望等信息，以便让讲师心中有数。与讲师的谈话，最好在上课前 5 分钟停止。如要摄像、录音，必须经讲师同意后方可进行。

（2）课中管理工作。在培训讲师上课的过程中，酒店应由专人负责相关事项，以保证培训课程的顺利进行。课程进行中需要重点关注的事项包括以下几方面内容。

第一，关注培训现场周边的环境。培训组织者要关注来自道路的汽车声、施工噪声、走廊传来的脚步声、谈话声、播音设备所产生的噪声等，如噪声不能立即消除，要尽快准备替代的培训场所。

第二，有效应对外来电话。在课程进行中，原则上不准转接学员的电话（特殊情况除外）。来电时可把对方的姓名、部门、电话号码、事由等做记录，等下课后再交给学员。上课时，要求学员一律关闭手机或把手机设置为静音模式。

第三，引导讲师进入教室。上课前 5 分钟全体学员要就座。由培训组织者介绍讲师的姓名、所在单位、经历、主要著作、论文等。介绍要简单明了、突出重点。

第四，注意学员的无关行为。比如，学员随便进出、学员打瞌睡、上课期间交头接耳等。学员打瞌睡一方面与讲师的授课水平有关，另一方面与学员本身有关，也可能与教室温度有关。不管什么原因，如果出现学员打瞌睡情形，培训工作人员要采取适当方式，提醒学员注意。同时，要制止学员中途离席、窃窃私语等。

第五，旁听讲师上课。培训部门人员要尽量去听课，避免在上课时频繁进出教室。旁听一方面可了解讲师的教学状况，另一方面可观察学员的反应。如果学员对讲课内容或方式有何意见，工作人员可利用合适时机与讲师进行沟通。

第六，录制培训过程。若讲师同意录制，应提前准备好录音或摄像设备。培训过程的录制有助于为培训评估工作提供相关材料。

第七，确定休息时间。休息间隔时间一般在培训一个半小时后休息十分钟为宜。休息时间的把握由讲师自己确定，或讲师与学员沟通后再确定。

第八，提供必要服务。在培训期间，培训组织者应为学员与讲师提供必要服务，如在课间休息时，认真倾听讲师对培训组织的意见与要求等；同时，把学员对培训的意见委婉地转达给讲师。

（3）课后收尾工作。在培训讲师结束本次课程时，培训部门人员应做好相关的善后工作，具体包括：一是对讲师表示谢意。在讲师授课结束后，对讲师的培训内容进行简要的总结与引申，并对讲师的付出表示真诚感谢。二是与讲师交换意见。就讲师通过授课与学员的接触，以及在上课期间对本酒店的感受，虚心听取讲师对酒店工作的意见，并将交换的意见及时记录下来。三是送别讲师。在处理好相关事情后，由专人负责将讲师送走。

3）学员娱乐活动的管理

为了使学员增强对酒店的归属感，拥有对培训过程的快乐体验，培训组织者可以精心组织一些娱乐活动。若在外地培训或培训时间较长，为了活跃培训气氛，培训期间可以举办联谊会或组织娱乐活动。联谊会在开班后要尽早举办，以便给学员创造相互沟通的机会。通过组织旅游或野外活动，加深学员参加培训的印象，可组织学员在活动期间拍集体照或者拍一些活动照。

4）培训活动的日常管理

日常管理事项必须突出重点与抓住关键环节。酒店可以采取的管理措施包括：①成立班委会。时间长的培训项目，最好成立班委会，以充分发挥学员自身的管理作用。②推行学员值日制。如果培训过程较长，最好实施学员值日制度。一般采取轮流的办法，指定学员值日，每天的值日学员以两人为宜。值日学员的任务可以包括引导讲师进入教室、准备讲师的茶水、擦黑板、负责学员与培训工作人员的联系、下课后教室的清理等。③整理教学日记。为了把握学员的学习情况，对讲师授课内容的看法及培训实施方面的意见，要进行记录。由值日学员负责记录，若没有安排值日学员，则由培训工作人员进行记录。④实施请假制度。学员有要事不能参加培训，要提前向培训工作人员请假。⑤制定作息时间表。在集中住宿或长期培训时，要制定学员作息时间表。作息时间表包括起床时间、早操时间、用餐时间、上下课时间、休息时间、自由活动时间、就寝时间等。

3. 培训实施的结束与收尾

在培训过程结束后，酒店还要开展以下几方面工作。

（1）举办结业仪式。结业仪式具体包括结业致辞、颁发结业证书、培训总结、宣布培训结束等事项。

（2）欢送受训学员。全体培训工作人员应给学员送行，对学员在受训期间的努力和合作表示谢意，并希望学员将受训得到的知识和技能运用到酒店工作中去。

（3）整理培训资料。在送走学员之后，培训工作人员要整理培训教室、办公室、教师休息室等，并将培训器材收拾好，器材有故障的要及时修理；如果培训场地是外借的，要向租借人办妥相关手续。同时，要将培训记录与相关资料加以整理并存档，有关资料还可作为培训评估的材料以及下次培训的素材。

（4）总结实施过程。全体培训工作人员要对整个培训过程做一次完整的总结，找出成效、问题与不足。这项工作要在培训实施完成后马上进行，因此，必须及时收集学员对本次培训的意见与要求，可通过座谈、问卷等形式进行。

（四）员工培训效果评估

培训效果评估是员工培训工作的最后一个环节，这也是许多酒店相对忽视或执行力度不够的环节。为了使员工培训评估工作真正落到实处，酒店必须重视评估工作动态化、评估标准层次化与评估方法科学化。

1. 评估工作动态化

能否有效评估学员受训后的情况，主要取决于酒店是否建立了动态的培训评估体系。培训工作人员要主动、及时地收集有关信息，并长期跟踪学员的工作表现。

1）培训目标的修正

虽然培训具有很高的投资回报率，但究竟能为酒店带来多少效益，很难用一个公式来计算。在制订培训计划时，酒店就要根据培训目的对培训效果有一个明确的概括，把培训需要达到的有形或无形目标都列出来，为培训效果评估提供一个有效的参考依据。当然，随着培训工作的正式开展，会发现一些有必要进行考核的细化指标，而且外部环境的动态变化可能使得原先制定的某些培训目标变得不合时宜，因此，在正式评估时，酒店必须根据实际情况对培训目标进行一定的修正。

2）培训效果的评估

培训效果的评估一般在以下层面进行：首先是通过调查问卷或人员访谈的形式了解受训者培训后的直接、真挚感受，是否因此有了较清晰的职业生涯发展方向；其次是通过考试或观察等方法了解受训者对培训知识和技能的掌握、职业发展能力的提升；再次是考察受训者培训效果的转移情况，如是否改善了工作业绩，是否得到了晋升等；最后是通过观察、调查或指标分析培训为整个酒店带来的影响与回报，如酒店经营绩效的改善、顾客满意度的提高、顾客投诉率的降低等。

3）培训效果的追踪

培训效果有时很难马上反映出来，所以酒店要有长期追踪的心理准备。培训效果的追踪是一种有目的的行为，是对培训投资进行长期的投入产出分析。追踪过程就是搜集信息的过程，包括搜集有关培训安排及时性、培训目标合理性、培训内容科学性、培训组织有序性、培训教材适合性、培训师授课有效性等多方面的信息。培训效果追踪所涉及的主体包括培训组织者、受训人员、受训人员的上司、培训讲师等。

2. 评估标准层次化

尽管每次培训的具体内容都不一样，但从培训目的与培训效果来看，培训评估的内容不外乎两方面，即课堂效果和实践效果。课堂效果至少能证明有较好的短期影响，但任何培训都必须强调对员工态度与行为的长期影响。

1）培训效果的层次

不同的培训安排，培训效果是不一样的。柯克帕特里克（Kirkpatrick）提出的四层次培训评估模型，把培训效果的层次划分为反应层、学习层、行为层与结果层。培训效果越好，培训产生的影响也越长远。酒店应重视培训效果的层次性展示，让员工有感觉、有认知、有行动、有结果，从而在员工培训上实现"步步为营、层层推进、小胜前进、身心合一"的效果。

（1）反应层。这是指评估受训者的满意程度。它是评估受训者对培训项目的总体印象，包括对内容、方法、讲师、设施、收获等方面的看法与态度。反应层评估一般采用问卷调查的方式，如向被培训者提问"培训有没有意思""培训对自己是否有帮助"等。

（2）学习层。这是评估受训者对培训内容的掌握程度，主要评测受训者知识理解的程度、技能掌握的程度与态度改善的程度。学习层评估可以采用书面考试、实地操作与情景模拟等考查方式。

（3）行为层。这是评估受训者对所学知识与技能的运用程度，以及工作行为是否得到有效改善。通过受训者的上司、下属与同事，对其接受培训前后的行为变化进行评估，并结合其本人的自评，以综合评价所学知识、技能对其实际工作行为的影响。

（4）结果层。这是评估受训者在培训后工作绩效提高的程度。该层次可以通过评价指标来测定，如员工生产率、员工离职率、产品合格率、员工团队合作精神等。通过对相关指标的剖析，酒店经营者能明确培训效益。结果层评估上升到组织的高度，需要依托大量的数据，因此，具有一定的操作难度。

通过系统有效的培训，酒店必须使员工真正认同从培训中所学的知识与技能，改进行为与提高绩效，乐于与善于追求"身心合一"的效果。考夫曼（Kaufman）认为，培训效果不仅仅限于组织本身，它最终会影响组织所处的环境，因此他扩展了柯克帕特里克的四层次培训评估模型，增加了第五个层次，即评估社会与顾客的反应。

2）课堂效果的评估

课堂效果主要体现在培训效果的反应层和学习层。评估的具体内容包括：培训课程设计是否合理，课堂气氛是否活跃，受训者学习情绪是否高涨，培训师是否合适，培训课程说明是否充分，培训场地安排是否得当，培训设施设备是否齐全，培训方法是否恰当，培训时机是否恰当，培训教材是否合适等。在课堂效果评估中，培训师的合适与否是评估中的一个重要环节。根据培训内容与受训者的知识结构，挑选出能深入浅出地传达培训内容的培训师，必然会大大提升培训的课堂效果。

3）实践效果的评估

实践效果主要体现在培训效果的行为层与结果层，即培训在工作中的转移情况，衡量受训者培训前后的行为变化，判断其职业能力是否提高，是否学以致用；衡量培训是否有助于酒店整体效率的改善与整体形象的提升；衡量培训给酒店带来了哪些确实可见的成效，而且必须关注培训影响的周期。显然，只能产生短期影响的培训工作不能算成功，只有中长期的效果评估才有说服力。此外，实践效果评估指标应尽可能量化，有具体数据支撑的实践效果能增强员工与管理层重视培训工作的决心与信心。

3. 评估方法科学化

培训评估的有效开展，离不开科学评估方法的支撑。目前，酒店业界常用的培训评估方法包括考试法、调查法、指标法。

1）考试法

考试法是指通过书面测验或操作测验的办法来检验培训的效果。新员工的上岗培训、基层管理者的管理知识培训等经常采用这一评估方法。对受训者知识方面的测试，一般采用笔试方式。技能测试既可运用笔试方式，也可运用操作测验方式。操作测验特别适用于技能类培训评估。操作项目越接近实际工作情景，评估成绩就越有参考价值。在可能的情况下，酒店要将操作项目设计得如同员工的日常工作一样。

2）调查法

调查法是指通过问卷调查、实际跟踪调查、座谈会等形式了解受训者对培训的看法及检验培训的实际效果。这是一种操作相对简单、形式比较灵活、应用较为广泛的培训评估方法。其中，问卷调查的关键是问卷的合理设计，使问题具有合理性、一般性、逻辑性、明确性、非诱导性，以及便于分析整理。实际跟踪调查是一方面观察员工受训前后在工作中的差别表现来评价培训的效果，另一方面向其上司、同事咨询其培训前后的表现。座谈会则是主要请受训者一起讨论培训效果、培训的可改进之处、自己以后的努力方向等，其组织形式相对轻松，整体气氛相对活跃。

3）指标法

指标法是指通过对与员工培训有关的一些评价指标的分析来检验培训的效果。相关指标如投资回报率、顾客满意度、差错率、整房速度、顾客投诉率及各类投诉比率等。指标法是一种量化、精确的培训评估法，但实施操作过程相对复杂。

酒店可以根据培训目的、培训内容与培训对象，选择一种或几种评估方法来客观公正地评估员工培训效果。

案例 3-4　杭州 H 酒店餐饮部培训评估调查表

课程名称：服务营销原理及技巧培训
评估目的：明确受训者从培训活动中所学到的知识与技巧及其积极影响
培训目的：了解服务营销的相关理论，掌握服务营销技巧，提高营销能力
培训内容：服务营销体系，关系营销原理，消费者行为分析，面对面服务技巧
姓名：_____　部门：_____　职位：_____　培训日期：_____
（1）您为什么参加培训？
（2）您希望能学到什么？[（1）、（2）在培训前调查]
（3）在上完培训课后，您对本次培训课程的综合评价如何？
（4）哪些课程在实践中有所应用？哪些课程在实践中经常应用？
（5）哪些课程在实践中没有应用？为什么？
（6）通过这次培训，您是否感到知识和技能水平有所提升？试举例说明表现在哪些方面。
（7）在学习和应用培训课程后，您的实际工作是否受到影响？请尽量进行量化说明。
（8）您认为这次培训效果是否达到了您的期望？
（9）您希望酒店或上级能在哪些方面给您提供进一步帮助？

第三节　酒店员工培训类型与方法

员工培训效果在很大程度上取决于培训内容和培训方法的选择。为了增强员工培训的针对性，酒店需要明确培训类型，选择培训内容，采用适当的培训方法和技巧。

一、员工培训内容

在设计员工培训项目时，酒店不仅要考虑员工的工作内容，而且要考虑员工的心理状态。只有全方位对员工进行培训，才能达到提高员工综合素质的目的，使员工培训对酒店发展产生更大作用。员工培训的主要内容包括态度培训、知识培训、技能培训与潜能培训等。

（一）态度培训

态度培训主要是为帮助员工树立正确的工作理念和服务心态，传授员工处事的哲学和

道理而进行的培训。其目的在于培养员工对本职工作的热爱，端正工作态度，遵守职业道德准则和行为规范。其培训内容一般包括酒店意识培训、组织文化培训、职业道德培训等。

1. 酒店意识培训

酒店意识是指在酒店经营管理活动中形成的一种工作习惯和思维方式，是员工处理酒店业务的出发点和思维基础。酒店意识又包括酒店服务意识、酒店团队意识、酒店创新意识等。

（1）酒店服务意识。酒店服务意识是指酒店员工在与酒店利益相关者交往的过程中所体现的为其提供主动、热情、周到服务的意识。这是酒店员工最重要的专业品质。服务意识培训的要点在于让员工树立顾客导向的观念，通过换位思考了解顾客的需求，将服务当作一种责任和乐趣。

（2）酒店团队意识。酒店的大多数工作需要各方面的协调，因而员工必须具有合作精神和团队意识。员工之间的相互支持、相互尊重、共同前进可以使酒店形成内部凝聚力，提高整体工作效率。培训者可以通过设计巧妙、难度适宜的团队游戏等方式，让受训者增进友谊，拥有团队合作意识，掌握团队合作技巧。

（3）酒店创新意识。创新精神是一个酒店能够保持旺盛生命力和获得持续优势的关键。创新意识培训的要点在于让员工对顾客需求有一定的敏感性，通过充分把握顾客需求趋势，进行前瞻性思考与创新性思考，把创新创优作为思维习惯。

2. 组织文化培训

作为成员共有的价值和信念体系，组织文化对酒店员工具有导向、凝聚、约束、激励等功能，因而对员工进行组织文化培训是十分必要的。组织文化培训的关键是如何让员工用心解读、体会、认同酒店特有的文化内涵。

3. 职业道德培训

职业道德是指从事一定职业的人，在职业活动中必须遵循的行为规范和行为准则。近年来，酒店员工的职业道德问题也更多地得到了各方面的关注。酒店员工遵守职业道德是自身高素质的体现，不但能使员工本身工作和生活得到完善，而且能够树立良好酒店形象，提高酒店竞争力，从而为酒店带来持续经济利益。在进行职业道德培训时，酒店要做到理论与实践相结合，专业知识传授与行为习惯培养相结合。

（二）知识培训

知识培训是为帮助员工理解和运用与工作有关的陈述性知识和程序性知识而进行的培训。知识培训的目的在于使员工拥有胜任工作的知识结构。知识培训对于一线员工的工作是非常重要的，因为一线员工代表着酒店形象，要为宾客提供高质量和定制的服务。[1]知识培训一般包括专业知识、相关知识、制度与文化知识的培训等。

1. 专业知识培训

专业知识是酒店员工从事本职工作的基础。为了给顾客提供优质服务，酒店员工需要熟练掌握专业知识。具备高层次专业知识水平的员工会给顾客留下专业的印象，对提升酒

---

[1] SHAMIM S, CANG S, YU H. Supervisory orientation, employee goal orientation, and knowledge management among front line hotel employees [J]. International journal of hospitality management, 2017, 62（4）：21-32.

店形象和促进顾客忠诚具有积极的作用。

2. 相关知识培训

相关信息获取的便捷度往往能给顾客留下美好印象，因此，酒店有必要对员工进行相关信息和知识的培训。相关知识的掌握与运用，不仅有助于员工提供更到位的服务，而且有助于员工理解相关部门的工作职责。

3. 制度与文化知识培训

酒店需要让员工遵守规章制度与认同组织文化。这项培训不仅要求把酒店有关制度对员工进行详细说明，而且要求让规范化操作深入人心，还要求使员工理解酒店的信念和价值观。对员工守则、奖惩制度与组织文化等进行充分的解释，既可以规范员工行为，又可以激发员工动力，还可以让员工明确组织的存在价值和预测组织的未来前景。

（三）技能培训

技能培训是为帮助员工确立正确的思维与行为习惯，使员工掌握某种或某些专门的技术和技能而进行的培训。其目的在于使员工掌握并灵活运用各种专业技能。技能培训主要包括技能理论培训、操作技能培训和智力技能培训等。

1. 技能理论培训

技能理论培训是将员工所学技能的基础理论知识传授给员工，要求员工掌握理论并应用到实践工作中。技能理论培训一般采取个人自学和酒店班组集体学习相结合的方式。酒店可以通过组织技能理论辅导讲座，让受训者利用业余时间参加技能理论的集中辅导学习。

2. 操作技能培训

操作技能培训一般以业余时间为主或安排在酒店经营的淡季。酒店可以利用设备检修、故障排除等机会，组织员工亲自动手进行实际操作演练，通过老带新、新学新的方式，促进互相学习、共同提高，使员工能够将学到的理论知识转化为解决实际问题的能力。操作技能可以通过反复训练的方式来培训。操作技能培训的内容因部门、岗位和工种而异。

3. 智力技能培训

智力技能，如观察力、判断力、想象力、创造力等，必须在掌握一定科学文化知识的基础上，通过反复训练、不断实践才能获得。在员工技能培训上，固然需要重视把操作技能发展成为高超的技艺和技术诀窍，但同时应注意智力技能的培养，提高员工分析问题、探究问题与改革创新的能力，提高其应用理论知识来解决实际问题的能力。

（四）潜能培训

潜能培训是为帮助员工树立自信心、掌握正确的工作改进方法与突破个人发展的瓶颈而进行的培训。其目的在于开发员工的潜能，使员工获得更大的成功。潜能培训包括成就感的培养、情绪管理能力的培养、意外问题解决能力的培养等。潜能培训的主要方式有成功训练、情商训练、创意思维训练等。

1. 成功训练

酒店员工工作的性质在一定程度上造成了许多员工成就感的缺失，而成就感缺失不仅会导致员工的心理问题，还会引起离职率的上升。因此，成功训练是酒店员工潜能培训的必要环节。成功训练通过帮助员工树立可行的目标，指导员工进行有效的努力，并获取人际的支持，最终达到既定目标。成功训练可有效培养员工的自我认识能力、成就想象力和自我实现感，强化员工积极工作动机，使其由被动工作转变为主动工作，提高工作热情和工作效率。成功训练的缺点则在于其对优秀员工无疑是具有推动力的，但常常会伤害那些起点和素质较低的员工的积极性。

2. 情商训练

情商又称情绪智力，是心理学家提出的与智商相对应的概念。它主要是指人在情绪、情感、意志、耐受挫折等方面的品质，包括感知自我情绪、管理自我情绪、自我激励、感知他人情绪、管理他人情绪等能力。对于酒店员工而言，对自我情绪的感知和管理，对顾客情绪的感知和管理，在逆境中自我激励，都是十分重要的，有助于提高服务品质和提升工作满意度。培训师可以通过情景模拟和角色扮演等方式来提高员工对自我情绪和他人情绪的感知与管理能力。

3. 创意思维训练

创意思维训练的主要目的是通过创意思维方式的练习，为员工及时处理非常规的问题做准备。头脑风暴法是比较具有代表性的一种创意思维训练方式。这种方法能最大限度发挥大家的想象力，其原理是通过思维共振，引起连锁反应，诱发出众多的创造性设想和方案。创意思维训练的一般步骤是：培训者提出一个需要解决的问题，让员工进行思考；员工可以就自己的想法畅所欲言，从不同角度、不同层次、不同方位，不受任何限制，大胆地展开想象，尽可能地标新立异、与众不同，从而在短时间内产生大量创造性思想。这些创造性思想可以为问题解决提供可能的最佳方案。其缺点是如果题目选择不当，容易引起误导，容易受到权威人士或专业人士思维的束缚。

二、员工培训类型

按照不同的标准，员工培训可分为不同的类型。酒店在制订培训计划时，如果能明确界定培训项目类型，就可以选取更有针对性的培训内容，采用更有效的培训方法，从而提升员工培训效果。

（一）按培训阶段划分

按培训阶段的不同，员工培训一般可划分为岗前培训、在岗培训、转岗培训和升职培训。

1. 岗前培训

岗前培训是指对新录用员工在正式上岗之前所进行的培训。其目的是提高新员工的素质，使新员工上岗后能尽快适应工作岗位的要求。为了保证新员工做好本职工作，酒店必须坚持"先培训，后上岗"的原则。根据培训内容的不同，岗前培训又可划分为一般性岗前培训与专业性岗前培训。

一般性岗前培训是指对新员工就酒店行业的特征与态势、酒店工作的性质与特征、酒店工作人员的基本素质与职业道德、酒店基本情况等常识性内容进行培训。其目的是增进新员工对酒店行业与酒店工作的理解。一般性岗前培训的内容包括文化理念、职业道德、礼节礼仪、仪表仪容、安全知识、法律法规、规章制度等方面。

专业性岗前培训是指对新员工按部门、按岗位、按工种进行专业性、针对性培训。其目的是使员工在上岗前掌握所在部门工作的任务、流程、技术、方法与规范。专业性岗前培训的内容包括业务流程、服务规程、服务技能与技巧、专业外语、食品饮料知识、卫生防疫知识等。

2. 在岗培训

在岗培训是指为使在职员工适应工作要求和提升工作能力及绩效所进行的培训。在岗培训一般采用重复培训和交叉培训等形式。重复培训有助于提升员工的服务熟练度，提升员工的服务技能与服务技巧。交叉培训是指通过让员工掌握两个或两个以上的工作岗位技能，使员工能理解或胜任多个岗位的要求，或者使员工学会从多个角度看待酒店工作与分析工作中出现的问题，学会换位思考，融入工作团队。

3. 转岗培训

转岗培训是指针对员工从一个工作岗位转向另一个工作岗位而开展的培训。转岗培训与岗前培训较为类似，但培训对象不同。转岗培训的内容要视转岗人员的具体情况而定。转岗培训有时是全方位的培训，有时只是针对某一专业技能的培训。

4. 升职培训

升职培训是指对拟晋升职务的员工所进行的专项培训。其目的是使受训者开阔视野、提升能力和转换角色，以适应新职务的要求。[1]

（二）按培训方式划分

按培训方式的不同，员工培训一般划分为不脱产培训、脱产培训与半脱产培训。

1. 不脱产培训

不脱产培训是指受训者不离开工作岗位，利用业余时间或抽出少量工作时间接受各种形式的培训活动。不脱产培训的优点是具有很强的针对性与实用性，可以同时兼顾学习与工作。其缺点是员工为了不影响正常工作，就难以保证足够的学习时间；由于培训活动要占用一部分休息时间，可能给受训者的工作与生活造成负面影响。

2. 脱产培训

脱产培训是指受训者暂时离开工作岗位，在专门的培训场所接受集中培训。脱产培训有充分的时间保证，其学习内容较有系统性。其缺点是部分学习内容可能与实际工作脱节，培训时间缺乏弹性，增加平均培训成本，以及培训人次受到限制等。

3. 半脱产培训

半脱产培训是指受训者不完全离开工作岗位，在专门的培训场所接受培训。半脱产培训既要占用受训者一定业余时间，又要占用一定工作时间。采用半脱产培训的初衷是让受训者学习与工作两不误。

（三）按培训对象划分

按培训对象的不同，员工培训一般划分为新进人员培训、服务人员培训、技术人员培

---

[1] 邢以群. 管理学[M]. 4版. 杭州：浙江大学出版社，2016：201.

训与管理人员培训。

1. 新进人员培训

新进人员培训是指向新聘用的员工介绍本酒店概况、工作任务、工作流程的一种培训。其目的与要点可见前面的"岗前培训"部分。讲授法是新进人员培训的常用方法。

2. 服务人员培训

酒店员工主要包括两大类，即服务人员和技术人员。服务人员培训的主要目的是使员工拥有积极的工作心态、熟悉基本的服务环节、掌握必要的服务技巧以及提升服务品质等。酒店应对服务人员进行相应的态度、知识与技能培训。

3. 技术人员培训

技术人员培训的目的是培养员工的创新精神与提高员工的专业技术素质。除了重视技术人员的专业素质培训之外，越来越多的酒店也开始重视技术人员综合素质的提升。酒店需要努力开发适合技术人员的培训项目，如创造性思维训练、财务知识培训、团队沟通技巧培训与时间管理技巧培训等。

4. 管理人员培训

管理人员培训是当前酒店业界非常重视的一类培训，其目的是让管理人员掌握必要的管理技能、学习系统与前沿的管理知识、树立正确的职业心态以及领会因材施教的艺术与技巧等。不同层次管理人员的培训侧重点可见前面的"培训等级制度"部分的相关内容。管理人员培训的主要方法包括研讨会、案例研究、角色扮演与管理游戏等。

（四）按管理模式划分

酒店培训管理可以内外结合、以内为主或以外为主，与其他培训机构的合作形式也可以多种多样，相应地，其培训管理模式可划分为以内为主、企业办学、产学结合、外包培训等类型。

1. 以内为主模式

以内为主模式是指酒店通过组建培训部或培训中心来推进常规性培训工作。酒店利用专职培训师、兼职培训师与指导老师对员工开展有针对性的常规性培训活动。

2. 企业办学模式

企业办学模式是指企业为储备人才与提升员工整体素质而创办学校的人才培养模式。这是大型酒店集团为适应日益激烈的市场竞争环境与推进长期的发展战略而采用的人力资源开发策略。例如，"汉堡包大学"是麦当劳公司向员工培训店铺经营管理基础知识与专业技术的学校，员工在店铺通过教材的学习和作业的实际操作而得到必要的知识与技能，它是麦当劳公司培养经理人员的摇篮。企业办学模式的主要优势包括：能够大量培训员工；能够更好实现理论与实践的结合；能够更为有效提高员工素质；保持人力资源优势；储备各个层次人才。

3. 产学结合模式

产学结合模式是指通过酒店与高校的协作办学来培训酒店员工的运作方式。产学结合模式具体包括委托培养、委托办班、联合办学等形式。该模式可以达到优势互补的效果。

酒店能够依托高校人才、科研与信息优势，培训管理人才、专业人才与紧缺人才。

4. 外包培训模式

外包培训模式是指酒店把员工培训工作全部委托给外部培训机构的运作方式。有效的培训外包可以降低酒店培训成本与提高培训效率。

三、员工培训方法

员工培训方法是否恰当与最终的培训效果具有极大关系。员工培训的方法多种多样，酒店要结合培训层次、培训内容与培训要求来选择适当的培训方法。

（一）课堂讲授法

课堂讲授法是指培训师通过授课形式向受训者传授知识、培养技能与进行态度教育的方法。这是最常见的培训方法，易于操作，经济高效，传授知识比较系统和全面。但它主要是单向式沟通，受训者处于被动状态，缺乏直观体验。它比较适合处于职业生涯早期的员工入职培训，以帮助新员工了解酒店的工作流程、价值观、发展历程和规章制度等信息。为了使课堂讲授法发挥良好效果，培训师要努力做到以下几点：一要善于使用视听设备，将培训内容形象化、可视化，激发受训者的兴趣与活力；二要运用启发式教学方式，强化问题导向，坚持循循善诱；三要提炼培训大纲，重视内容的系统性和层次性；四要对所讲授的原理、概念、知识做出合理解释、严密论证，以令人信服与认同。

（二）案例分析法

案例分析法是指把酒店实际运营中的情景或问题加以典型化处理，形成案例供受训者思考、分析和讨论，以提高其提出问题、分析问题和解决问题能力的培训方法。与课堂讲授法相比，案例分析法具有生动活泼、双向交流、易调动受训者主动性、重能力培养等优点，在酒店管理人员培训中比较受欢迎。但其耗时较长，对培训师和受训者要求较高，而且案例往往难以完全反映企业的真实情况。案例分析法的要点包括以下方面：一是案例必须真实，不能随意杜撰；二是案例必须具有代表性，具有普遍意义；三是案例教学要与培训内容相匹配；四是案例的呈现要客观生动，不要仅仅简单罗列一些数据与事件；五是要运用分组讨论方式，引导每个受训者表述自己的观点，由小组负责人代表全组汇报分析结果，在此基础上，培训师总结各小组观点，并展示自己的分析结果。

（三）研讨培训法

研讨培训法是指对某一专题进行深入探讨的培训方法。这主要适用于概念性或原理性知识的学习和把握。此方法可以促进受训者进行积极的思考、发表独特的见解以及展开深入的讨论，而且形式灵活，适用于酒店各层次员工的培训。但是研讨培训比较难组织，要定好主题、主持人、形式和时间。在主持研讨式培训时，培训师应把握以下要点：在研讨前，应对主题进行深入理解与充分论证，提出的问题具有典型性、普遍性、引导性；在研讨过程中，要使每位受训者参与其中，启发受训者提出鲜明观点，防止受训者的夸夸其谈、言过其实，尤其要避免个别受训者占用太多讨论时间的情形；在研讨结束时，培训师应结合受训者的认知，深刻剖析主题，提炼主要观点，得出明晰结论。

（四）角色扮演法

角色扮演法是指在一个模拟真实的工作情景中，由受训者扮演不同的工作角色，去处理各种问题，以提高受训者工作能力的培训方法。受训者既可以通过扮演各种实际工作中的角色，体验解决各种实际问题的过程，也可以通过对他人表演过程的观察，发现他人在特定环境中的反应和行为，判断他人是否符合角色的身份和素质要求，并从中得到启发。[①]
由于角色扮演法使受训者成为人们注意的中心，并且要受训者面对着他们的同伴做出各种表演，因此其重点是消除受训者的各种顾虑，让受训者用心扮演分配的角色。培训师要努力让那些焦虑不安的受训者拥有积极向上的情绪，否则他们的不安情绪会传递给其他人，从而影响整体培训效果。

（五）游戏培训法

游戏培训法由于本身的趣味性而受到人们的欢迎。游戏培训法是指通过让受训者参与一些经过精心设计的游戏，使受训者在寓教于乐中学习知识和技能、开阔思路与提升能力的培训方法。虽然表面上该游戏与其他游戏相差无几，但实际上蕴含酒店管理与服务工作的原理、知识与技能。游戏培训法的优点是生动、具体、员工参与性强、员工参与热情高、培训内容易掌握、培训效果易转移到现实工作中，但其缺点是开发难度高、设计要求高。

案例 3-5　沟通游戏：狗仔队

参与者：某酒店营销部全体成员
主持人：酒店营销总监
培训场地：酒店培训教室
游戏时间：2018 年 10 月 15 日上午 9 点至 10 点
游戏目的：提高营销人员沟通能力与销售技巧
游戏规则：
（1）将所有人进行两两分组。
（2）在两人小组中，其中一人扮演 A 角色，另一人扮演 B 角色。
（3）A 代表八卦杂志的记者，俗称"狗仔队"。B 代表被采访的明星。A 可以问 B 任何问题，B 必须说真话，也可以不回答，时长为三分钟。
（4）在三分钟后，两人互换角色。
游戏讨论：
该游戏主要揭示人们与陌生人进行交往的一些知识。一般来说，我们将谈话的内容分为四个层次，最外层的谈话是对客观环境的交谈，如谈天气、谈股市与谈楼市等，比较容易交流；第二层的谈话是与谈话者自身有关的一些话题，如谈论彼此的家庭状况与社会角

[①] 魏洁文. 酒店人力资源管理实务[M]. 北京：中国人民大学出版社，2015：133.

色等;第三层的谈话就更深一层,会涉及个人隐私部分等比较敏感的话题,如对金钱的态度、对个人能力的判断等;最后一层的谈话则深入个人内心的真实世界,如道德观、价值观等。不同层次的话题适合不同的场合和谈话对象,层次越高,双方的有效沟通和相互信任就越能体现出来。

作为经常接触顾客的酒店营销人员,沟通能力很重要,他们要懂得循序渐进地将顾客心中的保护屏障一层层剥掉,逐步与顾客建立相互信任的关系,从而创建良好的营销沟通氛围。

(六) 现场培训法

现场培训法是指让受训者在工作现场边工作、边学习或边锻炼的培训方法。这包括以让员工适应新岗位要求为目的的现场培训和以培养人才及改善绩效为目的的现场培训。[①] 这种方法常采用国际酒店培训通用的"四步法",即"告诉你如何做"(tell you)、"示范做一遍"(show you)、"跟我做"(follow me)、"检查纠正"(check you)。它省去了专门的培训场所和设备,受训者可以兼顾工作和学习。

(七) 对话训练法

对话训练法是指把酒店员工在工作中与顾客或管理者的对话录下来,在培训课上播放并进行讨论,以增强员工口头语言表达能力和解决问题能力的培训方法。讨论的内容主要包括员工的用语不当、态度粗暴、不讲礼貌、不熟悉业务、不懂推销常识、不懂沟通技巧等方面。这种方法可以提升员工的学习兴趣与培训效果,可以提升员工的工作信心和工作能力。

(八) 心理训练法

心理训练法主要是帮助员工建立和增强自信心,提高其对挫折的承受力和战胜挫折的能力,帮助员工以积极快乐的情绪面对生活和工作。酒店员工需要和不同的顾客打交道,并为顾客提供优质服务。这一特殊的职业特点要求员工学会控制自己的情绪,以理性的想法去思考问题,保持心理健康,从而给顾客提供一贯性的优质服务。酒店心理训练法涵盖正向激励和逆向挫折训练两方面,前者用积极、愉快和善意的方式激发员工的自信心和成功欲;后者通过向心理、体能挑战的课程,训练员工的受挫力、意志力和自信心。

案例 3-6 积极暗示的神奇效果

小廖虽然在餐饮部的工作时间不到一年,却是餐饮部最优秀的服务员之一,她周到细致的服务经常受到顾客的表扬。最近领导正在用心考察她,考虑是否提拔她。

在一次晚餐服务的过程中,没有休息好的小廖有点累,走了神,忘记通知厨师顾客补点的菜肴。在用餐快结束时,顾客始终没见到新加的菜,于是催小廖快上菜。小廖直到这

[①] 吴慧,黄勋敬. 现代酒店人力资源管理与开发[M]. 广州:广东旅游出版社,2005:99.

时才意识到自己犯了错误。尽管小廖马上向客人道歉，客人仍当众对她大发雷霆。虽然在主管的协助下，问题解决了。但一连几天，小廖都情绪低落，服务质量大打折扣。小廖始终觉得其他顾客和同事在嘲笑她的失误。身为优秀员工的她怎么可以犯下这么低级的错误呢？她认为，就这么一点小事都做不好，这次晋升一定没戏了。

彭经理及时发现了这一问题，对小廖进行了开导与鼓励，让小廖明白她仍然是一名优秀员工。若她当时精神饱满，肯定会一如既往地令顾客满意。一次失误行为无法抹杀小廖一贯以来的优秀表现，其实没有人嘲笑她，组织仍然期待她创造更佳的业绩，起到示范作用，并有意向她透露现任餐饮部中餐厅主管即将升迁，酒店正在物色表现卓越、勇于承担责任且有一定挫折承受力的员工作为继任者。

如今已晋升餐饮部中餐厅主管的小廖，在员工因工作失误而心情沮丧时，就经常给他们讲自己当时的故事，鼓励他们正向思维，积极面对挫折。

酒店的任何员工都可能在工作中遇到挫折并诱发消极情绪，上司应关注员工出现的负面情绪，通过有效的心理训练方式与及时有效的开导，让员工正确对待失误、失败与挫折，使他们经常保持积极心态，能够心情舒畅地投入工作。

（九）头脑风暴法

头脑风暴法是指一群人在宽松氛围中，针对所要解决的问题，敞开思路，畅所欲言，相互启发，以形成多种可供选择方案的方法。头脑风暴法主要用于改善酒店高层团队的群体决策，以最大限度发挥大家的想象力，利用集体智慧，创造性地分析问题和解决问题，提高决策质量。头脑风暴法的运用具有一定难度，主持人要很好地掌控培训进程，既要使培训现场保持热烈的、自由的气氛，又要让各位参与者积极发言、主动表态，还要坚持"延迟评判"和"以量求质"的原则。

（十）拓展训练法

拓展训练法是一种以体能锻炼、生存训练、人格训练、经验分享、独特体验为主要形式的培训，通过精心设计的拓展活动，达到磨砺意志、完善人格、打造团队的目的。这是一种以学员为中心的体验式培训方法。通过利用崇山峻岭、浩瀚大海等自然环境或创设与培训内容相关的情境，培训师引导学员应对挑战、战胜困难和解决问题，以达到激发学员潜能和增强团队凝聚力的效果。与传统培训方法相比，拓展训练法具有活动综合性、挑战极限、高峰体验、强调团队精神、注重自我教育等特点。

在酒店培训中可能用到的培训方法还有网上培训法、师带徒法、视听材料法、多媒体培训法、模拟训练法、即兴演讲法与计划性指导法等。

面对多种多样、各有优劣的培训方法，酒店应根据培训目的、培训内容、培训类型、培训对象等方面进行选择。根据建构主义（constructivism）学习理论，员工学习是一个建构的过程，是学员通过新旧经验相互作用来形成、丰富与调整自身经验结构的过程；员工培训并不是把知识经验从外部灌输到学员的头脑中，而是要引导学员从原有经验出发，建构新经验。①因此，酒店要创新与优化培训方法，强化互动、分享和体验，增强培训者与受训者之间的沟通；要把在职培训、脱产培训和远程培训等有机结合，做到工学两不误；要

---

① 陈琦，刘儒德. 当代教育心理学[M]. 3版. 北京：北京师范大学出版社，2019：80.

从零散培训转向系统培训，整合各种资源，建立完备的培训体系。

本章小结

员工培训是酒店人力资源管理的重要内容，是人力资源开发的重要手段。优质服务需要依靠具有良好工作态度和训练有素的服务人员，高效管理需要依靠具有卓越管理才能的管理人员。员工培训是酒店发展和员工成长的共同需要。为了有效开展员工培训工作，酒店首先要明确员工培训的功能，把握员工培训的特征与原则；其次要正确认识员工培训的误区，制定科学合理的员工培训体系，以及设计有章可循的培训流程，实现培训需求分析、培训计划制订、培训方案实施与培训效果评估等步骤的有效衔接；最后要在明确员工培训内容与培训类型的基础上，选择切实有效的培训方法。

复习思考题

1. 如何评估员工培训效果？
2. 酒店员工培训具有什么特征？
3. 酒店员工培训包含哪些步骤？
4. 酒店员工培训包含哪些内容？
5. 如何选择培训师与培训教材？
6. 酒店员工培训应遵循哪些原则？
7. 酒店员工培训存在哪些常见误区？
8. 如何有效运用案例分析法与角色扮演法开展员工培训？
9. 服务人员、技术人员与管理人员的培训重点有何不同？

案例分析题

李某是 D 商务酒店的总经理，五十多岁，体型略胖，他给人的第一印象是平易近人、善解人意、能言善辩。他不止一次向别人说起，自己很想倾听下属的意见与要求，可是有些人似乎故意与他作对，就是不愿谈及他所希望听到的内容。李总与某名校 X 教授是朋友关系，有时会相约一块讨论管理实践中的问题。在一次聚会中，他向 X 教授请教面临的管理难题，即有些老员工似乎总是有意跟他唱对台戏，让他感觉非常没有面子，但他也没有把这些员工裁掉的勇气。他举例说，有一次召开酒店中层干部会议，议题是让与会人员围绕员工如何以企业为家这一主题展开研讨，设计相应的员工培训项目，以提升员工对企业的凝聚力与归属感。作为会议主持人，他把研讨的主题讲完后，就让大家就该主题展开"头脑风暴"。但刚一开始轮流发言，有一位干部就说道："若要让员工以企业为家，首先企业要像个家。"他立刻觉得这个干部是心中有意见，故意在借机捣乱。于是他马上就说，今天先不讨论企业如何像个家的问题，而要先解决部分员工的思想意识问题。此话一出，一下子就使原本设计良好的研讨会陷入了僵局。X 教授认为，除了该干部本身的问题外，李总本人也应反思一下，他应该把握好自己的心态，要掌握头脑风暴法的真正内涵。如他可以适当启发与引导一下该干部，并借机问："你觉得企业怎样才像个家？"也许最终得到的讨论结果与回答李总提出的"员工如何以企业为家"的问题之间并不存在冲突。

问题：

1. 如何让员工"以企业为家"？
2. 管理者应如何面对"员工唱反调"的言行？
3. 管理者在使用"头脑风暴法"时应注意哪些要点？

第四章　酒店员工职业生涯管理

> **引言**
>
> 人生的大部分时间是在职业生涯中度过的，成功的职业生涯是每个人的追求。职业不仅是人们谋生的手段，而且是人们实现自我价值的方式。因此，酒店想要使员工具备为组织持续创造价值的能力，就要对不同员工进行个性化的职业生涯管理，使员工拥有一个有成长感与成就感的职业生涯，以提高员工的满意度与忠诚度，进而提高酒店的服务质量和经济效益。酒店需要使员工职业生涯管理形成一个有机完整的系统，注重早、中、后期职业阶段的职业指导，提供多元化的职业发展通道，设计清晰化的职业发展阶梯，创造个性化的职业发展机会。

> **学习目标**
>
> （1）掌握职业生涯规划的概念与内容。
> （2）掌握职业生涯管理的概念与内容。
> （3）理解职业锚与职业发展阶段理论。
> （4）理解横向、技术与管理发展通道。
> （5）了解如何提供与创造职业发展机会。
> （6）理解职业发展阶梯的速度、宽度与长度。
> （7）掌握职业生涯早期阶段的特征、问题与任务。
> （8）理解职业生涯中期阶段的特征、问题与任务。
> （9）了解职业生涯后期阶段的特征、问题与任务。

第一节　职业生涯管理与职业发展概述

在员工设定个人职业生涯规划的基础上，酒店需要通过有效的职业生涯管理，为员工的职业发展创造更多机会和更好平台。为了有效开发员工潜能与发挥员工作用，酒店必须重视职业生涯规划、职业生涯管理与职业发展之间的相互影响。

一、职业生涯规划

职业反映了个人的社会地位，个人通过职业与特定的人群建立联系。职业生涯是指个人在一生工作经历中所有与职业相联系的行为与活动，特别是职业、职位的变动及工作理想实现的整个过程。[①] 职业生涯规划是指个人确立职业目标与采取行动实现职业目标的过程。职业生涯规划强调员工自觉进行自我管理，以充分开发自己的潜能。职业生涯规划制定与实施的主体不是组织，而是员工个体。个人的职业目标与组织目标可能存在差异与冲突。因此，酒店需要了解与引导员工制定职业生涯规划，并通过有效的职业生涯管理过程，促使员工职业目标与组织目标的协同。员工职业生涯规划的基本内容包括自我定位、机会评估、目标设定、目标实现策略与反馈修正等五个方面。

（一）明确自我定位

职业生涯规划的第一步是"知己"。在工作与生活中，每个人都应客观地认识自我，并围绕自我定位用实际行动塑造自我。

1. 自我剖析

自知者明，自胜者强。自我定位必须基于个人对自身客观、全面、深入的剖析，即首先应当正确认知自我。自我认知包括全面了解自己的个性与特长、知识与技能、兴趣与爱好、优势与弱点等方面。个人想要获得事业的成功与创造人生的辉煌，就要准确地评估自己，明确适合自身的职业发展方向与职业发展路径。个人如果善于发掘自己的优点，坚持自己的特质，往往会因为自身的独一无二而获得相应的成就。自我认知不仅意味着明确自己是什么样的人，还应该明白所做工作对于自己的意义，明白所做工作能否给自己带来快乐，明白热诚和激情是从事酒店工作必备的心态。

2. 自我定位

自我定位即明确自己应成为什么样的人。其要点是如何"以独特性赢得青睐"，向他人与雇主展现哪些差异点，其目的是确保自身的特色在他人与雇主头脑中占据一个有价值的地位。酒店行业的工作，看似简单，其实包含很大的学问。例如，如何保持刀叉、汤匙等器皿的光泽？如何叠放不同的餐具？如何保证台面的整洁如新、一尘不染？但是，许多人没有扎根基层、从基础做起的精神。酒店每个职位的要求都是很具体的，而履历、文凭等不能完全代表个人的能力。因此，对于酒店员工而言，关键是根据自身特长，进行准确定位，设定具体目标，并围绕目标展开有效行动。

3. 自我塑造

自我塑造就是围绕自我定位，确定阶段目标与实施计划，然后不断行动、反思、再行动的历程。只要职业定位是根据自身特长、优势与兴趣而设定的，那么在自我塑造的过程中，个人就应保持热情，相信自我，坚持自我。无论多么宏伟的目标，都需要长期的规划，并为此付出长期的努力，这样才有可能在未来获得并抓住出现在面前的机会。那些注重眼前利益、急功近利、浅尝辄止的人，是难以获得酒店青睐的，因此，成功与他们无缘。"机会眷顾有准备的人"，个人只要专注于自身的目标，始终付诸努力，业绩一定会好起来，总有一天会得到回报。

（二）把握发展机会

职业生涯规划的第二步是"知彼"，即个人系统评估酒店内外部环境因素对自身职业发

[①] 沈文馥. 饭店人力资源管理[M]. 北京：机械工业出版社，2009：234.

展的影响。积极主动的员工往往善于思考问题，善于洞察是非和发掘机会。在工作过程中，酒店员工应努力根据已有的迹象，预见事物的发展趋势，预测可能出现的问题，预备相关的解决方案，以更好地把握可能出现的发展机会。

1. 预测趋势

面对日益激烈的市场竞争，所在酒店的未来发展战略应该是什么？酒店如何寻找符合自身特色的目标市场，以塑造独特竞争力？酒店如何做到基业长青？酒店如何为顾客提供多样化、个性化服务？在思考上述问题的过程中，员工应认真剖析酒店在组织结构、职能部门与工作岗位设计上的变化趋势，以及为了紧跟酒店的发展步伐，自身应该做出怎样的准备，应该进一步提升哪些素质。其目的是把酒店发展趋势与自己的职业生涯规划实现有效结合，做好本职工作，获得领导青睐，实现职业长青。

2. 预见问题

为了更好地掌握自己的职业前途，员工必须善于发掘问题，最大限度地激发自身的热情与智慧，提升预见能力，把握职业机会与防范潜在风险。在面对问题时，根据预见能力的不同，可将员工大致分为四类：一味强调外部原因，怨天怨地的员工是不合格的员工；工作态度好，马上解决问题，但只能"头痛医头、脚痛医脚"的员工是有待提升的员工；主动解决问题，将问题消灭在萌芽状态的员工是优秀的员工；细心观察组织日常活动，能有效预见问题，采取防范措施，防患于未然的员工则是卓越的员工。酒店员工应努力使自己成为卓越型员工，培养自身预见问题的能力，发挥自己在分析潜在问题与寻求问题解决方案中的作用，使自己进一步认识并认同组织使命，不断根据环境变化转变自己的观念，以坚韧不拔的毅力解决出现的各种难题，牢牢抓住出现在自己面前的职业发展机会。

3. 预备方案

为帮助自己获得理想的职业机会，员工不仅需要增强预测酒店发展趋势的能力，预见新趋势对自身职业定位与工作目标的影响，预见在不确定环境中，可能会出现哪些问题，而且还要针对这些可能出现的问题，提出相应的预备方案，以促使自己更有效地应对环境的变化，从而增强自己抗意外的能力，使自己的职场人生更具"计划性"与"可控性"。

（三）设定职业目标

职业生涯规划的第三步是"明志"。"知己知彼明志"，即个人在自我定位与预测机会的基础上，确立较为切实可行的职业目标。

1. 明确目的

目的性很强的员工在工作开始前就明白自己要达到的目的，明确一定时期内需要把握的变动趋势，制定兼具挑战性与可行性的目标。在确定职业目标时，基于组织现状与个人能力的目标设定方法已变得不合时宜。目标设定应基于个人潜能、企业愿景和市场需求，从愿景规划出发，制定兼具合理性与先进性的目标。这是一种倒推的目标设定法，即根据未来愿景和需求态势，设定具有自我激励效果的目标值，并探索可采取的有效措施。进一步需要思考的问题是：能在哪些方面进行创新性尝试？能利用与整合哪些社会资源？通过勇于尝试创新方案和充分利用社会资源，以确保职业目标能够更快、更好、更顺利地得以实现。

酒店的每个工作岗位都有其岗位职责与任务目标。职业目标是酒店员工行为的导向。酒店属于综合性服务企业，每天面对的都是顾客的具体要求，每天处理的都是琐碎的事务，因此，有人认为酒店员工围绕目标做事简直是小题大做。这是对酒店管理工作的先验性误解。事实表明，坚持目标导向的员工，比只注重忙于处理各种杂事的员工，工作效率要高得多，发展状况要好得多。明确职业目标不仅在于解决当前的问题，更重要的是着眼于未来，着眼于完成必须做的事情，引领个人走向美好未来。因此，酒店员工需要根据职业目标，逐步推出每年、每月、每周、每日需要做的事情，估计每件事情所需的时间，并做好总体工作时间规划及其详细安排。

2. 以终为始

具有"以终为始"的职业习惯的员工，会在开展一项工作之前，先明确必须达成的最终目标，进而规划阶段目标、实施方案与具体步骤，以增强未来结果的可预见性。正如史蒂芬·柯维（Stephen Covey）所言，"以终为始"是实现自我领导的有效原则，是确保自己的行为与目标保持一致，并不受其他人或外界环境影响的重要职业习惯。大多数人缺乏自我领导意识，在没有明确自己的价值观之前，就忙于提高效率与完成任务。即使为人父母者也会步入类似的管理误区，只想到规矩、效率与控制，而忽视目的、方向与亲情。因此，人们务必发现真正重要的愿景，明确真正的职业目标，然后勇往直前，坚持到底，使工作与生活充满意义。① 概括地说，"以终为始"就是坚持以最终目标为中心，坚持结果导向，做事具有很强的计划性与目的性。

3. 制订计划

事业有成者都有极强的计划观念。"凡事预则立，不预则废。"计划是一切工作的起点，没有计划，就如同没有坚固根基的大厦。虽然计划有时赶不上变化，但是完整的计划有助于人们适应变化，防患于未然。良好的计划可以促使工作朝着既定方向、沿着既定路线发展，做到"今日事，今日毕"，从而克服拖延的坏习惯。有效的计划可以促进员工更好地理解工作的目的及要求，自觉地按照计划与他人进行更好的协作，从而大大提高工作效率，增强工作满意度，体验由工作带来的成就与快乐。

（四）采取有效策略

职业生涯规划的第四步是"行动"。在明确职业目标之后，个人还必须有实现目标的方法与行动。方法对了事半功倍，方法错了事倍功半。善于使用有效策略的个体往往能够做别人不愿做的事情，做别人做不了的事情。

1. 学会聚焦

在酒店工作的大部分服务人员都曾经抱怨工作辛苦、忙碌且缺乏成就感，每天忙得晕头转向，却常常没有时间去完成一些比较重要的事情。若要实现预定的职业目标和成为卓有成效的人，酒店员工就要把时间资源聚焦到要事上。

第一，区分轻重缓急。大多数人工作紧张、匆忙且缺乏成效的原因，就在于一天到晚忙于处理各种紧急事情，陷于"时时救火"的境地。酒店员工仅仅根据职业目标列出需要做的事情是不够的，更重要的是应按照事情的性质进行适当分类，并据此安排自己的时间。

---

① 史蒂芬·柯维. 高效能人士的七个习惯（20周年纪念版）[M]. 高新勇，王亦兵，葛雪蕾，译. 北京：中国青年出版社，2010：111-119.

一般来说，人们可按照事情的重要性和紧迫性程度，把所有事情分成四类：重要且紧迫的事情；重要但不紧迫的事情；紧迫但不重要的事情；既不重要也不紧迫的事情。

第二，聚焦重要事情。史蒂芬·柯维在《高效能人士的七个习惯》一书中指出，你首先要处理那些重要且紧迫的事情，其次要处理重要但不紧迫的事情，再次要处理紧迫但不重要的事情，最后才处理既不重要也不紧迫的事情。在具体做法上，也相应可分成四类：必须马上做；有时间就应该做；可授权给他人做；没有必要做。酒店员工应结合工作目标，懂得放弃不需要做的事情。如果一个人在日常工作中，经常耗费时间处理其实不那么重要的事情，而耽误了真正重要的事，就有可能陷入"费力不讨好"的局面。因此，提升工作成效最基本的策略就是"做好重要的事情"，而不是"做好紧急的事情"。

2. 学会拒绝

专注于要事的人要勇于说"不"，要善于说"不"。"承诺过多"的人会失去自由，失去重点，并最终失去自我。"脸皮厚"的员工经常利用他人不好意思拒绝的弱点，把事情推给别人做，而"脸皮薄"的员工则每天都累得要趴下。因此，酒店员工要懂得说"不"，采取适当的拒绝态度与方式，清晰地向对方传达"不"的信息，促使对方自己处理自己的事情。

3. 学会借力

任何人要获得职业的成功都必须依靠外部的力量。个体要善于借助他人的力量和组织的力量，通过分工和协作体系，高效完成任务。借力的本质是"善于利用外在的人力与物力，以更好地达成目标"。

一方面是"善借于人"。当个体仅靠自己的力量无法完成本职工作时，或者他人更擅长完成某些事情时，就应该借他人之力。个体在"借他人之力"时，必须考虑借的条件：一是自身有借的需要，不借不行，借了更好；二是他人有借用的价值，他人的能力足够胜任所需承担的任务；三是他人肯借给你，这要求自身有足够的实力与充分的理由。

另一方面是"善借于物"。俗话说，磨刀不误砍柴工。"利刀"能显著提升个人的工作效率，有效的工具可节约大量时间。人们可以运用个人信息管理工具安排活动日程，可以利用完备的网络系统快速获得所需信息，可以使用性能卓越的计算机、扫描仪、传真机、打印机、手机等加快自己的工作进度。

4. 学会应变

工作中要灵活机动，不要一成不变。对于确定的方案，你可能并没有参与制定过程，或当初在制定方案时，你并没有考虑周全。在执行过程中，你应根据实际情况，适时调整方案，而不是墨守成规、优柔寡断。在面对顾客提出不合理要求的时候，酒店员工就需要有效引导顾客的需求，以达到多方满意的效果。

5. 学会减压

相对于其他行业来说，酒店员工一般工作压力较大，可自由支配的时间较少。如果员工长期处在高压工作环境下，就难以持续为顾客提供高品质服务。酒店员工应学会减压，积极参与放松身心的活动，尤其多参与那些平常工作中不会接触的活动，以使生活变得更为丰富多彩。一般的工作压力并无好坏之分。若视之为正面积极的，压力就转化为工作中的催化剂，促使个人成长；若视之为负面消极的，则会成为个人职业生涯的绊脚石，令人止步不前。适当的压力并非坏事，若压力调适得当，则会激发个人潜能，使自己更有价值。

（五）修正职业目标

职业生涯规划的第五步是"反馈"，即在追求职业成功的过程中，个人不断总结经验与教训，修正自我认识、自我定位与职业目标。由于职业生涯规划影响因素的多样性，员工自我认识的偏差以及内外环境的变化，可能使最初的自我定位与职业目标变得不切实际。即使自我定位与职业目标较为正确，有效的反馈与修正也可以及时纠正职业目标实施过程中的偏差，以保证职业目标的最终实现。

1. 不断试错

在努力完成职业目标的过程中，错误与失败是难免的，反馈与修正是必要的。不断试错、不断改进是获得职业成功的重要条件。员工必须善于从错误中学习，战胜挫败感，总结成败教训。以积极的态度去迎接每一次挑战，正确地看待错误，积极地面对错误，重视出现的新问题，那么错误就会成为员工成长的重要财富。在不断尝试的过程中，勇于挑战自我的员工开阔了眼界，学会了以不同的视角看待问题，经验与知识的积累带来智慧的提升。酒店工作颇具压力，在对客服务的过程中，即使员工积极主动且满腔热情，但不一定都能得到顾客的认同，有时还会遭到顾客的责怪，遭受服务失败的挫折感。因为顾客的个性与需求各异，员工想要真正地急顾客之急，为顾客办好事，就要具有不怕受挫、不怕批评、不怕误解的态度，凭借自己的悟性、热忱和不服输的精神，多听、多看、多想、多悟、多做，以在克服困难与迎接挑战中寻求工作意义。

调节失败后的情绪，挖掘错误原因，尽快重新振作，成为化失败为成功的重要因素。在失败原因中，除了自己能力不足之外，还有各种外部因素。例如，一次不成功的酒店会议筹备，可能是因为会议的音响设备没有事先检查好，导致会议中断；或是参与人数突然增加，导致小型会客室不能满足需要等。这就需要具体情况具体分析，明确哪些地方是自己的原因，哪些地方不属于自己的责任，并着力寻求可行解决方案。汤姆·彼得斯认为：犯错是前进的唯一方法，真正的大错是向前跃进的唯一之途；头号的讨厌人物，就是那些对失败的重要性不以为然的老板。[①]酒店要培养员工永不言败的工作精神。永不言败意味着应勇于承认失败，但承认失败并不意味着甘心失败。一个人不可能始终都保持成功，只要能承受失败的考验，就能从失败中吸取有用的经验和教训。成功者和失败者只有一念之差，那就是信念上的差别。前者相信自己，认为自己必将成功。一个人有了必胜的决心，并始终坚持不懈，必将获得事业的成功。

2. 不断学习

变化总是不可避免的，任何人必须勇敢面对。为了更好适应工作要求，每个人都要主动应对不可预测的环境变化和知识、技能的快速折旧，并要以快乐心态出色完成工作，为此必须在工作中抓住学习的机会，不断充电，更新知识，提升职业能力。面对实力相当的酒店同事，大家都站在同一高度，要想使自己看得远，唯一的途径就是提高自己，即持续学习，拓宽视野，与时俱进。

员工在工作中要抓住学习机会。首先，员工应做好本职工作，巩固旧知识，学习新知识；其次，把握一切有利于自身发展的培训机会；再次，要根据现存不足和酒店发展需要，补充新知识，感知自己与优秀员工的差异，并通过学习与实践来弥补；最后，了解酒店需

---

① 汤姆·彼得斯. 追求卓越（个人成长版）[M]. 席玉苹，译. 北京：中信出版社，2006：4.

要什么样的人才，找出自己最擅长的东西，将两者结合起来，有针对性地学习，发挥自己的闪光点，把自己的专长做得最好，成为酒店中不可替代的员工。

案例 4-1　不可替代的小厨师[①]

小王是上海某五星级大酒店西餐厅一名资历很浅的小厨师。他做不出什么上得了大场面的菜肴，所以在厨房里只能打下手。但是，他会做一道非常特别的甜点：把两个苹果的果肉放进一个苹果中，那个苹果就显得特别丰满，可是从外表上看，一点儿也看不出是两个苹果拼起来的，就像是天生那样长着，果核也被巧妙地去掉了，吃起来特别香甜。

这道甜点被一位长期住在酒店的贵夫人发现，她品尝后十分欣赏，经常指名要小王做那道甜点。她还不断向朋友推荐，该甜点成为众多女性客人的最爱，成为她们的必点之品。

源于现行的内部竞争机制，酒店每年都要裁掉一定比例的员工。不起眼的小王却年年风平浪静，好像有特别的关系一样。后来，酒店总经理揭开了这个秘密，那位贵夫人以及她的朋友是酒店的重要客人，而小王则是酒店不可或缺的员工。

小王得知自己的生存秘诀后，更是加倍学习，不断开发出备受女性客人喜欢的新水果甜点，进一步巩固了其不可替代的地位。

小王的"一技之长"不经意间成为其在职场中生存的核心优势。难能可贵的是，在知道个中缘由后，他持续围绕自身优势，有针对性地提升个人特色，为目标顾客创造出更多与更好的价值。因此，为了在职场中更好的发展，个人应该努力打造"人无我有，人有我优，人优我转"的优势，打造自身的核心竞争力。

3. 不断进取

职业目标的追求是永远没有止境的，只有怀着"没有最好，只有更好"的心态，不满足现状，不断激励自己，持续改进，在工作中以高标准要求自己，才能实现从平庸到卓越的转变，成为领导心目中最有价值或不可替代的员工。"杯子已经半满"与"杯子仍然半空"是对同一现象的描述，但其中却包含了极大的差异。对杯子的看法由半满转变为半空意味着巨大的改善机会，但决定把杯子看作半空还是半满的是心态，心态的变化一般无法进行数字化的衡量，但往往会延伸出不断创新与不断进取的结果。[②] 某位成功人士的话很值得借鉴："成功的路上，没有止境，但永远存在险境；没有满足，却永远存在不足；在成功的道路上立足的基础就是学习、学习、再学习。"酒店员工只有戒除自满情绪，积极上进，持续渴求新知识，才能最终获得职业生涯的成功。

二、职业生涯管理

职业生涯管理是指酒店制定与员工职业生涯规划相适应的职业发展规划，为员工提供

[①] 结合《正面思维的力量》（岳世超. 正面思维的力量[M]. 北京：机械工业出版社，2011.）中的案例与某五星级酒店的情况改编而成。
[②] 彼得·德鲁克. 德鲁克论管理[M]. 孙忠，译. 海口：海南出版社，2000：92-93.

适当的教育、培训、轮岗和提升等发展机会,以帮助员工实现职业生涯发展目标。本书所指的职业生涯管理是指酒店为其员工设计的职业发展与管理体系,不同于员工个人设定的职业生涯规划。职业生涯管理必须兼顾酒店的组织目标与员工的个体目标,它具有一定的引导性与功利性,其目的是促进员工行为与组织行为的协同。

(一)职业生涯管理的意义

员工的职业生涯规划与组织的职业生涯管理的目的是不同的,前者以个人发展为目的,后者则是以组织发展为目的。为了使职业生涯管理更有成效,酒店需要深刻地了解每位员工,为员工提供创造价值的舞台,促使员工不断提升自我。

1. 有效兼顾双方利益

酒店作为营利性组织,其职业生涯管理的出发点是组织战略执行的需要,但常常在满足员工个体发展上存在局限性。员工更加注重自我发展,可能导致个人利益与组织利益的矛盾。因此,职业生涯管理的重要意义就在于促进组织与个体利益的有效融合。

2. 保证组织持续发展

充分考虑员工个体的需要与特质是职业生涯管理的基础。系统化的职业生涯管理要求组织根据发展战略进行职位设置、职位分类与职位定级,形成明确的职业发展通道,引导员工在组织内不断学习与提升素质,实现组织成长带动员工成长,员工成长推动组织成长。[①] 因此,有效的职业生涯管理可以使组织拥有稳定的员工队伍与充足的人才储备,有助于保证组织持续、稳定的发展。

3. 有效利用人力资源

基于员工个性化需要开发的职业生涯管理体系,对员工具有长期的激励效果,有助于人力资源的持续开发与利用,这要求酒店关注员工的职业生涯设计,注重对员工进行终身设计,根据其发展潜力长期进行定向开发。首先,酒店应建立科学的绩效评估体系,了解员工现有的才能、特长与绩效,评估他们的管理和技术潜质;其次,酒店要帮助他们设置合理的职业目标,并提供必要的职业发展信息;最后,酒店要建立必要的沟通机制,使双方的价值观和愿景达到统一。

4. 促进员工个体成长

员工在努力实现职业目标的过程中会遇到各种不期而遇的困难。有效的职业生涯管理能促使员工化解压力,知难而上。酒店为员工提供了创造价值的平台,使员工的聪明才智找到成长的土壤。酒店管理者为员工提供机会和空间,使员工得以施展自己的能力和才华。团队为每位员工提供了可供依靠的力量。在面对困难时,落荒而逃者将难以体会到成功的喜悦。职场中的强者会微笑着迎接前进道路上的各种困境,并想方设法去攻克难关。酒店要促使员工围绕职业目标,积极面对挑战与难题,不断尝试,不断突破,以求解决之道,获得持续成长。为帮助员工做得最好,洲际酒店集团着力与员工进行高质量的谈话。交谈的内容包括:取得哪些进展?面临哪些挑战?优先事项发生了哪些变化?为了提升绩效和实现目标,需要获得哪些支持?下一步的职业发展方向是什么?如何实现职业发展目标?采取了哪些促进自身发展的措施?

---

① 陶小龙,姚建文. 基于战略的职业生涯管理[M]. 现代企业教育,2008(2):44-45.

（二）职业生涯管理的内容

在职业生涯管理的过程中，酒店要努力达成组织人力资源要求与个体职业生涯发展需求之间的平衡，以创造一个高效率的工作氛围。职业生涯管理主要包括以下几方面内容。

1. 员工对个人能力、兴趣与目标的评估

员工对自己能力、兴趣以及职业发展的要求和目标进行系统的分析和评估，是职业生涯管理的首要环节。每位员工，特别是刚踏上工作岗位的员工，应该对自己提出一系列的问题，以便从对这些问题的回答中分析自己的能力、需求、偏好，从而制定出符合自己能力、需求、偏好和人生发展需要的职业生涯规划。

2. 酒店对员工能力、潜能与兴趣的评估

酒店能否正确评价每位员工的能力、潜能与职业兴趣，是职业生涯管理目标制定和实施的关键。它对酒店合理地开发与使用人才以及促进个人职业目标的实现都有极其重要的作用。西方许多组织从 20 世纪 70 年代起，逐渐采取更为科学的"心理测试和评价中心"的方法来测评员工的能力、潜力与职业兴趣。西方国家的许多大型组织都设有能力和潜力测评中心，都有一支经过特别培训的人员测评队伍。通过员工自我评估及测评中心的评估，组织能较确切地测评出员工的能力、潜力与职业兴趣，对员工制定切实可行的职业生涯规划和组织采取有效的职业生涯管理举措具有重要的作用。

3. 协同员工制定职业目标与培养方案

酒店要鼓励和帮助员工妥善制定个人的职业生涯规划，并加强员工与组织的沟通，使其个人职业目标与组织发展目标保持一致。为帮助员工实现职业目标，酒店应根据员工的不同年龄、性别、职位、才能、兴趣、价值观等，设计不同的教育方式和培养方案。酒店要为员工提供系统的、有组织的教育训练活动，帮助员工掌握实现职业生涯规划必须拥有的职业意识、态度、知识和技能。

4. 提供公平竞争机会与个体成长平台

从员工角度讲，要想制定切实可行的职业生涯规划，就必须获得酒店内有关职务选择、职务变动和空缺岗位等方面的信息。从酒店角度讲，为了促进员工职业目标的实现，必须公平地将职业发展方向、职业发展途径以及空缺岗位候选人在知识、技能等方面的要求，利用酒店内部报纸、刊物、公告或口头传达等形式，及时地传递给广大员工。空缺岗位的及时公布，有助于对该职位感兴趣又符合其职业发展的员工参与公平竞争。当然，空缺岗位的数量总是少于期望获得职业发展与职位升迁的员工的数量。因此，酒店需要重视组织的扩张与发展，给员工创造更多与更佳的成长机会，使更多员工的职业目标得以实现。

5. 提供清晰的职业路径与有效的职业咨询

酒店要关心每位员工的职业需要和职业目标的可行性，并要给他们提供有效的职业咨询与职业辅导，以便使每位员工的职业计划切实可行，并得以实现。酒店应按员工个体职业发展志向，准备好多重选择，并揭示出各个职位的流动方向、晋升路线，使员工能据此确定个人的发展机会和职业途径。

6. 构建系统有效的员工职业化管理体系

员工职业化管理就是根据酒店的业务特点和人员成长的内在规律，提炼同类业务人员的技能特征和成功行为特征,形成该类业务人员的资格标准和行为标准,并以此标准来评价与培训业务人员,提高员工职业化水平,改进员工行为,提升员工绩效,从而最终实现组织目标和个人目标。[①]

(三)职业生涯管理的主体

酒店、人力资源部经理、员工的直接上司和员工本人应共同承担职业生涯管理的责任,各个主体在职业生涯管理中应发挥不同的作用,他们在职业生涯管理中所扮演的角色如表4-1所示。

表4-1 职业生涯管理的主体[②]

主　体	角 色 定 位
员工	①评估自身的能力和兴趣 ②把握职业发展机会 ③明确自身的开发需求 ④确定职业发展目标 ⑤实施和修正职业生涯规划
直接上司	①提供职业指导 ②主动与员工进行沟通 ③创造井然有序的管理秩序 ④从酒店其他部门获得必要信息
人力资源部经理	①提供信息与建议 ②教育与培训各级主管干部 ③提供各种专业服务
酒店	①构建系统的职业生涯管理体系 ②提供清晰的职业发展路径 ③培育能够支撑职业生涯管理的组织文化 ④打造有助于员工职业目标实现的发展平台与人际环境

1. 员工的角色

无论在什么岗位上任职,员工都要尽心、尽力、尽责。恪尽职守、自觉主动的员工一般都会比其他员工获得更多的关注和晋升机会。为了使自身发展与组织发展产生协同作用,员工应做好以下工作:①出色完成本职工作;②系统评估自身的能力和兴趣;③主动从酒店、上司与同事处获得关于自身优势与劣势的信息反馈;④明确自己的职业生涯发展阶段与开发需求;⑤充分把握组织提供的培养机会与职业发展机会;⑥实施和修正职业生涯规划。

2. 直接上司的角色

员工的直接上司应在职业生涯管理中扮演主要的角色。上司在员工职业生涯的各个阶段承担着评估者、监督者、教练、顾问和引荐者的角色。上司应帮助员工尽快适应工作环境,及时反馈员工的工作绩效,对员工的职业发展提出切实有效的建议。因此,上司应做好的主要工作包括:①提供切实有效的职业指导意见;②主动与员工进行沟通,使员工敞开心扉,赢得员工信任;③努力创造井然有序的管理秩序,使员工有力愿意使、有才可施

---

① 邹益民,周亚庆. 饭店管理——理论、方法与案例[M]. 北京:高等教育出版社,2004:271-272.
② 张小林. 人力资源管理[M]. 杭州:浙江大学出版社,2005:277.

展;④从酒店其他部门获得必要信息,为员工的职业目标完成提供有效支撑。

3. 人力资源部经理的角色

一般来说,人力资源部经理负责制定人力资源规划与职业生涯管理体系。因此,在职业生涯管理中,人力资源部经理应做好的主要工作包括:①提供员工培训与开发、职位调动与晋升、员工绩效评估与改进的信息与建议;②教育与培训各级主管干部,由于酒店里帮助员工制定符合组织发展和个人需要的职业生涯规划的是各级主管干部,所以人力资源部门必须对他们进行教育与培训;③提供相应的专业化服务,如对员工的能力、潜能、职业兴趣、价值观进行测评,帮助员工明确适合自身的岗位,提供与员工职业发展相关的咨询。

4. 酒店的角色

酒店应为员工的职业发展提供必要支撑。酒店在职业生涯管理中应做好的主要工作包括:①努力构建各主体积极参与的职业生涯管理体系;②为员工提供清晰的职业发展路径;③大力培育能够支撑职业生涯管理的组织文化;④精心打造有助于员工职业目标实现的发展平台与人际环境。

三、职业发展理论

为了更好地指导员工个体的职业生涯规划与组织的职业生涯管理,相关主体需要掌握相应的职业发展理论。以下将分别介绍职业选择理论、职业发展阶段理论、职业路径理论与女性职业发展理论。

(一)职业选择理论

职业选择是指人们从职业评价与职业意向出发,根据自己的能力、兴趣与职业期望,从社会现有的职业中选择适合自己的职业的过程。职业选择理论的本质是人职匹配的思想,即人的个性存在差异,个人要根据自身的个性特点找到适合自己的职业。具有代表性的职业选择理论包括埃德加·H.沙因(Edgar. H. Schein)的职业锚理论与约翰·霍兰德(John Holland)的职业兴趣理论。

1. 职业锚理论

美国麻省理工学院的埃德加·H.沙因教授最早提出职业锚理论。[①] 职业锚是指个人在职业发展上所遵守的中心点,即个人在进行职业选择时,无论如何都不会放弃的东西。它是员工在早期职业生涯中逐渐对自我加以认识,发展出的更加清晰全面的职业自我观。员工结合自我的才干与能力、动机与需要、态度与价值观,进行相应的职业选择。

埃德加·H.沙因教授最初提出五种类型的职业锚,即技术/职能型、管理能力型、安全/稳定型、创造型、自主/独立型。1992年,他又将职业锚类型扩展成以下八种。

(1)技术/职能型(technical/functional competence)。它又称"工匠型"。该类型的员工在做出职业选择时,主要关注工作的实际技术或职业内容。他们把自己的职业定位于特定的技术或业务领域,一般对管理职位不感兴趣。

---

① SCHEIN E H. How career anchors hold executives to their career paths [J]. Personnel, 1975, 52(3): 11-24.

（2）管理能力型（general managerial competence）。它又称"赛手型"。该类型的员工把从事管理工作当作职业目标。

（3）安全/稳定型（security/stability）。它又称"成员型"。该类型的员工追求安全、稳定的职业。他们比较容易接受组织对他们进行的工作安排，追求归属感与成员感。

（4）创造型（entrepreneurial creativity）。它又称"企业家型"或"斗士型"。该类型的员工追求建立或创造完全属于自己的成就。他们敢于冒险，敢于创造，努力施展自己的才华。

（5）自主/独立型（autonomy/independence）。它又称"自由型"。该类型的员工希望最大限度地摆脱组织约束，他们可能为了自由的需要而放弃晋升的机会。

（6）服务/奉献型（service/dedication to a cause）。该类型的员工始终围绕一种特定的价值观。他们追求在某些方面能够改变世界，关注与他们价值观相一致的职业。

（7）纯挑战型（pure challenge）。该类型的员工喜欢迎接新的挑战。他们追求新奇、变化，希望战胜强大对手与克服各种困难。

（8）生活方式型（lifestyle）。该类型的员工做事的出发点是私人生活。他们关注工作给予的自由空间，以有效平衡工作与其他方面的关系。

2. 职业兴趣理论

职业兴趣测评有助于人们明确"我喜欢做什么"和"我到底想做什么"。1959年，美国心理学家约翰·霍兰德提出了具有广泛社会影响力的"职业兴趣理论"。他提出职业选择的六条设想：①个性是职业选择的主要影响因素；②兴趣包含在个性范畴内；③职业选择观是一种稳定的心理状态；④早期职业幻想预示未来职业方向；⑤个性、目标定位的"自我认知程度"决定职业选择的范围；⑥应选择与个性特点匹配的职业，以达成职业成功与满意感。[1]人们可以通过心理测试认识到自己的个性，并通过观察、问卷、关键事件等工作分析方法来了解各职业对员工能力的要求，最终找到最适合自己的职业。约翰·霍兰德根据劳动者的心理素质与择业倾向，将劳动者划分为以下六种类型，并描述了与其相对应的职业。

（1）社会型的人喜欢与人交流，乐于处理人际关系，愿意教导他人，适合从事需要社会交往的工作。

（2）企业型的人喜欢影响别人，善于说服他人，追求成就和地位，适合从事管理与销售类工作。

（3）传统型的人喜欢按计划办事，尊重权威和规章制度，适合从事有系统、有条理的工作。

（4）现实型的人不善言辞，讲究务实，喜欢切身体验，适合从事操作性工作。

（5）研究型的人求知欲强，肯动脑，善思考，热衷于专业领域的创新与应用，适合从事科研工作。

（6）艺术型的人乐于创造与众不同的成果，渴望表现个性，追求完美，适合从事需要想象力、创造性的工作。[2]

（二）职业发展阶段理论

美国著名的职业管理学家唐纳德·萨柏（Donald Super）把人的职业生涯分成以下五个

---

[1] 苗青，王重鸣. 20世纪职业选择与职业发展理论综述[J]. 人类工效学，2003（1）：35-38.
[2] 时志明，刘红霞. 人力资源管理理论与实务[M]. 重庆：重庆大学出版社，2011：208-209.

阶段。

（1）成长阶段（0～14岁）。在这一阶段，个人逐步发展自我概念，树立对职业生涯的正确态度，并了解工作的意义。

（2）探索阶段（15～24岁）。该阶段即择业尝试与初步就业阶段。人们在该阶段常常表现为对某一职业领域的兴趣。当个人在选定了一个职业领域，并尝试了该职业领域的几个不同岗位后，实质上已处于职业生涯探索的末期。

（3）确立阶段（25～44岁）。个人所从事的职业趋于稳定，并力求获得进一步发展。

（4）维持阶段（45～64岁）。人们在该阶段一般不再考虑变换职业，力求维持已取得的地位与成就。

（5）衰退阶段（65岁以上）。人们的身体机能与工作能力逐渐衰退，逐步退出工作舞台，开始适应退休后的生活。

美国心理学家杰弗里·格林豪斯（Jeffrey Greenhaus）着重于研究不同年龄段所面临的主要任务，把人的职业生涯也分成五个阶段。

（1）工作准备阶段（0～25岁）。在该阶段，人们一般还没有参加工作，而是通过各种途径接受教育，为今后的职业生涯做必要准备。

（2）进入组织阶段（18～25岁）。这一阶段与工作准备阶段有所交叠。人们在此阶段的主要任务是寻找适合自己的组织和职业。该阶段的主要问题是"现实的震荡"，即个人在教育环境中形成的观念和理想与工作环境中的现实之间往往存在强烈反差，这可能会使个人丧失信心，对现实产生不满，从而影响工作效率。因此，组织需要通过有效的职业指导，帮助员工克服"现实的震荡"。

（3）职业早期阶段（25～40岁）。该阶段是"立业期"。人们在该阶段的主要任务是在组织与职业中塑造自己，在组织中确立自己的职位与发展方向，力求胜任工作与获得职业成功。

（4）职业中期阶段（40～55岁）。该阶段是"守业期"。人们在此阶段的主要任务是对早期职业生涯进行评价，回顾已实现的职业目标，并对下一步的职业目标进行选择。人们需要在维持成就、继续成长或急流勇退等职业方向上进行抉择。此阶段面临两个问题，即中年危机与职业停滞。

（5）职业后期阶段（55岁至退休）。该阶段是"引退期"。此阶段的主要任务是一方面维护自我价值，另一方面是为退休后的生活做好准备。

（三）职业路径理论

职业路径是指组织为员工设计的自我认知、成长与晋升的管理方案。职业路径确立了组织内晋升的路线、条件与程序，以对员工的职业发展施加影响，使员工的职业目标与组织目标保持一致。职业路径理论包括职业阶梯、职业通道、职业机会、工作发展援助计划等内容。在建立职业阶梯时，组织首先要考虑两个问题：组织是否需要一个从内部选拔人才的长久机制？组织是否需要建立一套培训发展方案，以便为组织发展提供更多后备人才？只有对这两个问题的回答都是非常肯定的时候，组织才有必要构建科学、清晰的职业发展阶梯。[①] 根据组织需要、规模与员工能力的不同，职业阶梯有宽窄之分、长短之分与

---

① 胡君辰，郑绍濂. 人力资源开发与管理[M]. 2版. 上海：复旦大学出版社，1999：173.

快慢之分。① 职业通道设计与职业机会创造要有助于员工发挥自己的潜能。职业发展援助计划强调组织对员工职业发展的个性化支持。

清晰的职业路径虽然能为有潜质的员工指明成长方向，但组织必须意识到，员工在努力攀登更高职业阶梯的过程中，可能会到达其不能胜任的阶层。劳伦斯·彼得（Laurence Peter）博士的研究令人信服地解释了职业升迁如何导致不称职以及组织与员工如何避免不称职情况的产生。劳伦斯·彼得提出了职业升迁的梯子定律：在层级组织中，只要有足够的时间和升迁机会，每位员工都将到达并停留在自己不能胜任的阶层。梯子定律即著名的彼得原理。该定律的进一步推论是：每个职位终将由不胜任的员工所占据，层级组织的工作任务多半由尚未到达不胜任阶层的员工所完成。一旦员工到达不胜任阶层，就难以有任何具体贡献，所能完成的有效工作将会微乎其微。其根本原因是：很少有人因留在能胜任的职位上而感到完全满足，绝大多数人都坚持晋升到个人能力范围之外的阶层。② 因此，在职业路径设计上，组织需要回答以下问题：如何才能知人善任？如何才能避免把人才提拔到其不能胜任的岗位上？如何引导员工立足于最适合岗位而不是努力攀上最高的职业台阶？

（四）女性职业发展理论

在酒店员工队伍中，女性员工占有较大比例，因此，酒店必须重视女性职业发展的问题。一直以来，有关职业发展的研究都是中性的，缺乏足够的性别意识。在现实社会中，女性的职业发展落后于男性，女性在职业升迁上仍处于竞争中的不利地位。传统的职业发展模式是以男性的工作体验、价值与目标为前提的，把职业发展看成是"攀登职业梯子"的过程，晋升到更高职位成为大多数员工的普遍愿望，因此，那些愿意在充满友爱、支持和鼓励氛围中工作的人常常被看成是缺少抱负的。关于女性职业发展的部分研究结论表明：

（1）女性常常被迫形成工作取向来适应有限的职业发展机会；

（2）女性在职业发展中所面对的性别歧视，常常导致女性拥有的机会更少与进步更慢；

（3）女性在职业生涯中要面对更多的家庭与工作之间难以平衡的矛盾，其缘由是女性要承担生育的责任，要同时扮演妻子、母亲与员工的角色；

（4）女性经常遭遇职业升迁中的无形障碍，常常把她们从高级管理层中排斥出去；

（5）女性在衡量个人与职业成功时常常使用主观的评价标准，如工作满意度、成长感与成员感等，而男性则一般采用薪水、职位等级、职位升迁等标准；

（6）与男性相比，女性更愿意体验横向的而不是直线上升的职业发展通道，女性在考虑职业期望、权力和报酬前常常先考虑个人的工作满意度；

（7）女性的职业发展是以平衡工作与其他有意义的关系为前提的；

（8）为了使女性充分施展自己的才智，组织应致力于构建高效、和谐、温馨的工作氛围，使每个员工都感觉到自己受重视，个体潜力能得到充分发挥。③

因此，为了更好地发挥女性员工的作用，酒店需要重视女性职业发展的理论研究与实践探索，给女性员工从事管理工作创造机会，让女性员工感受到组织的公平对待，为女性员工寻求工作与家庭之间的平衡创造更好的条件。

---

① 叶伯平，邸琳琳，乜瑛. 餐饮业人力资源管理[M]. 北京：清华大学出版社，2006：365.
② 劳伦斯·彼得. 梯子定律[M]. 罗耶，编译. 北京：民主与建设出版社，2004：14-45.
③ 黄洁华. 女性职业发展的理论与实践述评[J]. 广州大学学报（社会科学版），2008（3）：48-51.

第二节　职业发展路径设计

一项规划或者任务的成败有时并不完全取决于员工的能力，而可能在于酒店管理者对于员工的态度与支持力度。员工的职业发展需要得到酒店的引导、鼓励与支持。每位员工都抱有职场成功的理想，都希望在酒店中得到更好的发展。一个不能给予员工清晰的发展轨迹，让员工看不到未来的企业，必然是难以留住人才的企业，也是一个难以发展壮大的企业。因此，酒店一方面要努力开发员工潜能，另一方面要提供清晰的职业发展路径，让员工看到职业发展的目标和憧憬美好的未来。

酒店为员工建立多元化的职业发展通道，并配以清晰的职业发展阶梯描述，使员工的职业生涯有方向、有计划、有策略，有利于充分调动员工的积极性与创造性，增加员工对酒店的忠诚度。当然，员工职业发展通道是否畅通，在很大程度上取决于酒店提供与创造的职业发展机会。

一、职业发展通道

酒店应设计多重的职业发展通道，给员工以工作选择的机会，直至员工找到适合自己的通道。这是员工职业生涯获得成功的重要前提。酒店可以构建的职业发展通道主要包括三种：横向发展通道、技术发展通道和管理发展通道。

（一）横向发展通道

横向发展通道是指由组织为员工设计的跨越职能边界的职业发展通道。例如，酒店员工从工程技术岗位转换到销售岗位或采购岗位。并非所有员工都具有向高级别岗位晋升的潜能或意愿，且酒店也不可能设置足够多的高级别岗位来为每位员工都提供晋升的机会。酒店内总会有一部分人员不能晋升到较高级别的职位，但长期要求他们从事重复而又简单的工作，又会让他们觉得单调与枯燥。这将降低其工作积极性，阻碍其工作潜能的发挥。因此，酒店可以根据员工的能力、兴趣与需要，采用横向调动的方式来使工作具有多样性与丰富化，使他们获得新的活力。虽然横向调动一般不会带来加薪或升迁，但它可以提升部分员工对于组织的价值，使他们获得新生。这有助于打破员工在职业行为与技能要求上的限制和约束，从而让他们在整个组织范围内实现更加自由与自愿的职业流动。[①]

（二）技术发展通道

技术发展通道是指由组织为员工设计的从低级别技术岗位向高级别技术岗位晋升的职业发展通道。技术发展通道又可分为专业技术发展通道（如研究员及工程师）与操作技能发展通道（如厨师及一线服务人员）。[②] 致力于在专业上有所作为而不喜欢承担管理责任的员工大多选择技术发展通道。他们精力集中，专心钻研，促使自己的专业技术或服务技能

[①] 李燕萍，李锡元. 人力资源管理[M]. 2版. 武汉：武汉大学出版社，2012：342.
[②] 余昌国. 旅游人力资源开发[M]. 北京：中国旅游出版社，2003：131.

获得不断进步和提高,最终达到非常精湛的程度。比如,工程技术人员可以沿着助理工程师——工程师——高级工程师——资深工程师——首席工程师的方向发展;服务人员可以沿着试用工——初级工——中级工——高级工——服务技师——高级服务技师的方向发展。

(三)管理发展通道

管理发展通道是指由组织为员工设计的从基层工作岗位或低级别管理岗位向高级别管理岗位晋升的职业发展通道。这种通道比较适用于立志从事管理工作的员工和攻读管理类专业的大中专毕业生。从实际情况看,大多数管理人员也都是从基层人员中产生的。酒店的高层管理者大多具有较长时间的基层工作经历。他们从基层工作做起,在表现出才能和业绩后获得提升,一般沿着普通员工——领班——主管——部门经理——总监——副总经理——总经理这样的晋升路线发展。

当一名学生从学校毕业后,可以根据自己的知识、能力、个性与价值观,选择技术发展通道、管理发展通道或横向发展通道。多个不同通道上同一等级的管理人员或技术人员在地位与待遇上应该是基本对等的,否则就会导致"官本位"的思想,致使部分拥有技术专长而无管理天赋的员工热衷于"走行政路线",而无心钻研自己的专业。有时候,员工选择的最初工作并不是最适合自己的。如果发现某员工另有所长,酒店就应努力为该员工安排更适合的岗位。

案例4-2 高级宴会服务师是如何练就的?[①]

随着开元酒店集团旗下高端酒店的增多,宴会业务对于酒店收益和形象的影响越来越大,同时,顾客对宴会的要求也越来越高。因此,培养高层次的宴会服务师就成为开元的重要任务之一。从2007年开始,开元增设了高级宴会服务师这一职位,并在杭州开元名都大酒店率先试点,在取得一定经验的基础上,在整个酒店集团进行推广。为了持续提升服务专业化水平和强化酒店服务品质,在2016年5月,来自开元旗下19家高星级酒店的百余名高级宴会服务师再次齐聚杭州开元名都大酒店,进行为期三天的集中训练。[②]

高级宴会服务师是指专门从事高端宴会服务的餐饮专业服务人员。针对顾客对高端宴会服务的需求,开元通过高级宴会服务师提供细致、周到、优雅、从容的专业化服务,尽显开元关怀。在专业化宴会服务的过程中,高级宴会服务师需要融入精心设计的服务表演,以努力满足宴会客人的精神需求。为了培养更多具有综合技能的酒店专业服务人才和展示具有开元特色的餐饮服务亮点,开元开发了具有"培训科目广、培训教案密、培训执行进度快、培训效果深、服务师团队融合"等特点的培养方案。这体现了开元对这支专业队伍培养所倾注的心血。该培养方案涉及32项学习科目,内容涵盖国际风俗礼仪、舞蹈、文学、宗教、戏曲、茶艺和花艺知识、色彩搭配、职业道德、服务心理、沟通技巧等综合素养课程与酒店英语、日常日语、宴会史、服务形态训练、酒水知识、西餐礼仪、菜肴(营养知

---

① 邹益民,周亚庆,黄浏英. 持续追求价值领先——解读开元酒店集团品牌经营之道[M]. 杭州:浙江大学出版社,2013:202.
② 杨华东. 第二期百名高级宴会服务师在杭州名都大练兵[N]. 开元旅业报,2016-05-13(2).

识）、VIP 宴会服务、设备维护、投诉处理等专业知识课程，强调让服务师学习有用的知识，打造与开元酒店宴会和会议匹配的精品服务。开元要求服务师学习各类宴会的整体策划思路。服务师需要根据所收集的相关资料，与客人商定宴会主题，随后各项服务均紧紧围绕主题展开。他们学习与宴会有关的细节服务知识。他们需要根据宴会主题设计宴会方案，对场景接待流程进行预先判断，设计符合要求的特色宴会服务，并寻求最佳及出彩的服务方式。[①]

参加高级宴会服务培训的员工只有通过集团及酒店系统化、标准化、规范化的指导和培训并考核合格，方可获得"高级宴会服务师"岗位资格，享受相应的薪酬待遇。高级宴会服务师的培养，不仅大大提升了开元酒店的宴会服务品质，成为高端宴会服务的一张"王牌"，而且充分体现了开元对于服务技能型人才培养及员工技术性职业发展通道的有益探索。

二、职业发展阶梯

酒店的职业发展通道说明了酒店员工可以通过哪些通道实现个人发展。职业发展阶梯主要是指酒店内部人员晋升的条件、方式和政策组合。清晰的职业发展阶梯不仅显示员工的晋升方式，而且显示晋升机会的多少，以及告知员工如何争取晋升，为那些渴望获得内部晋升的员工指明了方向，且提供了平等晋升的机制。为提供清晰的职业发展阶梯，酒店需要明确阶梯的速度、宽度与长度。

（一）阶梯速度

根据员工的能力和绩效的差异，职业发展阶梯有快慢之分。酒店内正常晋升与破格晋升都要有政策可依，尤其是破格晋升。破格晋升有利于发掘有潜能的高素质员工，避免大材小用，避免影响潜在人才的工作积极性。例如，一些旅游管理专业的大学毕业生，在工作初期大多负责基础性事务，甚至在一线从事较长时间的服务工作。显然，酒店有意在日后为其安排更复杂、更具挑战性的工作，可是如果长期将其安排在这种条件不相称的工作岗位上，他们跳槽或有跳槽倾向是必然的，这也就造成了酒店内部大学生的离职率远远高于其他群体。[②] 因此，根据员工类型，酒店可设立速度各异但始终有章可依的职业发展阶梯。

为了让部分高潜质的年轻员工能发挥更大的作用，酒店必须有效地克服"玻璃天花板"效应的影响。酒店应有意识地创造年轻人员与高层管理人员深入交流的机会，并努力为有能力但资历浅的员工设置"绿色升迁通道"，让其跨越职位升迁上的无形障碍。为了有效促进潜在优质人才的成长，著名酒店集团开始推行管理培训生制度。近年来，洲际酒店集团、万豪国际酒店集团、香格里拉酒店集团等都推出了管理培训生计划，使许多优质人才在职业生涯初期就获得了较好的发展平台。

（二）阶梯宽度

根据组织与工作需要的不同，职业发展阶梯有宽窄之分。在管理发展通道中，较高的管理职位要求员工在多个职能部门、多种工作环境中的轮岗经验，使员工具有高度的综合能力，这属于宽职业发展阶梯；反之，在基层管理或职能管理部门，它只要求员工具备有限的专业经验和能力，这属于窄职业发展阶梯。

---

① 何雅，诸寅楠. 高级宴会师"高"在哪里[N]. 中国旅游报，2012-02-29（5）.
② 蒋齐康，等. 2005 中国饭店业人力资源研究报告[R]. 中国旅游饭店业协会，2005.

（三）阶梯长度

根据酒店规模的大小和工作的复杂程度，职业发展阶梯有长短之分。例如，在操作技能发展通道内，客房服务员的职业发展阶梯就较短，而厨师的职业发展阶梯就会相对较长。为了有效激励各层次员工，酒店必须有意识地在每个职能领域将阶梯变长，在每个专业领域设立技术级别，并在不同部门间建立可比性。

只有明确界定各职业发展通道中与晋升相关的职业发展阶梯的宽度、速度和长度，酒店才能有效地将组织发展目标和员工个人目标结合起来，进而为员工找到一条充满幸福感、成长感与成就感的职业发展之道。

三、职业发展机会

员工职业发展的快慢与成败，关键在于酒店能否给员工提供足够的发展空间，创造充分的发展机会。传统的人事管理往往把规范与控制员工的行为作为管理的重心，而不注重对员工潜能的开发，导致出现员工动力不足、能力缺乏的状况。酒店应根据不同员工的特长与潜质，让每位员工有发挥自身才智的空间，在此基础上实现群体的优势互补。因此，酒店要想提升员工的忠诚度，就要实现人力资源管理重心的转移，从规范员工行为向开发员工潜能转变，促进员工成长。酒店需要给员工提供表演的舞台和发展的机会，以提高他们的实际操作能力与经营管理能力。酒店可通过以下员工职业发展的机制，为员工提供与创造充分的职业发展机会。

（一）岗位选择制

个人的工作成就，除了受客观环境制约外，主要取决于自身的实力及努力程度，而个人的努力程度则主要取决于其对工作的兴趣和热情。在匹配个人工作兴趣上，岗位选择制可以说是一个有效的举措。岗位选择制不仅是指在招聘过程中，酒店和员工之间实行平等有效的双向选择，而且是指在工作一段时间后，员工如果觉得自己的岗位实况与岗位预期有偏差，或当前工作所需展示的个性与自己的个性相差过大，那么可以申请调换岗位。酒店在合理的范围内可协助员工进行职业目标的重新定位，给予员工新的岗位选择机会。在条件允许的情况下，酒店应尊重每一位员工的选择，并鼓励员工自动自发地寻找更加适合自己的岗位，从而让员工在更为适合的职业发展通道内快乐地成长。

（二）职位预期制

职位预期制是指酒店在拥有员工详尽动态档案的基础上，根据组织的发展目标与人才要求，结合员工的兴趣、价值观、能力与潜质，形成人才接替计划，并按照某种预期的职位有意识地培养员工的方法。这种培养方式由预期职位的任职资格决定，如技术发展通道内的职务对专一领域知识和技能的精通性，即深度要求高，而管理发展通道内的职务则强调知识和技能的综合性，即广度要求高。

（三）项目试验制

项目试验制是酒店发现有潜质人才，从而破格任用人才的常用且有效的方法之一。项目试验制可以为一些有潜质的员工创造挑战性的工作机会，鼓励他们自愿担当临时项目的负责人，组建运作团队。对于部分临时项目或战略性项目，酒店可以在内部采用招投标的方式，引导有管理才能的员工组建项目小组来参加相关项目的投标与实施。酒店应给予员工充分的授权和信任，并允许失败，以此建立起员工参与机制。这既可以调动员工的工作热情和满足员工自我实现的需要，又可以使他们在实践中检验自己的真实水平和激发自己的潜能。

（四）职务见习制

职务见习制是指酒店给在基层岗位工作了一定时期并有培养前途的员工或对有待提拔的员工提供见习管理职务，并指定有经验的管理者负责对见习者进行有效指导的方法。其实质是"在战争中学习战争，在实践中培养人才"。这既可以在管理岗位没有空缺的情况下留住优秀人才，又可以激发员工的进取精神，锻炼他们的管理能力。当然，酒店还可以通过员工见习期的工作表现，考察他们的综合素质和管理能力，为员工的晋升提供客观依据。应该说，职务见习制是一种能为员工提供管理实践并开发管理潜力的有效手段。

（五）助理职务制

助理职务制是指让有潜质员工以助理的身份经历一番工作锻炼，等到其满足组织对有关能力要求后再正式任命的一种人才管理方法。管理者设立助理一般是让其协助处理某一职务的工作，一般是全面的协助，如人力资源总监助理协助总监开展引人、育人、用人和留人等工作。在此过程中，助理得到领导的关心和指导，并通过学习领导的工作方式、管理风格和优秀品质，获得快速成长。

（六）临时提升制

发展中的酒店经常会有管理职位的空缺。为了给优秀员工提供发展机会，酒店可采用临时提升制。当出现职位空缺时，如果暂时没有最合适的人选，酒店不应采取即时提拔的方式，因为所提拔的员工可能根本无法胜任该职位。一个可行的方法是由酒店挑选出相对适合的员工，让其成为该职位的临时代理者。经过一段时间的考察，如果该员工完全胜任，就应正式任命；如果该员工基本胜任，则应经过相应的培训与考核后，视具体情况决定是否正式任命；如果该员工根本无法胜任，就应再物色适合的人选。临时提升制有助于组织发掘优秀人才，为优秀人才的脱颖而出提供了一条途径。同时，这又可避免组织把不合适的员工提拔到更高层次的职位上。临时提升制的有效实施必将极大地激发潜在人才的工作积极性，促使他们努力展示自己与提升自己。

第三节　职业发展阶段及管理

酒店员工的职业历程大体可以分为职业生涯早期、职业生涯中期和职业生涯后期等三个阶段。在不同阶段，员工的个人生理特点和职业生涯特征是不同的，其面临的职业生涯发展问题和组织的指导任务也各不相同。因此，为使员工充满激情、保持干劲、快乐行动，酒店需要根据员工职业生涯阶段来开展相应指导工作。

一、职业生涯早期管理

职业生涯早期阶段是指一个人从学校进入酒店，在酒店内逐步"职业化"，并被所在酒店接纳的过程。对于酒店一线员工来说，这一时期一般发生在 18～25 岁；对于酒店技术人员（包括厨师、工程人员、财会人员）和管理人员来说，这一时期一般发生在 20～30 岁。在早期阶段，员工个人的职业化以及个人与组织之间的互相接纳是酒店需要关注的职业生涯管理任务。

（一）早期阶段的个人特征

在职业生涯早期阶段，酒店员工的任务主要包括三方面：一是进入酒店组织，学会如何适应新环境；二是学会独立和协作开展工作；三是完成向成年人的过渡。此时，员工在工作与生活中一般具有以下几个特征。

1. 争强好胜的进取精神

进取心是一种积极的推动力量，能促使员工不断上进、持续发展。但由于年轻气盛，处于早期阶段的员工难免表现出浮躁和冲动，在工作中经常高估自己，很少检查自己的主观不足；工作失误时怨天尤人，强调客观因素；在工作团队中，容易对他人不服气，危及人际关系和谐；在职业选择上，有些犹豫不决或时常变动。

2. 宏伟远大的职业理想

随着职业竞争力的不断增强，大多数新人都希望做出一番轰轰烈烈的业绩。刚进入酒店的年轻员工，精力旺盛，充满朝气，往往具有远大的职业理想和抱负，拥有强烈的成功欲望。随着工作时间的延长，他们会逐步提高工作能力，积累工作经验，熟悉工作环境，对职业成功的信心不断增加。与此同时，由于最初的事业抱负有些不切实际，他们在工作中不断认清自我，并确认了更为现实的职业定位，也有相当一部分人因远大的抱负经不住现实的考验，渐渐失去最初的激情，甚至成为职场中的"迷茫者"，或者沦为"三无"人员，即无明确定位、无远大理想、无积极行动的人。

3. 浮出水面的家庭责任

职业生涯的早期阶段常常是酒店员工由单身向初步组建家庭或有子女过渡的时期。他们在这个阶段渐渐明白家庭责任的内涵，开始尝试承担家庭责任，逐步锻炼协调家庭关系的能力。这使员工的自我意识逐渐削弱，家庭观念增强，并逐步学会与配偶相处，学会承担家庭责任。

（二）早期阶段的主要问题

在职业生涯早期阶段，新员工对酒店不是十分了解，对上司与同事尚不熟悉，彼此处于相互适应阶段。由于未能觉察彼此的需要和有效适应组织的要求，酒店员工可能会面临一些矛盾和问题。

1. 美好憧憬面临现实冲击

现实冲击是指新员工由于工作预期与工作实际之间的差异而引起的心理冲击。初涉职场者往往有较高的工作期望，但在他们的实际感知中，时常面对的是枯燥无味、欠缺美好体验的工作现实。对于很多新员工，这可能是一个比较痛苦的时期，他们"美好的憧憬"将第一次面临现实工作与生活的冲击。例如，一些攻读旅游（酒店）管理专业的大学毕业生，由于缺乏实践经验而被安排在一线服务部门，从事与"天之骄子"相去甚远的工作，他们可能马上陷入酒店内部错综复杂的部门冲突和政治斗争中，或者他们遇到一个令人感到沮丧的上司，不仅不能对其进行有效指导，而且经常对其工作表现横加指责。

2. 新人难以得到信任和重视

上司对职场新人一般缺乏深入了解，因此，新人很难立即取信于自己的第一任上司。上司往往认为只有等新人更加熟悉酒店或部门的运作情况后，才可以承担更为重要的工作任务，因此，新员工承担的任务往往过于简单或枯燥，与他们的过高预期形成鲜明对比。这种情况如果持续数周，属于正常情况，但如果数月内都如此，就会大大抑制员工的工作热情，直接影响员工的职业定位与职业发展。

3. 心理素质相对比较脆弱

对于刚刚从学校毕业走向工作岗位的新员工而言，他们的理念是先进的，知识是丰富的，期望是较高的。他们一般具有较高的智商，但缺乏足够的社会经验和生活磨炼，有待进一步提高情商与逆商。尤其是近年来刚参加工作的新员工，大多在较为优越的生活环境中成长，缺乏"大风大浪"的冲击。一般而言，新员工的心理素质是比较脆弱的，往往经不起各种打击。如果在工作中遇到一些困难和挫折，他们可能就会抱怨、泄气。

4. 专业技能与工作经验的不足

在职业生涯初期，新员工往往发现以前所学的理论知识不能马上派上用场，在工作中常常感觉自己需要学习很多东西。首先，虽然他们学习过很多知识，但涉及面太广、专业化不够，缺乏做好本职工作的专业知识；其次，缺乏相应的工作经验，这使得他们的工作效率不高，而且有时会犯一些常识性错误；再次，缺乏相应的工作技能，而技能的掌握需要一个较长的过程。专业知识、经验与技能上的相对劣势可能导致新员工无法取得出色的业绩。

5. 面临错综复杂的人际环境

在求学阶段，以学为本，人际关系相对比较简单。酒店内部人际关系要复杂得多，新员工既要处理好与上司和老员工的关系，又要处理好与顾客的关系，还要处理好与新同事的关系。面对错综复杂的人际关系，他们因为缺乏足够经历，可能会产生迷茫。而且，一些新员工还可能陷入酒店内部复杂的部门冲突与人际纷争的困扰。例如，某些酒店的老员工常常对新员工，特别是对高学历的新员工，持有某种偏见，认为他们幼稚单纯、好高骛远、书生意气、经验不足、自视清高等。在这种偏见的影响下，一些老员工或上司不能善待新员工，会制造一些"让他老实些""叫他尝尝工作的滋味"等不友好、刺伤人的舆论，或故意给其工作出难题，以让其就范。另一种情况是，当一个拥有良好教育背景和高起点的优秀员工进入酒店后，可能会引起其直接上司或部分老员工的种种不快，让他们产生危机感，因此有些人就开始给新员工制造"难关"，以表明新员工并不称职，或者显示自己其实比新员工更出色。

上述问题在很大程度上影响了新员工的快乐工作情绪，不利于他们职业生涯的健康发展。

（三）早期阶段的指导任务

针对员工在职业生涯早期阶段的个人特征和主要问题，酒店在此阶段的主要指导任务是协助员工尽快适应本职工作与融入组织。

1. 在员工上岗前进行精心的职业技能指导

对于刚从学校毕业的新员工，为使他们有效地适应工作环境，酒店要向他们说明工作内容及素质要求，让他们明白这份工作将可能得到哪些利益，以及将承担哪些责任。这有助于他们形成较为现实的未来工作期望。同时，酒店应对员工进行有针对性的职业技能指导：首先，协助员工明确工作任务与岗位职责，进行上岗引导和岗位配置，避免新员工因不知道做什么而显得工作不积极或不知所措，或因工作过于主动而显得越俎代庖或力不从心；其次，帮助员工明确个人特长、兴趣与职业定向；再次，针对年轻人的依赖性心理，指导其独立开展工作，做好工作进度计划，设计完成工作任务的方法和手段，并督促其认真实践、不断修正、达成目标；最后，指导新员工从小事、细节做起，树立良好的服务意识和职业形象。

案例 4-3　四季酒店集团的新员工入职体验

当员工进入四季酒店集团开始新的职业生涯时，他们会立即感觉到他们对于企业的重要性。所有新员工都会被邀请到他们将要工作的酒店过上一到两夜。新员工将亲身体验豪华酒店的服务，在以员工的角度看待新工作场所之前，以顾客的眼光审视一下这个地方。酒店将详细了解新员工的想法和意见，让每一位新员工针对酒店的住宿情况写一份详细的报告。从这些报告中，酒店点点滴滴地收集宝贵的信息，从而借助新员工找出酒店中需要特别关注的地方。

通过简短的入职体验活动，酒店和员工双双受益。一方面酒店可获得一些能改善服务水平的建议；另一方面员工对自己面临的工作环境有了大概的印象，对应承担的工作职责具有初步的认知，从而有助于他们明确需要掌握的职业技能和有待进一步提升之处。

2. 在正式上班后协助员工尽快适应环境

新员工必然要经历一个适应酒店环境的过程，这也是新员工学会工作、做好工作、获得发展的必要条件。酒店人力资源部应运用社会学习理论与经验学习理论，通过新员工所在团队的工作规划设计和工作任务完成后的总结报告，发挥团队工作模式对新员工的"传帮带"作用，使他们更快、更好地掌握各种工作技能和人际沟通技能，明确相吻合的工作任务、在团队中的位置以及今后努力的方向。[①] 具体而言，酒店有关部门和管理者要做好

[①] ETTINGTON D R, CAMP R R. Facilitating transfer of skills between group projects and work teams[J]. Journal of management education, 2002, 26（4）：356-379.

以下三个方面的工作。

（1）引导员工接受组织现实的人际关系，客观地正视工作环境，不要主动介入酒店人际关系的是非，学会将自己的分析能力和智慧用在完成工作任务上。

（2）指导员工学会尊重上司和老员工，与上司和老员工融洽相处。引导员工以虚心好学的态度，获得他人的认可与协助；遇到困难和问题，多向同事学习和请教；以积极热情、认真负责的态度开展工作，发挥自己的潜能，展示自己的实力。

（3）指导员工寻找自身在酒店中的位置，建立心理认同，赢得他人和组织对于自己工作的支持。

案例 4-4　房务部的"名校生"

小李从某名牌大学旅游管理专业毕业后，一直舍不得放弃自己学了四年的专业，面对其他行业的高薪诱惑，无动于衷，义无反顾地加入当地一家高星级酒店，成为房务部的一位新员工。她下定决心，一定要抛开世俗的偏见，要保持心平气和，以谦虚的态度与主动的行动，努力成为一名优秀的基层服务员。

在工作初期，所遇到的情况完全出乎她的预料。房务部的所有员工都知道本部门来了一位名校毕业生，每次见到她，只是很友善地点点头，礼貌性地问下好。当休息时，几乎没有老员工主动和她聊聊，而却有不少员工扎堆，不时地望望她，讨论着这位埋头苦干、积极主动、甘于整理客房的稀奇员工。

小李在参加工作的前两个星期里，努力做好本职工作，主动向直接上司请教客房服务技巧，但与其他员工的交流异常少。她下班后总是马上回寝室。她在寝室里看书、上网或打电话，但她与室友之间的互动不多，觉得有些孤独与无助。

第三周，酒店人力资源部针对新加入酒店的大学毕业生召开了一个"接班人"会议，和蔼的人力资源主管和小李一起聊了两个多小时，指出酒店对她这样的有潜质人才的重视，并与她一起分析职业生涯发展规划和职业早期阶段的关注点，促使她明白如何尽快融入酒店这个大家庭。在这次会议后，小李的精神状态有了很大改观。在就餐和休息时，她主动与之前认为其自视清高、书生意气的员工聚在一起；每天下班后，她总是主动到其他楼层，看看是否需要帮忙，并向老员工学习服务技巧，倾听老员工讲述各式各样的服务经历；回到寝室后，她主动和室友一起分享多彩的大学生活，并教给室友一些计算机使用的基本知识。不久后，部门里的员工都对她给出了好评："小李人真好，工作做得又快又好！""小李很乐于助人，常和我们分享她的多彩世界！""小李很随和，不像一般的大学生那样心高气傲，肯定是我们未来的领导！"……

小李从被老员工孤立到深受欢迎的过程中，人力资源部主管及时而有效的指导具有至关重要的作用，这使小李顺利摆脱失望与消极的情绪，明确当前工作的重心。因此，酒店的指导、评价与帮助是新员工职业生涯早期管理工作的重点，这有利于他们加快适应与融入新环境的步伐。

3. 在日常工作中指导员工正确面对困难

在刚开始工作的过程中，"新人"经常遇到各种困难和障碍。酒店要帮助员工树立正确的职业心态，教导员工如何面对暂时的逆境，使员工认识到这是展示个人能力、专业素质和进取精神的良好机会。在工作技巧上，酒店要有针对性地指导员工，如对遭遇委屈的一线员工传授如何察言观色与处理顾客投诉等技巧，切实提高其从业能力与工作效率，以使员工从工作中获得满足感。

4. 基于职业规划及时反馈员工工作绩效

一般来说，酒店对新员工越信任、越支持，新员工在工作中就越快乐、越出色。在职业生涯早期阶段，酒店应找一位受过特殊训练且具有较高绩效和良好品德的主管与新员工一起，在酒店人力资源部的协同下，共同商定员工的职业生涯规划。人人都希望自己的工作情况得到有效反馈，以从中看出自己的优势与不足，进而实现突破性成长，因此酒店要及时向员工传递工作绩效评价情况。

5. 基于职业管理悉心打造人才成长环境

许多酒店为引进与留住人才采取了各种各样的办法，但还是留不住某些骨干人员，其原因是缺乏有效的职业管理举措。酒店应以有效的职业管理体系为基础，根据员工成长的内在规律，营造良好的人才成长环境。

（1）制定激发人心的发展愿景。高瞻远瞩且切实可行的愿景对于员工成长具有重要的影响，能使员工产生强烈归属感。酒店应把愿景与员工成长结合起来，努力满足员工的个性化需求，构建切实可行的职业管理体系。

（2）建立良性互动的人际环境。一方面，酒店要努力培养领导与员工、员工与员工之间的信任感，创造积极沟通的人际氛围；另一方面，酒店要营造一种我教你、你教我、学到老、干到老、干中学、学中干的终身学习氛围，创建学习型组织，使员工的素质得到不断提升。

（3）打造员工发展的表演舞台。酒店应确立"有位才有为"的理念，遵循发展才是硬道理的思路，注重组织的持续发展，为员工的晋升创造条件；注重对员工职业生涯的有效管理，为员工的发展创造宽阔的平台，提供足够的空间，打造多彩的舞台，给员工以完全展示自我的机会。

二、职业生涯中期管理

在职业生涯早期阶段，员工融入工作环境，找到职业方向。职业生涯中期阶段的时间周期长，酒店一线服务员工一般在25～50岁，酒店技术人员和管理人员一般在30～50岁。员工在此阶段一般都存在职业转型的情况，尤其是一线服务员工。职业中期的人生富于变化，酒店员工既有可能获得职业生涯的成功，甚至到达职业巅峰，又有可能出现职业生涯危机。处于该阶段的员工具有特殊的心理、生理和家庭特征，因此其职业生涯发展面临着特定问题和指导任务。

（一）中期阶段的个人特征

中期阶段是酒店员工职业生涯周期中最重要的阶段。由于个人生命周期、职业生涯周期和家庭生命周期的相互作用，中期阶段具有明显的特征。

1. 职业发展轨迹呈"∩"形变化

在中期的初始和中间阶段，员工一般具有丰富的生活阅历，具有处理人际关系的技能，具有很强的事业心与责任心，且拥有较为稳定的长期贡献区，职业技能日益娴熟，工作能力日益提升。随着工作能力的增强和工作经验的积累，以及自身潜力的开发，员工创造力旺盛、工作绩效突出，逐步达到辉煌的职业巅峰。但之后的职业发展轨迹一般呈下降趋势，整个过程呈现为"∩"形曲线。当然，由于个人情况的不同，该曲线的形状差异很大。

2. 工作任务与家庭责任日趋繁重

个人在职业发展上力争向上并逐步达到顶峰，同时家庭任务、生活负担、职业压力日趋沉重。员工的职业发展呈现复杂化和多元化的特征，既要想方设法在自己的专业领域保持领先地位，以自己的经验和知识获取更高的薪酬和地位，又要面对职业生涯中期的危机。在家庭生活上，员工由单身变为上有日益年迈的父母，下有日趋成熟的儿女，家庭关系趋于复杂，生活压力趋于繁重。

3. 心理冲突与精神压力容易诱发

在进入职业生涯中期后，众多员工面临着个人梦想与实际成就之间的不一致，职业认同感受到冲击；面临着自己与儿女在价值观、成就感、职业选择等方面的分歧。同时，人到中年后，逐渐意识到随着年龄的增长，职业机会受到限制，个人选择面缩小，从而产生忧虑不安的心情。在中期的后阶段，一些员工可能会面临亲友的离去，而从情感上感到时间和生命的有限，从而经常反思自己的过去，重估自己的抱负和成就，思考自己的未竟之业，但又感到力不从心，易出现焦虑、抑郁等情绪。

（二）中期阶段的主要问题

职业生涯中期阶段是人生的关键时期，个人特征的急剧变化，导致了员工存在众多的家庭与工作问题。

1. 工作与家庭难兼顾

工作职责与家庭责任之间的平衡，对于员工，特别是女性员工尤其重要，因为家庭是个人事业成功和生活美满幸福的保障。但是，在职业生涯中期，酒店员工在工作与家庭之间顾此失彼、捉襟见肘的情形经常出现。如果某员工决定在今后工作中全力以赴，力求取得更高成就和地位，那么该员工往往要减少给予家庭的时间和精力，但也会因为该员工的"升职加薪"而给家庭带来物质利益和精神生活上的满足。反之，有的人可以接受一种低水平的工作抱负，就会有更多的时间和精力给予家庭，与父母、配偶、子女一起欢度快乐时光，但却意味着家庭收入的减少，随之可能改变家庭生活方式，给家庭带来新的问题。[①]由于无法很好地平衡家庭与工作之间的关系，有些员工面临巨大的压力，并时常经受着心灵的拷问，沉浸在深深的谴责之中。

案例 4-5　"孤单"的女领导

学生时代的周女士就显示出异于常人的好学与勤奋，成绩优秀，年年获奖，是老师心

---

① 张再生. 职业生涯开发与管理[M]. 天津：南开大学出版社，2003：161-162.

目中品学兼优的好学生。她自中专毕业后就加入H集团财务部。五年后，她参与H集团H酒店的筹建工作，并担任新建酒店财务部经理。在新酒店经营走上正轨期间，周女士把所有精力都扑在酒店和员工身上，深得集团领导和酒店员工的尊敬。又是五年后，周女士被提拔为H酒店常务副总，协助总经理开展工作。面对职位的升迁，周女士觉得自己肩上的负担更重了，自觉地将所有休息时间都用于酒店工作，酒店办公室成为周女士简陋的家，即使总经理劝说也没有效果。直至今日，周女士已40岁出头，在员工与朋友的心目中，她是那种精神饱满、干劲十足的女强人，但她依旧过着单身生活。虽然她的个人条件非常不错，可她曾经的几位男朋友都因为无法忍受她的"工作狂"作风，先后离开了她。随着年龄的增长，在夜深人静时，周女士会想起因她喜爱的酒店工作而被她忽视的父母，想起自己的孤单，一种复杂的滋味涌上心头，让她辗转反侧，难以入眠。

个案中的"女强人"因为一心为工作而错失了组建理想家庭的良机，在一定程度上已对其产生心理压力，若无法有效改变现状则可能进一步影响其以后的工作状态。针对这种情况，酒店有义务协助她调整工作与生活结构，引导其对家庭、工作、休闲与自我发展的优先顺序进行重新定位。

2. 人到中年显危机

随着年龄的增长，酒店员工的学习能力下降，知识和技能老化，不能很好地适应由技术改进与激烈竞争带来的工作方式的改变，他们的内心容易产生受挫感、"过时"感甚至失败感。酒店一线员工和二线普通职员，甚至某些中层经理，在经过十余年工作后，却因没有明确的专长和贡献区，而陷入缺乏明确的组织认同和个人职业认同的境地，其中一部分人将关注重心转向工作之外的自我爱好发展和家庭发展，将关注点转移到薪酬福利的人也不占少数。例如，某酒店工程部一位五十多岁的老领导，曾担任酒店多个部门的管理者，从业经验丰富，过去业绩不错，但近年来工作兴趣与热情骤降，而且其工作积极性很难被激发。此外，有些员工因为职业发展同早期的职业理想、职业目标不一致，如不是从事理想的职业，或者即使从事理想的职业，却没有取得所期望的成就等，从而产生消极、无奈、郁闷或失望的情绪，部分人甚至会决定平庸地走完职业生涯。

3. 职业发展遇障碍

在职业生涯的中期，尤其是在45岁以后，许多员工职业发展达到顶峰，在酒店中拥有较高级别。由于级别越高，酒店能为他们提供的晋升机会大幅度减少。有的员工由于工作缺乏挑战性，而失去兴奋点，进而突然地、戏剧性地转换工作；或者对工作缺乏上进心，工作上没有生气和活力，事业上急剧转折和滑坡。事实上，处于该阶段的员工大多会面临职业发展中的一些无形障碍，尤其对于女性员工来说，将更早地遇到无形障碍。因为女性在家庭中所承担的重要责任，以及部分人心目中存在的偏见，会直接影响到她们工作晋升的机会。如果不能很好地解决这一问题，一些有抱负、有能力、有资历、有经验的员工将带着失望的情绪离开酒店，甚至投入竞争者的怀抱。

（三）中期阶段的指导任务

根据员工在该阶段的个人特征和主要问题，酒店的主要指导任务是制订工作与家庭平衡计划，建立有效预防与解决职业生涯中期危机的机制。

1. 帮助员工平衡工作与家庭责任之间的关系

工作与家庭平衡计划应贯穿于整个职业生涯，在员工负担极为沉重的中期阶段尤为重要。为了帮助员工平衡工作与家庭的关系，酒店可从以下方面着手：一是定期或非定期向员工提供家庭问题和压力排解的咨询服务，指导员工制订可行的工作与家庭平衡计划，合理安排自身的工作与生活；二是创造一些参观或联谊的机会，促进家庭成员对酒店员工的理解与支持，如给优秀员工提供家庭旅游的机会，或邀请酒店员工的家属到所在酒店度假等；三是有意识地联合其他企业或借助集团力量，采取一些政策和措施，将部分福利扩展到员工家庭范围，以适当减轻员工的家庭负担；四是在某些岗位采用计时工作制与弹性工作制，以满足某些员工的个性化需要，特别是满足部分女性员工的需要。

2. 构建职业中期危机预防和善后处理机制

职业生涯中期危机的爆发率高、影响面广，因此酒店必须建立职业生涯中期危机的预防和善后处理机制。针对职业认同感下降或职业发展停滞的员工，组织可赋予这些员工以良师益友角色，为他们提供适宜的职业发展机会。[①] 例如，酒店中年龄较大的一线员工，虽然其进取心和工作参与感不断下降，但其在一线服务领域的经验与阅历已达到顶峰，酒店可更多地利用其经验和智慧，让其担任年轻员工的师傅、辅导员或教练，进一步发挥其作用，增强其组织和职业认同感。针对现实和职业理想不一致的情况，酒店可对员工实行工作轮换，对工作内容进行丰富化设计，以对员工产生吸引力、刺激力，减少员工的"疲惫倾向"，并在轮换过程中协助员工找到与职业理想较为匹配的工作，使其快乐地为组织尽力。对于具有强烈转业或转岗意愿的一线服务人员，酒店可根据个性、知识、能力等因素为他们修定职业生涯规划，帮助他们设计转业或转岗方案。同时，酒店应致力于持续改善工作环境和条件，使员工能享受到更好的福利待遇。

3. 帮助员工保持工作弹性和增强环境适应力

通过分析职业发展障碍产生的原因，人们可以发现保持员工工作弹性和环境适应力是避免职业停滞的有效手段。酒店可以结合国内外形势，强调持续变化的现实，激发员工持续学习的动机，督促员工不断更新知识。酒店也可以给予这些经验、阅历丰富的员工以轮岗机会。酒店还可以让处于职业中期的员工和年轻的"新星们"一起参与国际业务，以拓宽员工的视野，提升员工的适应能力。此外，酒店应不断创造"职业发展阶梯"，让有能力的员工有奔头。虽然酒店不能保证员工终生受雇于本组织，但是不断提高员工的职业能力对于双方都是有益的，这是克服职业升迁障碍等问题的有效途径。

（1）融化"玻璃天花板"。"玻璃天花板"（glass ceiling）是指人为的无形障碍，阻碍了人们在组织内部升迁和发挥全部潜能。例如，部分家族企业中的外来者不可能晋升到高层，部分外资企业中的中国人难以晋升到高层，女性员工面临晋升到高层的障碍。在有些家族企业中，如果员工与家族成员没有血缘关系，可能根本得不到重用，更不用说升迁到高层职位，因此，员工常常有一种"打工"心态，对所在企业缺乏归属感与忠诚感。"玻璃天花板"的一种典型表现是性别歧视，如有些酒店不对女员工提供系统培训方案；部分酒店有意营造贬低女性的氛围；若女员工表现不满，可能被解雇。职场中男女差别屡见不鲜，如收入、职位、角色、语言习惯等。部分职业女性甚至也默认这是商业世界的天然法则。某些惯例或风俗以及一些陈腐观念在一定程度上助长了部分人的性别歧视观念，如"男尊女

[①] 张莹. 如何进行职业生涯规划与管理[M]. 北京：北京大学出版社，2004：226.

卑"的观念，传统的男人主导、女人从属的家庭模式，以及商业文化的长期男性化等方面造成的不良影响。其后果是造成部分酒店女性员工的高流失率与升迁通道的不畅通。

为了有效克服职业升迁中的无形障碍，酒店必须融化"玻璃天花板"，有效措施包括：①为相关人员设置绿色晋升通道，即仔细分析哪些人员会遭遇职业发展的无形障碍，为他们另外设置一种晋升通道，把优秀人才提拔上来。②重塑组织价值观。对全体员工，尤其是对高层团队进行系统培训，让他们认识到"玻璃天花板"的危害及如何采取有效举措来规避，如美国方言学会把"She"字推选为"21世纪最重要的一个字"。③推行职业指导计划。针对职业发展的问题，对相关人员进行有效指导，使他们提高自身素质，并向他们传授有效的职业技巧。

（2）发掘高素质员工。在组织中，员工是否具有晋升机会，一般是由其直接上司决定的。但如果上司不会知人善任，或者上司已经不胜任现有岗位，那么就有可能埋没一贯努力工作的高素质员工。最后的结果要么是优秀人才无法发挥潜能，要么是优秀人才另谋高就。因此，为了消除员工职业发展的障碍，酒店领导者及人力资源部必须推动高素质员工发掘计划，其工作重心是发现并追踪高素质员工。其要点包括三个方面：在设定科学合理的标准上，选拔高素质员工；使高素质员工得到有效培训与开发；使高素质员工认同组织文化，且具有更高层次职位的胜任力。

（3）开发不胜任者。开发出现不胜任行为的管理者是中期职业生涯指导的重点任务。不胜任者的具体表现是：无法达成经营目标；管理工作无重点；对下属与同事漠不关心；傲慢、自以为是或刚愎自用；缺乏应有的冲突管理技能；无法适应逆境或变化。劳伦斯·彼得发现，当一个人晋升到不胜任阶层时，往往会表现出不同寻常的征兆，如通信设备爱好症；纸张恐惧症；纸张爱好症；档案爱好症；话多且内容贫乏；下属感到无所适从；决策时犹豫不决或不懂得如何做出适当决策；自艾自怜且有怀旧情结。[①] 一旦员工无法胜任本职工作，就难以做出重要贡献了。他们可能仍然努力工作与精力充沛，但却无法有效掌控局面并取得较好绩效。为了使不胜任者能够把握全局与保持健康快乐，组织必须有效开发他们，具体措施包括以下方面：①在收集管理者个性、技能、兴趣与绩效等信息的基础上，对管理者的岗位胜任力进行诊断；②根据管理者暴露出来的不胜任行为，使其参与行为模拟训练；③要求上级与心理学家对于功能失调者运用新技术、新行为的情况提供反馈；④努力使功能失调者胜任工作岗位，若无法有效开发，可以为其安排更为适合的岗位。

三、职业生涯后期管理

从年龄上看，员工的职业生涯后期一般处于50岁到退休年龄。从酒店实际来看，处于这一阶段的员工大多是酒店的管理和技术人员。在该阶段，个人工作、生活和心理状态都发生了与以前不同的变化，并呈现明显的特征和问题。

（一）后期阶段的个人特征

1. 心理脆弱与成熟交织

员工职业生涯的后期，也往往是家庭生命周期的后期，员工的家庭出现"空巢"等现

---

① 劳伦斯·彼得. 梯子定律[M]. 罗耶，译. 北京：民主与建设出版社，2004：28-33.

象，员工对家庭的依赖感增加，有时变得敏感、脆弱。随着年龄的增长，自我意识上升，从注重工作转变到注重个人爱好，自我保健意识大增，关注自我身心健康；经常思亲念友，渴望与幼时的朋友在一起交流。相当一部分员工安于现状，淡泊名利，渴望平静自若地面对人生。

2. 个人弱点与热点共存

由于身心条件的变化，大多数员工的工作能力开始衰退，弱点明显，但优势尚存，"热点"仍在，仍可发挥余热，为组织发展做出贡献。在知识经济时代，知识老化和技术更新的速度惊人。在职业后期阶段，人们的知识结构开始老化，大部分人的权力和责任随之削弱。但是，他们熟悉酒店的发展过程，具有娴熟的技能，积累了丰富的服务、业务、技术实践经验。因此，尽管处于此阶段的多数员工已把要职让位于年轻人，他们还可以担任良师或顾问的角色，发挥"传帮带"作用，帮助新员工熟悉业务和融入组织。

3. 抗衰老与退休计划并举

在抗衰老和保持工作创造力的同时，处于职业生涯后期的员工一般要做好从工作中解脱出来的准备，着手退休计划。在准备退休计划的过程中，一方面，老员工要反思多年来的工作与家庭关系，开始将生活重心由工作转移至家庭，如重视与配偶和子女间的良好关系构建；另一方面，在酒店相关负责人的指导下，老员工开始投身于各种有益身心的集体活动，发展多种兴趣和爱好。

（二）后期阶段的主要问题

员工在此阶段的主要问题是难以适应角色转变后的新情况和进行有效的心理调适。

1. 重心不转移

在职业生涯后期，一些即将退休的员工在爱岗敬业、恪尽职守等职业习惯的影响下，仍然把重心放在工作上，不肯把重心转移到个人爱好和家庭生活方面。这是部分人以后难以适应退休生活的根源之一。

2. 工作不服输

工作不服输、积极进取是一种值得称赞的工作态度。但是，有些一度辉煌的老员工却无法接受身体机能衰退导致的竞争力下降的事实，不仅不在工作上给予年轻员工相应的辅导和帮助，还与年轻员工争夺机会，争强好胜，结果却是"屡战屡败"，信心受挫。有的老员工对年轻的优秀员工存在嫉妒心理，常找茬刁难，有意显示自己的水平，以表明自己比年轻人更能干。

3. 爱好欠拓展

许多老员工由于以前几乎将所有精力都花费在工作上，个人兴趣没有得到开发，业余爱好几乎空白，且缺乏必要的休闲技能。面对与丰富老年生活有关的活动，如果没有熟人引导与推荐，他们就会不知所措。一般而言，如果即将退休人员缺乏兴趣和爱好，那么他们在退休后更可能会产生莫名的寂寞感、空虚感或失落感。

（三）后期阶段的指导任务

面对职业生涯后期阶段的员工，酒店管理人员的主要任务是引导员工转变角色和调适心理，协助其做好个人退休计划。

1. 指导员工转变角色

面对大部分老员工竞争力下降的现实，酒店管理人员要指导他们发展新角色，当师傅，带徒弟，培养新员工；当教练，对其他员工进行技能培训；当顾问，为酒店出谋划策，提供发展思路。

2. 开导员工调适心理

面对责任、权力的变小和"空巢"现象，酒店管理人员要开导老员工做到心理平衡，把重心转移到个人健康和家庭生活方面，培养业余爱好，在家庭活动、社交活动、社区活动和志愿者活动中寻找到新的满足感和成就感。

3. 引导员工回顾生涯

在员工的职业生涯即将结束时，酒店应引导员工回顾自己的职业生涯，评价和总结自己的职业生涯周期，与年轻员工一起分享自己的成功经验与失败教训，为自己的职业生涯画上完美的句号。

4. 教导员工准备退休

一方面，酒店管理人员可通过开展退休咨询、举办退休座谈会、退休研讨会等，引导老员工做好退休的思想准备，接受"长江后浪推前浪"的必然规律，减轻退休后产生的茫然感和失落感。另一方面，酒店管理人员要培养老员工的个人兴趣，协助其策划退休后的生活。例如，可邀请有关人士向老员工介绍老年大学、社区公益活动、各种类型的老年群体活动，或介绍自己丰富的退休生活，以引导老员工发展兴趣与爱好；鼓励老员工发挥余热，积极参加酒店或其他组织的活动，通过兼职、担任顾问等方式获得成就感。

案例 4-6　鲜明的对照

既是邻居又是同学关系的老刘和老张于同一年进入 H 酒店。老刘从酒店门童做起，凭借他的职业能力和强烈的上进心，一路高升，在 37 岁时成为客房部经理。在意识到自己的知识结构限制自己的再度晋升时，老刘自费参加酒店总经理培训班，系统学习酒店管理的理论知识，职业潜能逐步发挥到顶峰。老刘利用某一新开张酒店招聘副总的机会，毅然辞职，加入新酒店，并逐步建立与巩固了在新酒店的绝对中心地位。伴随着年龄的增长，老刘的学习能力和竞争力下降，其权力逐渐被架空，酒店总经理希望老刘能协助、指导将接替他职务的营销总监开展工作。老刘心里感到特别难受，不服输的他决定向组织证明自己的实力。于是老刘对酒店的事务更加关心，经常主动代替其他员工值班，主动为员工、顾客解决难题，但总是喜欢给那位营销总监出难题。在某个春日晚上，老刘又自愿在酒店值班，却晕倒在楼道里，幸亏有客人发现，并及时把他送到医院抢救。虽然老刘脱离了生命危险，但他因身体问题而不得不提前离开酒店，过着与医院为伴的日子。

话说老张，他从 H 酒店工程部机电维修工做起，心态平和，工作期间任劳任怨，下班后按时回家享受家庭生活，日子过得清苦但快乐。多年以后，为人和善又阅历丰富的老张升职为 H 酒店维修组领班，他带领的维修团队也慢慢具有老张的朴实风格，工作质量与效率总是位居酒店班组前列，几乎每年都被评为优秀班组。在老张 45 岁的时候，他被提升为 H 酒店值班工程师。"升官"的老张除了做好本职工作外，还热心于承担辅导员角色，用心培养有潜质的年轻人，用自己的丰富工作经验和人生阅历与年轻员工真心交流，结识了不少"忘年交"。在与年轻员工的经常交往中，他的心态变得越来越年轻。此外，老张在休息日积极参加社区活动、老年公益活动，着手构建快乐的退休生活乐园。

老刘与老张的境况引人深思，这在一定程度上表明保持心态平衡与适应角色转换对于职业生涯后期的员工的重要性。对于组织而言，一方面要设法使年龄较大且无法胜任本职工作的老员工从现任管理岗位上退下来；另一方面要对他们提供真诚的关心与帮助，如提供富有吸引力的退休计划或基于个性化需求的弹性工作方式。

本章小结

为了实现员工发展和组织发展的统一，酒店需要构建有效的职业生涯管理体系。第一，酒店要引导员工设计合理的职业生涯规划。职业生涯规划的基本内容包括明确自我定位、把握发展机会、设定职业目标、采取有效策略与修正职业目标等方面。第二，酒店要明确职业生涯管理的意义、内容与主体。第三，相关主体要系统了解与学会应用职业发展理论。第四，酒店要为员工设置多元的职业发展通道与清晰的职业发展阶梯，以及提供与创造职业发展机会。第五，酒店要注重对员工进行有效的职业生涯指导。在准确把握各个职业生涯阶段的员工个人特征与主要问题的基础上，明确职业指导任务。

复习思考题

1. 酒店员工职业生涯规划包含哪些内容？
2. 酒店员工职业生涯管理包含哪些内容？
3. 酒店员工职业生涯管理有何重要意义？
4. 如何让新员工尽快适应酒店工作环境？
5. 如何对女员工的职业生涯进行有效的管理？
6. 在职业生涯早期阶段，酒店员工可能面临哪些困惑？
7. 在职业生涯中期阶段，酒店如何对员工进行有效管理？
8. 您属于哪种类型的职业锚？您未来的职业定位是什么？可能是什么？还会是什么？为什么？

案例分析题

2002 年，小刘成为某高校旅游管理系的学生。她性格开朗，成绩优异，善于表现自己。在校期间，她积极参与各项团体活动，热心于社会实践活动，深受同学与老师的喜爱。大学毕业后，她不顾家人的反对，成为某高星级酒店的一员，其职务是酒店人力资源部经理助理。虽然工资不高，但小刘感觉该酒店有不错的工作环境，是其职业生涯的好起点，因此她婉言谢绝了在南京某企业当总经理的舅舅邀请她去做总经理助理的建议。在正式上班后，她精神饱满地投入了工作。经过一段时间的观察，她发现该酒店在人力资源管理方面存在一些问题，如无法吸引与留住优秀人才、员工缺乏归属感与凝聚力、不注重对员工的系统培训等。在经过复杂的思想斗争后，她把所发现的问题整理成书面文件，并马上交给其直接上司。她本以为会得到上司的回复与赞赏，但实际情况是其上司好像当事情从来没有发生过。小刘只好主动向上司请教，但上司似乎一直在敷衍她。小刘并没有泄气，又再次找机会与上司进行沟通，但上司对她的最终答复是"这不是你该管的事"。不久后，酒店人力资源部准备招聘一位负责培训事宜的员工，小刘于是主动向上司引荐了一个人。她认为该人选非常适合该工作，然而上司对她推荐的人选没有丝毫兴趣。后来引进的员工据说是其上司力荐的，但显然这位员工难以胜任工作岗位的要求。此后，小刘一直工作不顺，上司经常故意找麻烦，她感觉到自己在该部门被逐渐"孤立"。在工作中陷入困境的小刘不禁想到了家庭的温暖以及舅舅的建议，于是突然决定离开这家前途无"亮"的酒店。她觉得去南京工作是个不错的选择，可以先做舅舅的助手，然后再思索下一步的职业发展方向。当有个朋友指出她所学专业基本与南京这家公司的业务没有关联时，她回答道："无所谓，到了南京，舅舅会安排好一切！"语气中可以透出她冲动的心情。几天后，她向酒店提交了辞职报告。小刘前期的优秀表现和潜质曾经引起一位酒店副总的注意。在听说她要辞职后，该副总特意与她进行了深入交流，并试图一一消除她的困惑，但她此时去意已定，再也听不进他人的意见了。试问，放弃所学专业优势后的小刘真的能一帆风顺吗？

问题：

1. 小刘的选择是否明智？
2. 酒店应如何避免类似情况的发生？
3. 酒店应如何对新员工进行有效的职业指导？

第五章　酒店用人与劳动关系管理

> **引言**
>
> 　　引人、选人与育人的重要目的是用人。"成在用人，败在用人"，酒店的成败源于用人的成败，人才也只有在使用中才能体现其价值。用人主要是指酒店对内部人才的合理使用。我国部分酒店员工流动率居高不下，服务质量与经济效益每况愈下，原因之一就是酒店经营者眼里只有几个"明星员工"，热衷于用高薪引进"明星员工"，过于依赖"明星员工"创造的"光环效应"，而忽视内部员工的职业发展空间和绝大多数员工的利益，这就势必造成"明星员工"与"普通员工"、"空降兵"与"子弟兵"之间的矛盾，导致"有的人有力使不出"和"有的人有力不愿使"的局面。众多事实证明，一旦明星效应失灵，"明星企业"就有可能蜕变成"流星企业"。因此，酒店想要持续发展，就要知人善用、唯才是举，努力使自身成为"群星企业"。为了成为群星灿烂的组织，酒店必须重视团队管理，促进全员齐心，发挥团队效应。全员能否"齐心"，工作能否"尽心"，归根结底在于每位员工能否"安心"。因此，酒店应该重视劳动关系管理，必须以劳动合同的形式保障员工的利益，以及重视员工的职业安全与身心健康。

> **学习目标**
>
> （1）掌握酒店的用人原则。
> （2）理解员工结构的优化。
> （3）了解员工的动态管理。
> （4）理解高效团队的特征。
> （5）掌握劳动合同的类型。
> （6）理解劳动合同的内容。
> （7）理解劳动合同订立的原则。
> （8）了解酒店职业安全管理体系。
> （9）理解员工身心健康管理意义。

第一节　酒店用人机制

　　酒店用人机制的核心是形成有人做事并做成事的保障体系，其目的是使员工愿意做、能够做、做得成。因此，在用人上，酒店要努力做到知人善任、结构优化、动态管理，给员工创造获得成就的机会，为员工构建一个施展才能的舞台。

一、酒店用人原则

酒店要使员工乐于做、能够做，就要坚持"知人善任"的用人原则。知人善任，包括知人和善任两个要素。所谓知人就是要识别人、熟悉人，指的是对人的考察、了解；所谓善任就是要用好人，指的是对人使用得当、用其所长。知人与善任相互联系、相辅相成。知人是善任的前提和条件，不知人就难以善任，知人正是为了善任；善任是知人的目的和结果。因此，在知悉人的品行和才能的基础上，酒店要从用人所愿、用人所长、能位相称等方面对人加以"善任"。

（一）知人知心

只有真正"知人"，才能选准人才、用好人才。知人贵在知心。酒店管理者只有结合员工的社会环境和言行举止，客观地认识员工的外在表象与内心世界，才能达到"知人知面又知心"的目的。俗话说："路遥知马力，日久见人心。"只有在长期观察他人的基础上，才能客观、全面、正确地认知他人。

战国时期伟大的爱国诗人屈原在《离骚》中道："举贤而授能兮，循绳墨而不颇。"清代思想家魏源说："不知人之短，不知人之长，不知人长中之短，不知人短中之长，则不可以用人，不可以教人。"因此，有效用人的关键在于建立一套科学知人的方法体系。

1. 观察法

观察法是指通过观察员工的言行举止等来了解其个性特征及适合的职业与职位的方法。该方法最直观，是识人过程中的第一步。但是过于倚重观察法，可能会产生负面效果，如首因效应引起的认知偏差。管理者对某人最初的好感，常会导致其后的提拔和重用。首因效应可能导致管理者识人不准或用人不当。因此，在运用观察法时，必须具有较长时间的观察期，必须关注员工工作过程中的关键事件，而且有效结合其他方法。

2. 交往法

交往法是指通过一定时间的交往来对员工的实际表现做出评价的方法。这种方法比观察法要客观些、深入些，但仍然可能存在一些负面效应，如晕轮效应引起的认知偏差。它突出的是某个人的个别特征，使得该特征像光环一样，给管理者留下强烈印象，影响对员工的总体印象和评价。当光环耀眼时，则"一俊遮百丑"，即使某人总体素质不行，也要强行委任；当光环灰暗时，则"一丑遮百俊"，产生见木不见林、以偏概全的失误。因此，在运用交往法时，管理者要注重对员工进行全面系统的考察，要防止以员工局部的表现来代替整体的表现。

3. 考核法

考核法是识别员工品行和能力的客观的、有效的方法。此方法要求考核指标合理、考核过程公正、考核程序明确。管理者可以通过科学合理的考核法，营造良性的内部竞争环境，调动员工的工作积极性，在组织内部形成一种奋发向上的工作氛围。

4. 试用法

试用法是现代企业常用的识人方法。在员工试用期间，管理者根据员工的工作实践表现，可以对员工能力做出较为客观的评价，但该方法不能有效辨别有些员工的短期伪装。

有些员工在试用期间，工作态度积极，工作表现突出，但在过了试用期后，他们才表现出自身很大的缺陷。

知悉个人能力的大小和品行的高低是一件困难的事情，因此，管理者要综合运用多种方法来识别与甄选人才。

（二）德才兼备

酒店必须有明确的用人标准，即必须阐明什么样的人才值得培养，什么样的人才应该委以重任。酒店的用人标准主要包括四个维度，即忠诚、好学、肯干与绩效。① 这些标准是检验一个人是否为优秀酒店人才的必要条件，但是否为充分条件，则有待进一步验证。其中，值得培养的人才必须具有忠诚、好学且肯干的特征；值得委以重任的人才必须具有忠诚、好学、肯干与业绩突出的特征。

1. 忠诚

在用人上，管理者要重品德、重能力，不可重能轻德，否则后患无穷。万向集团创始人鲁冠球在用人标准上，始终以德为先，他的用人观包括四个要点，即有德有才者，大胆聘用；有德无才者，委以小用；无德无才者，自食其力；无德有才者，坚决不用。在构成人才品德的所有指标中，"忠诚"指标正日益受到众多组织的重视。具体而言，员工的忠诚品质体现在以下三个方面。

（1）忠诚于事业。只有忠诚敬业的人，才有可能成为酒店的优秀人才。对事业的忠诚，是酒店员工能否发挥作用的前提。即使一个人有丰富的知识、过人的才干，如果他不愿意付出，他就不会为顾客、企业与社会创造卓越价值。

（2）忠诚于团队。重视团队合作，主动维护企业利益，能与企业共患难。

（3）忠诚于规则。具有规则意识，懂得慎独自律，敢于承担责任，遵守法律法规与商业伦理。

2. 好学

好学者懂得倾听、观察、提问与感悟，善于听取与吸收他人的意见，善于调整与更新自己的知识与技能结构。好学的人会把学习当作一种兴趣、一种发自内心的喜欢，也更有动力学习新知识与新技能，以更好地满足工作所需。面对日益动荡的竞争环境，谁学得更快，谁对变化的环境反应更迅速，谁就能把握先机，从而获得先发优势。在用人标准上，之所以强调"好学"而不仅仅是"学习"，是因为在打造酒店快乐工作平台的过程中，"好学"者比被动学习者更能从学习中获得乐趣，好学者更易步入"终身学习、与时俱进、自我超越"的境界。

3. 肯干

肯干体现的是不怕苦、不怕累、肯担当的工作作风。学了，必有所思；有所思，必有所悟；有所悟，必有所得。好学决定了能积极投入，悟性则决定了能否"得道"，而"得道"者唯有付诸行动，才能证明自己是否学到真正有用的东西，或才能让有用的东西真正发挥价值。因此，好学固然重要，但肯干更重要。通过系统学习，员工获得思想上的升华与情感上的震动，但这些都无法给酒店带来直接效益。只有积极肯干、立即行动，员工才有可

---

① 该用人标准由邹益民教授提出，笔者在邹益民教授观点的基础上结合自身认识整理了相关内容。

能为酒店创造突出业绩。肯干的员工不仅仅做上司交代的工作，更是努力做好"酒店需要做的工作"。肯干使他们增长了才干，肯干使他们得到了同事的认同与上司的赏识。肯干的员工最终会发现最大的受益人还是自己，因为酒店早晚会回报其应得的薪金、地位与荣誉。

案例 5-1　积极肯干的"中等生"与难以把握的"高才生"

小吴是某大学旅游管理系的硕士研究生，性格开朗，乐于助人，积极参与导师的科研活动。自入学起，她就确立了在旅游行业寻找合适工作的目标，并就如何安排两年半的学习时间，制订了非常详尽的计划。在导师最近承担的一项科研项目中，她负责其中一个模块的资料查询与初稿写作。在导师的指导下，她很快就提交了初稿。与此同时，同一课题组的其他同学大部分还处于调研数据整理与文献查询阶段。她的导师也为她的高效率惊奇不已。但在阅读文稿时，导师则头痛不已。初稿的质量实在不敢恭维，全篇逻辑混乱，层次不清，前后内容多处重复。导师只好对她进行再次指导，建议其根据要求进行大幅度修改。在利用时间上，她绝对是高效之人。不到三天，她又提交了第二稿。她的迅速行动再次让导师折服。由于已有前车之鉴，导师对她的文稿质量没有抱太大希望。该稿的总体质量还是一般，不过与初稿相比，质量已有明显提高。如此往复，该学生居然在两个月内连交六稿，且第六稿已基本达到导师当初的要求。这时，另外的同学才开始交出初稿。总体而言，该同学科研能力一般，但她积极肯干、行动迅速，因此得到了导师的极大信任，并有机会参与更多的科研项目。在毕业时，通过导师的推荐，她成为一家高星级酒店的中层管理者，获得了一个比较好的职业生涯起点。2019年3月，她开始担任一个酒店管理公司的总经理，带领新团队，奔向新征程。

小金是同一所大学企业管理系的博士研究生。在硕士研究生学习阶段，他在核心刊物上发表了多篇论文，其中有几篇高质量论文。刚进入这所大学，他就被导师陈教授寄予厚望。不久后，陈教授开始让他参与一个科研项目，并让他在两个星期内查询相关资料与初步拟订部分内容的提纲。两个星期过去了，陈教授并没有收到小金的回复。于是，陈教授给他打了个电话，希望他能在三天内提交提纲，然后在一同对此进行讨论。三天后，小金给陈教授发了一份电子邮件，信中交代：在网上查了一些东西，请老师先看看，至于提纲，暂时还没有完全想好，过几天再交。几天后，陈教授把自己对该部分的想法同小金讲了一下，请他进一步细化。又过了一段时间，陈教授收到小金发过来的东西。想不到的是，该提纲毫无价值可言，只是在陈教授提供的思路下，加入了一些从网上下载的资料。陈教授无可奈何地笑了笑。此后，关于这个课题的事情，陈教授没有向这位学生提起过，该学生也没有主动向他问起这件事。陈教授心里嘀咕："该学生的素质是不错的，也许他对该课题不感兴趣，或者他正忙于自己擅长的研究领域。"在暑假期间，陈教授忽然想起，应与小金就他的毕业论文选题聊一聊。在电话打通后，陈教授就立即听到小金的声音："陈老师，您好！我这段时间正在某某公司实习……"

该案例在一定程度上揭示"肯干"是一种难能可贵的素质。积极肯干、高效做事的员工迟早会获得上司的青睐，会获得更多的表现机会，并因此增长才干与取得成就。天分很高的人才如果优越感太强，缺乏计划观念，缺乏团队合作精神，什么都看不上，什么都不屑于做，那么终究会陷入无人赏识的局面。

4. 绩效

绩效是人才至关重要的衡量标准，绩效维度能把优秀人才与其他员工有效区别开来。忠诚、好学、肯干且拥有杰出绩效的员工应该得到重用。忠诚、好学、肯干等素质最多只能表明一个人具有尽善尽美完成工作的潜能，但这些素质并不能保证员工能给酒店创造非凡价值。忠诚、努力与有才华的员工，在大家预期的时间内，如果无法取得令人信服的绩效，也迟早要被淘汰。因此，优秀的酒店人才必须根据酒店的目标、工作的任务与上司的预期，建立起出色的业绩标准，并认真思考如何才能成为一名工作绩效出色的员工。出色的绩效是酒店评判优秀人才的最终标准。大多数员工都满足于过得去、一般或较好的工作绩效，想避免额外的压力与挑战，但唯有不断追求卓越工作绩效的员工，才能给团队带来活力，给酒店发展带来动力。

（三）用人所愿

一个人的工作成就，除了客观环境制约外，既取决于其实践能力，也取决于其努力程度。个人工作的努力程度主要取决于其对工作的兴趣和热爱。根据行为科学理论，人只有在做喜欢的事情时才会有最大的主观能动性；工作适合员工的个性特征，才有可能充分发挥员工所具有的潜力。某杂志社对大量企业的调查表明，企业在招聘与选拔员工时，前五项优先考虑的因素包括：专业知识与技术、学习能力强、工作踏实且能配合企业发展规划、敬业精神强、团队合作精神强。需要引起注意的是，除了第一项外，其余四项均强调员工对于工作的态度，因此，组织只有考虑员工的职业兴趣，用其所愿，才能充分提高员工的工作积极性。

（四）用人所长

在与一些酒店管理者的交往中，常常有这样一种感觉，他们总希望手下的员工既积极又聪明、既听话又能干，即是完美无缺的。这种美好的愿望是可以理解的，但事实上十全十美的员工是不存在的。因为人性既有优点，又有弱点，也就是说，人人都有缺陷。员工的素质各有相异、各有长短。例如，有的人善于理论分析，但实际操作能力较差；有的人独立工作能力很强，但不善于与他人和谐共处。这就要求在选拔和使用人员时，坚持扬长避短的原则，着眼于人的长处，用其长，避其短，使每个人的优势能力得到充分发挥。同时，管理者要敢于大胆启用有缺点但具备某方面突出才能的人。当然，用人所长，并不等于对人的短处不加制约。从理论上讲，酒店用人应该坚持用人不疑、疑人不用的原则。"金无足赤，人无完人"，每个人都有短处，而认识一个人要有一个过程。对于一个人的品行、长处和弱点，一般需要在较长的工作实践中加以检验。因此，在用人过程中，酒店既要敢于用人，大胆使用新人和有缺陷的人；又要注意制定科学的制度，对人的行为加以必要的控制，以制约人性的弱点。

（五）用当其时

众所周知，人力资源具有时效性的特点，人在不同的时期具有不同的能量和特征，各种人才都会有一生中的黄金时期。所谓用当其时，就是要善于捕捉用人的时机，不拘一格，大胆、及时地把人才提拔到合适岗位，使人才才华最横溢、精力最充沛的时期与其事业的巅峰时期同步，使人才成长与酒店发展同步。同时，组织要善于利用人生不同时期的才能特征，合理安排工作岗位，使人才在不同阶段都能散发出耀眼的光芒。

（六）能位相称

能位相称，即按能授职，要求"人得其职"与"职得其人"。"人得其职"是指员工资质完全能胜任该岗位的要求；"职得其人"是指岗位所要求的能力，这个员工完全具备。大材小用、学非所用是埋没、浪费人才，而小材大用、强人所难则会断送事业。能位相称、人尽其才、才尽其用，才是科学的用人之道。能位相称的关键是岗位设计与人员配备，酒店要努力使岗位要求与员工素质相符合。酒店要全面分析每个员工的素质状况和个性特点，根据员工能力与工作岗位两者之间的相适程度，逐一进行配置，以求得员工和工作的最大相容。此外，酒店还要处理好利用、使用、重用这三个用人的层次关系，并制定相应的用人制度和策略，使每个人既能胜任现有职务又能充分发挥内在潜力。

二、员工结构优化

酒店分工细，协作关系复杂。既然每个人都是有缺陷的，酒店就必须注重群体整合。在人员配置中，酒店不仅要强调人员与工作的相互匹配，而且要注重群体成员之间的结构合理和心理相容，充分发挥个体才能和群体力量。为了打造一个优势互补的群体，酒店首先要重视组织成员在理想和信念上的一致性；其次要注重组织成员之间性格的相容性；最后要关注和优化组织成员的年龄结构、个性结构、专业结构和能力结构等。

（一）年龄结构

年龄是人的自然属性。在一定程度上，年龄结构可以反映一个行业的性质。例如，欧美国家酒店从业人员的年龄均衡化是酒店职业化发展成熟的标志。根据中国旅游饭店业协会的一项调查统计[①]，我国酒店从业人员的平均年龄结构为：55岁以上的人数约占2%，45～54岁的人数约占9%，35～44岁的人数约占18%，25～34岁的人数约占31%，24岁以下的人数约占40%。当前，我国酒店从业人员仍呈现"青春化"现象。年龄会影响员工的工作精力、反应能力与判断能力。处于不同年龄段的员工各有优劣势。青年人富有朝气和活力，精力充沛，容易接受新生事物，但缺乏经验和稳定性，流动率也相对较高；中年人拥有娴熟的专业技能，工作经验相对丰富，但工作压力与生活压力较大；年长者经验丰富，处事稳重，威望较高，但往往体力和记忆力都有所减退，观念上也比较保守。因此，在配置员工队伍时，酒店应将"老、中、青"的比例进行适当优化，以形成合理的员工梯队结构。

（二）个性结构

个性涉及个人的气质、性格、兴趣与价值观等方面。气质与人们常说的"脾气""秉性"相近。气质是个体心理动力方面的特征，包括多血质、胆汁质、黏液质与抑郁质四种类型。气质表现在情绪体验的快慢、强弱、隐显和动作灵敏或迟钝等方面。性格是一个人相对稳

---

① 蒋齐康，等. 2005中国饭店业人力资源研究报告[R]. 中国旅游饭店业协会，2005.

定的对待现实的态度和习惯性的行为方式，人的性格不仅表现在其做什么，而且表现在其如何做。分析人的性格差异，关键在于研究其态度体系与行为方式。人的性别与个性存在密切联系。男女性别上的差异主要体现在能力与性格等方面。女性在语言表达、短时记忆方面优于男性；男性在空间知觉、分析综合能力、实验观察和逻辑推理方面优于女性。女性比较柔和，富于同情心，更具有审美观念；男性更敢于冒险，进取心强，好争斗。女性忍耐力较强，男性忍耐力较差。女性适应环境能力较差，男性适应环境能力较强。因此，按照优势互补的原则，组织将不同个性特征的员工组合在一起，可以形成良好的团队结构，提高员工队伍的整体和谐性。

（三）学历结构

员工的受教育程度是反映酒店综合素质的有效指标。酒店业员工总体学历偏低，尤其是酒店管理人员学历偏低，其整体素质有待提升是酒店业皆知的问题。这从某种程度上表明酒店行业对高学历学生的吸引力并不大。根据教育专家的研究结果，文化程度的高低影响劳动生产率的高低，学历结构的失衡必将制约酒店业的持续发展。因此，酒店必须重视员工队伍的学历结构优化，特别应注重管理人员队伍学历水平的提高。

（四）职称结构

在人才培养的过程中，"职称"概念较为淡化。现行职称评定制度管理的不够完善是造成这一结果的主要原因，不鼓励、不反对的态度使得酒店员工对此不重视。但是，为了提升酒店业界人才的整体素质，职业化将是发展的根本方向。职称在评价人才上具有一定的参考意义，且也为众多员工完善自我提供了一种努力的方向。因此，酒店应有意识地适度优化员工队伍的职称结构。对于酒店主管部门来说，则应通过建立和完善酒店业从业资格制度，规定必须达到的最低从业标准，坚持专业教育标准、职业训练标准和职业资格证考试标准，引导酒店重视人才的素质要求，以提高行业整体竞争力。

（五）专业结构

酒店的良性运转需要拥有不同知识结构与专业水平的专家。一家酒店通常可以划分为前厅、客房、餐饮、康乐、营销、工程、保安、财务等部门。不同部门需要具有不同专业特长的人才，而且大部分员工至多只能成为两至三个方面的专家。因此，酒店应注重部门、岗位与员工专业结构的优化，让懂"行"的人更好地发挥自己的作用。

（六）能力结构

能力与人们所要完成的任务紧密联系，可以从人们完成活动的效果中得到反映。一家酒店需要擅长宏观思考与逻辑分析的人员，需要善于管理组织与高效执行的人员，需要擅长有效协调与发号施令的人员，需要熟练掌握文字表达技巧与精通文案策划的人员，需要勇于发现不足与敢于无私监督的人员，需要甘于踏实做事与行动迅速的人员。因此，有效优化酒店员工队伍的能力结构，是提高整个组织持续竞争力的关键。酒店经营者应系统考虑以下问题：谁动脑？谁动口？谁动笔？谁动"刀"？谁动"手"？谁负责？只有这样，酒店才能使群体高度协同，使群体像"个体"一样实现"思维"与"行动"的高度统一。

三、员工动态管理

唐代柳宗元在《梓人传》中道:"能者进而由之,使无所德;不能者退而休之,亦莫敢愠。"酒店人力资源动态管理的基本目标是优化员工结构,按照取舍原则,淘汰不合适员工,留住敬业称职的优秀员工。酒店达到此目的的关键是建立相应的晋升机制、淘汰机制和约束机制,坚持动态管理、竞争上岗、结构优化,使全体员工能上能下、能进能出、能左能右。对员工实行动态管理,保持员工的适度流动,这是改善员工队伍素质和实现人力资源最佳配置的前提条件。但是,员工的过度流动会影响酒店的服务质量,并增加人力成本,从而影响酒店经济效益。因此,酒店为了有效防止社会上"挖墙脚"等不良竞争行为的冲击,还必须建立和完善员工流动的管理办法,以制度约束形式规范员工的流动。在动态管理机制构建上,关键是建立有效的晋升、退出与离职管理机制。

(一)晋升管理机制

酒店应建立公正的晋升管理机制,打破论资排辈、求全责备的观念,克服小圈子、重人情、重关系的现象,给每位员工公平竞争的机会。

1. 信息公示制

酒店信息的公开化、透明化,沟通渠道的顺畅无阻,可增加员工的参与感和主人翁意识,促进员工融入酒店的日常管理。为有效激励内部员工,人才提拔应以内部选拔为主,外部引进为辅。因此,酒店内工作信息通报变得极具意义。典型的工作信息通报包括工作描述、工作要求、申请程序以及需要填写的表格等。空缺岗位的信息要公开、透明,要么被张贴在公共领域,如员工食堂附近,要么被张贴在专门的布告栏,以便于感兴趣的有潜质人才参与其中。工作信息通报直接关系到各层次人才的发展,使他们认识到自己的工作是有前途的,有利于提升士气。

2. 毛遂自荐制

毛遂自荐制充分体现了"用人所愿"的准则。为了激发员工热情和发挥员工才能,酒店应尽可能考虑员工的兴趣、爱好和个人志愿,合理安排员工的工作。这就要求酒店充分尊重每一个人的选择权,并且热情鼓励大家勇于"自荐"。通过"毛遂自荐",使人才勇于自我挑战,为各类人才自我超越创造更好条件。在人才使用过程中,酒店要尽量满足人才在成长和目标选择方面的正当要求,推动他们进入最佳心理状态,促使他们尽快成材并创造卓越价值。

3. 公开赛马制

公开赛马制是指组织通过创造一个公平竞争的机制,使"千里马"在"群马奔腾"中脱颖而出。赛马法是一个比较公平的识别人才的方法。在竞争中选人才、用人才和给舞台,是一种让人折服的方法。与"相马法"相比,赛马法具有效率高、透明度好、从竞争中发现人才等优点。这是一种有利于每个员工充分发挥自身特长的机制,使每位员工都能在组织中找到适合自己的位置。

(二)退出管理机制

酒店在用人上的动态管理包括两个要点:一是要运用动态变化的眼光观察与使用人,注重员工潜力开发;二是要适时调整员工队伍,保持人员的适度流动。在员工配置过程中,难免会出现人员有上有下、有进有出的现象，但酒店应尽量避免或减少人才的跳槽现象，并努力使组织的人力资源组合更加优化。人力资源的使用过程也是开发过程。在做好本职工作之余，员工还需要不断学习，以继续充实和提高自己。因此，酒店管理者不仅要善于发现每位员工的长处，更要运用发展变化的观点来选用员工，要对员工各项基本素质进行全面分析，并依据各项素质的发展趋势，使员工潜能得到持续有效的开发。

在对员工实行动态管理的过程中，酒店要重视员工退出机制的建立与完善。员工退出机制一般包括以下三种类型。

1. 刚性退出机制

刚性退出机制是指企业通过将市场竞争和优胜劣汰规则引入员工动态管理体系，对不称职和不合格的员工实施强行流动的管理举措。例如，海尔集团实行的"三岗并存，动态转换"机制，即根据员工的实际工作行为与结果，将员工分为优秀、合格和试用三个等级，并且动态变化。又如，对于一些严重违纪的员工，组织根据制度规定给予辞退。当然，竞争上岗也属此列。

2. 中性退出机制

中性退出机制是指企业通过环境压力与绩效管理，让不能胜任岗位要求的员工自己提出在原岗位退出的管理举措。其基本策略是运用目标管理的思想，在考虑员工能力与岗位要求的基础上，与员工就预期目标达成共识，并通过严格而具体的绩效管理体系，促使员工尽职守责与努力完成目标。若员工由于自身原因而无法完成预定目标，则会感到较大压力。此时，他面临两种选择，一是自动退出，二是等待强行淘汰。对于自动退出的员工，企业将按照员工的实际情况，给予妥善安置。如果是强行淘汰，那就由员工自谋出路。

3. 柔性退出机制

柔性退出机制是指企业通过制定一些有利于员工退出的政策，让员工主观上愿意自动在原岗位退出的管理举措。该机制体现了酒店对员工的尊重与关心。这主要适用于处于管理岗位且对企业有贡献的员工。在运用柔性退出机制上，酒店要重视三个关键点：一是充分考虑员工的个人要求；二是员工的利益必须有保障；三是员工在退出现有岗位后仍有事情可做。柔性退出机制有助于促进部分员工心甘情愿地"交权"，从而保证员工结构的合理，给更多员工以发展的机会。

（三）离职管理机制

员工离职或对员工离职处理不当，不仅可能导致酒店运营的混乱、人力成本的增加与经济效益的滑坡，而且可能导致组织凝聚力的下降、形象的破坏和竞争力的削弱。因此，酒店必须构建科学的离职管理体制，有效防范与应对员工的离职风险。

1. 离职防范机制

酒店想要有效控制员工的离职风险，就要做好员工的离职防范，做到防患于未然。一般来说，员工离职的主要原因有以下几个：一是自己的能力没有得到充分发挥，未能得到重用；二是自己的付出未能得到相应回报；三是酒店内部的人际关系不和谐；四是酒店职业不适应症或厌倦症；五是工作与家庭难以平衡，如上班地点离家过远或酒店的工作性质、工作时间与家庭生活的矛盾等。后两个原因的离职通常是酒店经营者无法通过主观努力加以避免的，而前三个原因的离职则是酒店经营者可以通过有效管理加以防范的。因此，酒店必须深入挖掘员工离职的原因，制定与实施针对性策略，如选择合适员工、尊重员工、加强与员工的沟通、适当授权、采取合理激励手段、打造良好组织文化等，从而帮助员工走向成功，提高员工满意度，减少员工离职率。① 具体来说，为降低离职率酒店要抓好以下四个基本环节。

（1）制定科学的人事政策。政策是一种导向，它直接影响员工的行为。酒店想要留住优秀员工，就要做到未雨绸缪，制定有利于优秀员工工作和成长的政策，建立科学的员工选拔、使用与激励体系，让优秀员工感到力所能及、才有所用、用有所得、劳有所报。根据我国酒店业的实际情况，在人事政策上，酒店管理者要特别处理好以下几个关系：一是"空降兵"与"子弟兵"的关系，即外部引进与内部培养的关系。酒店应坚持内部培养为主的方针，建立科学的职业发展规划和人才培养机制；酒店应有效协调引进人才和原有人才的薪酬待遇与工作空间。二是薪酬与发展空间的关系，即员工的薪酬水平与工作空间的关系。三是信任与制约的关系，即既要给员工一定的权力，以保证他们在工作上有足够自主权；又要有一定的制约措施，以限制人性的弱点。四是使用与培养的关系，即既要给予员工明确的目标、富有挑战性的工作和发挥才能的舞台，让员工充分地"放电"；又要注意给予员工"充电"的机会，让员工不至于"江郎才尽"。五是重点人才与一般人才的关系，即既要让关键岗位员工得到满意的回报，又不至于让其他员工感到失落而影响整个组织的士气。

（2）构建有效的沟通渠道。有些员工的离职源于组织内部缺乏有效的沟通。几乎所有企业在发展过程中都会遇到沟通不良的问题，员工的意见与抱怨无法有效传递到高层，上下级之间缺乏良性互动。因对酒店不满而突然离职的员工，其主要根源之一是酒店缺乏适当的沟通渠道。如此，员工在离职后往往会发泄对酒店管理层的不满，甚至有意贬低酒店的形象。为了防范优秀员工的离职，酒店就必须构建管理层与员工之间的多层次沟通渠道，充分体现组织对员工的重视，使员工意识到管理者乐于倾听他们的建议，增强管理者和员工之间的相互沟通、理解与尊重。

（3）建立人才离职预警机制。某些员工的离职之所以会使管理者感到突然，往往是因为酒店内部缺少有效的人才预警机制。人才预警机制是指对企业核心人才的流动与离职提出警示并采取相应管理方式的机制。酒店可以运用的管理方式主要包括记录员工考勤、结合绩效考核定期观察员工的工作积极性、全面评定员工工作业绩、定期剖析员工离岗和换岗情况以及培养接班人等内容。总而言之，人才预警机制就是在优秀人才流失之前，酒店管理者就要从员工的言谈举止以及工作绩效中发现员工离职的倾向，并且提前为员工离职后可能出现的一系列问题做好充分准备。一般来说，管理者只要细心观察，其实是不难从员工行为中发现员工离职前兆的，如员工的工作积极性突然下降、频繁请假、接听电话时躲躲闪闪、有意避开上司等情形。管理者一旦发现员工可能具有离职倾向，就要对员工不正常的工作状态进行深入调查。如果众多调查结果表明，该员工确实有离职意向，就要根据具体情况，马上采取措施进行处理，以免在员工离职后过于被动。如果很难打消员工的离职念头，那么企业就应该提前采取员工离职后的防范措施，从而使员工离职对企业造成的风险减至最小。

---

① YEUNG A. Setting people up for success: how the portman ritz-carlton hotel gets the best from its people[J]. Human resource management, 2006, 45（2）: 267-275.

（4）注重对员工的人文关怀。每个人都需要爱，需要父母的爱，需要爱人的爱，需要朋友的爱，需要同事的爱，也需要单位的爱。对一个人来说，父母给了生命，爱人和朋友给了生活，而同事和单位则给了"生意"。只有拥有来自多方的爱，一个人的人生才能充满期待和阳光。一个好的企业，必然是充满爱的企业；也只有充满爱的企业，才能留住优秀的员工。

2. 离职挽留机制

对于辞职的员工，酒店应进行必要的挽留。其要点包括三个方面：一是创造挽留时机。酒店可以规定，凡是要求离职的人员，必须在离职前的一定期限内提交辞职报告。这一方面可以使提出辞职的员工有一段冷静思考的时间，避免冲动的离职行为；另一方面也为酒店挽留该员工创造了一定的时机。二是离职挽留谈话，即对提出辞职要求的员工，指派合适的管理人员通过有效沟通，消除之间的一些误解或心结，使欲辞职的员工回心转意，从而改变离职的决定。三是借用外力，即通过与辞职员工关系密切和有较大影响力的人士，帮助做好挽留工作。

3. 离职处理机制

离职处理机制一般应涉及离职手续、离职谈话与离职送别三个层面。对于经过挽留还是决定离职的员工，酒店应为其办理离职手续，而不要人为设置障碍。如果一名员工决意要走，那么谁也阻止不了，因为留得住人留不住心。在办理离职手续时，管理者应与离职员工进行面谈。面谈内容至少应包含以下方面：一是对离职员工以前工作的充分肯定，感谢其为酒店做出的贡献。二是征询离职员工对酒店的意见和建议。员工在离职时所讲的内容一般比较真实，可以为酒店调整管理方式提供可靠的参考。三是对离职员工提出希望和要求，如工作交接等。当然，对于某些曾经做出重大贡献或担任重要职务的员工，酒店还应举行欢送仪式，以表达尊重和情谊。此外，酒店还应建立离职人员的档案。

案例 5-2　有迹可循的离职行为

张娜是某酒店的一位销售经理，由于其外表出众，为人热情，做事踏实，深受客户喜爱，故销售业绩突出。但她的文化程度只是职高，对营销策划和活动设计等知之甚少。她似乎缺乏管理的欲望，不太愿意得罪人，有"老好人"趋向。营销部经理对她的工作非常满意，并在私下多次表示有适当的机会将争取给予提升。张娜则表示自己文化水平不高，恐怕难以承担更多责任。

上个月，营销部副经理调到前厅部当经理，酒店很多人猜测张娜将接替此职位，而张娜自己也觉得这次晋升的可能性很大。根据营销部的提名，有两位候选人：一位是高职院校营销管理专业毕业的大学生李菊；另一位是张娜。李菊在酒店工作近三年，最初在前厅部工作，接着到营销部当销售代表，一年后担任营销部文员。酒店领导层考虑到张娜的文化程度和性格特征，提升李菊当了副经理，而给张娜提高了一级工资。为此，张娜就产生了一些想法，认为酒店并非对其真正重视，其实只想使用而没有培养之意。一家新开业的酒店总经理得知此事，主动找到她，不仅承诺给她营销部副经理职位，而且工资又高出25%。

当时,张娜考虑到现在的工作环境不错,上班地点离家也较近,没有马上答应,只是说会认真考虑。之后,她曾经在一次部门聚会中问各位同事:"如果她离开酒店,大家会不会想她?"但营销部经理以为这是一句戏言,没有引起注意。10天以后,那家酒店的总经理再次找到张娜,希望她加盟,于是张娜向酒店提交了辞职报告。

张娜的离职实质上是由企业造成的。首先,该酒店缺乏系统有效的人才培养与管理体系,如岗位任职资格、职业咨询、职业培训、晋升制度等;其次,缺乏有效的沟通和激励体系;最后,缺乏核心人才离职防范意识和相应的防范机制。

第二节　酒店团队管理

全员齐心,其利断金。只有在一个和谐、团结、匹配的团体中,所有员工才能同心协力地为酒店创造最大价值。开发与使用员工个体的能力固然重要,但更重要的是,使全体员工发挥整体协同效应,因此,酒店必须重视团队的建设与管理。酒店团队管理的最终目标是使每一个部门都成为视角多元、决策高效、执行有力的互补性团队。互补性团队通常以任务互补、专长互补、认知互补与角色互补的形式出现。[①] 在有效组织的基础上,团队成员实现有效协作,共创团队价值。团队精神和力量是酒店可持续发展的内在动力之一,是现代化酒店生存与发展必不可少的要素。

一、团队与团队精神

团队合作是一种解决问题的有效方式。团队管理强调的是组织的整体效应,追求的是全面创新、综合实力和整体抗风险能力。强大的工作团队与独特的团队精神能够显著推动酒店工作效率的提升。

(一)团队概念

团队是指由两个或两个以上相互作用、相互影响的个体,为了特定目标,按照一定规则而形成的组织。工作团队是指为了某一目标而由相互协作的个体组成的正式群体。[②]

在理解团队概念上,关键要把握以下几个方面。

(1)成员具有共同目标。团队目标赋予团队一种高于团队成员个人总和的认同感。这种认同感为如何解决个人利益和团队利益之间的冲突,提供了有价值的标准,使得一些威胁性的冲突有可能顺利地转变成建设性的冲突。共同目标使得团队成员在遇到紧急情况时能全身心地投入,统一思想,形成合力。

(2)成员之间的相互依赖性。团队成员在心理上相互作用,意识到其他个体的作用,相互之间形成了一种默契和关心。

(3)成员的团队意识。团队成员具有归属感与认同感,意识到每个人都是团队中不可

[①] MILES S A, WATKINS M D. The leadership team: complementary strengths or conflicting agendas?[J]. Harvard business review, 2007, 85 (4): 90-98.

[②] 斯蒂芬·P. 罗宾斯. 管理学[M]. 黄卫伟, 等, 译. 4版. 北京: 中国人民大学出版社, 1996: 377.

缺少的一员。因此，团队意识和归属感形成了团队的深刻意义。

（4）成员的责任意识。团队成员要共同分担达成共同目标的责任。如果团队成员缺乏责任意识，忽视其他成员的价值，共同目标就无法实现。

为了充分发挥工作团队的作用，酒店管理者要避免在团队认识及团队管理上的一些误区。这些误区具体表现为以下几个方面。

（1）团队违背了酒店整体的目标。团队创造了自己的规则，而这些规则却违反了酒店的规则，如团队拒绝使用"外人"，即使是在人手和资源极度短缺的时候。在大多数情况下，团队总是力图使用局部优化的方法去应对问题，在信息沟通的过程中，变得自私狭隘，使酒店中的其他团队无法接近相关信息。

（2）意见达成一致源于主导意识形态或有影响力人士的主张，而非源于组织使命与战略目标。

（3）团队领导者对任务或成员间的交流放任自流，这为非正式领导者的出现创造了可能。当存在竞争关系的几个非正式领导者同时对团队施加影响时，整个团队会分裂为几个互相争斗的小利益群体。

（4）团队领导者忽视了团队内部的冲突，或对冲突处理得不彻底，甚至做出错误的决定。

（5）团队整体形象模糊，结构过于松散，成员间的关系随意变动。

（6）团队的任务及其对整个组织目标的价值没有得到充分重视。

（7）团队领导者认为成员之间的冲突能够提高绩效，这助长了团队内部的冲突现象。如果冲突只针对工作，那么可能有助于提高绩效。而事实上，由别有用心者发动的"内耗性冲突"往往会取代"工作性冲突"，从而降低了团队绩效。

（8）酒店认为团队建设与管理无足轻重，团队的贡献没有得到应有的奖励与承认，以及部分管理人员将团队打造视为操纵别人的机会。

（二）团队精神

许多人不一定能明确地说出团队精神是什么，但都深切体会过团队精神的重要性与团队合作的力量。任何人都隶属于某个或某些团体。在有的团体中，人们会感受到精神抖擞、干劲十足、真诚合作，从而创造出色的团队业绩。但在有的团体内部，人们则相互提防、钩心斗角、尔虞我诈，其结果是人心涣散与团队业绩差强人意。实际上，这就是团队精神在起着重大的作用。

团队精神是指团队成员为了团队的利益与目标而相互协作、相互支持、齐心协力的意愿与作风。它是酒店精神的集中体现，是全局意识、协作精神与服务精神的集中体现，是精神文化、制度文化、物质文化在团队中的创新性应用，也是塑造组织整体形象与员工队伍形象的切实有效手段。团队精神的内涵可从以下几个方面进行阐释。

1. 成员思想的高度统一

在酒店运营过程中，员工思想要保持高度统一，大家心往一处想，劲往一处使，分工明确，协作顺畅。在团队精神塑造上，酒店不仅要注重外在形式的整齐划一，更要注重思想的协调和统一。

2. 成员知识的充分共享

随着市场竞争的加剧，酒店必须通过持续服务创新来塑造独特竞争优势，以避免陷入低层次的同质化竞争。酒店服务具有高接触性特征，因此需要依托员工的主观能动性来推进服务创新。酒店员工之间的知识共享能极大提升服务创新绩效与团队业绩。Connelly & Kelloway（2003）对员工知识共享的实证研究表明，在那些员工与企业之间维持良好关系的企业，员工会自愿地、无条件地与其他成员共享知识和经验。[①] Wang & Noe（2010）认为，知识共享可通过五个层面进行，即组织面、人际与团队面、文化面、个体面和动机面。[②] 因此，酒店管理者非常有必要促进成员之间的知识共享并建立支持知识共享的机制。只有通过充分的知识共享，酒店才能使得个体层面的知识升华为团队层面的知识，从而创造卓越团队价值。

3. 成员能力和优势的互补

团队精神体现团队成员的相互协作效应。员工在工作上有分工，有合作，各显其能，优势互补，彼此心领神会，配合默契，发挥出显著的协同效应。员工与员工之间，上级与下级之间，前台与后台之间没有沟通障碍与合作障碍，大家的行动都围绕一个中心，都为共同目标而奋斗。

4. 对外沟通的协调一致

在对外沟通时，团队成员要协调一致，口径统一，即要用同一个声音说话。总之，酒店接触顾客的各个触角都要传播同一个声音、同一个梦想。

5. 成员的相互宽容和认同

成员的相互尊重、相互宽容、相互认同、相互欣赏是形成团队的基础。员工之间只有彼此了解、接纳、宽容，才能形成思想上的共识和行动上的配合。互不信任、互相指责、彼此拆台的氛围构筑不了强大的团队精神。

6. 个人与集体的同步发展

酒店强调团队精神，不是指忽视个人利益，不是指以牺牲个人利益为代价和前提。没有个人的发展与个人价值的体现，团队的发展与价值就会成为海市蜃楼。团队精神强调个人与集体的融合与发展，只有两者目标一致，个人潜力才能得到充分发挥，团队的强大竞争力才会得到有效展现。

二、高效团队的特征

高效团队具有共同的愿景和目标、高素质的成员和明确的分工与协作体系。与一般团队相比，高效团队的不同之处体现在以下几个方面。

（一）目标明确

成功的团队领导者往往强调以成果为导向的团队合作，以获得非凡的业绩。高效团

[①] CONNELLY C E, KELLOWAY E K. Predictors of employees' perceptions of knowledge sharing culture[J]. Leadership and Organization Development Journal, 2003, 24（5）: 294-301.

[②] WANG S, NOE R A. Knowledge sharing: a review and directions for future research[J]. Human resource management review, 2010, 20（2）: 115-131.

的领导者重视共同愿景与目标的制定，并且深知在描绘愿景与目标的过程中，让所有成员共同参与的重要性。领导者与团队成员一起确立团队目标，并努力使每位成员都清楚与认同团队目标。当团队愿景与目标不是由团队领导者一人决定，而是由团队成员共同协作产生时，团队成员就拥有"主人翁"的感觉，并从心底认同团队的发展方向。

（二）有效领导

高效团队的领导者主要承担的是顾问、教练或服务的角色，他们对团队工作提供有效支撑。团队领导者要使共同目标与团队精神深入人心，就要把团队的愿景规划与团队目标有效结合起来。团队领导的时间有被他人占用的倾向性，而且他们被迫忙于日常事务。如果团队领导者不能从中解脱出来，把目光转向顾客、目标与愿景，那么团队成员就无法达成共识。因此，有效的领导是高效团队建设的关键所在，领导者应把员工利益与共同目标放在重要位置，依据员工要求与团队目标来确定自己的业绩目标。领导者应从制度上保证全体成员从态度和行为上去关心共同目标的实现，直至这种努力内化为员工的共识和习惯，成为一种团队文化。

华住酒店集团的创始人季琦认为，在当今社会环境下，个人形象容易被符号化与标签化，个人成为集体的代表，其身上聚集了大家的光芒，但单靠个人力量，要做成大事情，几乎是不可能的。他同时强调，一个团队需要有效的领导者，其作用表现为两个方面：一是指引明确的方向，让整个团队早做准备，把资源效率发挥到最大化；二是构建凝聚力，找到且团结一帮人一起努力，使整个团队充满激情和梦想。[①]

（三）有效沟通

高效团队的领导者会给团队成员提供互动沟通的平台，每个人都可以公开、自由、真实地表达自己的观点、感觉甚至喜怒哀乐。团队成员的目标与行动一致，必须依赖于彼此沟通的有效性。在高效团队中，我们可以经常看到团队成员与领导者自由平等地讨论问题及其解决方案。当部分成员意见不一致的时候，大家都愿意开诚布公、心平气和地寻求解决问题的办法。大家求同存异，围绕共同目标，采取一致行动。

案例 5-3　人力资源总监的沟通准则

S 酒店是 J 县一家高星级酒店，在当地有着很好的品牌声誉，员工士气很高，员工流失率很低，当地年轻人都以在该酒店工作为荣。当问及员工 S 酒店吸引力所在时，不少员工提到了他们那善于沟通的人力资源总监王先生。王先生以书面的形式清晰地列出自己的沟通准则，并放在办公桌的显眼之处，以此指导自己开展人力资源管理工作。这成为 S 酒店的一个佳话。王先生提出的沟通准则包括：一是多赞赏，少批评。发现员工的优点，并及时给予表扬是令人愉快的；批评只对人的想法和行为，不对人。二是当众对事，事后委婉对人。三是认真倾听每位员工的想法，即使是我不同意的想法。对没有清晰表达自己观点的

---

① 季琦. 一辈子的事业：我的创业非传奇[M]. 广州：广东经济出版社，2011：210-212.

员工，我会请他重新叙述，并努力反馈信息以理解他。四是培养同理心，将心比心，换位思考员工的难处，并努力帮助他。五是如果有证据证明我应该改变自己的想法，我会做出改变。

（四）各尽其责

高效团队的每位成员都清楚地了解自己所扮演的角色，明白自己的行动对团队目标的达成会产生的影响，知道该做什么，不该做什么。每位成员清楚其他成员对自己的要求。在目标分解与整合时，高效团队很容易建立起彼此间的期待和依赖，彼此感到唇齿相依、荣辱与共。只有每位成员都尽到自己的职责，都尽心尽力地帮助其他成员，才会创造卓越的团队业绩。

（五）相互尊重

高效团队的领导者重视员工的参与管理，而高效团队的成员往往主动积极，不放过参与管理的机会，其重要原因之一是团队成员的相互尊重。相互尊重的氛围会激发成员的参与意识，有助于突出共同利益与加强紧密合作。相互倾听、相互理解、相互尊重必将转化为员工的相互扶持与相互信任。为构建高效团队，团队成员应该以更加开放与包容的视野看待相互协作关系，共同探究互利共赢与共同发展之道。

（六）相互信任

相互信任、相互依赖、相互支持是团队合作的基础。团队领导者需要培养成员之间的信任感，使所有成员保持高涨的士气。领导者使团队成员相互信任与相互支持的要点包括以下方面：时常向成员灌输强烈的使命感与共有的价值观，持续强化团结协作、荣辱与共的理念；倡导彼此间遵守承诺与信用；重视团队成员的培训、开发与激励；鼓励相互包容，促进彼此的协调、互补与合作。在高效团队中，团队成员能经常感受到别人的信任和欣赏，这有助于提高每位成员的自信与自尊，促进大家同心合力、携手同行，努力实现团队目标。

三、卓越团队创建

古人云："人心齐，泰山移"。这强调的就是团队合作的力量。史蒂芬·柯维认为，缺乏团队合作精神一直是各个时代人类的一大灾祸，无数企业因为缺乏合作而毁灭，无数家庭因为缺乏合作而破裂。精诚合作、集思广益能产生最大能量，可以有效激发人们的潜能，可以创造出色的团队业绩，可以开辟前所未有的新天地。创建卓越团队并非一日之功，需要从以下几个方面入手，从基础工作抓起。

（一）确定共同目标

团队领导者负责确定共同目标，统一每位成员的思想。共同目标是团队成员的共同愿望在特定环境中的具体化。它以实现团队利益与价值为前提，充分体现团队成员的个人意志与利益，以充分唤起团队成员的激情。共同目标建立在员工个人目标基础之上，如果广大员工不能接受共同目标，或有相当数量的员工对共同目标持怀疑态度或不认同态度，那么他们就不可能为此而努力奋斗，更不可能激发出创造力，甚至会采取不关心、不遵从的态度。因此，领导者要确保共同目标得到团队成员真诚的分享与认同。

（二）完善规章制度

如果确定共同目标是打造卓越团队的前提，那么构建合理的授权、考核、激励、晋升和创新制度是打造卓越团队的保障。严明的规章制度可保证团队的协调一致；有效的授权制度可赋予员工自由度和自主权，促进员工高效完成工作；有效的考核、激励与晋升制度既可促进个人价值和团队价值的实现，又可避免因导向不明而损害团队的整体利益；有效的创新制度可激发员工活力和促进团队成长。

（三）聚集优秀人才

谁得到优秀人才，谁就掌握了主导权。当今跨国酒店集团的竞争焦点之一就是优秀人才的争夺战。酒店要挑选适合团队工作的人才。不是所有人都适合团队工作，在一个团队中工作的人才，必须要有融合性。只有主动适应团队工作环境的成员，才能为团队的聚合创造条件，才能在融洽的工作氛围下发挥自身的作用。有些人才喜欢独立完成工作，很难与别人分享自己的思想，在工作中不愿主动配合他人。如果员工将这种性格带进团队工作中，势必带来不和谐音符，影响团队的集体学习、知识共享与共同进步。[①] 团队成员的真诚合作和有效融合，不仅可以减少成员之间的矛盾和冲突，促进成员的相互了解、相互帮助和相互交流，而且可以实现团队成员的智力资源共享、促进知识创新，以实现团队的整体目标。许多酒店的高效运营在很大程度上得益于"人和"的局面。

（四）增强团队意识

团队意识是指成员的整体配合意识。每位成员都要心怀团队，把自己当成团队的一员，而不是匆匆过客。一项实证研究表明，团队合作能提高成员的工作生活质量，增加成员的工作满意度、责任感与工作效率。[②] 团队合作首要的就是组织成员要有"团队感"，摒弃处处设防、各自为政的本位主义，讲究彼此沟通、随时交流、深度合作，以创造一种温和的、良好的工作氛围，使自己置身于一个互相尊重、互相信任、坦诚不设防的团体中。增强团队意识，关键是要增强团队的归属感、荣誉感和信赖感。

1. 团队归属感

所谓团队归属感，就是要把自己置身于团队之中，并为之而努力奋斗。没有哪个团队喜欢"人在曹营心在汉"的员工。"既来之，则安之。"你想要让团队内的其他人把你当成自家人，你首先要把自己当成团队成员。你要能够接受所在团队的现状，并拥有为这个团队做出贡献的决心。你想要让自己成长，就要先设法让所在团队成长。

2. 团队荣誉感

所谓团队荣誉感，就是以自己所在的团队为荣，并为维护团队的荣誉而不遗余力。管理者应驱动员工保持强烈的团队荣誉感。每位成员要时刻谨记团队的使命，努力为团队发展贡献自己的力量。

[①] 孙成磊，陈惠雄. 打造学习型团队——高级酒店高级管理人才的管理新策略[J]. 新西部，2007（10）：61-62.
[②] SPREITZER G M, COHEN S G, LEDFORD G E J R. Developing effective self-managing work teams in service organizations[J]. Group & organization management, 1999, 24（3）：340-366.

3. 团队信赖感

团队意识的培养基于成员的相互信任。所谓团队信赖感，就是要相信自己的上司、同事或下属，把团队成员看成是事业伙伴。如果没有了相互信任，个体就无法把自己的努力转化为团体的成功。在相互信任的基础上，所有成员才能同舟共济、困难共担与价值共创。团队信赖感还应该体现在成员对团队未来充满信心上。无论是在与同事的交流中，还是在对外交往中，团队成员都能够表现出足够信心，让别人感受到这个团队的蓬勃活力和美好前程。

（五）维护团队利益

团队领导者应带领成员维护团队利益。高尔基说："个人如果单靠自己，如果置身于集体的关系之外，置身于任何团结民众的伟大思想的范围之外，就会变成怠惰的、保守的、与生活发展相敌对的人。"团队利益和个人利益是相互依存的，但有时也会存在矛盾。当团队利益与个人利益发生冲突时，成员必须要服从大局，适当牺牲个体利益；反之，如果只顾个人利益，不顾团队利益，最终结果是团队失败。列夫·托尔斯泰说："一切利己的生活，都是非理性的、动物的生活。"

1. 牢记团队目标

任何一个团队都有存在的使命和目标。团队成员应对团队的使命和目标有一个清晰的认识，牢记在心，并努力为实现团队目标贡献自己的才智。所有成员必须达成共有的价值观，否则无法推进团队工作的顺利进行。价值观不同的人会减少彼此之间的沟通，价值观差异会导致彼此的不喜欢或不理解，从而影响团队合作的效率与效益。[①]

2. 遵守团队规则

团队规则设立的目的是引导与约束团队成员的行为，增强团队的整体战斗力，使得团队目标能够顺利实现。团队成员应自觉遵守团队规则，而不应出现暗自违背团队规则的行为。

3. 承担团队责任

团队目标的实现是团队成员共同努力的结果。团队成员应服从团队的分工，并积极承担团队的责任。由于酒店工作的相互衔接性，在培养员工"团队至上"思维的过程中，管理者不仅要注重员工责任心的培养，更要强化相互负责的意识。如果每位成员都"不管闲事"，那么"团队至上"的理念就只会停留在空想阶段。

（六）注重团队协作

酒店的优质服务是各部门、各岗位共同协作的结果，任何一个环节的失误都将导致对客服务的缺陷。因此，各部门、各岗位之间的协调变得十分重要。每位员工都必须树立全店一盘棋的观念，重视有效沟通，善于自我反省，及时填补空位，主动配合他人，让整个服务过程环环相扣、步步到位，共同为顾客创造美好的经历与优异的价值。

[①] HOBMAN E V, BORDIA P, GALLOIS C. Consequences of feeling dissimilar from others in a work team[J]. Journal of business and psychology, 2003, 17（3）: 301-325.

1. 要沟通不要封闭

团队协作必须基于有效沟通。在团队工作中，难免会出现各种各样的问题。这就需要团队成员进行积极有效的沟通，并且能够以正确的心态去面对可能出现的各种矛盾。各成员要顾全大局，以保证团队目标的顺利实现。如果团队内部沟通不畅，团队成员抱怨较多，就会严重影响团队凝聚力，进而影响团队绩效。人们要想获得"好心办好事"的结果，就要学会有效沟通，替对方着想，体验对方在特定情景下的感受，通情达理地谅解对方的行为，提出让对方心悦诚服的解决方案。在沟通过程中，每位成员都应直截了当、开诚布公，应避免自我封闭、拐弯抹角、当面不说或背后乱说。

2. 要反省不要埋怨

任何人都不喜欢没有责任心的下属、同事和上司，更不喜欢寻找借口、指责他人的人。因此，在遇到问题时，作为团队的一员，我们应学会自省：第一，是否对事情理解得不够清楚，导致错误地执行了某些工作任务；第二，是否没有进行及时的沟通，导致对某些方面的理解和执行出现了问题；第三，在出现问题时，是否迅速采取了有效的补救措施。自我反省实际上是团队成员自我认识和提高的过程。不懂得自我反省的人，永远不会走向成熟，也得不到他人的真诚协助。

3. 要补台不要拆台

工作是一个合作的舞台，而不是一个角斗场。团队领导者要努力让各位成员明白：想要自己的事业舞台足够宽广，就要让自己的胸襟变得宽广。个人想要取得成功，就要学会合作、善于合作。在别人遇到挫折、失误和困难时，我们千万不要沾染口诛笔伐和"痛打落水狗"的恶习，要养成手下留情与让人一条路的善习。如果一个人在别人遭遇困境时，落井下石，那么他终究会遭人唾弃，为人所不齿；反之，如果一个人在遭遇困境后，坚持团队至上、宽容对方，展现常人难以达到的胸襟，不仅不拆台，反而为对方补台，给足面子让对方下台，或协助对方顺利完成工作，那么他终将会得到别人的真心协助。宽宏大量、光明磊落、利他助人的言行会使一个人的职业形象达到一个新境界，折射出新光彩。久而久之，这种合作精神还会感染团队中的其他成员，像润滑剂一样，使许多小摩擦、小矛盾销声匿迹。在面对他人的失误而影响自己时，有些人明哲保身，既不拆台也不补台，这也是团队领导者要大力修正的行为。总之，帮同事就是帮团队，帮团队就是帮自己。

4. 要唱好主角当好配角

在团队合作中，必然有分工，有分工就必然有主角和配角。在团队工作中，主角的数量总是有限的。为保证有效的合作，酒店员工就必须摆正位置，既要唱好主角，更要甘当配角，确立"我应该为他们做什么"的理念，主动配合，求同存异，取长补短，努力为他人的工作提供方便与创造条件，从而形成最大的团队合力。

（1）积极灌输主配角互动观。根据分工协作的原理，团队中的主角与配角关系不仅是相辅相成的，而且是动态变化的。主角与配角的关系是客观存在、相互依存的，并且在不同的时空背景中，又是互相转换的。主角与配角，只是分工不同而已，而无地位的尊卑之分。在"一台戏"里，必然会有台前和幕后之分，不可能人人都站在显眼处，不可能人人都是主角。作为主角，就要勇于承担责任，控制局面，当好"主攻"；而作为配角，则要甘当陪衬，甘为人梯，做好"伴攻"。当主角需要知识、才华、能力，当配角需要智慧、觉悟和无私品格。团队领导者必须使各个成员意识到：在这台戏中，你是配角，而在另一台戏里,你则是主角。团队成员只有互相信赖、互相支持,才能唱好"每一出戏"。

(2)努力倡导甘当配角的精神。甘当配角的精神,是指酒店员工要有甘为人梯、先人后己的思想品格。甘为人梯、先人后己,就是心里装着他人,遇事想着事业,支持自己的同事上进,共同沿着已经开拓的道路前进,把"接力棒"的传递看成是一种光荣;就是在工作上胸怀宽广,劳苦之事争先,享乐之事延后,把方便让给别人,把困难留给自己;就是心甘情愿地接受主角的领导,在配角的位置上协助主角披荆斩棘、砥砺奋进;就是坚信"一花独放不是春,百花齐放春满园",而自己甘当一片绿叶,同朵朵鲜花形成一个有机整体,去展现酒店工作的姹紫嫣红。正是因为这种甘当人梯、甘当配角的团队精神,大家才能善于发现他人的长处,理解他人工作的重要性,主动帮助他人,从而达成思想一致、目标一致和行动一致。

(3)大力表彰甘为人梯的事迹。主角有"最优",配角同样有"最佳"。正因为拥有众多甘当配角的朴实员工,酒店才会创造辉煌的业绩。在获得成功后,酒店不应忘却这些幕后英雄。管理者应注重寻找并表彰"最佳"配角,让他们成为所有员工学习的榜样,并在酒店内部倡导甘当配角的风气;引导员工以团队利益为重,找准自身角色,不计一时名利,重视长期目标和持续成长;促使员工携手并进,激励员工共创美好未来!

第三节　劳动关系管理

劳动关系是指用人单位与劳动者在实现劳动过程中建立的社会经济关系。劳动法意义上的劳动关系,是指劳动者与用人单位之间,为实现劳动过程而发生的一方有偿提供劳动力由另一方用于同其生产资料相结合,从而产生的权利义务关系。[1]从广义上讲,任何劳动者与任何性质的用人单位之间因从事劳动而结成的社会关系都属于劳动关系的范畴。从狭义上讲,劳动关系是指依据国家劳动法律法规规范的劳动法律关系。劳动法律关系包括主体、内容与客体三要素。劳动法律关系的主体是指依据劳动法律的规定,享有权利、承担义务的劳动法律关系的参与者,包括用人单位、劳动者与工会等;劳动法律关系的内容是指劳动法律关系主体依法享有的权利与承担的义务;劳动法律关系的客体是指主体的劳动权利与劳动义务所指向的事物,如劳动报酬、劳动时间、安全卫生、劳动纪律、保险福利、教育培训、劳动环境等。[2]

劳动关系的表现形式与社会经济的发展紧密相关,社会经济结构决定了与之对应的劳动关系。一般来说,劳动关系主要有以下三种表现形式:首先,以人身依附为前提形成的劳动关系。这种劳动关系以劳动者对雇佣者在经济与社会关系中的依附为条件,劳动者没有独立的社会经济地位。这种劳动关系主要存在于资本主义社会以前的社会形态中。其次,以行政性手段维系的劳动关系。它的主要特征是劳动者没有自主权,选择单位、职位都由国家的行政命令来实现。与人身依附关系相比,这种劳动关系在保障劳动者作为人的基本权利以及就业权利方面,无疑是一个进步。再次,以市场契约为保证的劳动关系,即劳动者与用人单位在相互选择的基础上,按照一定的条件,通过合同的形式建立的劳动关系。

---

[1] 法律出版社法规中心. 中华人民共和国劳动合同法注释本[M]. 4版. 北京:法律出版社,2017:9.
[2] 肖传亮,童丽,王贵军. 劳动关系管理[M]. 大连:东北财经大学出版社,2008:1-2.

这种劳动关系体现了劳动者就业的市场化、社会化，与市场经济的运行机制相对应，与社会化大生产紧密相关。

用人单位与劳动者之间劳动关系的产生，往往伴随着劳动合同的订立和履行。本节将从劳动合同、职业安全与员工健康三个方面来阐述劳动关系管理。

一、劳动合同管理

劳动合同是劳动者与用人单位确立劳动关系、明确双方权利和义务的协议。用人单位自用工之日起即与劳动者建立劳动关系。劳动者与用人单位在订立和变更劳动合同时，应当遵循平等自愿、协商一致的原则，不得违反法律、行政法规的规定。

（一）劳动合同的类型

1. 按签订主体划分

按签订主体的不同，劳动合同可以划分为个人劳动合同和集体劳动合同。

（1）个人劳动合同。个人劳动合同是指由劳动者个人与用人单位所订立的劳动合同。《中华人民共和国劳动合同法》（以下简称《劳动合同法》）第十六条规定："劳动合同由用人单位与劳动者协商一致，并经用人单位与劳动者在劳动合同文本上签字或者盖章生效。劳动合同文本由用人单位和劳动者各执一份。"上述规定表明：劳动合同的主体，一方是劳动者，另一方是用人单位。

（2）集体劳动合同。集体劳动合同是指集体协商双方代表根据法律、法规的规定就劳动报酬、工作时间、休息休假、劳动安全卫生、保险福利等事项在平等协商一致的基础上签订的书面协议。[1]集体劳动合同的订立主体是用人单位与工会或职工代表。集体劳动合同制度有利于发挥工会组织或职工代表在协调劳动关系中的作用。

2. 按合同期限划分

《劳动合同法》第十二条规定："劳动合同分为固定期限劳动合同、无固定期限劳动合同和以完成一定工作任务为期限的劳动合同。"因此，按劳动合同的期限，可以把劳动合同划分为三种，即固定期限合同、无固定期限合同及工作任务合同。

（1）固定期限合同。《劳动合同法》第十三条规定："固定期限劳动合同，是指用人单位与劳动者约定合同终止时间的劳动合同。"即在劳动合同中对劳动者的工作期限做出了明确具体的规定。这可以使双方明确劳动合同的有效期。在有效期内，用人单位与劳动者各自履行劳动合同规定的权利和义务。

（2）无固定期限合同。《劳动合同法》第十四条规定："无固定期限劳动合同，是指用人单位与劳动者约定无确定终止时间的劳动合同。"即在劳动合同中只明确规定合同开始的时间，没有对合同终止的时间做出规定。在这种合同中，一般会明确规定合同解除的条件。当合同解除条件出现时，劳动合同即行终止。在签订这种合同时，双方当事人一般都应着眼于长期的合作。只要合同规定的解除条件不出现，合同就可以继续履行，直到员工退休为止。因此，无固定期限劳动合同有利于培养员工的忠诚度和工作积极性，也有利于促进管理者与员工之间的情感沟通。

---

[1] 国务院法制办公室. 中华人民共和国劳动合同法：实用版[M]. 7版. 北京：中国法制出版社，2018：35.

（3）工作任务合同。《劳动合同法》第十五条规定："以完成一定工作任务为期限的劳动合同，是指用人单位与劳动者约定以某项工作的完成为合同期限的劳动合同。"工作任务合同实际上也是一种有期限的劳动合同，但它与固定期限劳动合同在期限规定上有显著的差别。一般情况下，固定期限劳动合同是直接以时间计算合同期限。工作任务合同不是以时间计算合同期限，而是以工作延续时间为期限，即自用工之日起，到该项工作任务完成的那一天的时间段为合同期限。[①]

3. 按用人方式划分

按用人方式的不同，劳动合同可以划分为三种形式，即录用合同、聘用合同和借调合同。

（1）录用合同。录用合同是指用人单位为满足正常的生产与运营目的，与被录用劳动者依法签订的劳动合同。录用合同的签订一般要经过以下步骤：首先，用人单位根据自身发展的需要确定招收劳动者的条件，并向社会公开招聘条件；其次，应聘者对照用人单位向外发布的条件，在权衡和自愿的基础上，参加应聘；再次，用人单位人事部门在全面考核的基础上，择优录取；最后，用人单位和劳动者签订确立彼此劳动关系的劳动合同。录用合同是劳动合同的基本形式。

（2）聘用合同。聘用合同又称聘任合同，一般是指用人单位为了满足在生产与运营中出现的特殊要求，以聘用具有技术专长或特殊能力的技术人员或管理人员为目的而与被聘用者签订的劳动合同。用人单位通过聘用合同招聘的劳动者可以是用人单位内部员工，也可以是用人单位外部专业人员。在聘用后，劳动者的工作形式可以是专职的，也可以是兼职的。用人单位在向劳动者发聘书的同时，与劳动者签订一份劳动合同，以明确彼此的权利和义务关系。一般来说，用人单位在聘用技术顾问和法律顾问时，就需要与被聘用者签订聘用合同。

（3）借调合同。借调合同又称借用合同，是指用人单位以借用劳动者为目的而与劳动者以及被借用单位签订的三方劳动合同。在劳动者被借用期间，借用单位、劳动者以及被借用单位三方之间互有权利和义务关系，必须要在借调合同中有明确的规定。用人单位借调的劳动者一般只是从事临时性或短期性的工作，待借调合同到期后，劳动者还得回原单位工作。借调合同适合于用人单位急需的管理人才和技术工人等的借调。[②]

（二）劳动合同的订立

用人单位与劳动者建立劳动关系，应该订立劳动合同。劳动合同的订立，不仅有利于保护用人单位与劳动者的合法权益，还有利于建立和谐稳定的劳动关系。劳动合同一旦订立，用人单位与劳动者便建立了一种劳动法律关系，各自均按照合同行使权力、履行义务，从而可减少许多不必要的争端。用人单位或者劳动者的权益一旦受到侵害，就可根据合同约定申请法律保护，维护自身的合法权益。

1. 劳动合同订立的原则[③]

《劳动合同法》第三条规定："订立劳动合同，应当遵循合法、公平、平等自愿、协商一致、诚实信用的原则。"

---

① 李剑锋. 劳动关系管理[M]. 北京：对外经济贸易大学出版社，2004：140-143.
② 郭庆松. 企业劳动关系管理[M]. 天津：南开大学出版社，2005：75-76.
③ 法律出版社法规中心. 中华人民共和国劳动合同法注释本[M]. 4版. 北京：法律出版社，2017：9-11.

(1)合法原则。合法是指劳动合同的主体、形式和内容要符合有关法律法规的规定。一是主体合法。我国《劳动法》对劳动者的年龄进行了明确的规定,劳动者一方要成为劳动合同的主体,必须达到法律规定的年龄。用人单位必须具备用工主体资格。二是形式合法。《劳动合同法》第十条规定:"建立劳动关系,应当订立书面劳动合同。已建立劳动关系,未同时订立书面劳动合同的,应当自用工之日起一个月内订立书面劳动合同。用人单位与劳动者在用工前订立劳动合同的,劳动关系自用工之日起建立。"三是内容合法。我国《劳动合同法》的第十七条规定了劳动合同应当具备的条款。

(2)公平原则。用人单位与劳动者要公平、合理地确立双方的权利与义务。法律对于劳动合同双方当事人的权利和义务只规定最低标准,在此基础之上的协议不仅要合法,还应以公平作为价值取向。部分用人单位可能利用相对优势地位或信息不对称,迫使或诱使劳动者订立不公平的合同;有的用人单位在格式合同中,隐含不公平的条款;有的劳动者乘用人单位急需某类员工时,要求用人单位签订不公平的合同。在订立劳动合同时,应体现公平原则,以构建与发展和谐稳定的劳动关系。

(3)平等自愿原则。用人单位与劳动者都具有独立的法律人格,在劳动合同的订立、履行、解除等劳动法律关系中地位平等,各自独立表达自己的意志。任何一方不能因为资源、经济或地位的优势而要求享受特权,不得将自己的意志强加给对方或对他方进行胁迫。只有真正做到了主体地位平等,才能使所订立的劳动合同具有合法性和公正性。自愿是指用人单位与劳动者订立劳动合同,完全出于各自的意愿,不存在任何一方的意志强加于另一方的情况。凡是以欺诈、威胁和乘人之危等手段将自己的意愿强加于对方的行为,都是违背自愿原则的。可以看出,平等与自愿之间密不可分:平等是自愿的前提条件,自愿是平等的具体体现。

(4)协商一致原则。协商一致是指合同双方当事人对在签订合同前所发生的一切分歧要充分地协商,在双方意思表示一致的基础上,再签订劳动合同。一般来说,协商一致是建立在平等自愿基础上的。用人单位和劳动者平等地就劳动合同的各项条款,各自发表意见,进行充分协商,最终达成完全一致的意见。只有在达成一致意见的基础上签订的劳动合同,才算是贯彻了协商一致的原则;也只有在贯彻协商一致原则的基础上签订的劳动合同,才能够要求双方当事人认真履行合同规定的权利与义务。

(5)诚实信用原则。在订立劳动合同时,双方要讲诚实、讲信用。诚实、信用是市场经济的基石。用人单位与劳动者遵循诚实信用的原则,对双方既是一种约束又是一种保护。《劳动合同法》第八条规定:"用人单位招用劳动者时,应当如实告知劳动者工作内容、工作条件、工作地点、职业危害、安全生产状况、劳动报酬,以及劳动者要求了解的其他情况;用人单位有权了解劳动者与劳动合同直接相关的基本情况,劳动者应当如实说明。"因此,劳动者在应聘时要如实向用人单位说明自己的情况,不得故意隐瞒与订立合同有关的重要事实或者提供虚假事实;用人单位向外发布的招聘信息必须与实际情况相符,向劳动者承诺的各项聘用条件在合同订立后要按期兑现。

2. 劳动合同的内容

劳动合同的内容是指用人单位和劳动者通过协商一致并达成的关于劳动权利和义务的具体规定。劳动合同的内容具体体现在劳动合同的各项条款之中。劳动合同由合同期限、试用期、工作岗位、工作任务、工作职责、工作时间、休息休假、劳动报酬、劳动安全与卫生、职业技术培训、劳动纪律、保险福利等方面的内容构成。就某一具体的劳动合同而言，其包含的内容要根据合同签订的实际情况以及相关的法律法规而定。一般来说，劳动合同的内容主要包括两个方面，即必备条款和约定条款。

（1）必备条款。必备条款是指法律规定的劳动合同应当具备的内容。用人单位与劳动者在订立劳动合同时，必须把这些条款考虑在内，因为这些条款对于调整双方当事人的权利与义务关系来说，具有法律的强制性。劳动合同只有具备这些必备条款，才具有法律效力，受法律保护。《劳动合同法》第十七条规定："劳动合同应当具备以下条款：（一）用人单位的名称、住所和法定代表人或者主要负责人；（二）劳动者的姓名、住址和居民身份证或者其他有效身份证件号码；（三）劳动合同期限；（四）工作内容和工作地点；（五）工作时间和休息休假；（六）劳动报酬；（七）社会保险；（八）劳动保护、劳动条件和职业危害防护；（九）法律、法规规定应当纳入劳动合同的其他事项。"

（2）约定条款。约定条款是指经过双方当事人自愿协商而形成的条款。劳动合同除规定的必备条款外，用人单位与劳动者可以约定试用期、培训、保守秘密、补充保险和福利待遇等其他事项。约定条款可以是劳动法律法规中提示的，也可以是双方当事人根据实际情况提出的条款。

3. 劳动合同订立的程序

用人单位和劳动者在订立劳动合同时，应该遵循一定的程序。劳动合同订立一般包括提出、协商和签约三个步骤。

（1）提出。用人单位向劳动者提出初拟的劳动合同草案，并阐明劳动合同的具体内容与依据。在提出劳动合同草案的同时，用人单位还必须向劳动者详细说明本单位内部的劳动规则。[1]

（2）协商。在平等自愿的基础上，用人单位和劳动者就劳动合同的必备条款与约定条款认真协商，并达成一致。

（3）签约。在确定合同条款并协商一致之后，用人单位与劳动者签订书面劳动合同，并经双方在劳动合同文本上签字或者盖章生效。

（三）劳动合同的履行

劳动合同的履行是指用人单位与劳动者按照劳动合同的约定，全面履行劳动合同中各条款规定的各自应承担的义务的行为。劳动合同是依法订立的，双方当事人必须履行合同，这是法律赋予双方当事人应尽的义务，也是合同具有法律效力的体现。劳动合同双方当事人订立劳动合同的根本目的，就在于双方通过履行各自的权利和义务，有效实现各自的目标。任何一方不履行合同或者不完全履行合同，都会给对方造成一定的损失，构成违约，因而应承担相应的法律责任。[2]

（四）劳动合同的变动

劳动合同的变动是指由于主客观条件的变动，使得用人单位与劳动者原先签订的劳动合同发生变更、解除或终止的行为。

---

[1] 张有山，王金茹. 饭店人力资源管理[M]. 北京：北京理工大学出版社，2011：243-244.
[2] 程延园. 员工关系管理[M]. 上海：复旦大学出版社，2004：69-73.

1. 劳动合同的变更

《劳动合同法》第三十五条规定:"用人单位与劳动者协商一致,可以变更劳动合同约定的内容。变更劳动合同,应当采用书面形式。"劳动合同的变更是指经用人单位与劳动者根据平等自愿的原则协商一致之后,对合同条款进行修改、补充或删减。

2. 劳动合同的解除

《劳动合同法》第三十六条规定:"用人单位与劳动者协商一致,可以解除劳动合同。"劳动合同的解除可分为协商解除、法定解除与约定解除三种情况。《劳动合同法》第三十七条规定:"劳动者提前三十日以书面形式通知用人单位,可以解除劳动合同。劳动者在试用期内提前三日通知用人单位,可以解除劳动合同。"

3. 劳动合同的终止

劳动合同的终止是指劳动合同的法律效力依法被消灭。《劳动合同法》第四十四条规定:"有下列情形之一的,劳动合同终止:(一)劳动合同期满的;(二)劳动者开始依法享受基本养老保险待遇的;(三)劳动者死亡,或者被人民法院宣告死亡或者宣告失踪的;(四)用人单位被依法宣告破产的;(五)用人单位被吊销营业执照、责令关闭、撤销或者用人单位决定提前解散的;(六)法律、行政法规规定的其他情形。"

(五)酒店劳动合同管理

劳动合同管理是现代酒店人力资源管理的重要手段。劳动合同将劳动者的工作岗位、内容、职责、工资、福利等以法律的形式展现出来。良好的劳动合同管理能够使得酒店人力资源得到优化,适应组织发展的需要。在劳动合同管理上,酒店应把握以下几个要点。

1. 明确公开的录用条件

酒店招聘广告通常只是作为招聘人员的一种信息发布或是宣传手段,其实招聘广告隐藏着一定的法律风险。例如,酒店在员工试用期发现其不符合录用条件,要利用不符合录用条件辞退处于试用期的员工,其前提条件是酒店必须在招聘时明确规定自己的录用条件,否则员工可以通过法律手段维护自己的权利。因此,酒店要对录用条件做出具体明确的规定,要将录用条件在招聘信息发布时一并公布。

2. 设计合理的合同条款

酒店在设计劳动合同条款时,应充分考虑必备条款与约定条款,以满足自身的发展需要。例如,为了留住核心员工,酒店可以与核心员工签订无固定期限劳动合同,以提升员工对酒店的忠诚度;为了满足一些临时工作劳动力的需要,酒店可以根据工作的性质和完成的时间来设计劳动合同;而一般员工可以与之签订固定期限劳动合同。

3. 及时签订书面劳动合同

一些企业至今仍有一个错误的认识,认为签订劳动合同就是将自己套牢,没有签订劳动合同就与员工没有正式的劳动关系,就可以规避劳动合同带来的法律风险。《劳动合同法》第八十二条规定:"用人单位自用工之日起超过一个月不满一年未与劳动者订立书面劳动合同的,应当向劳动者每月支付二倍的工资。用人单位违反本法规定不与劳动者订立无固定期限劳动合同的,自应当订立无固定期限劳动合同之日起向劳动者每月支付二倍的工资。"因此,若酒店不及时签订劳动合同,不仅不能规避法律风险,还会增加法律风险。具体来讲,未及时与员工签订书面劳动合同，酒店有以下三方面的风险：①支付双倍劳动报酬的风险；②自身利益无法得到保护的风险；③导致无固定期限劳动合同条件成立的风险。[①]

4. 建立劳动合同管理制度

建立劳动合同管理制度是现代企业制度管理发展的趋势。酒店在建立劳动合同管理制度时，应主要做好三个方面的工作：一是设立专门的管理机构，从组织上保证劳动合同管理的运行；二是配备专业的管理人员，并明确其职责，做到管理的专业化；三是制定相应的规章制度，使劳动合同管理有章可循。

5. 实行基于劳动合同的考评制度

基于劳动合同的考评制度是指酒店根据劳动合同规定的条款，对员工的工作表现和劳动合同履行情况等进行评价和认定的方法。为了保证组织的正常运营，酒店必须使用必要数量和相应素质的员工。因此，酒店按定岗定员聘用员工后，还须经常根据劳动合同规定的条款，对员工的工作成效进行考评，并以考评结果作为工资分配和人事调整的依据。基于劳动合同的考评不仅具有评价和认定员工的作用，而且具有激励员工学习与调动员工积极性的作用。

6. 推进动态的劳动合同管理机制

劳动合同管理的主要目的，就是要促进酒店人力资源的优化配置。动态的劳动合同管理机制是指酒店在对每个员工的工作表现进行考评之后，实行优胜劣汰的原则，对考评结果优秀的员工委以重任，对考评结果一般的员工进行专门的培训以弥补其不足，对考评结果不合格的员工进行留岗查看或辞退。推进动态的劳动合同管理机制，既能促使酒店强化考评管理工作，又能增强广大员工的竞争和进取意识。

二、职业安全管理

《中华人民共和国劳动法》第五十二条规定："用人单位必须建立、健全劳动安全卫生制度，严格执行国家劳动安全卫生规程和标准，对劳动者进行劳动安全卫生教育，防止劳动过程中的事故，减少职业危害。"[②]企业加强职业安全管理，能够减少或避免安全事故带来的损失，降低生产成本，增强员工凝聚力，树立良好社会形象，提高整体竞争力。

随着职业安全问题的不断突出，人们致力于寻求有效的职业安全管理方法，期待有一个系统化的、结构化的职业安全管理模式。职业安全管理体系就是在这种大环境下产生的，它主要是指企业整体管理体系中专门负责职业安全管理工作的部分，包括为制定、实施、实现、评审和保持职业安全方针及目标所需的组织机构、活动、职责、惯例、程序、过程和资源。职业安全管理体系的核心是职业安全方针。建立职业安全管理体系的目的是便于管理职业安全风险，通过对影响职工安全和健康的危险因素进行分析与评价，确定职业安全的目标和管理方案，消除或控制危险因素，确保职工安全与健康。

（一）职业安全管理体系构建

职业安全管理体系是以系统安全的思想为基础，把企业中人、物、环境、信息的组合

---

① 石先广. 劳动合同法——深度解释与企业应对[M]. 北京：中国法制出版社，2007：12-50.
② 国务院法制办公室. 中华人民共和国劳动法：实用版[M]. 2版. 北京：中国法制出版社，2018：44.

作为一个系统,以整个系统中导致事故的根源作为管理核心,通过危险源辨识、风险评价、风险控制等手段来达到控制事故发生的目的。该体系体现了现代安全科学理论中的系统安全思想。它通过系统化的预防管理机制,彻底消除各种事故和疾病隐患,严格控制各种职业安全风险,以便最大限度地减少生产事故和劳动疾病的发生。

职业安全管理体系的内容主要包括组织为实施职业安全管理所需的组织机构、程序、过程和资源。尽管各个行业在内容的表达方式上有一定差异,但其基本内容的实质却是相同的。

1. 职业安全方针

职业安全方针是组织在职业安全方面的指导思想,它体现了组织对职业安全问题的原则和立场。职业安全方针应主要阐明组织整体职业安全的目标和改进职业安全绩效的承诺,是组织对职业安全工作的原则性陈述。

2. 目标与方案

职业安全管理体系的核心部分是职业安全风险控制体系。风险控制的内容主要包括以下几个方面。

(1) 风险评价。为了控制风险,组织应开展包括危险源辨识在内的风险评价,评价出组织不可接受的风险,即重大风险。

(2) 目标、指标及管理方案。组织应针对其最大风险,根据具体的技术、经济等条件,制定相应的目标、指标及管理方案来降低风险。

(3) 运行控制及应急准备。组织应确保与重大风险有关的全部活动在程序规定的条件下运行,并对潜在事故或紧急情况进行充分的准备,以降低或避免可能伴随的风险。

3. 实施与运行

对于风险控制,除上述内容外,企业还应有一系列支持措施,主要包括以下几个方面的内容。

(1) 设计组织结构及提供配套资源。企业必须对组织结构与岗位职责做出明确的规定,以进行有效的职业安全管理,同时还要提供人、财、物等支撑资源。

(2) 开展职业安全培训。为保证组织内部人员具有充分的能力来实施职业安全管理,必须开展有针对性的职业安全培训。

(3) 明确法律法规要求与进行信息交流。及时了解与职业安全相关的法律法规以及进行有效的信息交流,也是有效实施职业安全管理的重要方面。

(4) 编写文件与建立档案。建立有效的职业安全管理档案是一项非常重要的内容。

4. 检查与纠正措施

检查与纠正措施是职业安全管理体系的一项重要内容,也是职业安全管理体系运行必不可少的环节。它主要包括以下几方面内容。

(1) 监测与纠正措施。监测与纠正措施是保持职业安全管理体系正常运行必不可少的手段。

(2) 事故调查。事故调查的目的是从事故中吸取教训,以防止类似事故再次发生。

(3) 职业安全管理体系审核。为了判定职业安全管理体系是否符合标准要求,以及为开展全面的管理评审提供依据,组织应进行定期的职业安全管理体系审核。

5. 管理评审

为确保职业安全管理体系的持续适用性和有效性，组织的最高管理者应定期对职业安全管理体系进行评审。职业安全管理体系的运行可采用系统化管理的 PDCA 模式。PDCA 是英文 Plan（计划）、Do（执行）、Check（检查）、Action（处理）四个词的第一个字母的缩写。PDCA 循环法，是由美国质量管理专家戴明提出来的，因此，又称为戴明循环法。它的基本原理是，做任何一项工作，首先有个设想，根据设想提出一个计划；然后按照计划规定去执行、检查和总结；最后通过工作循环，一步一步地提高水平，把工作越做越好。[①] PDCA 模式比较适合职业安全管理体系的特点，采用这种模式有助于职业安全管理体系的改进与优化。

（二）酒店职业安全管理

酒店虽然不属于高危行业，但由于其自身经营的特殊性，也存在职业安全风险。因此，酒店必须分析不安全因素及其原因，并构建完善的职业安全管理体系。

1. 酒店职业安全管理的意义

职业安全管理是酒店管理的重要组成部分，它关系着酒店经营的成败。

首先，职业安全事故的发生不仅给当事人带来痛苦与灾难，而且会导致员工士气低落。人们通常认为酒店比较安全，然而，需要引起重视的是，酒店是易发生事故和火灾的地方。

其次，职业安全事故会使酒店品牌形象受到极大损害。酒店一旦发生职业安全事故，特别是发生火灾与各种工伤事故，会使组织形象与信誉受到严重损害。

最后，职业安全事故带来的损失非常巨大。尽管可以用货币计算赔偿金、医药费等直接损失，但员工受伤与停工导致的损失、管理者处理事故造成的时间与精力上的损失，以及设备损坏与原料浪费等损失一般远远超过直接损失。职业安全事故所带来的各种损失，会严重影响酒店的经营效益。

2. 酒店职业安全事故发生的原因

现代化的生产服务过程都是通过人机系统来完成的。酒店虽然是以人对人服务为主的组织，仍然需要依托人机系统，特别是酒店正常运转需要大量设备的支持，如配电设备、锅炉、电梯和厨房设备等。随着信息技术的广泛应用，酒店的人机系统日趋复杂化，因此必须高度关注系统的安全问题。人为失误、物的不安全状态或人机系统的不安全等都可能导致职业安全事故的发生。人的各种特征会影响职业安全事故发生的概率。这些特征包括人的感觉、运动能力、信息处理能力和判断能力等。在进行安全操作时，每种能力所起的作用取决于员工所从事工作的复杂程度。

酒店发生职业安全事故的原因一般包括以下几种。

（1）员工疲劳过度。员工疲劳会导致事故的发生。比较常见的事故是摔跤，尤其是提举物品造成的摔伤。

（2）员工注意力不集中。如果员工对本职工作缺乏兴趣、缺乏责任感、心神不定或不会控制消极情绪，往往会注意力分散，更可能导致职业安全事故。

（3）员工违反操作规程。酒店中发生的大部分事故都源于员工的不安全操作。

（4）不安全的工作环境。地板不平或潮湿、照明不足以及缺乏安全装置的设备与设施

---

① 郑云燕. 星级酒店风险控制与系统安全管理应用研究[D]. 福州：福州大学，2005.

等,也可能导致酒店发生事故。

(5)在操作范围之外的出乎意料的危险因素。

3. 酒店职业安全管理体系

酒店应将职业安全管理作为其全面质量管理的重要组成部分,形成职业安全管理体系,以提高组织抵御风险的能力。

(1)职业安全方针的制定。酒店最高管理层应提出明确的职业安全方针,阐明职业安全目标和改进职业安全绩效的承诺。职业安全方针是整个酒店职业安全管理的纲领性文件,是酒店制定职业安全制度的依据。在制定职业安全方针时,酒店应关注的要点包括以下几点。①考虑成本效益。职业安全方针要从酒店的实际情况出发。②持续改进。职业安全方针不是酒店的宣传口号,而是酒店解决职业安全问题与持续改进职业安全管理水平的指导思想。③遵守法律法规和其他规章制度。④全员参与。酒店想要取得良好的职业安全管理效果,就要依托全体员工的积极参与。只有全体员工全面而有效地履行职业安全管理义务,才能从根本上解决职业安全问题。⑤动态管理。酒店内外部环境是不断变化的,若要确保职业安全方针符合酒店的实际情况,就要定期对酒店的职业安全方针进行评估,检验其适应性,并决定是否进行适当调整。

(2)职业安全风险的分析。酒店职业安全管理的核心是识别危险源及其带来的职业安全风险。酒店应通过不断控制职业安全风险与持续提升管理水平来取得良好的职业安全管理效果。酒店想要有效控制风险,就要辨识带来风险的危险源,评估其给酒店带来风险的可能性,并提出风险控制的有效举措。

为识别危险源,酒店必须关注以下几方面:①酒店的常规活动,如正常的服务活动;②酒店的非常规活动,如临时抢修活动等;③所有进入作业场所的人员的活动;④酒店服务场所的设施设备运行状况。

酒店在危险源识别和风险评价上应努力做到以下几方面:①行动的主动性。酒店要积极进行危险源的识别和风险评价,以便及时发现安全隐患。②风险的等级管理。在进行风险分析之后,将各种风险排序,以便根据风险的级别来制定相应的解决方案。③风险控制的可行性。在进行风险评价的过程中,结合酒店自身的情况,应及时发现哪些风险是可控的,哪些风险是不可控的,然后提出风险控制的可行性方案。④资源的有效分配。酒店要确定相应设备要求,识别培训需求,采取有效评价手段,并提供必要的信息与资源。⑤必要的监测活动。酒店要通过适当的监测活动,以保证危险源识别和风险评价活动有效和及时的实施。

(3)职业安全管理体系的运行。对于从事职业安全管理的人员,酒店必须明确他们的作用、职责和权限。职业安全的最终责任由酒店法人代表承担。酒店应从高层管理者中挑选一名成员来管理酒店职业安全活动,以确保职业安全管理体系的顺利运行。专职管理者应为实施、控制和改进职业安全管理体系提供必要资源。专职管理者应有明确的作用、职责和权限,以便确保按照一定的要求建立与实施职业安全管理体系。专职管理者应定期向最高管理者汇报职业安全管理运行的情况,以便进行及时评价,并为改进职业安全管理体系提供依据。

职业安全管理工作需要全员参与。酒店要进行全面职业安全培训,以使全体员工具备职业安全意识、知识与技能。为有效开展职业安全培训,首先要确定培训对象与培训需求。

在确定内部培训需求时，酒店必须关注管理人员培训与服务人员培训的差异。对于管理人员，要根据其管理岗位所必需的职业安全管理知识与技能来确定培训需求；对于服务人员，要从其所必须掌握的安全技术、技能来确定培训需求，特别是对特种作业人员要进行专门的安全技术知识培训，并进行资格考核。

酒店应开展经常性的职业安全管理活动，建立相应的运行机制。其要点包括以下几点：①使全体员工明确职业安全管理体系的要求。职业安全方针与程序及其他要求都是有效实施职业安全管理体系的保证，只有严格贯彻，才能实现职业安全状况的持续改进。②使员工明确个人工作与酒店职业安全管理工作的关系。为提高酒店的总体职业安全管理效果，必须使每个员工都能够了解他们工作中存在的安全风险，以及个人工作对组织整体职业安全管理工作的影响。③使员工明确各自在职业安全管理上的权利与义务。④建立相应的奖罚机制。酒店要使员工明白各种工作过失与职业安全事故之间的因果关系，使他们充分认识到从事职业安全工作的必要性，并使员工在职业安全管理上的表现与其薪酬待遇相挂钩。

（4）职业安全管理体系的监控。酒店需要对职业安全管理效果进行常规测量和监督，这应以酒店职业安全管理目标为基础。职业安全管理效果测量主要包括监测酒店职业安全管理方案与运行标准、酒店事故、职业病、事件（包括未遂过失）和其他职业安全卫生事故。在测定职业安全管理效果后，酒店要把实际数据与目标之间的偏差进行分析，找出具体原因。在职业安全事故发生后，必须及时总结，分析经验教训，采取纠正与预防措施。

（5）职业安全管理体系的评价。职业安全管理体系的评价是其不断完善的必要环节，其主要内容是依据职业安全管理体系运行的结果来检查和评价职业安全管理体系的完整性、有效性及持续适用性，以便调整和改善职业安全管理体系，以实现酒店的职业安全管理目标和推动职业安全绩效的持续改进。[①]

4. 酒店职业安全管理举措

职业安全管理体系的构建是一个长期的过程，而且相当一部分酒店还不具备相应的条件。因此，为了防止职业安全事故的发生，许多酒店的当务之急是采取切实有效的职业安全管理举措。

（1）实施安全责任制度。坚持"谁主管，谁负责"的原则，以相应制度促使各级领导认清自己在安全上的责任。安全责任制度的实施使管理者有一定的压力，促使其提高职业安全意识。这对职业安全管理工作的开展具有积极的作用。

（2）推进劳动保护制度。劳动保护的内容包括劳动时间规定、安全生产技术、职业卫生与对特殊劳动群体的保护等。酒店应根据劳动保护的内容，推行针对性的劳动保护措施，以保障员工的劳动安全。

（3）强化职业安全教育。要不断应用现代化手段进行有针对性的、生动灵活的、形式多样的职业安全教育，尤其是要以典型职业安全事故为案例进行职业安全教育，晓之以理，明之以害，以增强安全意识。这是重要的预防措施之一。

（4）制定安全操作规程。每一项工作和每一个工作场所都应当有相应的安全操作规程。每一位员工都应该知道与掌握这些规程。在对员工进行岗位技能训练时，酒店不仅要重视服务技能，而且要重视安全操作技能，以避免事故的发生。

（5）明确安全管理重点。注意收集、交流重点设备状态的资料与情况，根据季节变化、

---

① 陈全. 职业安全卫生管理体系原理与实施[M]. 北京：气象出版社，2000：13-28.

生产密度变化、员工思想变化，不断提醒员工注意安全管理重点。

（6）更新设备与整改隐患。要从思想上重视对新建、改建项目的审查工作，对于损坏设备更新和重大隐患整改的费用应有特殊政策。

（7）制定责任者处罚办法。为了提高职业安全事故的调查处理效果，应制定与实施职业安全事故责任者处罚办法，作为事故肇事者处分的依据，以避免重复性事故的发生。

（8）构建应急管理机制。在职业安全事故发生后，酒店各方就应对有关事项达成共识，设立相应的目标和制定具体的执行程序，成立事故处理小组，及时采取有效的措施。

酒店隶属服务性行业，一般工种的危险性不大，但并不能因此忽视职业安全管理的重要性，要做到人人都有安全意识与防范意识。

三、员工健康管理

酒店的业务活动是以顾客为中心的客源组织与接待服务，员工与顾客面对面交往是酒店业务活动的基本特征。员工的服务意识和行为对顾客的感知质量和满意程度有重要的影响，而员工只有在个人健康的前提条件下，才能为顾客提供高质量的服务。因此，像酒店这种员工与顾客高接触性的行业，就非常有必要重视员工身心健康的管理。

（一）酒店员工健康管理的意义

在现代企业的人力资源管理中，员工的身心健康问题已经引起了管理者越来越多的关注。酒店员工的健康状况不容乐观。工作的特殊性、工作岗位流动性大、劳动机械性、工作时间长、休息与饮食无规律等因素造成了员工的精神不佳、疲惫乏力等症状，并在一定程度上诱发了相关疾病，如胃炎、胃溃疡、腿疾病、偏头痛、腰肌劳损、心律不齐等。[1] 员工的身心健康不仅仅关系到个体，实践表明员工的压力和挫折会严重降低工作效率，加大人际冲突，引发工作事故，增加缺勤率，进而导致酒店运营成本的增加。

酒店提供的服务主要通过员工与顾客的接触来完成，因此，只有身心健康的员工，才能应对工作的挑战，才能提供优质的服务，才能品味工作的快乐，才能享受工作的成功。在充分体现"以人为本"的管理理念下，如何有效地维护和提升员工生理与心理的健康水平，发挥员工的积极性和创造力，以提高组织和个人效率，降低运营成本，加强组织的内部凝聚力和外部竞争力，已成为酒店应着力考虑和解决的问题。

（二）酒店员工生理健康管理

酒店员工健康管理主要分为生理健康管理与心理健康管理。酒店员工整日忙于工作，很少有时间进行锻炼，另外，由于员工经常加班，得不到充分休息，如此循环下去，导致员工身体素质下降，工作效率降低。这就需要酒店根据实际情况，制订合理的员工生理健康管理计划。

1. 推动员工健身计划

酒店可以充分发挥康体娱乐部的作用，为员工办理健身卡，使得员工在午休或工作之

---

[1] 郑向敏，马东升. 我国饭店员工职业压力与健康现状分析——以青岛市饭店为例[J]. 华侨大学学报（哲学社会科学版），2008（3）：55-62.

余能够加强身体锻炼,同时,这样做还有利于加强员工之间的沟通,可以减轻工作带来的压力,形成和谐的工作氛围。

2. 实施定期体检计划

员工生理健康管理不能仅仅体现在提供医疗保险上,更重要的是要体现预防为主的原则。在预防疾病发生上,酒店应有所作为,要定期为员工进行健康检查,使员工定期接受专业的医疗保健,由专业的医师提供专业的检查和建议,以更全面地了解员工的身体健康状况。

3. 推行营养饮食计划

为员工提供合理的营养工作套餐,保证员工饮食营养与健康。酒店可以借助自身餐饮的优势,为员工提供具有高营养的工作餐。通过科学的饮食计划,使员工不仅具有健康的体魄,还能让员工在工作中表现出良好的精神面貌。

4. 建立员工健康档案

酒店应着力推进定期健康检查制度,在此基础上,建立员工健康档案,及时记录员工的每一次健康检查结果,时刻关注员工的身体健康状况。在了解员工健康状况之后,酒店应适当调整员工的工作量和工作强度,以提高员工的健康水平与工作效率。

(三)酒店员工心理健康管理

人的心理对其行为具有重要的影响,因此,酒店不仅要关注员工的生理健康,提高员工的身体素质,而且要重视员工心理素质的提升。面对现代社会激烈的职场竞争,如果生活和工作的双重压力造成员工的心理负担过重,员工就会出现"心理亚健康"状态:工作积极性不高、精神恍惚、记忆力差、精力不集中等。如果不及时解决员工的"心理亚健康"问题,就可能引发重大的职业安全事故。对酒店员工进行心理健康管理的具体措施包括以下几个方面。

1. 提供有效的心理咨询服务

酒店可以聘请专业心理咨询师为员工进行心理辅导,为员工提供精神上的帮助。目前盛行的员工援助计划(employee assistance program),就是对员工提供的一项心理辅导计划,以帮助员工克服工作压力和解决心理困惑。这是一项系统的、长期的援助和福利计划。通过专业人士的诊断,对酒店员工及其家属进行专业指导、培训和咨询,帮助他们解决心理和行为问题,以保证员工的心理健康与提高员工的工作绩效。

2. 建立多元畅通的沟通渠道

许多员工往往碍于等级或利害关系而不会直接向上级说出自己的抱怨。长期积压在心中的抱怨会对员工造成一定的心理负担。建立畅通的多向沟通渠道有助于解决员工的心理健康问题。酒店应积极引导员工与自己的上级进行沟通,让员工有机会、有渠道宣泄自己的不满和抱怨。这需要酒店营造良好的舆论氛围,允许有"不同的声音"存在。因此,酒店应通过有效的沟通渠道,为员工营造一个良好的心理健康成长环境。

3. 推行公正透明的竞争机制

公平、公正、公开的竞争机制会使员工之间的竞争具有明确的标准。酒店应将加薪、晋升等标准形成明确的制度,使得员工之间的竞争变得透明化。这既能避免员工寻求不合理的竞争途径，又能使员工在工作中拥有明确的奋斗目标。公正透明的竞争机制会使员工消除由不良竞争带来的心理负担，鼓励员工进行良性竞争。没有心理负担的员工自然会信心倍增、行动高效。

4. 构建有效的精神激励机制

对于员工出色的工作表现，酒店要适时地给予激励。酒店应采取物质奖励与精神奖励相结合的形式。物质奖励可以激发员工更加努力工作，而精神奖励既可以满足员工的个人成就感，还能在酒店内部形成标杆效应。因此，酒店应重视精神激励机制的建设，关注员工的精神生活与心理健康，肯定员工的价值与成就，使员工保持高昂的士气与工作积极性。注重对员工精神上的激励可以使员工拥有积极的人生观、价值观，让员工感受到组织对他们的重视，有助于完善对员工的心理健康培养。[①]

酒店重视员工身心健康管理，其目的一方面是使员工工作压力减少，身心更健康，精力更充沛，工作效率更高；另一方面是使员工感受到组织对他们的关心与尊重，使员工更有归属感和成就感，以避免重要人力资源损失的风险与吸引更多的优秀人才。

本章小结

酒店要想在激烈竞争中立于不败之地，就必须构建科学合理的用人机制，做到知人善任、结构优化、动态管理，给员工创造施展才能的平台。酒店为了使全体员工发挥整体协同效应，就必须重视团队管理，注重团队精神培养，努力构建高效与卓越的工作团队。员工在工作上的齐心与尽心源于安心，因此，酒店必须高度关注劳动关系管理，一是重视劳动合同管理，明确用人单位与劳动者的权利和义务，保障劳动者的合法权益；二是加强职业安全管理，进行职业安全教育，防止职业安全事故的发生，避免职业危害，树立良好形象；三是推动员工健康管理，使员工身心健康、精力充沛、干劲十足。当前我国酒店员工的身心健康状况有待改善。酒店应根据实际情况，制订合理的员工身心健康管理计划，使员工具有健康的体魄、良好的精神面貌与卓越的工作表现。

复习思考题

1. 如何创建卓越团队？
2. 高效团队具有哪些特征？
3. 劳动合同包括哪些内容？
4. 劳动合同包括哪些类型？
5. 酒店如何开展职业安全管理？
6. 酒店在用人上应遵循哪些原则？
7. 劳动合同订立应遵循哪些原则？
8. 如何实现酒店员工结构的优化？
9. 酒店如何进行有效的员工身心健康管理？

---

① 王丹丹. 员工健康计划[J]. 人力资源开发，2006（5）：92-93.

案例分析题

某酒店餐饮部的服务员小史最近情绪变化很大。他原本热情开朗，对客服务积极主动，是一名表现不错的员工。最近，餐厅服务经理孟琳发现小史变得不爱与人交谈，找他谈话时，他时常表现出抵触情绪，要么什么都不说，要么说出充满火药味的语言。在客人提出要求时，他会显得很不耐烦。他已经多次被客人投诉。餐饮部经理决定严惩小史，甚至考虑开除他。孟琳则认为小史这样的情绪变化肯定有内在原因，不能就此损失了一名好员工。于是，在对餐饮部经理表明看法以后，孟琳不断找机会与小史进行深入交谈。在开始阶段，小史不是以各种理由搪塞、推托，就是对服务经理的教导"充耳不闻"。后来，在孟琳一次次的恳切询问下，小史逐渐放下防备心理，对孟琳讲出了他内心的想法。自小史进入酒店以来，他一直努力工作，希望能被大家认可。但是他的积极表现却遭到了部分老员工的"鄙夷"，觉得他的过于积极显露出其他人的懈怠，于是大家一致排挤小史。此外，在工作了一年后，他丝毫没有看到晋升机会，小史开始觉得认真工作并不能带来理想结果，于是就慢慢产生了抵触情绪，并着手准备重新选择就业单位。在了解小史情绪变化的原委之后，孟琳开始在她所管理的员工中推行绩效奖励制度，鼓励员工积极工作，鼓励员工创造团队价值，以顾客满意度、顾客忠诚度、团队合作氛围作为考核的重要指标。小史渐渐地恢复热情开朗的性格和积极的工作态度，餐饮部员工也开始注重团队利益与团队协作。

问题：

1. 小史表现不佳的原因是什么？
2. 管理者如何有效引导与支持员工？
3. 管理者如何打造融洽、合作、高效的团队？

第六章　酒店绩效管理

引言

酒店绩效管理是指酒店通过绩效目标制定及实施、绩效考评和绩效反馈,以持续提高组织与员工的绩效水平,进而促进组织与员工共同发展的过程。绩效目标的制定是绩效管理的基础;绩效目标的实施是管理者与员工共同促进绩效目标完成的过程;绩效考评是发现人才、提高士气、调动积极性与增强责任心的重要手段;绩效反馈有助于组织与员工绩效的改进以及绩效管理体系的优化。通过一个个或长或短的绩效管理周期的循环往复,酒店可以不断完善绩效管理体系,不断激发员工活力和组织动力,不断提升员工与组织的绩效。在绩效管理的过程中,酒店应做好必要的动员工作,使管理者与员工对绩效目标与绩效考评具有正确的认识,并应统一绩效考评标准、规范绩效考评程序与明确绩效反馈要点。

学习目标

(1)理解绩效目标设计的思路。
(2)了解绩效目标确定的步骤。
(3)理解绩效目标实施的要点。
(4)理解绩效考评的主要目的。
(5)理解绩效考评的常见误区。
(6)掌握绩效考评的常见方法。
(7)理解绩效反馈的主要内容。
(8)了解绩效反馈的准备工作。
(9)理解绩效反馈的基本原则。

第一节　酒店绩效目标

绩效管理始于绩效目标体系的构建。只有明确了绩效目标,酒店才能保证绩效管理过程的顺利进行。在制定绩效目标时,酒店需要综合考虑组织目标、部门职能、岗位职责与员工素质。

一、绩效与绩效目标

绩效管理的难点之一是绩效的界定和绩效目标的制定与分解。有效的绩效管理不仅可以客观地衡量组织与员工的绩效水平,而且可以促进组织与员工出色完成绩效目标并不断提升绩效水平。

(一)绩效特征

绩效是指组织或个人为了实现目标而采取的各种行为的结果。绩效可以分为组织绩效与员工绩效。在广义上,绩效包括工作结果、工作效率以及工作过程中展现的工作方式与工作态度等。在狭义上,绩效是指组织或个人实际完成的工作结果。为了对组织与员工做出全面客观的评价,一般认为,绩效既要反映工作结果,又要反映工作过程。绩效一般具有以下几个特征。

1. 多维性

绩效是一个多维概念,组织或员工的绩效可以从多个层面表现出来。酒店要特别重视绩效的过程概念,关注对于工作方式与工作行为的评价。一般来说,绩效包含了工作态度、工作行为以及工作结果。

(1)工作态度层面。从主观因素来看,绩效的好坏主要取决于组织成员的态度和能力。即使工作能力很强的员工,如果工作不用心也很难有高绩效;反之,资质一般但好学、肯干的员工也许能创造良好的业绩。员工态度调查可以用来观察员工的行为变化,了解员工接受绩效管理的程度等重要信息。这些信息可以用来增强或改变组织与员工之间的信息沟通,以保证员工的行为、个人目标和价值观与组织的要求相符。[①]

(2)工作行为层面。首先,部门与岗位不同,所需行为与能力也不同。单凭工作成果来评价,而没有考虑工作的难易程度,对于工作难度大、成果不明显的部门或员工来说是不公平的。其次,通过工作行为的评价,酒店可以测量特定岗位的员工是否采取了所需的各种行为,据此做出各种培训和任免决策。最后,根据工作行为评价的反馈,可以更科学地设定与规范导致卓越成果的有效工作行为。

(3)工作结果层面。工作结果是指工作投入所导致的产出。对于工作结果的关注,可以引导组织或员工努力完成预定的绩效目标。常用的工作结果指标包括收益类指标(数量、质量与利润指标)与消耗类指标(成本费用指标)。

2. 动态性

一方面,绩效是一个动态的概念,如何界定其内涵视情景而定,如不同的时期、不同的评价对象或不同的发展阶段等。酒店在确定绩效内涵时,必须有充分的依据,既要合理,又要先进;既求稳定,又求发展。另一方面,员工的绩效会随着时间的推移而发生动态变化,因此,管理者不可凭一时印象或以前的考核结果,以僵化的思维来看待员工的绩效。绩效的动态性特征意味着管理者应以发展、权变的眼光对员工进行绩效考评。[②]

3. 多因性

绩效的优劣受到多种主客观因素的影响,如外部因素、工作环境、工作特征、规章制度、工作动机、职业兴趣等,其中,工作环境、工作特征、规章制度等是组织因素,工作动机、职业兴趣等是个人因素。有时员工的能力和态度并不能完全转化为工作成果,这中

[①] HARPER S, VILKINAS T. Determining the impact of an organisation's performance management system[J]. Asia pacific journal of human resources, 2005, 43(1): 76-97.

[②] 赵嘉骏,招戈,刘丽. 现代饭店人力资源管理[M]. 北京:中国物资出版社,2012:192.

间还有很多影响因素，如部门内部流程是否畅通、部门协作是否融洽、顾客需求是否改变等。员工的能干与愿干不一定保证酒店获得良好的绩效，还需要考虑外部因素与组织因素的影响。不同规模、档次、类型、发展阶段的酒店，其绩效的影响因素可能存在很大差异，因此，酒店应该抓住影响绩效与改进绩效的关键因素。

（二）绩效目标

绩效目标是关于组织或员工绩效的方向与程度的规定，即酒店员工集体或员工个体在绩效期内要做什么、要达成什么结果。这是绩效期末进行考评的依据和标准，是组织与员工行动的方向与指南。酒店绩效目标自上而下可分解为组织绩效目标、部门绩效目标与岗位（个人）绩效目标。在制定绩效目标时，酒店要考虑组织内外环境匹配，既反映组织使命要求，又具有可操作性。为使绩效目标明确有效，在制定时应遵循以下几个原则。

1. 现实性

绩效目标的现实性，就是既具有先进性，又具有可行性。绩效目标必须在大部分管理者与员工的控制范围内，而且是大部分管理者与员工通过努力可以实现的。所谓先进性，就是绩效目标应具有挑战性，即要实现某种超越，让员工具有兴奋感和成就感，如从行业第四位到进入行业前三位、营业收入突破重要整数关口等。所谓可行性，就是绩效目标必须是经过努力可以实现的，即具有达到目标的条件。

2. 具体性

绩效目标的具体性是指组织必须清楚地表述要达到的行为标准与结果指标。酒店应避免使用含糊不清、华而不实的抽象语言与毫无意义的假话、大话、空话，如"成为酒店业盈利能力最强的企业""成为勇于进取的餐饮食谱创新者"等。酒店要明确指出到底是考评什么内容，不能过于笼统，否则就无法进行有效考评。酒店必须对绩效目标做出公开的说明，使管理者及员工深入理解绩效目标的内涵。绩效目标清晰明确，才有可能进一步具体化，从而分解成一项项具体的工作任务，并转化为员工的行动指南。

3. 可测性

绩效目标是可以准确测度并在事后予以检验的，也是可以在同行之间进行相互比较的。一般来说，属于工作态度或行为的部分，因为比较抽象，难以量化；属于工作结果的部分，则往往能用客观、量化的指标进行衡量。定量化是使目标具有可测性的最好办法。为此，绩效目标能量化的必须量化。例如，"要及时处理顾客投诉"这一提法就难以测度，更为合理的表述是："在接到投诉的 24 小时之内给顾客一个合理的答复，如有特殊情况无法及时给予答复，必须告知顾客明确的答复时间"。当然，有些目标是难以量化的，时间跨度越长、层次越高的目标越具有模糊性。绩效目标最好能用数据或事实来表示，如果太抽象而无法衡量，就无法对目标进行有效测度与控制。

4. 系统性

绩效目标的系统性，就是目标具有层次且互相联系，体现目标从上到下的传递性。酒店的绩效目标大体可分为组织目标、部门目标、岗位与个人目标三个层次。在绩效目标的制定与分解过程中，必须体现多层次目标之间的相互关联性，下一层的目标应围绕上一层的目标展开。通过对绩效目标按层次或时间进行分解，构成一个目标体系。绩效目标应当体现酒店使命与战略目标，体现结果导向。但高层次的绩效目标较为抽象，让员工个体不知从何入手，这就要求绩效目标是可以进行分解的，能将较为抽象的总目标转化为任务明确、具体的细分目标，实际就是将结果管理转化为过程管理，让每位员工清楚自己的职责和任务。

5. 时间性

任何目标必须有完成时间期限，表明起止时间。一方面，目标是在一定时期内要达成的，若没有提出相应的时间要求，就难以区分各项目标的相对重要性与紧迫性；另一方面，目标的时间性也意味着个体可以对各项任务按照时间段进行评估，而且一旦出现与预期不相符合的情况，可以进行相应的补救或修正。

6. 灵活性

绩效目标是发展变化的，应有一定的弹性，酒店与员工应根据环境的变化进行及时调整。绩效目标可以因酒店添置新设备、引进新技术或其他工作要素的变化而进行相应修正。一旦出现了与实际预测不一致的情况，绩效目标可能就有调整的必要性。如何在保证绩效目标相对稳定性的基础上，保持适度的灵活性，也是目标设定的重要原则之一。在制定中长期目标时，酒店要以关注大方向为主，要防止出现方案过细、战术性太强、无法顾及环境变化而导致无法操作的局面。

（三）绩效指标

酒店绩效目标是通过绩效指标体现的。为了客观、全面、系统地反映绩效目标，酒店需要制定科学合理的绩效指标体系。绩效指标一般包括三个构成要素，即指标名称、指标含义、评价尺度。绩效指标要达到"三确"，即内涵要正确、用词要准确、表达要明确。内涵正确是指能够让所有考评者与被考评者正确无误地理解绩效指标的含义；用词准确是指描述绩效指标内涵的用词不应模棱两可或含糊不清；表达明确是指能够使所有人理解指标所涉及的具体内容。每个绩效指标要具有独立性，各个指标内容不能交叉重复，且应指向相应的绩效目标。通过绩效指标的设定，可以使员工明白酒店对他的具体要求是什么，他们在完成酒店绩效目标时的作用是什么。在构建绩效指标体系的过程中，除了要对绩效目标进行有效细化之外，还要制订达成指标的行动计划，对一些问题达成一致的意见。例如，在该绩效周期内，员工的主要职责、任务、权限以及工作结果是什么？最重要的任务是什么？如何分步骤达成目标？遇到困难应该怎么做？绩效指标可分为定量指标与定性指标，定量指标以统计数据为基础，客观可靠，容易实施，可避免考评人员的主观倾向；定性指标适用于考评难以量化的因素，有助于对员工做出全方位的考评，适用范围较广，但考评结果可能会受到考评人员的经验与主观意识的影响。

二、绩效目标设计思路

绩效目标使员工在工作开始前就明确自己"为何要做"，要达到"什么结果"。有了目的与依据，大家才会明确工作的意义，才会有明确的方向，才会有清晰的行动方案。在绩效目标设计上，一般要求其有具体的数量特征和时间界限。显然，简明、清晰、生动的绩效目标，以及细化、合理、可行的绩效指标与行动方案，能够激发士气与鼓舞斗志，从而充分调动员工的积极性。

(一) 组织绩效目标

组织绩效目标必须体现酒店特色与战略需要,反映经营理念与未来前景,兼顾长短期发展要求。组织绩效目标的设计,主要有以下三种基本思路。

1. 基于企业战略的绩效目标设计

酒店选择哪些绩效目标取决于企业使命与战略目标。组织绩效目标必须能够客观地反映各种战略实施的效果,从而为酒店长期成功与采取合适纠偏措施提供必要基础。企业使命从总体上描述了企业的发展方向与业务主题,最终是通过组织目标体现出来的。基于企业战略的组织绩效目标是企业使命的具体化与明确化,能够反映在一定时期内经营活动的方向和所要达到的水平。组织绩效目标明确了企业在特定时期内的工作重点,从而使整个组织工作能完整地融为一体。如果酒店能把绩效目标设置得当、表述清楚,并使每位员工都能理解总体发展方向,明确自己在组织中应有的地位和作用,就可以有效激发员工活力。例如,汉庭酒店致力于成为"客户首选的经济型酒店",把"员工幸福度、客户忠诚度、盈利、行业领导、美好生活"作为五大经营指标,把"简洁、方便、高品质、美感"作为产品设计理念,把"好客"作为汉庭的标签,努力为了让"在路上"的人们有一段"美好"的旅程。[①]

为了使绩效目标更好地指导部门与员工的行动,酒店必须确定关键绩效指标(key performance indicator, KPI)。KPI 是衡量酒店战略执行效果的关键指标,是一种目标式量化评价指标,是把企业的战略目标分解为可操作的工作目标的工具。KPI 设定要以企业战略目标为基础,明确企业的关键业务领域,然后再确定关键业务领域的具体绩效指标。KPI 体系的构建与实施,将有助于提高酒店绩效管理的效率。基于企业战略的组织绩效目标应该得到管理者与员工的认同,让他们感觉到目标的公平性与合理性。这对于激励员工的工作积极性,具有非常重要的作用。因此,在设计组织绩效目标时,管理者要鼓励员工积极参与其中。员工对自己参与制定与认同的组织绩效目标,往往会自觉遵循。

一般来说,基于企业战略的组织绩效目标主要包括以下五个方面。

(1) 社会贡献目标。酒店的生存和发展有赖于社会对酒店的认可,而社会认可取决于酒店对社会做出的贡献,即酒店履行社会义务的情况。一般来说,酒店的社会贡献目标主要表现在四个方面:一是在促进对外开放、改善投资环境、发展社会公益事业以及促进本地区精神文明建设方面的目标;二是在扩大劳动就业、安排失业人员与保证社会稳定方面的目标;三是在强化基础、改革创新、提升管理水平以及促进本地区企业管理水平提高方面的目标;四是在满足社会需要、积累建设资金以及促进本地区经济繁荣方面的目标,通常用接待人次、利税等指标来表示。

(2) 企业发展目标。发展才是硬道理。发展目标是提升酒店各方面素质和增强酒店发展能力的目标。只有不断发展,酒店才有可能做大做强;只有不断发展,酒店才能创造持续竞争优势;只有不断发展,员工才有成长的空间。酒店发展目标主要表现在酒店的扩张、酒店等级的提高、设施项目的增加、经营规模与范围的扩大等方面。

---

① 季琦. 一辈子的事业: 我的创业非传奇[M]. 广州: 广东经济出版社, 2011: 157-171.

（3）市场营销目标。市场是酒店生存的空间。酒店市场营销目标主要表现在原有市场的巩固、潜在市场的开拓和新市场的创造等方面。它反映了酒店的知名度与美誉度，以及顾客的满意度与忠诚度。知名度侧重于影响的范围，美誉度则表示影响的好坏程度。忠诚度是指顾客经常购买本酒店产品或向他人推荐本酒店产品的程度，它是顾客满意的结果表现。在市场营销方面，主要的测量指标包括平均房价、餐饮（康乐）人均消费、市场占有率、老客户流失率、新增客源的比重与结构、常住客比例、散客比例、境外客人比例、团队客人比例等。

（4）人力资源目标。人力资源是酒店最重要的战略资源。酒店人力资源管理的目标可以用员工流失率、员工满意度、劳动生产率这三个最基本的指标来表示。酒店要特别关注重要岗位的人员流失情况。员工满意度反映了酒店的综合管理水平，既可以反映酒店管理政策和制度的科学性，也可以反映各级管理者的素质。劳动生产率的提高可以有效反映酒店人力资源管理的效果。

（5）财务管理目标。经济效益不仅关系到全体员工的切身利益，也影响着酒店的持续发展。酒店的财务管理目标主要包括两方面：一是资金目标。资金是酒店正常运行的基本要素，一般可用资本结构、现金流量、运营资本、贷款回收期等指标表示。二是盈利能力目标。盈利能力反映了酒店给业主、股东的回报率和经营效益的高低，一般可用营业收入、利润总额、投资收益率、销售毛利（净利）、每间可售房收益等指标来表示。酒店想要取得良好的经济效益，除了扩大收入来源外，还必须有相应的成本控制目标。

2. 基于标杆超越的绩效目标设计

标杆超越法是酒店设计组织绩效目标的一种重要工具。基于标杆超越的绩效目标设计是指通过将酒店的关键价值活动与相关行业领域的最优绩效者（或关键竞争对手）进行比较，设计出有针对性的关键绩效指标及绩效改进的流程与方式。酒店以相关行业领域的绩效卓越者为标杆，通过将本酒店的产品、服务和管理等方面的实际情况与这些标杆进行定量化评价和比较，寻找差距进而制定相应的绩效目标。

运用标杆超越法的关键是正确地选取标杆。在选取标杆时，酒店要注意以下几个方面。

（1）标杆要有利于指导实践，但不一定是最佳实践或最优标准。酒店选择标杆是为了改善自身的产品、服务与管理水平，找出自身存在的差距，制定合理的绩效目标，达到增强竞争力的目的，而不是让管理者和员工感到自卑、丧失信心。

（2）标杆有很大的选择余地。酒店管理者可拓展选择范围，在其他行业甚至全球范围寻找标杆。为了找到真正适合自己的标杆，酒店要突破职能分工、企业性质、行业范围的界限，重视实践经验，强调具体的环节、界面和工作流程。同时，也可以对多个候选标杆进行有效分析和筛选，并根据战略需要进行动态调整。

（3）标杆超越法是一种渐进的管理方法。基于组织业务流程和工作环节的可分解性和可细化性，酒店既可以寻找整体最佳实践作为标杆来比较，也可以仅仅发掘其他企业中的卓越环节作为标杆值来比较。酒店可根据总体战略需要，分阶段、分步骤地确立相应的标杆企业或标杆值，以循序渐进地确立绩效目标。

（4）标杆超越法尤其注重不断地比较和衡量。标杆超越法的过程自始至终贯穿着相互比较和衡量。在比较和衡量过程中，必然伴随着新秩序的建立、旧秩序的改变。为此，酒店需要对员工进行强有力的培训和指导。

基于标杆超越的组织绩效目标及其 KPI 设计，酒店必须考虑自身的特色、实力与发展阶段，明确当下的差距、原因与改进重点。具体来说，包括下列步骤：①明确酒店内部有改进潜力的关键价值活动；②确定一个标杆，它是该项关键价值活动的行业领先者（或关键竞争对手）；③进行相关数据比较，分析绩效存在差距的原因；④运用从该项关键价值活动的绩效卓越者学习到的知识与经验，重新设计绩效目标与业务流程，并通过内部资源与能力的重新配置，努力成为该项价值活动的绩效领先者。

3. 基于平衡计分的绩效目标设计

酒店要实现不断发展，就必须了解并满足利益相关者的需要。根据企业管理理论，一般把企业中所有利益相关者归纳为顾客、员工、股东与社会，而企业使命的明确，就要求能兼顾上述四类利益相关者的满意，这里称为"四满意"。酒店在确定绩效目标时，必须要注意兼顾这四个主体的利益。例如，客房入住率指标，适合于考评酒店实现盈利目标的能力，但不足以考评其他目标，如社会责任或顾客价值等目标。

我国一些酒店的绩效考评体系几乎都是财务指标，但以财务指标为主体的绩效考评体系，容易导致短期思维，制约酒店的长期发展。酒店要生存与发展，就必须了解并满足诸如政府机构、所有者、员工、顾客、供应商、所在社区及公众利益团体等利益相关者的需要。罗伯特·卡普兰（Robert Kaplan）与戴维·诺顿（David Norton）提出的平衡计分法有利于全面评价企业的绩效水平，有利于激励员工创造出卓越价值。

平衡计分法不仅使企业有效地跟踪财务目标，而且使企业重视关键战略能力的提升。总体而言，平衡计分法促使高层管理人员多角度关注企业战略的实施情况。具体来说，其主要特点包括以下方面：①从四个角度评价战略运作状况，即财务、客户、内部流程和创新与学习；②分析它们的相关性及其相互链接；③使组织和个人目标与战略任务保持一致；④使企业力量在战略目标上集中；⑤对目标值的结果进行跟踪与分析；⑥平衡短期成果与长远发展；⑦实行定期绩效考评以了解与改进战略；⑧及早发现问题，根据分析结果及时调整战略目标。[①]

根据平衡计分法，企业要从四个角度考察自身绩效，即顾客角度——顾客如何看待企业；内部角度——企业必须擅长什么；创新与学习角度——企业能否继续提高并创造价值；财务角度——企业如何满足股东（见图 6-1）。[②] 一般来说，顾客角度的目标与指标包括市场份额、客户满意度、客户忠诚度、顾客份额、客户保持率、新客户开发率、老顾客引荐率、客户盈利率等；内部角度的目标与指标包括内部反应速度、运行质量、运作成本等；创新与学习角度的目标与指标包括员工满意度、员工生产率、研发投入、新产品销售额、团队合作状况等；财务角度的目标与指标包括利润、营业额、销售额、投资回报率、现金流等。酒店可以利用平衡计分法设计兼顾短期与长期、稳定与发展、继承与创新的绩效目标，但在 KPI 设计上，高层管理者必须根据酒店的特殊性，确定体现关键绩效且反映酒店特性的指标，找出持续改进关键绩效的方法与具体实施方式。

---

① 宝利嘉顾问. 战略执行：平衡计分法的设计与实践[M]. 北京：中国社会科学出版社，2003：4.
　毕意文，孙永玲. 平衡计分卡中国战略实践[M]. 北京：机械工业出版社，2003：22.
② 李焰，江娅. 公司绩效测评[M]. 北京：中国人民大学出版社，2001：116-136.

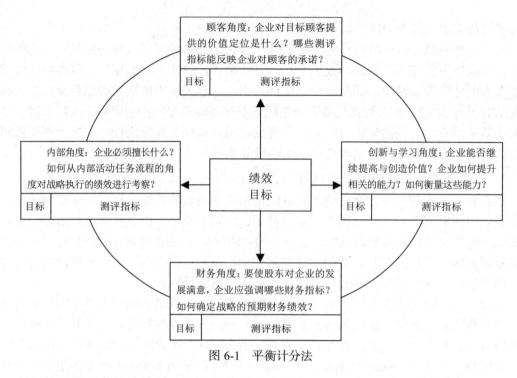

图 6-1 平衡计分法

在具体运用平衡计分法时，可参照如下几个要点。

（1）最重要的是高层管理者的支持和推动，因为平衡计分法是企业战略管理实施的工具，没有高层的支持与推动根本不可能成功。

（2）根据企业战略设定四个维度的绩效目标，即财务、客户、内部流程和学习与创新。

（3）在组织内传达战略且把绩效目标逐级落实到组织内各级单位以及个人。

（4）把平衡计分和绩效管理、能力发展与奖惩挂钩，并运用完善的信息系统为高层提供便利，使之易于跟踪与检查。

（5）定期汇报组织绩效结果。根据评价结果分析对战略做相应调整，并重复上述第（2）～（5）个步骤。[1]

（二）部门绩效目标

部门绩效目标实际上就是组织绩效目标的分解。部门绩效目标及其 KPI 设计必须以部门职责与业务流程要求为基础。为了确保酒店组织绩效目标的达成，各部门需要各司其职，在此基础上，要把相关协作关系通过制度加以规定，使部门内外的关系协调走上规范化、标准化、程序化的轨道。在酒店这个庞大的运作系统中，除了各部门内部运作外，还涉及很多跨部门的横向联系，每一项业务的有效开展与圆满完成需要很多部门的配合。这就要求酒店明确谁是主导部门、谁是参与部门、谁该承担什么责任和拥有什么权限等，且相关内容都必须在业务流程中反映出来。这相当于在给各个部门定位，以明确的文字形式来规范部门及员工的绩效目标，督促各部门各负其责，确保流程的高效运转。因此，在确定部门 KPI 时，除了充分反映部门职责重点外，酒店还必须体现业务流程有效整合的要求。

---

[1] 毕意文，孙永玲. 平衡计分卡中国战略实践[M]. 北京：机械工业出版社，2003：22.

（三）岗位绩效目标

岗位绩效目标就是部门绩效目标的分解。岗位绩效目标的设计需要考虑本部门的业务重点、岗位职责与业务流程要求。岗位绩效目标设计必须以岗位职责为中心。责任是岗位存在的理由，也是岗位在酒店业务活动中的地位与价值。岗位绩效目标确定还要兼顾内部员工素质与同行业基准水平。在岗位层面，除了结果性指标外，行为性指标与态度性指标的重要性也必须得到体现。因此，岗位 KPI 设计应以岗位职责为基础，充分体现部门内部业务流程整合的要求，以及重视行为性与态度性指标的选择。

员工个人绩效目标与其所处的岗位责任相对应。为了保证目标切实可行，酒店就不应该采取传统的自上而下、硬性下达指标的设计方式，而应该让员工参与到其自身绩效目标的设定中来。这是员工了解组织目标以及个人目标，知晓如何得到组织各层面帮助的好机会。艾·里斯与杰克·特劳特指出，自上而下的思维会导致两种错误：拒绝承认失败；不主动把握成功机会。[①] 目标设计方式可以是先自下而上，再自上而下，并通过有效沟通以达成共识。在沟通的过程中，有些员工会隐藏自己的真实想法，有些员工会有意压低个人绩效目标，而上级又希望员工把绩效目标设定得高一点。因此，个人绩效目标设计的过程是一个管理者与员工不断沟通的过程，需要彼此反反复复的讨论与协商，需要管理者"晓之以理，动之以情"，以激励员工挑战和超越目标。

三、绩效目标确定步骤

绩效目标及其关键指标的确定，一般包括以下几个步骤。

（一）初拟目标

酒店需要建立与组织战略和组织文化相匹配的绩效目标体系。根据酒店的发展目标、部门目标与岗位职责，可以初步拟定各个层次的绩效目标，并进一步列出具体的绩效指标。例如，通过对特定岗位的工作内容、性质、条件等进行分析，了解员工在该岗位上应该达到的能力、知识、经验等要求，从而提炼绩效目标及 KPI。组织是一个系统，既要分工更要合作。因此，在初拟目标时，除了考虑岗位职责外，还要考虑工作岗位与上下游之间的关系、工作岗位在组织流程中的角色与责任、部门职能、组织使命与目标等方面，并要认真分析它们之间的有机联系。

（二）筛选补充

在每一个绩效管理周期内，酒店都要根据内外部环境变化对绩效目标及 KPI 进行筛选与补充。根据重新确定的绩效目标、上一绩效期间出现的问题等，对指标体系进行调整与完善。此外，对于筛选补充后的绩效目标及 KPI，还要经过各相关人员的系统评价，如可以让该岗位员工及其直接上级对初拟目标按照需要评估的程度分成很重要、重要、一般、不重要、很不重要五档。根据少而精的原则，酒店确定该绩效周期的绩效目标及 KPI。

---

① 艾·里斯, 杰克·特劳特. 营销战[M]. 左占平, 译. 北京：中国财政经济出版社, 2002：3.

（三）分配权重

绩效目标及 KPI 的权重赋值受评价目的与评价对象的影响。评价目的是影响权重的首要因素。绩效考评的目的可能是薪酬管理或培训开发的需要，也可能是晋升或裁员的需要。不同的评价目的决定了各部分的权重有所不同。如前所述，绩效目标一般可分为工作态度目标、工作行为目标与工作结果目标等三类。从薪酬管理角度看，工作结果目标所占权重可大一些；从培训开发角度看，工作行为目标的权重应强化。在确定权重时，还必须考虑酒店性质、部门、岗位与评价对象的不同，如餐饮部经理和餐厅服务经理的绩效目标及 KPI 可能在很多方面会有所重叠，但权重肯定会有较大差别。

（四）试行修订

"变化"会违背常规，打破惯例，令人意外，却不可回避。因此，在改进绩效目标时，酒店必须非常谨慎。有时在全面推行前，可先在一些有代表性的岗位进行小范围试行，并观察其试行效果。若未能达到预期效果，则需要进一步修订，以确保绩效目标体系的科学性、合理性与可操作性。在修订时，酒店要充分考虑试行岗位员工、员工的直接上司以及相关同事的意见与建议。

（五）正式拟定

试行的目的是为了在实践中进一步检验与完善绩效目标体系。在绩效目标正式确定之前，还需要广泛征求相关各方的意见。在各方讨论试行效果的基础上，改正不足之处，使其进一步完善。经过小范围试行与逐步完善后，即可形成正式的、具有强制力的绩效目标体系。按照确定的范围和时间，酒店开始正式运行该体系。与此同时，要向有关各方充分说明，报送人力资源部备案。

四、绩效目标实施要点

绩效目标实施是管理者与员工进行持续的绩效沟通与推进绩效目标实现的过程。绩效目标实施的要点包括绩效监控、绩效沟通与绩效辅导。

（一）绩效监控

管理者要通过监控员工绩效目标实施的过程，及时获取必要的绩效信息，并给予员工必要的提醒和支持。管理者应及时掌握员工的工作动态以及各项任务的进展状况，督促员工尽到应尽的责任，完成应完成的任务。这个环节的重点工作就是要收集实际工作状况的信息，及时了解和掌握工作的实况。信息的准确与否直接决定了管理者能否对全局进行正确的判断从而做出正确的选择。因此，管理者要通过调查、统计、分析等方法，经常性地对组织的各项工作进行全面、系统、有重点的检查。通过亲自观察、召开会议、分析报表资料、统计报告、抽样调查、运用管理信息系统、要求提交书面报告和进行口头汇报等方式，管理者能从多渠道收集到关于绩效目标完成度的信息。最简单和常用的绩效信息收集方式是亲自观察，而走动管理是亲自观察的典型形式，这种绩效信息收集方式能帮助管理者获得其他来源所疏漏的信息，有助于及时发现异常情况。

（二）绩效沟通

绩效管理强调管理者和员工共同参与和形成绩效伙伴关系，这主要表现为持续不断的绩效沟通。人们进行沟通的目的是取得他人的理解和支持。在工作与生活中，人们常常遭遇沟通不畅的情形，其结果是无法达成沟通的初衷。因此，管理者在促进绩效目标实施的过程中，必须要努力达成有效沟通。有效沟通的标志是：信息接收者愿意按照信息发送者的意图采取相应的行动。在绩效目标实施阶段，绩效沟通的目的主要包括三方面：一是管理者与员工及时掌握绩效信息；二是员工根据工作中遇到的障碍向管理者求助，寻求支持和解决问题的办法；三是管理者对员工的工作表现与绩效目标之间的偏差进行纠正。[①]在进行绩效沟通的过程中，管理者应拉近自己与员工的距离，明确员工在想什么，并让员工获得有效信息，减轻其工作压力感，增强其工作动力，促进其完成绩效目标。

（三）绩效辅导

绩效辅导必须基于及时、准确且全面的绩效信息和有效且持续的绩效沟通。绩效辅导是指管理者与员工在讨论工作进展、工作成绩、现存问题与解决方案的基础上，认可与赞扬绩效优秀者，帮助与指导绩效未达预期者，共同解决问题与推进绩效目标实现的过程。在进行每次绩效辅导时，管理者都应明确以下问题：是否存在重大偏差？在哪些方面表现出色？在哪些方面需要改进与提升？员工是否在努力完成绩效目标？如何帮助员工提升能力和绩效？绩效目标是否需要调整？若需要，如何调整？[②]

管理者应观察工作进展与提供有效指导，并把握员工在工作过程中用心的程度及付出的努力。绩效辅导需关注的要点包括：确认员工优势与成绩；向员工提出建议；对员工给予指导；为员工提供支持；使员工获得信心；帮助员工提升胜任素质。[③]管理者不仅要充分肯定员工的优势与成绩，而且要明确指出员工的问题，还要对员工进行有效的指导。

第二节 酒店绩效考评

绩效考评是指在一个绩效期结束时，酒店运用系统合理的考评标准与方法，对员工的工作态度、工作行为与工作结果进行客观、公正评价的过程。酒店想要建立有效的绩效考评体系，就要明确考评的目的与要求，合理确定考评主体与考评周期，选择科学的考评标准与方法。

一、绩效考评概述

通过建立科学合理的绩效考评体系，酒店能够对员工工作进行系统的核查，分析组织整体服务状况与经营状况，了解组织的人才储备与使用状况，以决定如何加强人才培养和

---

① 陈镭. HR达人教你绩效管理一本通[M]. 北京：中国铁道出版社，2018：201-202.
② 陈磊. 绩效管理实操全流程演练[M]. 北京：中国铁道出版社：2018，51.
③ 刘昕. 人力资源管理[M]. 3版. 北京：中国人民大学出版社：2018，284.

激发人才潜能,从而进一步发挥人才的效率与效益。通过系统的绩效考评,酒店必须让员工明白,他们出色的工作会得到组织的赏识和奖励。以下将在概述绩效考评目的与常见误区的基础上,阐述绩效考评的具体要求。

(一)绩效考评目的

酒店应结合员工的岗位职责和绩效目标,衡量员工的工作态度、工作行为与工作结果,确定员工的绩效水平。科学地运用员工绩效考评结果,可以使员工与酒店均受益。绩效信息必须完备,且及时收集与整理,否则某些考评结果将因失去时效性而无法达成预期目的。一般来说,绩效考评的目的包括三个方面,即战略目的、管理目的和开发目的。

1. 战略目的

绩效目标的设定犹如方向的确定,目标设置不合理,对员工的引导效果必然会南辕北辙。绩效考评应当为实现战略目标服务,必须与酒店战略要求相一致,应使员工的注意力集中在能实现战略目标的关键因素上。酒店应保证所设定的绩效目标及指标能引导员工展现组织所期望的行为和结果,最终可以比较顺利地实现组织目标。因此,绩效考评的标准、目标与指标应具有一定的弹性,以便于战略性调整。

2. 管理目的

绩效考评结果能够反映员工、部门与组织整体的绩效水平,成为酒店人事决策的基本依据。通过建立科学的考评制度,酒店可以积累可靠的人事管理资料,为公平而合理地做出员工的晋级、调职、加薪、惩戒或辞退等一系列人事决策提供确切的事实依据。例如,在考评过程中,若发现某个员工有某种才能,可以成为提拔或调动该员工的重要依据。若员工能力不够,绩效考评结果很差,则可能会被降职、解雇或让其从事更为简单的工作。同时,绩效考评可以检查管理人员的工作成效,以便找出工作中的薄弱环节,从而加强管理针对性以达到部门的目标与要求;绩效考评还可以促使管理层更妥善地安排员工的工作,量才用人,从而改善部门的管理状况,使各项业务得以顺利开展。

合理的绩效考评体系对员工具有内在激励的功能,可以激发员工为达成绩效目标而努力工作。绩效考评有利于员工认清自我,从而达到有效激励员工的作用。在此基础上,员工可以自觉地提升工作能力和工作绩效,以得到更高的报酬水平和更好的发展机会。绩效考评可以使员工客观而清楚地认识与了解自己的工作表现。绝大多数员工都愿意了解自己目前的工作成绩,也想知道自己如何才能工作得更好。员工因本人的良好表现而得到认可或奖励时,会感到振奋,从而激发员工潜力,促使员工对本职工作产生更为浓厚的兴趣,增进员工工作的积极性与创造性。

3. 开发目的

绩效考评的重要目的之一就是能为员工的职业发展提供有效指导。根据员工完成绩效目标的情况,酒店可以识别员工的优势与弱点,为员工的培训与开发提供方向。绩效考评为酒店相关部门分析培训需求与制订培训计划提供了依据。员工绩效考评是员工工作表现的总结,也是酒店培训工作成效的反馈。员工绩效考评能够发现员工需要提升的能力,尤其对于管理人员,可以发现他们在人际冲突管理、计划、监督、预算能力等方面的欠缺,从而为培训与开发方案的设计和实施奠定基础。

(二)绩效考评误区

由于人的认知局限性、信息不对称性与信息整理的复杂性等因素,大家往往采用直观判断或者一些简单的方法来对周边的人、事、物做出判断和评价。在绩效考评过程中,往往也会受到这些因素的影响,从而产生各种各样的绩效考评误区,影响绩效考评的公正性与准确性。以下将介绍实践中常见的绩效考评误区。

1. 晕轮效应

晕轮效应(halo effect)最早由美国著名心理学家爱德华·桑代克(Edward Thorndike)于20世纪20年代提出。[1] 现代英汉词典对"halo"一词的解释是"(绘于神像头上的)光环"或"(环绕日月的)晕轮,晕圈"。爱德华·桑代克认为,人们对人的认知和判断往往只从局部出发,得出整体印象,即常常以片面评价代替整体评价。考评者应坚持全方位评价的原则,要避免陷入晕轮效应的误区,不要"一叶障目,不见泰山"。

2. 首因效应

首因效应又称第一印象效应,是指人与人在第一次交往中,会给对方留下深刻印象,并对其以后的认知产生长期影响的心理现象。因此,考评者对于员工的第一形象,往往会给考评工作带来较大的影响,使考评结果难以正确地反映员工的真实工作表现。一旦形成首因效应,人们就会对他人产生一种鲜明、深刻、固定的看法,并影响甚至决定彼此今后的交往关系。在人际交往中,这种"先入为主"的偏差经常发生,但人总是在不断发展变化的,因此需要以历史的、全面的观点去评价一个人。[2]

3. 近因效应

近因效应是指人们最近获得的信息对总体印象的形成产生主要影响的心理现象。考评者在考核员工一段时间内的工作绩效时,常常只看重员工近期的工作表现,而忽视考核时间范围内相对较远时期的工作表现。这样自然就会造成绩效考评误差。例如,某酒店员工在每年的前几个月工作表现不尽如人意,等到最后几个月才开始较为积极地投入工作,在年度考评中却能够得到较好的评价。

4. 投射效应

投射效应是指人们具有把自己的特性投射到他人身上,并从自身角度出发对他人进行认知的倾向。"以小人之心,度君子之腹"就是一种有代表性的投射效应。当他人的行为与自己不一样时,许多人习惯于用自己的标准去评价。这种效应更容易在认知者与被认知者具有某些相似重要特征(如专业、资历、性格、家庭背景等)的情况下发生。[3] 如果考评者推己及人,就会对与自己相似的员工做出较高的评价。

5. 偏见误差

当根据某人所在的团体知觉为基础判断某人时,许多人会受到刻板印象的影响,而这种刻板印象就会带来个人偏见。刻板印象是指对某人或某一类人产生的一种较为固定、类化的看法。

偏见误差是指考评者由于受到某种偏见的影响而对员工做出不符合实际情况的评价。

---

[1] 王琪延. 企业人力资源管理[M]. 北京:中国物价出版社,2002:212.
[2] 张朝,李天思,孙宏伟. 心理学导论[M]. 北京:清华大学出版社,2008:241-242.
[3] 张朝,李天思,孙宏伟. 心理学导论[M]. 北京:清华大学出版社,2008:243.

考评者可能因为对于员工的专业、年龄、性别、种族、资历、性格、气质或人际关系等存在某种偏见，而影响考评结果的公正性。

6. 从众心理

从众心理是指个人受到外界人群行为的影响，而在自己的知觉、判断、认识、行为上表现出符合公众舆论或与多数人保持一致的倾向。一般来说，成员的行为通常具有跟从群体的倾向。当某位成员发现自己的行为和意见与群体不一致或与群体中大多数人有分歧时，会感受到一种压力，这促使其趋向于与群体保持一致。

在绩效考评过程中，考评者可能犯从众心理的错误。考评者不愿意因为与众不同的主张而感到被孤立，因而采取与大多数人一致的判断，以获得群体的归属感、认同感和安全感。例如，某酒店员工能力不错，年度工作指标也超标完成了，但该员工人际关系糟糕，其他同事都觉得应给他评低分，考评者最终不敢给他评高分。考评者可能会想如果给他评高分，在别人眼里自己就是另类。在从众心理的影响下，考评者做出了与大多数人一致的评价。

7. 人情压力

当考评者知道本次绩效考评结果将直接关系到被考评者的薪资或职务变动，或者害怕受到被考评者的责难时，往往就会产生人情压力。在人情压力的影响下，考评者倾向给予部分人较高的成绩从而歪曲了绩效考评的结果。例如，某员工是某高层领导的同学，或是某重要客户的亲属，主管可能迫于人情压力给其较高的评价。

为消除人情压力对于绩效考评的影响，酒店可以采取的方法包括：对考评结果的用途保密，以免造成考评者与被考评者之间关系的紧张；对凭借人情关系在酒店工作的员工采用目标管理法或关键事件法进行考评，不要对其采用人与人之间进行直接比较的考评方法；在考评者接受考评训练时，使其掌握必要的沟通技巧，以增加考评者的信心。

8. 中心化倾向

中心化倾向是指考评者把被考评者的绩效基本上都评估为中等，即被考评者的绩效评分都集中在中间水平的现象。中心化倾向使绩效考评结果没有真正体现被考评者绩效的差异，从而使绩效考评结果的可信度不高，不能成为人力资源管理决策的依据。[1]

之所以出现中心化倾向，从考评者主观角度来看，主要有以下原因：人们往往不愿意做出极好或者极差的评价；考评者对考评工作缺乏足够的信心；缺乏足够的事实，以至于难以做出准确的考评；考评要素不完整或方法不明确。

为避免中心化倾向的发生，酒店可以采取的方法包括：明确考评要素的等级定义；当考评者与被考评者接触时间太短且对其了解不够时，应延期考评；提供完整的信息；加强考评者的信心。[2]

9. 宽大化倾向

宽大化倾向是指考评者对被考评者所做的评定往往高于其实际绩效的倾向。宽大化倾向是极为常见的一种绩效考评误差。

宽大化倾向产生的主要原因包括：考评者（上司）不愿意严格地考评下属的绩效；考评者（上司）希望下属的绩效优于其他部门员工的绩效；考评者（上司）为了鼓励工作表

---

[1] 王君. 绩效评估误差产生的因素及控制[J]. 辽宁经济管理干部学院学报, 2008（3）: 17-19.
[2] 崔宝华. 人力资源整合精华读本[M]. 合肥: 安徽人民出版社, 2002: 299.

现有进步的下属；考评要素的评价标准不明确；考评者对考评工作缺乏自信心。[1]

为避免宽大化倾向的发生，酒店可以采取的方法包括：明确规定考评内容和考评标准并认真执行；加强对考评者的训练。

10. 严格化倾向

与宽大化倾向相反，严格化倾向是指考评者在评价员工绩效时过于严格的倾向。具有严格化倾向的考评者给出的绩效考评结果往往低于被考评者真实的绩效水平。

一般来说，当绩效考评的目的是用于员工培训、职业咨询与指导、绩效反馈、矫正不良业绩以及其他与员工发展相关的事项时，考评者倾向于采取严格化的评估。[2]

严格化倾向产生的主要原因包括：考评者对各种评价因素缺乏足够的理解；考评者为了处罚一位顽固的或难以对付的员工，或为了迫使一位有问题的员工主动辞职；为一次有计划的解雇制造有说服力的记录；为了缩减凭绩效提薪的下属的数量；为了遵守组织的规定（如组织不提倡对员工给出高评价）。[3]

为避免严格化倾向的发生，酒店可以采取的方法包括：以具体事实为根据；严格参照考评标准；考评者在评估时要不断留意是否陷入严格化的误区；让考评者理解无论绩效考评的目的为何，都应该客观，以真实反映被考评者的绩效水平。

11. 暗示效应

暗示是人们一种特殊的心理现象，是人们通过语言、行为或某种事物提示别人，使其接受或照办而引起的迅速的心理反应。考评者在领导者或权威人士的暗示下，很容易接受他们的看法，而改变自己原来的看法，这样就可能造成绩效考评的暗示效应误差。[4]暗示效应较常出现在民主评议过程中。例如，某企业在评估拟提升候选人时，主持人请总经理先讲话。该总经理说："据我了解，某人的业务水平很不错，工作态度一贯很好，能力很强，是个好苗子。"这样的讲话就有暗示的意思，也可能是无意的暗示。因此，在民主评议或者评优时，在会议开始之前切忌请领导发表看法。正确的做法是先介绍评价的条件和方法，然后请评价者进行评价，最后请领导总结并宣布评估结果。这样做的目的就是避免暗示效应影响考评者的判断。

12. 感情效应

人是有感情的，不可避免地会把感情带入所从事的任何一种活动中，绩效考评也不例外。感情效应误差是指由考评者与被考评者之间的感情关系造成的人员考评结果误差。[5]有些考评者可能会把被考评者与自己的人际关系或感情好坏作为绩效考评的依据。为了克服感情效应对于绩效考评的影响，酒店可以采取的方法包括：综合运用多种考评方法；培训考评者，提升考评者的素质；选用多个考评主体。

（三）绩效考评要求

为了确保绩效考评体系发挥激励与约束员工的作用，酒店在进行绩效考评时应做到以

---

[1] 方振邦. 绩效管理[M]. 北京：中国人民大学出版社，2003：133.
[2] 郑瀛川. 绩效评估兵法[M]. 厦门：厦门大学出版社，2006：132.
[3] 方振邦. 绩效管理[M]. 北京：中国人民大学出版社，2003：134.
[4] 陈芳. 绩效管理[M]. 深圳：海天出版社，2002：199.
[5] 王君. 绩效评估误差产生的因素及控制[J]. 辽宁经济管理干部学院学报，2008（3）：17-19.

下几点要求。

1. 重"目标"

绩效考评要紧紧围绕绩效期初制定的绩效目标。绩效考评过程也是对员工的不断指导、监督、鞭策与激励的过程。因此，绩效考评要能够有效引导员工的行为，使每位员工的努力方向与酒店的发展方向保持一致。

2. 重"过程"

结果固然重要，但过程同样重要。改进和提升组织与员工的绩效水平是绩效管理的重要目的，因此，酒店管理者必须引导员工关注工作过程，重视过程中对员工的指导。绩效考评不仅仅指绩效期末的评价，还包括在绩效期间进行绩效观察、沟通与收集有关资料的过程。首先，绩效评价往往以一系列表格或报告来反映，但这些都不是空穴来风，而是通过绩效期内不断的沟通与观察得到的各种信息的汇总。其次，管理者不应被表格与报告显示的结果蒙蔽眼睛，最重要的应是分析、整合与运用有效的绩效信息，探究绩效优劣背后的原因。若管理者只停留在区分不同员工的绩效水平，就难怪员工只注重自己的绩效等级与薪酬待遇之间的关系了。最后，管理者要注重现场管理，但要避免将走动式管理搞成简单的突击检查，而应是针对员工工作中遇到的问题与困难，提出建议与指导，帮助员工提升能力与改进绩效。

3. 重"公平"

在绩效考评中，酒店要做到结果、过程、信息以及交往的公平性，即全方位的公平性。结果公平性是指员工对自己所得到的考评结果是否公平的评价。过程公平性是指员工对绩效考评的程序与方法是否公平的评价。一般来说，员工主要依据考评制度的公开性、管理人员与员工的双向沟通程度、员工参与考评制度设计的程度，以及内部申诉程序等来评估酒店考评过程的公平性。信息公平性是指管理者在提供考评信息、解释考评管理决策过程与结果时，员工感知到的公平性。交往公平性是指员工对管理者在绩效考评过程中对待员工的态度和方式是否公平的评价。交往公平性评价的维度主要包括以下几个。

（1）沟通。管理者是否有效地向员工解释绩效考评政策以及做出相应考评结果的依据。

（2）真诚。管理者是否真心实意地坚持公平的绩效考评程序。

（3）尊重。管理者在绩效考评工作中，是否礼貌地对待员工，有无伤害员工的尊严。

因此，为了保证绩效考评的公平性，酒店要坚持以事实为依据，坚持客观的评价标准，努力避免或减少考评者主观意愿的影响，以真实地反映员工的绩效水平。

4. 重"建设"

酒店要努力体现"以评促建"的原则，以绩效考评促进酒店的制度建设、文化建设与团队建设，以绩效考评促进酒店的改革、创新与发展，以绩效考评促进组织绩效、部门绩效与个人绩效的提升。由于酒店规章制度多、要求严、标准高，尽管员工尽了最大努力，有时还是难免会出现失误。管理者应站在员工的角度，建设性地批评与指导员工，而不应高高在上地责备员工。在绩效考评和绩效改进的过程中，管理者应先扪心自问：是不是工作任务安排的方式有问题？是不是没有及时提供适当的帮助？应该给员工怎样的意见和建议，让他们真正从中受益？如何促进酒店管理工作规范化？如何促进酒店团队建设？总之，酒店应通过绩效考评工作，健全规章制度，完善绩效管理体系，创新绩效考评方式，有效促进组织绩效与员工绩效的系统改进。

5. 重"软件"

绩效管理制度主要包括两方面内容：其一是各种制度、规程、标准与表格的制定，能够用有形文件表现出来，即有形的一面；其二是绩效管理的思路与原则、考评人员对绩效管理的认识、考评技巧等，即无形的一面。前者可称为绩效管理的"硬件"，后者则可称为绩效管理的"软件"。很多酒店都制定了很完备的绩效管理制度，但在执行时则常常难以得到预期的效果，其缘由是"新瓶装旧酒"，新的考评方法、评价思想没有扎根到考评者的脑子里。因此，酒店在对"硬件"进行"精兵简政"的同时，还应重视"软件"的建设。酒店必须重视考评者的培训与开发工作，因为考评者能否正确认识绩效考评的目的和流程，对于最终效果有很大的影响。

6. 重"沟通"

管理者与员工之间的双向沟通应贯穿于绩效考评过程的始终。在考评初期，双方应通过互动沟通确认绩效目标和考评方法；在考评期间，双方应建立并保持畅通的沟通渠道，及时交流意见；考评结束后，双方要正式面谈，就考评过程、成绩、问题以及改进措施进行有效沟通。任何考评制度都不可能完美无缺，因此，员工对考评制度有意见也是很正常的。酒店要听取员工的反应，根据员工反馈进行及时修正。绩效考评过程为酒店管理层与员工提供了有效的直接沟通机会。酒店应促进人力资源部与各级主管对员工实际情况的深入了解，减少不必要的误会，营造融洽的工作氛围。

二、绩效考评主体

绩效考评主体是指对被考评者做出评价的人。绩效考评主体的选择会影响绩效考评效果的信度与效度。合格的绩效考评主体应当满足的理想条件包括：了解被考评者的岗位性质、工作内容、工作要求；理解考评要求、考评标准、考评方法及酒店有关政策；熟悉被考评者本人，尤其是深入了解被考评者在本考评周期内的工作表现，最好有近距离密切观察其工作的机会；公正客观，对被考评者不存在偏见。因此，为了保证绩效考评结果的公正性与准确性，考评主体应该对被考评者的表现有比较全面的了解，要熟悉被考评者的工作内容与工作要求，并能够做出客观的评价。从绩效信息来源的角度，可能的绩效考评主体包括员工本人、直接上级、平级同事、直属下级、顾客等。不同的绩效考评主体具有不同的特点，在绩效考评中承担了不同的考评责任乃至管理责任。绩效考评主体的选择在很大程度上取决于绩效考评的内容与目的[①]。

（一）员工自评

员工自评能够增强员工的参与意识，促进员工的潜能开发，减少员工在考评过程中的抵触情绪。当然，员工有可能倾向于高估自己的绩效水平，与上司的考评结果常常有一定差距，因此，如何看待员工自评与其他考评结果的差异是关键。管理者可以通过这些差异，更为有效地与员工进行绩效沟通。

1. 何谓员工自我评价

员工自我评价是指让员工对自己的工作绩效进行评价的方式。员工可以根据自己在工

---

① 方振邦. 绩效管理[M]. 北京：中国人民大学出版社，2003：126-127.

作期间的绩效表现，评价自身能力和设定未来目标。员工自我评价是员工深入认识自我的过程。员工其实最为了解自身的优势与不足，因此，自我评价对员工提升自我与改进绩效具有重要意义。当员工对自己进行评价时，通常会降低自我防卫意识，从而了解自己的不足，找到改进的方向。为了使员工的自我评价更为客观、更具价值，酒店管理者必须尽力避免员工自评时最易出现的三种不良倾向，即自夸、自批、自圆。

（1）自评而非自夸。如果不设定科学的考评标准与客观的考评依据，员工在自我评价中往往会高估自己，评价结果常常过于主观、失去公正。心理学的研究表明，大多数人都有"自我优越幻觉"，即自我感觉过于良好，甚至大大高于他人对自己的评价。因此，在员工自评中，经常陷入的误区是"自评变成自夸"，即尽力给自己写出比较好的评语，努力夸大自己工作的重要性及在团队中的影响力。

（2）自评而非自批。鉴于自评中常出现"自己标榜自己"的倾向，有些管理者要求员工在自评中要深刻反省自己，要重点总结自己存在的问题，要深刻剖析产生问题的内因，甚至规定一定要列出自己存在的多少个问题等。如此导致的结果是"自我评价变成自我批评"，甚至把"自我述职会"变成"自我批斗会"。勇于自我批评本来是一种积极的表现，但过于强调缺点、忽略优点的自我评价则会产生非常消极的后果。

（3）自评而非自圆。自评的目的是增强员工的参与意识，使绩效考评结果更具建设性，因此还应努力避免"自我评价变成自圆其说"的误区。侧重自夸、自批的自评行为非常不可取，但对于"自圆其说"的做法却得到许多管理者的默认。因此，在员工自评中常出现"成功源于内因，失败源于外因"的现象，即将工作绩效的优异方面解释成自己努力与表现卓越的结果，将工作中存在的重大问题归咎于外部环境的影响。

2. 如何进行自我评价

为了有效指导员工进行正确的自我评价，且使自评的结论在员工之间具有可比性，管理层必须在整个酒店范围内努力创造员工自评的舆论氛围，并从制度上保证员工的自我评价具有较高的价值。一个比较有效的方法是设计员工自我评价的提纲，如酒店员工在进行自评时可以参考以下提纲。

- ☐ 我的长处与优点何在？
- ☐ 我的短板与弱点何在？
- ☐ 我的兴趣与爱好何在？
- ☐ 我的自我管理能力如何？
- ☐ 我如何才能发挥自己的长处？
- ☐ 我的工作任务是什么？应该是什么？
- ☐ 我的工作贡献是什么？应该是什么？
- ☐ 哪些坏习惯阻碍自身能力的最大限度发挥？如何改进？
- ☐ 哪些关键因素影响我有效达成绩效目标？如何改进？
- ☐ 我和同事相处得如何？我喜欢团队工作还是独自工作？
- ☐ 当问题产生时，我愿意与别人沟通吗？别人愿意与我沟通吗？
- ☐ 当棘手问题出现时，尤其在遭遇重大挫折时，上司、同事与下属肯伸出援助之手吗？在他人遭遇难题或酒店发生危机事件时，我能够积极主动帮助他人或承担任务吗？

3. 如何运用自我评价

一般来说，员工自我评价的结果通常与上级主管或同事的评价有些出入。与他们评价的不同之处就是，员工有时对自己评价较高，因而使用自我评价手段时，要特别小心。上级要求下级自我评价时，要考虑到自评结果与他评结果之间的差异，而且可能造成双方立场的对立，这是使用自我评价时应引起注意的。为了保证员工自我评价的客观性，应要求员工为评价结论提供较为充分的证据，从制度上保证只有有据可查的自评结论才能得到组织的正式认可，并作为员工业绩评价与职位升迁的重要依据，同时严惩自评时的"故意造假行为"。

案例 6-1 借员工自评解决"内乱"

某三星级酒店在改制过程中发生了不小的内部混乱。由于改制后的酒店将出现一部分中层和基层管理岗位空缺，高层管理者经过讨论，决定通过内部招聘的形式填补空缺岗位。在得知此消息后，酒店基层员工纷纷行动，找人情，托关系，希望借此获得晋升机会。实际上，大多数人并不知道自己的能力是否符合岗位要求。酒店的内部氛围和绩效受到严重影响。

面对如此境况，酒店高层管理团队经过多次协商达成了一个方案：以员工个人自我评价、同事评价及上级评价相结合的方式，为每个岗位选拔最合适的人员。其中，员工个人评价的主要目的是帮助员工重新认识自己，也帮助管理者挖掘员工的潜力。例如，前厅领班一职先选择个人评价结果是"具备一定前厅工作经验、喜欢团队工作、善于沟通"的员工作为候选人，再通过前厅部其余员工评价、前厅部经理评价的综合结果，选择最适合的人选。

员工自评工作持续了近一个月，最终所有空缺岗位都一一确定人选，大部分基层员工对结果表示认同。

系统、完善的自我评价有助于员工认识自己的特长与优势所在，会使员工在工作中明确适合自己的岗位，明确人岗匹配对于酒店与自身的重要意义。在人员选拔时，通过强化员工的自我评价过程，能增强员工的参与意识，协助员工改善工作绩效。

（二）上级评价

上级通常掌握最为丰富的员工绩效信息，因此能全面客观地评估员工的绩效。直接上司非常熟悉员工的工作内容与岗位要求，而且也有机会观察员工的工作情况。绝大部分组织都将绩效考评视为员工直接上司的责任。直接上司是酒店员工绩效考评中最常见的主体，如酒店客房服务员的绩效由楼层主管考评，楼层主管的绩效由客房部经理考评。对于上级管理人员来说，绩效考评也起到引导员工行为的作用，是其权力构成不可缺少的一部分。但上级考评不能保证考评结果的公正性，因为上级与员工之间存在频繁的日常直接接触，很容易在考评时掺入个人感情因素。有的酒店用一组同类部门的管理人员共同考评彼此的下级，只有一致的判断才能作为绩效考评的结论。

(三) 同事评价

同事对被考评者的了解往往比较全面、细致与真实。同事能观察到员工的直接上司无法观察到的他的某些方面，尤其是在员工的工作场所与主管的工作场所分离的时候，如需要外出带团的导游人员、销售人员等。首先，员工在上级与同事面前的表现往往不太一样；其次，同事评价会更多地从工作配合的角度来看待被考评者，这一点是上级难以准确评价的；最后，现在越来越多的酒店采用团队作业的形式，同事评价就变得更为重要。这种方式有利于提高人们的团队合作意识，促进团队整体绩效的提高，但要避免个人私交对考评结果的影响。此外，当同事评价结果与员工切身利益密切相关时，同事之间产生的利益冲突会对评价结果产生影响。同事之间往往存在竞争关系，在作为职位晋升、奖金分配的参考依据时，评价意见与实际情况会出现偏差。因此，同事作为绩效考评主体，必须满足一定的条件：同事之间必须关系融洽、相互信任、团结一致，相互间有一定的交往与协作。

(四) 下级评价

下级评价更多的是为了考评上司的管理技能与领导风格，以及通过考核指标的选择来影响管理者的领导方式。有效地发挥下级评价的作用能达到权力制衡的目的。如果权力缺乏必要的监督，就可能导致权力滥用，甚至导致腐败。下级评价使上司的工作受到一定的监督，在一定程度上可防止上司的独断独行、刚愎自用或欺上瞒下。此外，下级评价有助于主管人员的发展，因为下级比较了解主管人员的实际工作情况、领导风格、调解矛盾的能力、计划与组织的能力等。在使用下级评价方式时，双方开诚布公、相互信任是非常重要的。但需要注意的是，当员工认为评价工作的保密性不够时，那么他们会给予上级过高的评价。通常，下级评价结果只作为整个评价结果的一部分。

(五) 顾客评价

对于顾客与员工高度接触的酒店业来说，顾客无疑对服务效果最有发言权。酒店向顾客提供的是面对面的服务，因此，顾客评价对酒店来说是很重要的。虽然顾客的评价目的与组织目标可能不完全一致，但他们的评价结果有助于为员工的晋升、工作调动和培训等提供依据。很多酒店都会采用"神秘顾客"的方式对酒店进行暗访，以了解酒店的服务情况。顾客评价意见还可以通过顾客填写意见表、电话调查等形式获得。

(六) 360 度评价

360 度评价是指由被考评者本人、上司、同事、下属甚至顾客等担任考评主体，对被考评者进行全方位、多角度的绩效考评的过程。此外，对于需要与供应商打交道的采购部门，其业务往来对象也能够提供有用的绩效信息。这种方法可以根据多种信息源获得被考评者的绩效信息，可避免单个主体在评估时的主观武断。但 360 度评价程序复杂，成本较高。在许多企业中，360 度评价更多用于员工的培训与开发，即为了培养员工而对员工的胜任力进行全方位评价。

基层员工由于其工作的程序化，可根据既定的管理标准与程序对其进行考评。通过自我评价、同事互评、顾客意见以及上级评估，员工若对考评结果有任何异议，还有一个申诉的程序。在考评中层管理人员时，除了评价其部门业绩，还要评价其是否为酒店培养出能替代自身工作的人才，因为中层管理人员是酒店高层管理人员的后备力量。高层管理人员由于其工作的长期性以及非程序化，很难用定量化的标准去衡量，应尽量少用短期指标，可以用年度经营业绩、后备人才培养情况等评价其整体绩效。

三、绩效考评方法

在选择绩效考评方法时，酒店必须注意适用性，即所使用的方法能否有效衡量组织或员工的绩效。本部分将介绍一些常用的绩效考评方法。

1. 简单排序法

简单排序法是指考评者根据统一的标准对所有员工按绩效表现进行从高到低的排序。这种方法简单明确，易于理解和执行。但该方法只适用于人数较少的团队，而且也不适用于在工作性质存在明显差异或者不同部门的员工之间进行排序。

2. 交替排序法

交替排序法是对简单排序法的改进。交替排序法是指考评者根据统一的标准对所有员工按绩效最好与绩效最差分别进行排序。其包括以下几个基本步骤。

（1）挑选出绩效最好和最差的两名员工。在排序中，最好的员工列在第一位，最差的员工列在最后一位。

（2）在剩下的员工中挑选出绩效最好和最差的两名员工。在排序中，分别列在第二位与倒数第二位。

（3）依此类推，在剩下的员工中，考评者不断挑选出绩效最好和最差的两名员工，直到排序完成或只剩下一位员工为止。若最后只剩下一位员工，则其正好排在最中间的位置。

3. 配对比较法

配对比较法又称两两比较法，是指考评者将每一位员工按某项绩效要素与其他员工进行比较，统计每一位员工与其他员工比较时被评估为"更好"的次数，并根据次数的多少给员工排序。例如，A 与 B 相比，A 在这项绩效要素上比 B 好，则 A 得到一个"+"，然后将每一位员工得到的"+"的次数汇总，排出员工的顺序。这种方法在一定程度上可以增加考评结果的客观性，但也存在明显的弊端。当被考评的员工人数比较多的时候，考评者的工作量会非常大。当评估 n 位员工时，需要比较的次数为 $n(n-1)/2$，这在绩效考评实践中显得过于复杂。

4. 人物比较法

人物比较法是指考评者将所有员工与标杆人物进行比较，从而得出员工考评结果的方法。在绩效考评之前，酒店要先挑选出标杆人物，而考评者则按照标杆人物的各方面表现，将其他员工与之比较。这种方法设计成本低、使用方便，对于刺激员工积极性也有很好的作用。榜样的力量是无穷的，但标杆人物的挑选是该方法的难点。

5. 强制分布法

强制分布法是指考评者根据正态分布的原理，事先按绩效表现将员工划分为几个等级（如优秀、良好、中等、合格、不合格），再根据事先确定的比例将每位员工归类到各个等级中。例如，优秀员工比例为 10%，良好员工比例为 30%，中等员工比例为 20%，合格员工比例为30%，不合格员工比例为10%。考评者按每个人的绩效表现，强制将其归入某一绩效等级。强制分布法得到的是员工绩效的相对比较结果，因此，即使某酒店员工被评为不合格员工，其实际绩效水平在行业内也许还是可以接受的。考评者必须遴选出属于最差等级的员工，以防止陷入"宽大化倾向""中心化倾向"或"严格化倾向"的考评误区，也促使员工有更强的危机意识。但并不是所有岗位的绩效考评都适合采用强制分布法，只有如销售等结果比较明确的岗位才适用。由于员工承受的压力比较大，对于排在末尾的员工，酒店需要有一套合理的安置措施，到底是轮岗、培训还是直接淘汰，需要慎重考虑。强制分布法的最大问题在于：根据绩效表现，某些员工可能不适于被列入预先设定的等级。如果绝大多数员工的绩效都非常好，一定要把相当一部分员工归入"合格"或"不合格"的等级就不尽合理，且这种方法易引起酒店员工的不满。

案例6-2　强制分布法，想说爱你不容易

在某高校管理学院人力资源管理课堂上，一场由教授主导的讨论正在展开。在该课程采用的英文教材上，有一个福特公司采用强制分布法进行绩效考评的案例。教授展示了一些同学交上去的作业。同学们列举了相当多的其他公司，如宝洁、GE、联想等公司采用强制分布法的实际效果。为了让同学们更好地理解强制分布法的内涵，教授向大家提出了一个问题："若你是某企业的人力资源部经理，你支持还是反对在企业中运用强制分布法？"在教授的有效引导下，大家纷纷发言，气氛颇为热烈。但讨论结果有点令人意外，大部分同学反对在企业绩效考评中采用强制分布法。大家提出的主要理由包括以下几种。

第一，在十分追求团队协作的现代企业，若要在一个团队里分出明显的高低，几乎是不可能的，而且也是有违合作性的。

第二，该方法容易使员工产生过大压力，就像"紧箍咒"一样。如果缺乏有效的沟通，员工很容易把这当作是一种严酷的惩罚手段。

第三，假如部门人员较少，如只有5个人，运用强制分配法就更不合理了。

第四，如果一个部门几乎都是业界的精英，则部门经理就难以决定成员的等级分布，而且可能造成优秀员工的离职。

……

在看到这么多的反对理由后，教授意味深长地说道："这么多的大企业都运用强制分布法并取得了成功，而我们这些以后要走上管理岗位的人却对该方法如此不认同，看来大家潜意识里还是排斥择强汰弱的竞争规则呀……"

运用强制分布法的国内企业相对较少，说明了该方法与我国特有的管理文化有一定冲突。因此，在决定采用哪种绩效考评方法时，管理者必须充分考虑到它与现有文化以及员工价值观的冲突。只有这样，企业才能有效发挥该方法的引导与激励作用和降低员工的抵触情绪。

6. 量表评等法

量表评等法是指先确定绩效考评的指标，并确定每个考评指标的权重，根据被考评者的表现，将一定的分值分配到每一个考评指标上，最后加总得出被考评者的绩效评分。例

如，考评酒店前厅服务员的工作绩效时，其考评指标一般包括服务态度、服务技巧、服务效率、团队协作、仪容仪表、组织纪律、推销技巧与学习能力等，具体如表 6-1 所示。量表评等法运用的关键是考评指标设计科学、合理且得到员工的认可。每项考评指标都不应是针对员工个性的评价，而应是针对员工工作行为或态度的评价。

表 6-1 酒店前厅服务人员评估表

考评指标	评分标准	权重	评分
服务态度	5 分：优秀（最好员工表现） 4 分：良好（超出所有标准） 3 分：中等（满足所有标准） 2 分：需要改进（某些方面需改进） 1 分：不令人满意（不可接受）		
服务技巧			
服务效率			
团队协作			
仪容仪表			
组织纪律			
推销技巧			
学习能力			
得分			
考评人：	年 月 日	审核人：	

7. 关键事件法

关键事件法是指将与员工绩效相关的突出事件或典型事件进行记录，然后在一定的期限内，考评者根据所记录的关键事件来评估员工的绩效。关键事件法是其他绩效考评方法的有效补充，特别是在绩效反馈环节。由于关键事件法以事实为依据，而不是抽象的"行为特征"，管理者据此与员工沟通时，能够更为冷静、客观。例如，某管理者对餐厅某服务员的菜肴知识贫乏给出具体的事例：2006 年 5 月 23 号，该服务员向客人解释 XO 酱就是用 XO 酒制成的，而其实它是一种香醇辣酱。由于客人根本不吃辣，导致客人投诉。这样具体的关键事件记录，可以将酒店期望的战略融合到具体的行为中去，并且能够给员工以具体的指导和信息反馈。

在记录关键事件时，STAR 法是一种较好的方法，其基本要素包括以下几个。

（1）情景（situation），即这件事发生时的情景。

（2）目标（target），即员工做这件事的目的是什么。

（3）行动（action），即当时该员工采取了什么行动。

（4）结果（result），即该员工采取行动得到什么结果。

管理者及时记录员工在完成工作任务时所表现出来的特别有效或无效的行为是此法成功的关键，而且所收集的资料，都应该是明确、易观察且与绩效好坏有直接关联的。但关键事件法只适用于行为稳定、不太复杂的工作。关键事件法需要大量的时间、细致的纪录以及管理者密切的关注。

8. 行为锚定等级评估法

行为锚定等级评估法（behaviorally anchored rating scale）是关键事件法的深化，以工作行为方面的事实为依据来评估员工的绩效。这种方法通过一张行为等级评定的表格将各种绩效加以量化，将各种等级的绩效水平用具体的工作行为加以描述。建立行为等级评估量表通常按照以下几个步骤进行。

（1）选取关键事件。相关人员对能够反映良好绩效或不良绩效的行为进行描述和记录。

（2）提炼主要的绩效考评指标。从收集上来的关键事件中提炼出评估各个行为等级的要素。

（3）将关键事件分配到各个等级的绩效指标中。把每个关键事件放到最合适的绩效要素中去，最好由专业的人力资源专家负责完成该步骤。

（4）评定关键事件的代表性。对每个关键事件进行评定，看其是否能够有效代表某一等级的绩效水平，最后按优劣顺序确定绩效等级。

（5）确定最终的绩效考评体系。对于每一个绩效等级，都会有与之相对应的关键事件。具体例子如表 6-2 所示。

表 6-2　客户服务人员绩效评估表

客户服务人员行为	绩效等级（1~6 分）
经常替客户打电话，给客户做额外查询	6 分
经常耐心帮助客户解决非常复杂的问题	5 分
当遇到情绪激动的客户时，会保持冷静	4 分
若不能查到客户所需信息时，会告诉对方并致歉	3 分
在忙于工作时，常忽略等候的客户，时间达数分钟	2 分
在遇到事情时，就说这事跟自己毫无关系	1 分

行为锚定等级评估法能够较为准确地对员工的绩效进行评估，特别是一些办公室事务类或客户服务类等绩效结果不能明确衡量的岗位。此外，也可据此引导员工的行为，并且作为绩效辅导的依据。虽然此种做法需要花费较多的时间，且必须以日常的行为记录为基础，但该方法能够有效改善员工的行为，在酒店业有一定的应用价值。

9. 行为观察法

行为观察法是指在确定一系列与工作绩效有关的特定行为的基础上，考评者根据各项行为的出现频率来评估员工绩效。行为观察法是在关键事件法与行为锚定等级评估法的基础上发展而成的。它与上述方法的相同之处是：用一些与工作绩效紧密相关的特定行为作为考评指标。它与上述方法的不同之处在于：着重观察员工做出某项特定行为的频度。行为观察法的优点是直观、可靠，员工更容易接受考评结果，且能够有效促使员工改善绩效。其缺点是考核表复杂，工作量大，可操作性差。行为观察法的具体例子如表 6-3 所示。

10. 评语法

评语法是由考评者撰写一段简要评语来对员工进行评价的方法。评语的内容包括员工的工作绩效、工作表现、优缺点与需要改善的方面等。评语法的主要特点是以总结性、描述性的方式，对员工的表现进行总体评估，可以在一定程度上弥补量化考评的不足。[①]其缺点是该考评方法基本是定性化的描述，没有一定的规则与具体要求，考评结果往往受到考评者的个人态度、文字能力与判断能力等主观性因素的影响。因此，在使用该方法时，考评者一般还应结合其他方法。

11. 数据考评法

数据考评法是指根据被考评者的实际工作表现和成果，运用统计分析的数据，得出考

---

① 魏卫，袁继荣. 旅游人力资源开发与管理[M]. 北京：高等教育出版社，2004：147.

评结果的方法。该方法以可量化、可监测的绩效项目为考核指标，以日常记录的客观数据为依据，通过更客观的标准（如销售额、利润率、出勤率、跳槽率等）来评估绩效。一般由人力资源与财务等职能管理部门负责实施。在酒店中，数据考评指标一般是指能反映员工工作状况的量化指标，如出勤率、顾客投诉次数、器皿损坏个数、酒水销售杯（瓶）数等。当员工的绩效考评指标基本被量化时，孰优孰劣也就有了较为充分的依据。

表 6-3　中层管理者管理技能评估表

考评指标	评分标准（行为频度）	权　重	评　分
认可员工优秀表现	5分（总是） 4分（经常） 3分（有时） 2分（偶尔） 1分（极少或从不）		
告知员工重要信息			
有效管理工作时间			
适度检查员工工作表现			
为员工提供培训与指导			
给员工提供必要的帮助			
向员工清晰说明工作要求			
主动征求员工对自己工作的意见			
及时发现员工工作中出现的问题			
得分			
考评人：　　　年　　月　　日		审核人：	

12. 目标管理法

目标管理法（management by objectives，MBO）的实质就是管理者与员工共同讨论和制定员工在一定考评期内所要达到的绩效目标，确定实现这些目标的方法及步骤，并用这些目标评价员工的绩效。在既定的考评期末，由双方共同对照原定目标来测算实际绩效，找出成绩和不足，提出绩效改进计划，然后再制定下一个考评期的绩效目标，如此不断循环下去。目标管理法主要包括以下六个步骤。

第一步，管理者确定组织下一个考评期所应达到的目标。这些目标常用营业额、利润总额、利润率、竞争地位或组织内人际关系来表示。

第二步，管理者说明该组织的基本状况，如分工与合作情况、主要部门与岗位、每位员工的基本职责等。在此基础上，管理者要审议每位员工过去的工作，并考虑如何发挥员工的特长与开发员工的潜能。

第三步，管理者为每位员工确定下一个考评期的目标。具体做法是：①要求每位员工根据自身实际情况提出绩效目标，并确定日期共同进行讨论；②管理者根据对员工基本素质、工作表现和潜能的了解，拟出希望员工达到的目标；③召集有关人员共同审议这两个目标，力求使两个目标基本吻合，然后一起确定员工应达到的目标；④管理者明确自己在员工实现目标中的作用，并做好帮助员工的准备。为了制定切实可行的目标，管理者必须明白员工心里追求的是什么，准确把握员工的需要、价值观与能力，以制定出员工愿为之奋斗的目标。

第四步，管理者与员工一起设计目标工作单，并制定具体措施去实现这些预期目标。这种工作单一般分为三部分：①目标的确定；②为实现目标应采取的措施；③分段评价目标进展情况的方法。

管理者与员工协同制定工作目标，这是运用目标管理法的关键环节，但更重要的是，管理者要帮助员工找出并确定实现目标的具体措施。管理者需关注的要点包括：①以工作目标为导向，促使员工对实现预期目标的具体措施进行认真考虑；②了解员工过去的做法，并将自己的想法归纳起来；③询问员工的想法并发表自己的意见；④与员工一起探讨能否采取创新性的措施；⑤对各种意见进行探究，再选择出切实可行的具体措施，并予以实施。

第五步，在考评期内，管理者应经常地关注和不断地检查每位员工的目标是否能够达成。管理者需要重点检查的方面包括：①员工究竟是否在朝着既定目标努力；②在每次分段检查时，员工离目标还有多远；③经过一定时间的实践，有哪些目标需要修改；④根据现状分析员工还需要哪些帮助才能实现目标。

管理者需要注意的是，检查工作并不是越俎代庖。每个人都有自己的职责范围，管理者去做下属的事情，等于宣布员工的无能，忽略了员工在组织中存在的价值。管理者明智的做法是给员工以支持，使员工增强信心。管理者必须多关注员工的工作进展情况，如果发现员工的工作推进有困难，就应该及时提供必要帮助。

第六步，当目标管理循环即将结束时，管理者要求每一位员工对照目标清单，衡量自己的工作成果，提交一份绩效说明书，并为制定下次考评的目标及实现策略做好相应准备。员工的薪酬待遇与目标完成情况相挂钩。

目标管理法强调员工实现自身与上司共同确定的目标，包含确定目标、商定措施、参与决策、明确期限与绩效反馈等要素。[①] 目标管理法具有目标明确、民主性、培养性等特点，即考评双方共同制定的明确目标会对员工产生牵引力，执行过程往往由下级自主进行，整个过程融合了个人培养的因素。因此，目标管理法也是在酒店中运用较多的考评方法。

目标管理法的主要优点包括：为员工的工作确立了明确的方向，大大提高了员工完成任务的积极性，激励员工实现或超越预定的目标；能加强员工与管理者的沟通；聚焦于组织目标，有助于减少员工的无效率行为；由于具体目标可由员工自我设定与编写，管理者不用像制定行为等级量表那样花费大量的时间。

当然，目标管理法也存在一些问题：具体、挑战性的目标设定往往较为困难；重结果、轻行为，具体行动方案不够详尽，不适用于新员工；容易造成员工的"短视"，对于其他方面的关注减少；因人而异地设定目标易出现"忙闲不均"，整个过程费时费力；在动态变化的不确定环境下，目标管理法难以操作。

一些公司发展并改进了目标管理法（MBO），特别是英特尔公司把它发展为目标与关键结果法（Objectives and Key Results，OKR），Google 公司则在全公司范围内实施 OKR 制度。Google 的绩效管理体系是由绩效目标设定、自我评估、同事评估、校准会议与绩效面谈等部分构成的连续过程。Google 的 OKR 制度突出绩效评估的透明性与挑战性，包括周工作小结、季度 OKR 回顾、半年度自评与他评以及年度绩效评估等环节，具有目标设定透明化、沟通会议高效化与督导过程敏捷化等特征。在 Google 公司，OKR 都是对内公开的，所有员工都能查到任何一位同事的当前与以往 OKR 评分。Google 的 OKR 制度是一种测量员工是否称职的管理方法，时刻提醒每位成员关键任务是什么以及做得怎么样，为员工提供持续、及时、友好的反馈，强调为员工提供具体帮助与支持以及激发员工的潜能。[②]

---

① 斯蒂芬·P. 罗宾斯，玛丽·库尔特. 管理学[M]. 孙健敏，黄卫伟，等，译. 7 版. 北京：中国人民大学出版社，2004：188-189.
② 姚琼. 世界 500 强绩效管理你学得会[M]. 北京：中华工商联合出版社，2017：27-45.

四、绩效考评步骤

在绩效考评的实施过程中，必须明确相应的运作程序与遵循一定的步骤。

（一）收集考评信息

绩效信息收集是绩效考评的基础工作。这些信息能为日后的考评结果提供依据，有助于针对性地改进绩效，并且是解决考评争议的重要依据。在收集考评信息时，需关注以下方面：首先，员工要参与绩效数据收集，这对于日后员工接受绩效考评结果会大有裨益。其次，管理者要教会员工如何做工作记录。但为了防止员工有选择性地记录和收集信息，管理者必须非常明确地告诉员工要收集哪些信息，最好采用结构化的方式。第三，管理者要让员工明白，信息收集不是为了给员工挑刺，而是为了帮助他们提高绩效。

（二）确定考评标准

酒店要努力构建公平、公正、公开的绩效考评标准，以此来保障员工工作的效率与效益，使员工工作成效与绩效考评结果之间能形成双向互动，考评过程与考评结果能相互作用，真正实现以绩效考评来推动工作有效开展的目的。根据公平理论，员工更为关注薪酬分配的公平性与合理性，以及自己是否受到公平对待。公平与否源于员工对自己工作的投入和所得与其他员工进行的比较。因此，在同一工作群体中，绩效考评标准应尽可能统一，以确保公平。

（三）确定考评方法

考评方法必须能准确反映员工的绩效。一般来说，员工的绩效表现可从三个方面来考评，即工作态度、工作行为与工作结果，考评方法必须能反映这些方面。首先，在企业实践上，所采用的考评方法多种多样，因此，所选择的考评方法必须适合于评估被考评者的工作表现；其次，人力资源工作者或部门主管应向考评对象解释所用的考评方法；最后，考评者应持续不断地对考评方法进行管理，保持考评方法使用的一致性，尽量不发生某一考评方法只使用一次的情况。

（四）确定考评主体

在明确"考评什么"与"如何考评"的基础上，酒店必须进一步明确"由谁考评"。由于考评内容是由一系列绩效指标组成的，不同主体对不同指标的了解程度是不一样的，应当根据绩效指标的性质来选择考评主体。许多酒店仅实行上级对下级的考评方式。这种方式存在一些问题，如难以保证考评结果的准确性，而且还有可能导致员工讨好上级而不把精力放在工作上，由此影响酒店内部的风气与员工的士气。因此，为了比较全面地评估员工的工作表现与发展潜力，酒店应选择多个主体对员工进行考评。

（五）设定考评周期

由于绩效具有动态性的特点，管理者要使用发展的眼光来观察它。部分管理者戴着有色眼镜看问题，就是没有考虑绩效的动态因素。因此，绩效考评周期要合理设置，以保证酒店能够及时充分地掌握员工的情况。

所谓考评周期，简单而言就是多长时间进行一次绩效考评。一般分为定期考评和不定期考评。定期考评的时间间隔分为天、周、月、季、半年、一年。不同职位考评周期存在差异的原因在于工作性质、工作职责、考核指标的不同。最有效的奖励是立即给予的针对性奖励。因此，除了定期考评，酒店还应根据特殊需要进行不定期考评，以及时褒奖员工的良好表现，修正员工的不良行为，否则，时过境迁，激励效果将会大打折扣。

考评周期过短，会增加酒店管理成本；考评周期过长，又会降低绩效考评的准确性，不利于员工绩效的改进。一般而言，绩效考评与绩效回报越及时，对于员工的激励效果就越明显。若考评周期过长，随着时间的推移，考评者很可能由于近因误差，即考评者根据员工近期表现做出评判，导致考评结果有失公允。

酒店高层管理人员由于其工作的复杂性与非程序性，且其绩效的显现通常需要较长时间，因此其考评频率不宜过频繁，一般以一年一次为宜。中层管理人员一般以季度或半年为区间进行考核，全年进行综合考评。基层管理人员一般实行每月考核或季度考核，且每半年综合考评一次。基层服务人员由于很多工作都是日常操作性事务，较短时间内就可以观察到工作结果，因此，其考核周期就较短。酒店员工每天都要进行工作记录，一般以工作单的形式对其实行每日考评，其考核频率一般为每月一次，到年末时对其进行全年综合考评。较高的考核频率能够让管理人员较好的把握下属的工作进度，并能给予及时的指导。

（六）分析考评结果

在绩效考评完成后，酒店一定要对考评结果进行统计与分析，这可以说是实现考评目的的必要手段。只有通过系统科学的分析，才能全面掌握考评结果，以提升能力与改进绩效。一般来说，考评结果大致可分为"优秀""合格""不合格"三类，针对不同考评结果，酒店可以采取不同的管理方式。

（1）对于考评结果为"优秀"的员工，原则上要给予晋级、提升或加薪。对于一般员工和技术人员，应该给其晋级或加薪。对于有管理潜能的员工，应进行提升，但需要引起注意的是，对其提升后，还要给其必要的培训和指导，以保证提升上来的人能胜任新工作。对于管理人员，若有可能，应安排更高级别的职位。

（2）考评结果为"合格"的员工，一般会占到员工的绝大多数，他们都达到了标准，但无突出业绩。当然，他们也是酒店的主力军，可通过加薪、提供培训机会和工作丰富化等形式，对其进行激励。

（3）考评结果为"不合格"的员工，只会是员工中很少的一部分。对于这部分员工，管理者要深入分析造成不合格的原因：外界不可抗原因还是员工自身的疏忽；失误的形成是偶然的还是必然的；态度不行还是能力不够，等等。在进行全面、深入的分析后，可采取降薪、扣奖金、降职、培训、岗位轮换或离职等管理手段。

第三节　酒店绩效反馈

绩效反馈是绩效管理的关键环节，对于改进与提升员工绩效具有至关重要的作用。酒店管理者通过与员工一起回顾和讨论绩效考评的结果，可以让员工理解绩效考评的意义，积极接受绩效考评结果，以及形成绩效改进计划。本节将针对酒店人力资源管理的特点，探讨绩效反馈的概念、意义和内容，了解绩效反馈的准备工作以及绩效反馈的原则与技巧。

一、绩效反馈概述

绩效反馈是一个非常复杂的过程，常常令管理者无从下手，让员工感到焦虑。特别是在传递负面信息的过程中，管理者与员工都会感觉到痛苦。管理者把绩效考评的结果以一种合理有效的方式传达给员工，有利于激励员工与改善绩效。

（一）绩效反馈的概念

绩效反馈是指管理者向员工提供绩效考评结果的信息，通过双向沟通，给员工必要的指导和建议，让员工意识到工作中的潜在障碍和问题，并共同商讨解决问题的措施，以改进员工绩效与提升员工能力的动态过程。酒店管理者不仅要把绩效反馈给员工，还要与员工一起确定下一步计划，即员工下一步要达到的绩效目标与实施步骤。管理者可以通过书面报告、定期面谈、团队会议与非正式沟通等途径，向员工反馈绩效考评结果。管理者要根据对象的不同，选择有针对性的反馈途径，并以积极的方式结束反馈过程。

（二）绩效反馈的意义

绩效考评能否对酒店绩效与员工绩效的改善产生积极作用，主要取决于绩效反馈的效果。绩效反馈的重要意义主要体现在以下三个方面。

首先，有效的绩效反馈对整个酒店绩效管理体系的完善起到了积极作用，为改进酒店绩效提供了保证。有效的绩效反馈可以使员工相信绩效考评体系是公平、公正、公开的。由于绩效考评与酒店员工的切身利益息息相关，考评结果的公正性就成为员工关注的焦点。而考评过程是考评者履行职责的主观能动行为，考评者不可避免地会掺杂自己的主观意志，导致这种公正性不能完全依靠制度的规范来实现。绩效反馈较好地解决了这个矛盾，不仅使员工拥有知情权，更有了发言权；同时，有效降低了考评过程中不公正因素所带来的负面效应，在员工与考评者之间找到了结合点与平衡点。[1]

其次，有效的绩效反馈可以使员工意识到自己工作中的不足，真正认识到自己的潜能，从而采取积极行为改进工作与完善自我。当员工接收到考评结果通知时，在很大程度上并不了解考评结果的得出过程，这就需要管理者就考评方式，特别是员工的绩效情况进行详细说明，指出员工的优缺点，并向员工提出绩效改进建议。

最后，有效的绩效反馈可以促进酒店管理者与员工的相互沟通，增强相互信任感，建立员工与管理者之间良好的人际关系。管理者能够通过发现员工的不足以及指导员工解决问题，与员工实现共同进步。在绩效反馈过程中，管理者需要对员工的工作表现进行全面客观的了解，以便能够恰如其分地评价员工的工作，能够适当地对员工进行激励。这就要求管理者提高自身素质，掌握绩效反馈的方法与技巧。

---

[1] 石金涛. 绩效管理[M]. 北京：北京师范大学出版社，2007：203-204.

（三）绩效反馈的内容

绩效反馈的内容主要包括：与员工深入交流绩效考评结果；分析员工的绩效差距；制订绩效改进计划；协商下一考评周期的绩效目标；进行有效的资源配置等。

1. 绩效交流

在绩效反馈过程中，管理者不仅要把绩效考评的结果及时准确地通报给员工，使员工明确其绩效表现在整个组织中的作用与地位，激发其改进绩效水平的意愿，还要就绩效考评的结果进行沟通，以便双方达成一致意见，制订下一步的绩效改进计划。对于同样的考评结果，管理者与员工可能会有不同的看法。因此，管理者要关注员工的长处，耐心倾听员工的声音，并适时调整员工的下一期绩效指标。

2. 绩效分析

管理者有责任帮助员工改进绩效水平。在绩效反馈过程中，管理者应针对员工的工作行为与工作结果，提出具备可操作性与指导性的改进措施，而有效的改进措施则源于对员工实际绩效与绩效目标之间差距的准确分析。管理者在平时工作中要注意记录员工的关键行为。管理者可通过肯定与激励，使员工认识自己的成绩和优点，使员工明确自己获得良好绩效的缘由，以强化员工的高绩效行为；可通过引导与鞭策，使员工认识自己的绩效差距与劣势，使员工明确造成绩效差距的原因，以改进员工的低绩效行为。

3. 绩效改进

管理者和员工就绩效考评结果达成一致意见后，就可以一起制订绩效改进计划。在绩效反馈的过程中，管理者与员工能够充分沟通绩效改进的方法和具体计划。管理者应鼓励员工提出自己的绩效改进计划，并说明需要组织提供怎样的支持。在此基础上，管理者一方面就员工如何改进绩效提出相应建议，另一方面协助员工制订明确的绩效改进计划。在绩效改进计划制订之后，管理者需要向员工提供必要的支持。

4. 目标协商

在绩效分析的基础上，管理者与员工需要协商下一个考评周期的绩效目标与绩效标准。管理者的参与可以保证绩效目标的方向性，员工的参与可以保证绩效目标的可行性。管理者与员工在共同制定下一期绩效目标时，可以参照上一个绩效周期中的绩效考评结果和有待改进的问题。这样不仅能使员工绩效得到有效改进，而且能使绩效考评工作具有连贯性。

5. 资源配置

资源的有效配置是保证酒店高效运作的关键。绩效反馈的目的不仅是总结上一个绩效周期的员工表现，而且可以对下一个绩效周期的工作进行有效指导。因此，在明确下一步绩效目标的同时，共同确定相应的资源配置，对管理者与员工来说是一个共赢的过程。对于员工，可以争取到完成任务所需要的资源；对于管理者，可以优化资源组合，发挥资源效用。

二、绩效反馈准备

通过面谈的形式将绩效考评结果通报给员工，是绩效反馈的主要形式，也是最直接、最有效的形式。以下主要从绩效反馈面谈的角度，谈谈如何开展绩效反馈的准备工作。

在对员工进行绩效考评后，管理者应将绩效信息及时准确地反馈给员工，帮助他们认识绩效差距与改进工作方式。绩效反馈给了管理者和员工一个相互沟通的机会。双方在一个比较平等的地位上探讨以往工作中的成功与不足之处，并挖掘工作中提高绩效的机会。在绩效反馈之前，管理者和员工都要进行细致的准备工作，以保证反馈过程的顺利进行。

（一）管理者的准备工作

部分管理者对绩效反馈不够重视，认为自己对员工有足够了解，没有必要进行充分准备。但是，在反馈过程中，他们往往会发现自己不够了解各项情况，甚至会导致绩效反馈的失败。只有每项工作都准备充分，管理者才能更好地驾驭整个绩效反馈的局面，使之朝着积极的方向发展。同时，通过相互交流，管理者能更深入了解员工的情况与绩效管理的效果，不仅有助于整个绩效管理体系的改进，而且有助于今后的日常管理。

1. 收集相关资料

在进行绩效反馈之前，管理者要收集足够的资料，以保证绩效反馈的顺畅开展。所需资料包括目标责任书、任职资格说明、绩效考评表、员工日常工作记录等。

（1）目标责任书。目标责任书包含绩效目标与绩效标准等，记载着目标责任者承担的目标内容、目标值、完成期限以及需要管理者给予的权限和提供的条件，还有根据目标实现的程度实施奖惩的办法等。在绩效反馈过程中，要以目标责任书为重要依据。

（2）任职资格说明。任职资格说明是人力资源管理的基础文件。由于环境的变化，酒店的战略目标与业务流程需要进行修正，因此，员工的部分绩效目标与具体工作要求必须进行相应调整。一般来说，员工的任职资格说明是调整业务流程的主要依据，也是绩效反馈的基本依据。

（3）绩效考评表。管理者要仔细查阅作为绩效反馈主体内容的绩效考评表，从中找出需要反馈的内容和侧重点。绩效考评表要经过员工的签字认可，这表示员工接受了本次绩效考评的结果，在进行绩效反馈时也就有了基础。管理者不能泛泛地翻看绩效考评表，而要认真分析其中的关键信息。通过员工的绩效考评表，管理者可以明确员工的成效与不足。

（4）员工日常工作记录。管理者要注重收集和整理与员工绩效目标有关的日常工作记录。员工日常工作记录是管理者进行绩效反馈的重要信息，是分析绩效考评结果形成原因的可靠依据。这是某些管理者不够重视的环节。为了便于在绩效反馈时向员工解释考评结果，使员工更容易接受考评结果，管理者应在平时就注意收集员工的绩效信息，记录员工的日常工作表现。

2. 拟订反馈提纲

酒店管理者应针对即将进行的绩效反馈制订一个计划，包含拟订反馈提纲、安排时间和地点等，以便将反馈过程限制在可控范围之内。在绩效反馈开始之前，管理者需要制定简要明确的反馈提纲。反馈提纲应该包括大体的反馈程序和进度、反馈的具体内容、反馈的侧重点，以及每部分所需时间等。针对不同的员工，应注意设计不同的问题。管理者还应设计开场白，以及明确本次反馈所要达到的目的。

3. 安排时间地点

管理者应与员工事先商讨双方都能接受的反馈时间。在时机上，应选择双方均相对空闲的时间段。在地点上，应安排在安静且不受干扰的场所，选择员工较为熟悉的环境，以营造缓和、轻松的气氛，如整洁的办公室、小会客厅等。在进行绩效反馈时，管理者最好能够拒绝接听任何电话，停止接待访客，以免使绩效反馈遇到不必要的干扰。绩效反馈的时间长度要适当，如半小时到一小时。管理者还应安排好双方面谈时的空间距离和位置，如双方成一定夹角而坐，可以给员工一种平等、轻松的感觉。

（二）员工的准备工作

绩效反馈是管理者和员工之间互动沟通的过程，只有双方都进行充分准备，才有可能获得较为理想的结果。在缺乏准备的情况下，员工通常会产生恐慌心理，或对考评结果不理解，而使绩效反馈无法顺利进行下去。因此，管理者最好在绩效反馈前几天通知员工，让其收集与整理自己的绩效信息，让其恐慌心理得到缓解。在知晓考评结果的情况下，员工既可以充分准备相关资料，又可以预先检讨自己的工作不足与分析自己所遇到的问题。对于绩效考评结果有重大疑问的员工来说，也可以有充足的时间准备自己想反映的意见和收集必要的申辩资料。因此，管理者必须在绩效反馈的前一段时间，把相关资料下发给员工，同时，也要将反馈的重要性告诉员工，让员工做好充分的前期准备。

案例 6-3　无效的绩效反馈[①]

（就要下班了，李某正在整理一天的文档，准备下班后接孩子回家，这时张总突然走了进来。）

张总：小李，现在不忙吧？你也知道绩效考评结果出来了，我想与你沟通一下。

李某（吃惊地）：张总，我下班后还有点事，能否换个时间？

张总（不满地）：我今晚有个应酬，咱们抓紧点。

李某（无奈地）：好的，我先打个电话，然后马上到您的办公室。

（总经理办公室：办公桌上文件堆积如山。李某心神不宁地在张总对面坐下。）

张总：小李，绩效考评结果，你也看到了……

（电话铃响，张总拿起电话："喂，谁啊？王总呀，几点开始？好，一定！……"）

（通话持续了5分钟。放下电话后，刚才还笑容满面的他重新变得严肃起来。）

张总：刚才我们说到哪里了？

李某：谈到我的绩效考评结果。

张总：哦，你上个考评期的工作嘛，总体还行，有些方面还是值得肯定的。不过成绩只能说明过去，就不多说了。我们今天主要来谈谈你的不足。小李，这可要引起你的充分重视呀，尽管你也完成了预定指标，但你在与同事共处、有效沟通和客源维系方面还存在缺陷，今后需要改进。

李某：张总，很感谢您指出我的不足，但能否说得具体些？

（电话铃再次响起，张总接起电话："啊，王总呀，改成六点了？好好，没关系，就这

[①] 刘颖，杨文堂. 绩效考核制度与设计[M]. 北京：中国经济出版社，2005：209-211.（略有改编）

样。"）

张总：小李，员工应该为领导分忧，可你非但不如此，还给我添了不少麻烦！

李某（不安地）：我今年的工作指标都已经完成了，可考评结果……

张总：考评结果怎么了？小李，别看我们单位人多，谁平时工作怎样，为人处世如何，我心里可是明镜似的。

李某（委屈地）：我觉得您可能对我有些误会，是不是因为在上次会议上，我的提议与赵经理发生冲突，并造成不愉快的局面……

（李某一直在申辩，时间持续了5分钟，张总期间多次想打断他的讲话，但李某实在太激动了。于是，张总看了看表，然后随手拿起桌子上的一份报纸。看到此种情形后，李某只好不说了。）

张总：你怎么总是不能正确认识自己的缺陷呢？

李某：我回去好好反思一下。

张总：你不要乱琢磨。你看看小刘，人家是怎么处理同事关系的。我认为你应该多向他学习。

李某（心想：怨不得他的各项考评结果都比我好）：张总，小刘是个老好人，自然人缘好；我是搞业务的，比较踏实肯干，喜欢独立承担责任，自然会得罪一些人。

张总（又看了看手表）：王总又该催我了，到此为止吧。小李啊，要多学习，多观察，多感悟！

李某茫然失措，眼光呆滞，一时失语。

张总匆忙地走了，李某回到自己的办公室后，失神了，像丢了魂似的。

在绩效反馈中，上述一幕经常发生。案例中张总在绩效反馈面谈中的误区也是酒店管理者常犯的错误。

三、绩效反馈原则

由于酒店内部存在岗位分工的不同和专业化程度的差异，以及管理者与员工之间存在着信息不对称，从而造成了双方沟通的障碍。为了克服沟通障碍，改善酒店绩效与员工绩效，管理者应遵循一些绩效反馈原则。

（一）立足事实原则

首先，要客观具体。管理者对员工无论是赞扬还是批评，都应有客观具体的事实来支持，不能只给员工抽象或者一般性的评价。客观具体的事实可以使员工明白自己的高效行为、低效行为与无效行为。这样既有说服力，又让员工感受到管理者对自己的关注。如果员工对绩效考评结果有不满或质疑的地方，在向管理者进行申辩或解释的时候，也需要以客观具体的事实为基础。只有双方均立足于准确的事实，绩效反馈才是有效和有意义的。

其次，要针对工作。绩效反馈针对的是员工的工作绩效。管理者应根据员工的绩效水平，肯定员工取得的成绩与积极的行为，帮助员工分析工作中的不足之处，指出其部分绩效指标未能有效达成的原因，对造成绩效考评不理想的具体工作表现提出改进的建议，而不应批评员工的个人性格。员工的人格特质不能作为绩效考评的依据。虽然管理者有必要指出影响员工绩效的关键人格特质，但必须是出于真诚地关注员工发展的目的。

最后，要"对事不对人"。在绩效反馈的过程中，管理者要针对具体事件与具体结果，而不针对具体个人。若因为某些不恰当的行为或者不达标的绩效，管理者对员工进行人身攻击，容易引起员工的抵触心理，使得绩效反馈无法深入下去。如果管理者从了解员工工作的实际情形和困难入手，分析绩效未达成的种种原因并给予真诚帮助，那么员工往往能接受管理者的意见甚至严厉的批评。

（二）因人而异原则

为达到理想效果，绩效反馈要因人而异。针对不同的员工，反馈的策略与重点应不同。对于工作业绩与工作态度都很好的员工，管理者应予以有效奖励，注重其高层次需要，提出更高的目标和要求；对于工作业绩好但工作态度差的员工，管理者应通过有效的沟通和辅导，建立管理者与员工之间的信任关系，了解其态度变化的原因，引导其改善工作态度；对于工作业绩差但工作态度好的员工，管理者应帮助员工分析工作业绩不良的原因，并制订明确的、可行的绩效改进计划；对于工作业绩与工作态度都很差的员工，管理者应重申绩效目标，使他们明白问题的严重性，激发他们的工作动力。[1]

（三）互动沟通原则

在沟通过程中，管理者与员工要对绩效考评结果达成一致，共同确定下一周期的绩效目标。管理者必须改变上级发号施令、下级被动接受的情况。这就要求管理者鼓励员工充分表达自己的观点，在交流中不轻易打断员工的思路。通过有效互动与心灵沟通，管理者可以获悉员工的真正想法，得到更为切实可行的建议。

（四）相互信任原则

在绩效反馈过程中，管理者与员工的沟通必须建立在相互信任的基础上。为了达成理解和共识，管理者应努力创造一种彼此信任的沟通氛围。缺乏信任的沟通会使双方感到紧张、烦躁，无法进行深入的交流。管理者应多从员工的角度，设身处地为其着想，勇于当面向员工承认自己工作中的错误，以真诚的态度赢取员工的理解与信任。[2]

（五）正面强化原则

无论员工的绩效考评结果如何，管理者都应激发与勉励他们，使他们在今后的工作中拥有积极向上的态度。绩效反馈的目的不仅仅是找出员工的不足，还要肯定员工的工作表现。赞扬员工有助于强化员工的有效工作行为。管理者应尽可能及时强化员工的积极行为与卓越表现，而且要持续不断地进行，如给予关爱、赞美、物质奖励与特别礼遇等。管理者持续强化员工的正面表现，可以促进员工继续为酒店做出更多、更佳的贡献。

（六）着眼未来原则

绩效反馈应着眼于未来而不是过去，应重点关注组织与员工的未来发展。[3] 现代绩效

---

[1] 郭婧驰，姜林. 员工绩效反馈面谈的沟通艺术[J]. 商场现代化，2008（23）：96.
[2] 李立国，程淼成. 绩效反馈面谈的 SMART 原则[J]. 中国人力资源开发，2004（6）：41-42.
[3] 全刚，李鹏. 绩效反馈的原则和方法[J]. 技术与市场，2007（10）：65-66.

管理把员工能力的不断提升与组织绩效的持续改进作为至关重要的部分。绩效反馈不是给管理者提供批评员工的机会，而是强调员工在今后工作中可以努力改善的事情。管理者需要以经验分享代替训导，尽量寻求员工的认同而非强制性地采取行动，与员工一起找出造成绩效差距的原因，使偏差与过失及时得到纠正，以期有效提升未来业绩。

四、绩效反馈技巧

在绩效反馈过程中，管理者除了要遵循一些基本原则，还要恰当运用反馈技巧。以下主要从绩效反馈面谈的角度，谈谈如何运用绩效反馈技巧。

（一）重视细节

绩效反馈的过程也是管理者对员工进行言传身教的过程。管理者需要重视各方面的细节：适当的场合、适当的时机、适当的内容、适当的角度、适当的方式、适当的语言、适当的举止等。反馈形式要灵活多样，要体现对员工的尊重。如果进展不顺，管理者应努力改善局面或另选绩效反馈的时机。作为一项让管理者颇感压力的工作，绩效反馈过程中的任何一个细节都不可忽视。与每位员工探讨绩效考评结果，分析问题与原因，找到绩效改进的解决方案，并不是容易的事情。若还要使员工心悦诚服，则更是难上加难，因此，忽视其中任何一个细节，都会"失之毫厘，谬以千里"。①

（二）及时反馈

酒店的行业特征与工作性质决定了绩效反馈应该是经常性的。一旦员工的绩效出现偏差，管理者就有责任将问题及时告知员工。及时反馈不仅可以有效降低最终的绩效表现偏离预定目标的程度，而且可以使员工对自己的工作绩效有个大致判断，增强最终绩效反馈的可接受性。管理者可以运用经常性的会谈，分析员工的绩效差距，肯定员工的努力与进步。

（三）积极倾听

积极倾听是有效的沟通技巧。倾听的目的是为了了解别人的观点与感受，以做出最贴切的反应。管理者在倾听时要保持积极的回应，千万不要急于反驳；先不要下结论，务必要听清楚并准确理解员工反馈过来的所有信息；通过重复与下属对话中的关键信息，或核实已经掌握的信息，使之条理化、系统化，然后做出判断，并表达自己的想法。②

在绩效反馈期间，管理者运用积极倾听的方式，一方面能鼓励员工表达得更清晰，另一方面使员工明白自己的感受。管理者耐心地听取员工讲述，鼓励员工继续讲下去，往往能更全面地了解员工绩效的实际情况，并有助于分析原因。

（四）促进员工参与

当员工积极参与到绩效反馈的过程中时，通常会提高员工对管理者的满意度。管理者应创造良好的交流氛围，鼓励员工积极参与其中。管理者应结合员工的自我评价，引导员

---

① 钱路. 对比鲜明的绩效反馈面谈[J]. 人力资源开发，2008（3）：42-43.
② 石金涛. 绩效管理[M]. 北京：北京师范大学出版社，2007：206.

工发表意见，让他们发表对绩效考评结果的看法以及参与绩效目标制定的讨论等。

（五）重视肢体语言

口头语言是人与人之间思想交流与情感联络的重要手段。除此之外，坐姿、表情、眼神、手势等肢体语言，虽然也被人们在不经意地运用着，但它在沟通中的影响力和特殊作用却没有引起人们的关注。一举手、一投足，甚至一个眼神常常能又快又准地将所要表达的意思传递给对方。

1. 理解员工的肢体语言

每个人都能够通过特有的形体动作传达丰富的信息，因此管理者应准确理解员工的肢体语言，这是读懂员工的基本意图与主观诉求的重要途径。管理者要学会从员工的动作、姿态、表情，以及彼此之间的空间距离中，感知员工的心理状态与情感反应，了解员工的情绪变化，然后有的放矢地调整自己的动作、姿态、表情等。

2. 注意自己的肢体语言

管理者除了要观察并准确理解员工的肢体语言，还要注意自己的肢体语言。管理者应努力做到：保持适当距离，过分靠近会令员工感到不安，并本能地产生自我防卫的心理，面带微笑，以营造愉快的沟通气氛；常点头，少摇头，这既表示收到了员工所要表达的信息，又可以增强员工的信心，鼓励员工继续说下去。

在绩效反馈过程中，管理者应避免的动作主要包括：不要双手交叉抱胸，这样的姿势显得盛气凌人，从而扩大双方的距离感；不要皱眉头，这个动作给人以不耐烦或不满意的暗示；不要抖动双腿，应尽量保持身体的平稳，因为不停地抖动双腿或变换姿势，意味着焦躁不安，导致双方无法平心静气地进行沟通；避免各种毫无意义的小动作等。[①]

（六）肯定员工成绩

管理者与员工应该对绩效改进的计划达成基本共识。管理者应该让员工树立起进一步把工作做好的信心，同时，要让员工感觉到这是一次非常难得的沟通机会，能使员工从中得到很多指导性的建议。在绩效反馈的过程中，管理者要表扬员工的优点，要肯定员工的成绩，要多用赞美的语言，要展望美好的未来。在面谈即将结束时，管理者应进一步总结与确认沟通的内容，说明组织对于员工的期望，表明自己对于员工的信任与支持。例如，管理者可以充满热情地与员工握手并真诚地表达："如果在工作中遇到麻烦和问题，我会尽力给予支持，相信你会取得更好的成绩。"在绩效反馈结束之后，管理者一定要和员工形成双方认可的备忘录，就反馈结果达成共识，对暂时没有形成共识的问题，可以与员工约好下次面谈的时间，就专门问题进行第二次沟通。

绩效反馈的类型，按考评对象可分为团队反馈与一对一反馈；按意图可分为正面反馈与建设性反馈（或负面反馈）。在建设性反馈的过程中，管理者首先要肯定员工较为突出的一面，增进彼此的好感，然后具体描述员工存在的不足之处，并以积极肯定的方式结束本次反馈。值得借鉴的建设性反馈方法如汉堡原理与 BEST 原则等。

汉堡原理的要点包括三个方面：首先，肯定特定成就，给予真心鼓励；然后，指出需要改进的行为；最后，以肯定与支持结束。

---

① 刘伟. 绩效反馈面谈有技巧[J]. 中国劳动，2005（5）：51-52.

BEST 原则的要点包括四个方面：①描述行为（behavior description）；②表达后果（express consequence）；③征求意见，制定改进方案（solicit input）；④着眼未来，以肯定与支持结束（talk about positive outcomes）。

在正面反馈的过程中，管理者应关注的要点包括：①肯定工作绩效；②指出受到称赞的关键行为；③明确关键行为对整体绩效的影响；④突出对团队绩效或组织绩效贡献较大的员工。

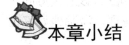

本章小结

酒店绩效管理包括绩效目标制定及实施、绩效考评与绩效反馈等环节。首先，酒店要构建科学的绩效目标体系。绩效目标包含三个层次，即组织绩效目标、部门绩效目标与岗位绩效目标（个人绩效目标）。绩效目标必须细化为具体的绩效指标与行动方案。管理者要通过绩效监控、绩效沟通与绩效辅导，与员工一起推进绩效目标的实施。其次，酒店要构建有效的绩效考评体系。这要求明确绩效考评的目的、误区与要求，确定合适的考评主体与考评方法，以及遵循一定的步骤。最后，酒店要构建完善的绩效反馈体系。这要求明确绩效反馈的内容，做好充分的准备工作，以及掌握绩效反馈的原则与技巧。

复习思考题

1. 酒店为何要进行绩效考评？
2. 如何设定酒店的绩效目标？
3. 目标管理法包括哪些步骤？
4. 酒店绩效考评包括哪些主体？
5. 酒店绩效反馈具有什么意义？
6. 酒店绩效反馈应遵循哪些原则？
7. 如何开展绩效反馈的准备工作？
8. 考评者如何避免陷入绩效评估误区？
9. 如何运用关键事件法进行绩效考评？
10. 酒店的哪些岗位适合使用强制分配法进行绩效考评？

案例分析题

明州酒店是万发集团的全资子公司，千叶集团是万发集团的大客户。明州酒店销售部的小张是千叶集团采购部经理的亲戚。小张平时工作散漫，销售任务也总是完不成。酒店去年在绩效考评时，采用的是排序法。销售部经理李章用此方法对销售部人员进行考评，按正常的排序，小张很可能是最后一名。按照酒店的制度，排在末尾的销售员是要被辞退的。如果小张被辞退，千叶集团这个大客户不知道还能不能维系住。李章考虑到这个因素，就把小张的评估结果提高了一些。这样一来，小张就不用被辞退了。但是，销售部的其他员工觉得很不满，尤其是排在小张后面的几位员工。他们向人力资源部抱怨：明明小张的业绩不如我们,为什么他排在我们前面?该部门员工的积极性明显不如以前,而且被辞退的一位员工曾经天天找李章说理,有一次甚至引发了打架行为。有一阵子,李章甚至不敢单独外出。据说,后来酒店只好私下给那位员工多发了三个月的工资以作为补偿。

问题:

新一轮的绩效考评就要开始了,面对该难题的销售部经理又陷入了沉思。该怎么办呢?如果您是该经理,您将如何做?酒店要求您既对小张的绩效进行有效考评,激励他好好工作,又不会引起(或尽可能减少)销售部其他人的不满。

第七章 酒店薪酬管理

> **引言**
>
> 薪酬是指员工因工作关系而从组织获得的各种经济性报酬与非经济性报酬。薪酬体现了酒店对员工付出与贡献的回报。酒店薪酬体系的科学性与先进性直接关系到员工的积极性与创造性。酒店必须通过有效的薪酬管理，使员工感到精神有收获、付出有所得、贡献有奖励，使员工的自身价值得以实现，让优秀员工得到超常的回报，从而促进员工充分发挥自己的聪明才智。酒店薪酬管理必须是全方位、多层次、系统性的，以有效激发员工的工作热情，创造积极向上的工作氛围，促进员工提升工作效率与效益。本章将在概述酒店薪酬的构成与功能以及薪酬管理原则的基础上，阐述薪酬的主要形式以及薪酬设计与管理的主要内容。

> **学习目标**
>
> （1）理解酒店薪酬的内涵。
> （2）理解薪酬管理的原则。
> （3）掌握酒店薪酬的形式。
> （4）理解薪酬水平的决策。
> （5）掌握工作评价的方法。
> （6）理解薪酬结构的内涵。
> （7）掌握薪酬制度的类型。
> （8）了解薪酬支付的方式。
> （9）理解薪酬调整的形式。

第一节 酒店薪酬管理概述

薪酬管理是酒店吸引人才、留住人才与体现人才价值的关键手段。当前，酒店行业的员工流动呈现优秀人才向其他行业转移的趋势。这在一定程度上表明酒店行业的薪酬水平不具备相对竞争优势。因此，酒店经营者必须在理解薪酬构成与功能的基础上，明确薪酬管理的原则。

一、薪酬的构成

不同的利益相关者对薪酬有不同的理解。从员工角度看，薪酬是自己的劳动所得，是交换的结果,而且员工总是期望自己的付出能得到最大的回报;从企业角度看,薪酬意味着成本,企业家关心投入员工身上的成本是否发挥了最大的效用;从社会角度看,全体社会成员的薪酬水平决定社会整体的消费水平。[1] 与"薪酬"相对应的英文单词是"compensation",其释义是"补偿、报酬"。薪酬管理专家米尔科维奇(Milkovich)将薪酬定义为:雇员作为雇佣关系中的一方所得到的各种货币收入,以及各种具体的服务和福利之和。[2] 薪酬有狭义与广义之分。狭义的薪酬是指因员工为组织所做的贡献而得到的货币形式或非货币形式的补偿,如工资、奖金、津贴和补贴、福利待遇等;广义的薪酬是指员工为组织工作而获得的所有他或她认为有价值的东西。薪酬反映员工与组织之间公平的交易关系或交换关系。组织是劳务的买方,员工是劳务的卖方,薪酬就是员工劳务的价格表现。

根据薪酬对于员工产生的内部或外部性影响,可将薪酬划分为内在薪酬(intrinsic compensation)和外在薪酬(extrinsic compensation)。[3] 内在薪酬是指由于员工努力工作而得到晋升、表扬或受到重视等,从而产生的工作满足感、荣誉感、成就感或责任感。内在薪酬具体包括员工参与决策的权利、较大的工作责任、较多的职权、较大的工作自由度、较有兴趣的工作、个人的成长机会、同事的认可及工作任务的多元化等。外在薪酬是指员工因工作关系而获得的各种形式的收入,包括货币薪酬与非货币薪酬两类。其中,货币薪酬包括基本薪酬、津贴和补贴、奖金、股权等;非货币性薪酬包括保健计划、带薪休假、舒适的办公室、专用的停车位等。

根据员工获得的薪酬是否可以用金钱来衡量,可将薪酬划分为非经济性薪酬和经济性薪酬。

1. 非经济性薪酬

非经济性薪酬是指员工对组织与工作所形成的心理感受,通常不能用金钱来衡量。非经济性薪酬主要由工作本身、工作环境和组织特征三个因素产生。工作本身的特征包括工作趣味性、工作挑战性、工作自主性、工作重要性、工作成长感以及工作成就感等;工作环境是指同事关系、工作条件与信息共享氛围等;组织特征是指组织在产业中的地位、组织的文化氛围与组织的发展前景等。由这三种因素所产生的对于员工心理需求的满足即为非经济性薪酬。酒店的非经济性薪酬对于员工的工作积极性会有显著影响。服务人员,特别是一线服务人员,经常会面对来自顾客、组织和工作本身的多个彼此冲突的要求。[4] 酒店必须重视这些冲突对员工身心的影响,提供可行的解决方案,营造和谐的工作氛围,使员工心愉悦地工作。

酒店非经济性薪酬主要包括职务回报与精神回报两个方面。令人压抑、窒息或危及身心健康的工作是纯付出,必须有丰厚的物质报酬;令人兴奋、快乐或充分发挥个人特长的工作是一种享受,工作本身也是回报。一些成功的企业家认为"工作的报酬就是工作本身",这深刻地道出了有效的职务回报可以产生极佳的激励效果。人们的高层次需要就是自我实现需要。通过职业培训、工作扩展与职务轮换,可以帮助员工提升工作能力,拓展职业生涯,获得职务晋升,取得工作成就,实现自我价值。

---

[1] 姚凯. 企业薪酬系统设计与制定[M]. 成都:四川人民出版社,2008:2-4.
[2] 乔治·T. 米尔科维奇,杰里·M. 纽曼[M]. 薪酬管理. 董克用,等,译. 北京:中国人民大学出版社,2002:5.
[3] 张小林. 人力资源管理[M]. 杭州:浙江大学出版社,2005:282-283.
[4] SCHWEPKER C H JR, HARTLINE M D. Managing the ethical climate of customer-contact service employees[J]. Journal of service research, 2005,7(4):377-397.

精神回报能够增强员工的归属感与凝聚力。员工一般不会直接表达对精神回报的不满，而往往会强调物质回报的不足。一般而言，精神回报主要有以下四种方式，即荣誉奖励、表扬认可、经验推广、先进命名。从人的需求来讲，人人都有争取肯定、荣誉的需要。酒店应及时对有突出贡献的员工授予各种荣誉称号，如"微笑天使""服务之星""节能大王""技术能手""创新明星"等。对于绩效优异者，酒店可用"荣誉员工"的名义，邀请员工及其家人免费入住酒店的豪华客房，让员工享受自己与同事共同创造的劳动成果。这不仅是一种奖励，而且让他们转换成客人的角色，对其从事的工作也会感受更深。此外，对于团队的荣誉奖励也必不可少，如评选先进班组，以鼓励酒店内部的团队精神。在荣誉评定上，酒店切忌满天撒网、过滥过虚、流于形式，而是要严格按照绩效考评结果进行评定，使荣誉名副其实，以达到最佳的精神回报效果。

案例 7-1　远洲酒店"五星闪烁"[①]

远洲集团创建于浙江省台州市，创业初期，以货运、油品销售为主业，然后投资经营临海国际大酒店，参股经营台州花园山庄，现已发展成为一家集高星级连锁酒店投资经营管理、房地产开发以及商贸物流三大产业于一体的全国性现代企业集团。2011年，集团管理中心迁至上海，确立了在上海构建新的产业发展与管理平台的发展规划。在浙江省众多的企业集团中，"远洲"以其独特的行业背景和市场竞争能力而位居重要地位。自2005年开始，为贯彻实施"向优秀者倾斜"的人才激励政策，远洲集团提出了发掘打造明星员工的"五星闪烁"行动。集团考评委员会设定了管理之星、销售之星、服务之星、创新之星、技术之星这五颗星，并在全集团各子公司中选拔符合条件的员工成为明星员工，在每年一度的集团年会上予以表彰奖励，并组织明星员工宣讲团到各公司进行巡回宣讲。

在五星评选上，远洲集团坚持两个导向，即文化导向和业绩导向。集团将忠诚远洲事业、敬业爱岗、服务一流、勇于创新、业绩突出的员工，在层层推选与评价的基础上，由考评委员会评定获得"五星员工"称号的人选。通过明星员工的评选，管理者引导广大员工认同集团的文化价值观并在工作中积极实践，形成争当明星员工、忠诚远洲事业、注重工作绩效的良好文化氛围，在集团上下产生了积极影响。

作为餐饮部的一名包厢服务员，服务之星小梁以真诚灿烂的微笑面对每一位客人，细心甜美的话语给来宾带来了欢笑，受到很多贵宾的称赞。VIP接待和一些重要客人的接待基本上非她莫属，客人经常点名要求她为其提供服务。由于小梁的热情大方、工作认真、乐于奉献的一贯表现，同事一致推荐她作为集团服务之星。在五星员工宣讲活动中，她谈到了自己的工作体会与服务心得，并动情地说："宾客满意而去，自我价值满载而归。客人高兴了，我也快乐了，让工作成为快乐源泉，开开心心过好每一天。"小梁的话道出了酒店服务工作的真谛。酒店需要更多像小梁这样具有优秀服务品质的员工，以共同营造酒店宾至如归的氛围，确保酒店服务的高品质。

作为工程部员工，技术之星老金埋头钻研节能改造技术，将新技术、新工艺与设备运

[①] 改编自远洲集团提供的资料。

行情况及酒店经营特性充分结合起来，使酒店锅炉能耗下降。作为厨师，创新之星小王精心钻研厨艺，在雕刻和本地特色菜的制作上推陈出新，深受客人好评，菜肴点击率高居榜首。这些明星员工，在不同领域发挥出了聪明才智，成为各条战线上的佼佼者，犹如一颗颗璀璨的星星，给远洲酒店的服务增光添彩。明星员工是企业不可多得的财富。远洲集团将致力于打造生生不息的人才成长之林，促进更多明星员工的产生，以形成持续发展的动力。

2. 经济性薪酬

经济性薪酬是指员工因工作关系所获得的、可以直接或间接用金钱衡量的报酬。经济性薪酬又可分为间接薪酬与直接薪酬。间接薪酬主要包括福利与股权两部分。间接薪酬一般采用非现金、延期支付的形式。直接薪酬主要包括工资、奖金、津贴和补贴。直接薪酬一般以现金形式支付。

此外，人们还可以根据员工所获得的薪酬的变动性，将薪酬划分为不变薪酬和可变薪酬。不变薪酬包括基本薪酬、福利、津贴和补贴等；可变薪酬包括绩效奖金、股权等。

本章第二节将从经济性薪酬方面，阐述酒店薪酬的主要形式。

二、薪酬的功能

酒店属于劳动密集型行业，员工薪酬是酒店成本的重要组成部分。薪酬水平代表员工在酒店中受重视的程度。根据薪酬的多少，员工可以推测其在酒店的价值与地位，因此，薪酬体系是影响员工工作态度和行为的关键因素。如果薪酬体系设计合理、运用恰当，可以使员工产生满足感，激发员工努力工作。无论从财务角度还是人力资源管理角度，薪酬管理都是酒店管理的重要方面。

（一）薪酬对员工的作用

薪酬对于酒店员工的作用主要体现在保障、激励和凝聚功能等方面。

1. 保障功能

薪酬的保障功能是通过工资体系来体现的。劳动是员工脑力和体力的支出，酒店只有给予足够的补偿，才能不断促使员工产生努力工作的动力。员工的劳动收入要用于购买各种必要的生活资料以维持劳动力的正常再生产。随着酒店技术结构和产品服务的不断变化，员工必须不断更新知识与能力结构，以增加对酒店技术、产品和服务结构变化的适应性。因此，酒店员工的工资收入理所应当地也包括支付部分学习、培训、进修等方面的费用。此外，酒店员工一定的生活享乐支出也包括在其工资收入之内，它同样属于维持劳动力再生产的范围。总之，员工所获的薪酬数额至少能够保证员工及其家庭生活的基本需要，否则会影响员工的基本生活，影响社会劳动力的生产和再生产。薪酬的保障功能有助于员工获得工作安全感和生活满足感。

2. 激励功能

经济性薪酬对于员工的激励作用不容忽视，它满足了员工的需要，体现了员工的价值。在所有的激励因素中，金钱的激励作用名列前茅。同样，在酒店人才竞争十分激烈的今天，薪酬因素是导致人才流失的重要方面，完善的薪酬体系（如效益工资、奖励制度等）可以吸引优秀员工，降低员工流失率，促进员工努力工作，促使员工更具有互助性与合作性。

薪酬不仅使员工获得基本的生活保障,而且实现自身的价值以及获得生活的乐趣,因此,如何长期激励员工应成为薪酬管理的主要目标。

3. 凝聚功能

有效的薪酬体系可以增强酒店的凝聚力与吸引力,增强员工对酒店的归属感与忠诚感,留住员工,用好员工。福利是酒店关心员工、表现社会责任感的重要方面。股权对员工具有长期激励作用与凝聚功能。福利待遇可以使员工对酒店产生信任感和归属感,形成良好的组织气氛。员工有时会把福利折算成收入,用以比较酒店是否具有物质吸引力。对于"一刀切"的传统福利体系,员工并不是很领情,因此酒店应采取"菜单式"的福利体系,即根据员工的特点和具体需求,列出一些福利项目,并规定一定的福利总值,让员工自由选择、各取所需。这往往能产生更好的激励与凝聚员工的效果。

案例 7-2 因人而异,皆大欢喜

赵小姐和于小姐是浙江杭州一家高星级酒店的前厅接待人员,是大堂经理张先生的直接下属。赵小姐具有多年的工作经验,对于工作十分热心,力求十全十美;于小姐是刚从某名牌大学旅游管理专业毕业的大学生,对陌生的工作充满信心,并希望自己能够尽快适应工作环境。

某日早晨,于小姐遇到一名刚从房间出来的日本顾客,她恰巧学过一些基本的日语,于是有礼貌地向日本顾客道早安,日本顾客听后非常高兴,并与之进行了短暂的聊天。于小姐发现出门在外的宾客都有一种孤独感,听到家乡的语言会感到分外亲切。于是,她向张经理提出建议:服务人员应学习几种主要外国语言的简单问候语,在向客人问好时,可以尽量使用他们的母语,这样可以增进客人对酒店的亲切感。酒店的商务客人比较多,有一些属于常客。于是,赵小姐提议:如果上一次顾客光临时对接待人员非常满意,那么可以建立一个顾客档案系统,包括接待的人员;在下一次顾客光临时,可以让同一位接待人员提供服务,让顾客有一种回家的感觉。她们的建议都得到了张经理的采纳。张经理的一贯做法是:对于能够提高酒店信誉、增加顾客满意度的建议,会对相关人员进行及时有效的奖励。但是,在对于小姐和赵小姐的具体奖励方式上,有所不同。赵小姐已经结婚,刚买了房子,更关注物质需求,精神回报对她的激励作用不明显,所以张经理采用了物质奖励的方式。于小姐刚从大学毕业,更希望得到同事的认可,于是张经理将她评为当月优秀员工,并在部门会议上进行了表扬。赵小姐和于小姐在不同的时间向酒店提出了合理化建议,张经理对两人都进行了奖励,但针对两人的不同需求,采取了不同做法。事后证明,张经理的做法收到了非常好的效果,大大提高了她们的工作热情。

在激发员工工作积极性与提升员工工作效能方面,领导必须保持一致的风格。就如本案例中的张经理,对于有利于酒店的行为,都必须加以奖励,以有效引导员工的行为。但在具体奖励方式上,则有必要因人而异,以达到最优的激励效果。

(二)薪酬对酒店的作用

薪酬是能够为酒店和投资者带来预期收益的成本支出。酒店或投资者从事生产经营活动，必须雇用员工，薪酬就是用来购买劳动力所支付的特定成本。薪酬的投入可以为投资者带来大于成本的预期收益，这是酒店雇用员工、对劳动力要素进行投资的原因所在。因此，薪酬投入对于酒店具有保值增值、营造良好组织氛围、构建竞争优势、使个人目标与组织目标达成一致的作用。

（三）薪酬对社会的作用

薪酬对社会具有劳动力资源的再配置作用。薪酬作为劳动力价格信号，可调节劳动力的供求和流向。当某一地区、部门、职业及工种的劳动力供不应求时，薪酬水平就会上升，从而促使劳动力从其他地区、部门、职业及工种向紧缺的领域流动，使流入领域的劳动供给增加，逐步趋向供求平衡。因此，薪酬调节能实现劳动力资源的优化配置。另外，薪酬也调节着人们对职业和工种的评价，调节着人们择业的愿望和倾向。

三、薪酬管理的原则

一般来说，酒店薪酬管理需要遵循以下几个原则。

（一）竞争原则

竞争原则是指酒店的薪酬政策对人才要有吸引力。酒店薪酬政策的吸引力，一方面源于薪酬的绝对值，另一方面源于薪酬结构及分配办法。因此，酒店必须遵循市场经济的供求规律，重视市场调查，根据人才市场的供求状况及同行业的薪酬水平，合理确定薪酬标准和分配办法，以增强市场的适应性与竞争力，以吸引与留住优秀人才。

（二）公平原则

员工对薪酬的满意度，不仅取决于薪酬的绝对值，还取决于薪酬的相对值。在薪酬管理上，酒店一是要保证外部公平性，这主要是指酒店必须确保员工的薪酬达到同一地区的同类酒店类似职务的薪酬水平。如果酒店不能保证这种公平，就难以吸引和留住足够数量的优秀员工。二是要保证内部公平性。从酒店内部来说，员工对薪酬的满意度主要取决于其付出和获得与其他同类员工之间的比较，也包括不同岗位之间的比较，如总台服务与客房服务岗位之间工资等级的差异。为了体现公平合理与多劳多得的要求，酒店的薪酬政策必须兼顾以下方面：要有统一、规范的薪酬分配依据；要给员工创造公平竞争的条件；要建立科学的工作评价制度，在工作岗位的复杂性、难易度、责任要求、知识和能力要求等方面进行量化评估的基础上，建立相应的工资等级；要构建公正的绩效考评制度，在绩效考评的基础上，确定相应的薪酬分配体系；要增强薪酬分配的民主性与透明性，避免"暗箱操作"。

（三）激励原则

激励性是指酒店的薪酬政策与制度应对员工的工作行为产生积极的引导和推动作用。员工必然要追求满意的收入和待遇。薪酬管理必须能充分调动员工的工作积极性，提高劳动生产率，促进组织长期发展。为此，酒店的薪酬管理要有利于增强员工的责任心和团队合作精神；要有利于激励员工刻苦钻研技术，不断提高业务水平；要有利于激发员工提高工作质量，提高组织经济效益。

（四）经济原则

作为经济实体，酒店必然要追求经济效益目标。因此，酒店要注意控制薪酬总额，要关注薪酬支出在营业收入中的比重这一指标，保证人力成本的增长与营业收入的增长相匹配。

（五）合法原则

合法原则是指酒店薪酬政策与制度必须符合《中华人民共和国劳动法》《中华人民共和国劳动合同法》以及其他与之配套的行政法规的要求。酒店必须保障所有员工的合法权益，按照法律法规的规定，提取薪酬总额、福利费用与工会费用，落实最低工资规定、福利待遇、法定节假日制度与妇女特殊权益等。

（六）沟通原则

酒店应提高薪酬管理的透明度，及时、准确地为员工提供绩效考评结果与薪酬分配信息，耐心、合理、充分地解释薪酬管理依据。除了介绍本酒店的薪酬管理制度，管理者还要尽可能介绍类似酒店的薪酬管理制度。酒店要与员工进行薪酬设计方案的沟通，让员工明白酒店是如何回报他们的。每位员工只要努力工作，取得卓越绩效，相应的回报自然会接踵而至。

案例 7-3　卓越服务的"传道会"[1]

开展标杆员工交流活动能营造出热烈生动的气氛，使思想、观念和制度深入人心，并获得沟通、强化和共鸣。为此，开元旅业集团通过优秀服务事迹报告会和技术比武等活动，让先进经验得以闪光，让先进人物收获荣耀。有人生动地把这些活动比作卓越服务技巧的"传道会"。

自 2001 年开始，开元旅业集团基本上每年举办一次"优秀服务事迹报告会"。由十多位服务明星组成的演讲团，在集团所属企业进行巡回演讲，把自己的亲身经历、切身感受、实践心得与服务之道，与所有员工一起分享与交流。分享的一路掌声不断，鲜花不绝。讲者动情，听者动心，气氛热烈，极具感染力。

自 1995 年以来，开元旅业集团每年都要举行一次大规模的员工技术比武活动，比赛项目包括烹饪、铺床、插花、调酒、宴会台面设计、餐厅摆台与斟酒、婚房布置、演讲比赛、知识竞赛与服务案例表演等。2019 年 6 月，开元人的技术比武活动在杭州开元名都大酒店举行，来自全国各地百余家开元酒店的近五百位匠人齐聚杭州，共同呈现了一场匠心独具的盛宴。由于参与人数多、比赛项目多、权威性高，技术比武活动被开元人称为"开元的

---

[1] 改编自开元旅业集团提供的资料。

奥运会",其宗旨是"以技术推动创新,以艺术展现服务,以文化引领发展"。每次技术比武结束后,开元人都要举行盛大的表彰会。在鼓舞人心的音乐声中,集团领导亲自为优胜者一一颁奖。所有技术比武优胜者都将获得"技术标兵""服务师"等荣誉称号。技术比武不仅成了集团衡量所属酒店管理水平和服务水平的重要手段,也是集团实现经验交流、技术交流的平台和员工施展个人才华的大舞台。集团所属酒店多次在全国、省级行业的各类比赛中获奖,这充分说明了卓越服务交流活动的长期效果。

除了物质需求,员工还渴望得到组织的尊重和认可。员工积极性不高往往与组织没有认可与强调其个人工作表现密切相关。因此,物质奖励、荣誉奖励与经验推广相结合的方式,兼顾了员工的物质与精神需求,使得员工能全情投入到工作与生活中。

第二节 酒店薪酬形式

经济性薪酬具有易于进行客观的定量分析与比较的特性。从经济性薪酬角度看,酒店薪酬主要有五种形式,即工资、奖金、福利、津贴和补贴、股权。

一、工资

工资是指组织根据员工的职责、技能、绩效与资历等而支付给员工的较为稳定的物质报酬。狭义的工资是指组织向员工定期且以货币形式支付的工作收入,不含奖金与津贴等。①劳动法中的工资是指用人单位依据国家有关规定或劳动合同的约定,以货币形式直接支付给本单位劳动者的劳动报酬,一般包括计时工资、计件工资、奖金、津贴和补贴、延长工作时间的工资报酬以及特殊情况下支付的工资等。②关于计时工资和计件工资的含义如下所述。

1. 计时工资

计时工资是指按计时工资标准和工作时间支付给员工的劳动报酬。按照计算的时间单位不同,计时工资制可划分为小时工资制、日工资制和月工资制等形式。小时工资制是指按小时工资标准乘以实际工作小时数来支付工资;日工资制是指按日工资标准乘以实际工作天数来支付工资;月工资制是指按规定的月工资标准乘以实际工作月数来支付工资。计时工资制简便易行,在酒店得到广泛运用。

2. 计件工资

计件工资是指根据员工所完成工作的数量、质量和所规定的计件单价来支付的劳动报酬。员工的工资收入是其完成的合格产品或服务的数量与计件单价的乘积。计件工资能准确反映员工实际完成的工作量,能有效激发员工的工作积极性。在实行计件工资制时,酒店要特别关注产品或服务的完成质量,要防止员工出现为了追求数量指标而忽视质量指标的倾向。

---

① 张小兵,孔凡柱. 人力资源管理[M]. 3 版. 北京:机械工业出版社,2017:147.
② 国务院法制办公室. 中华人民共和国劳动法:实用版[M]. 2 版. 北京:中国法制出版社,2018:37.

二、奖金

奖金也称奖励工资，是酒店支付给超额完成任务或取得优秀工作成绩的员工的额外报酬。其目的在于激励员工继续保持良好的工作势头。奖金可以根据个人的工作绩效来评定，也可以根据部门和酒店的效益来评定。奖金与其他薪酬形式相比，具有更强的灵活性和针对性，奖金也更能体现薪酬的差异性。

奖金对于员工有显著的激励作用，能有效调动员工的工作积极性。奖金可以与个体或者团体绩效相挂钩，因此，这种激励作用不仅对于员工个人有效，对于团队激励也非常有效，它使得团队的成员能够朝着共同目标一起努力。奖金的弊端是其易引发员工的短期行为，忽视对于长远目标的关注。

（一）奖金形式

酒店可以采用的奖金形式是多种多样的。按照不同的标准，奖金可采用不同的形式。

（1）按照考核项目的多少，可分为单项奖与综合奖。单项奖是指以某一项考核指标作为获奖条件的奖励制度。单项奖的特点是只对员工劳动成果的某一方面进行专项考核，一事一奖。单项奖有助于酒店集中力量解决经营管理中存在的关键问题。单项奖名目很多，如节约奖、质量奖、超产奖、建议奖、创新奖、劳动竞赛奖等。综合奖是指以多项考核指标作为获奖条件的奖励制度。综合奖的特点是考核指标比较全面，有助于激励员工全面提高工作质量。

（2）按照奖励的范围，可分为个体奖与团队奖。个体奖适用于只需个体劳动就能完成的工作。团队奖适用于需要团队合作才能完成的工作。团队奖可以促使团队成员相互激励、相互监督与相互支持。

（3）按照一定时期内奖金发放的次数，可分为经常性奖金和一次性奖金。经常性奖金是对超额完成任务或创造优良业绩的员工给予的例行奖金，可以是月奖或季奖。一次性奖金一般是为了解决酒店经营管理中的突出矛盾或完成紧迫的任务而设立的奖金。

（4）按照奖励周期的长短，一般可分为月奖、季奖、年奖。为了激励员工创造出色的绩效，酒店一般都设立年奖。年奖的总额随酒店经营效益的变化而变化。

（二）奖金设计要点

设计奖金体系时需要回答"奖励什么""奖励多少"与"如何奖励"等三个基本问题。相应地，设计奖金时必须注意以下几个要点。[1]

1. 确定奖金额度

奖金的来源一般包括酒店增加的经济效益、个体或团队创造的超额绩效以及节约的成本等。酒店应在明确奖金来源的基础上，确定奖金比率。奖金比率是指奖金总额占奖金来源总额的比率。奖金总额及奖金比率的确定是非常重要的环节。奖金总额确定的方法主要包括两类：按酒店超额利润的一定比率来确定奖金额度；按产值、销售额或节约成本额的一定比率来确定奖金额度。

---

[1] 刘爱军. 薪酬管理：理论与实务[M]. 北京：机械工业出版社，2008：95-97.

2. 确定奖励项目

酒店必须根据经营的需要，确定给予奖励的项目。奖励项目大致可分为两类：与超额完成工作任务相关的奖励项目；与员工在某个方面做出突出贡献相关的奖励项目。

3. 确定奖励条件

奖励条件是指员工获奖所需达到的超额劳动、节约成本或做出特殊贡献的数量、质量指标。在奖励条件的设置上，酒店应把奖励的重点放在与经营效益密切相关的工作环节与工作岗位上。

4. 确定奖励形式

结合奖励额度、奖励项目以及奖励条件等因素，酒店可以确定相应的奖励形式，如单项奖或综合奖、个体奖或团队奖、月奖或年奖等。酒店应采取适当的奖励形式，以充分调动员工的主观能动性。

5. 确定奖金分配方案

酒店需根据不同部门、岗位或员工的性质与条件来选择适当的奖金分配方案。酒店应努力构建重目标、重贡献、重创新的奖金分配方案。

在奖金设计上，酒店还应重视以下几个方面。

（1）体现政策。奖励设计必须体现酒店的人力资源政策。当酒店在引进人才时，奖励制度应注重竞争性，以吸引优秀人才加盟。若酒店侧重于培养与发掘内部的优秀人才，则奖励形式就应多样化。酒店不仅要重奖优秀者，更要激励进步者。

（2）反映目标。酒店有长期目标和短期目标，应让员工明确组织的蓝图，并将酒店目标与奖励体系结合起来，以引导员工的行为。

（3）突出重点。奖励项目不宜过多，否则不但导致酒店的目标不明确，不利于目标的执行，而且万一出现财务危机，一些奖励项目就难以兑现，从而失信于员工。

（4）明确对象。努力工作的员工，不见得是绩效显著的员工。对于工作能力强、贡献大、绩效卓著的员工，应破格提升和重额奖励，以激励其他员工卓有成效地工作。

（5）确保及时。及时奖励是指在员工取得优异的工作成绩后，及时加以肯定或给予奖励。这样不仅能够及时发挥奖励的功效，还增强了员工对奖励的重视。逾期或迟来的奖励，不仅会失去奖励的意义，甚至会使员工感到多此一举或对奖励产生漠视心理。总之，奖金设计要结合酒店的战略目标与组织文化，并遵循公平、竞争、激励、经济、合法的原则。

三、福利

福利是指员工因工作关系及其在组织中的职位而获得的间接报酬，是组织用以改善员工及其家庭生活水平的一种辅助性措施和公益性事业。[①] 酒店员工福利大致可划分为法定福利与非法定福利两部分。法定福利是指按照法律规定用人单位必须提供的福利项目。我国的法定福利项目包括"五险一金"，即养老保险、医疗保险、工伤保险、失业保险、生育保险和住房公积金。非法定福利是指用人单位为了吸引人才与留住员工而自行为员工提供的福利项目。福利是一种吸引并留住员工、提高员工忠诚度与传承组织文化的有效手段。

---

① 姚凯. 企业薪酬系统设计与制定[M]. 成都：四川人民出版社，2008：230.

酒店应有目的、有针对性地设置一些符合酒店实际情况的福利，如带薪休假、人寿保险、脱产培训、子女教育辅助计划、弹性工作时间、免费住宿、免费旅游、健康检查、工作午餐与心理咨询等。

在设计福利体系时，酒店应综合考虑相关法律法规的要求、组织的条件与员工的个性化需求。

（1）审视酒店条件。一般来说，不同酒店的福利项目相差不多，但应根据自己的实际情况，有所侧重。例如，有的酒店利用便利条件组织优秀员工旅游；有的酒店努力改善员工的就餐环境；有的酒店则非常重视员工的文体活动，以丰富员工的业余生活。总之，酒店应扬长避短，关注员工生活，让员工快乐工作。

（2）关注员工需求。由于员工情况（如年龄、性别、收入水平、家庭等）的不同，如果赋予员工选择福利项目的权利，就可以有效提升员工满意度。因此，酒店应努力推行弹性福利制度，实行多样化的福利项目组合，允许员工根据个人需要选择酒店能够提供的福利项目。

（3）重视及时沟通。在福利措施设计前或实施后，酒店要及时与员工沟通。沟通的目的是要了解员工的需求和福利制度的实施效果，否则酒店有可能花了大量精力为员工做了很多事，员工却不知或不满意，也就不能起到明显的激励作用。

案例 7-4　尽享"自助餐式"的福利

酒店原先推行"一刀切"的福利制度，管理人员认为这种做法简便、省心。但在员工满意度调查的过程中，许多员工反映福利制度不合理、不够人性化。为此，酒店召开了一次员工代表会议，管理层认真听取了大家的具体意见，并进行了详尽的记录。以下是部分员工的意见反馈。

张彤：妈妈身体不太好，我经常要回去照顾她，可是酒店工作时间太不固定了。我宁可不要额外的津贴，但是希望能给予一定的可自由支配时间。

何洁：我这人吧，平时存不住钱，所以能不能把平时的奖金、津贴什么的都放到年底的分红里去。呵呵，就算是酒店财务部给我存钱了。

郑丹：我们都是年轻人，希望能多举办一些业余文化娱乐活动。

李吉：我正在参加会计专业的自学考试，希望酒店能给予经费上和时间上的支持。

邹星宇：年底刚买了一台笔记本电脑，一个月后酒店又给我配了一台，多出一台给谁用好呢？

宁雪：我喜欢观赏异域风光，遗憾的是没有这样一个假期。

……

酒店管理层根据员工反馈的意见，进行了及时有效的福利制度改革。酒店现在实行自助式的福利制度，给员工很大的自主选择权，充分满足了员工的个性化需求。俗话说："萝卜青菜，各有所爱。"员工们最终都找到了自己心仪的"菜谱"，其工作积极性与满意度因此大大提升。

每一位员工都是独立的能动主体，都有不同于其他个体的欲望与渴求。因此，在福利体系设计上，酒店在人性化、亲情化与个性化方面所下的功夫往往会收获事半功倍的效果。

四、津贴和补贴

津贴和补贴是指为了补偿职工特殊或额外的劳动消耗和因其他特殊原因支付给职工的津贴，以及为了保证职工工资水平不受物价影响支付给职工的物价补贴。[①]津贴的类型大体包括：为劳动条件特殊、需补偿额外劳动消耗而设置的津贴，如高温、低温、高空、井下等作业津贴；为劳动条件差、生活支出多而设置的津贴，如林区、野外等专业作业津贴；为员工在工作中承担了额外任务而设置的津贴，如酒店财务总监的兼课津贴；为员工在日常生活中存在额外需要而设置的津贴，如取暖津贴；为影响员工身体健康的工作环境而设置的津贴，如某些特殊工种享受的保健津贴。[②]补贴的形式如午餐补贴、通信补贴、交通补贴、副食品价格补贴、粮价补贴与住房补贴等。酒店员工是否享受某种津贴，取决于是否符合相应条件，即该种津贴所对应的特殊工作环境是否存在。随着工作条件的变化，津贴可增可减，具有很大的针对性与灵活性。当特殊工作环境消失时，相应的津贴也随即终止。

在津贴和补贴设计上，酒店应关注的要点包括相关政策规定、领取人员的条件和范围、发放标准与支付方式等。

五、股权

股权是一种长期报酬形式，其支付周期通常超过一年。股权激励是指通过员工获得公司股权的形式，享有一定的经济权利，使员工能够以股东的身份参与决策、分享利润、承担风险，从而尽心尽责地为公司长期发展服务的一种长期激励方法。[③]股权激励的类型多种多样，酒店可根据实际情况选择合适的类型。早期的股权激励对象主要是企业高层管理者，近年来逐渐扩大到各个层次的员工，如员工持股计划、股票期权计划、管理者收购等形式。员工持股计划主要针对中基层员工；股票期权计划主要针对中高层管理者与核心人才；管理者收购主要针对高层管理者。股权激励可以将员工个人利益和组织整体利益挂钩，有利于吸引与留住优秀人才，促使管理者关注长期绩效。

在股权体系设计上，酒店应关注的要点包括：股权激励计划的目的；激励对象的条件与范围；拟授予的权益数量；股权激励计划的有效期、授权日、可行权日、股票限售期；激励对象获取权益、行权的条件；企业与激励对象各自的权利与义务；股权激励计划的变更、终止条件；其他重要事项。

案例 7-5　精神食粮难以抵饥

任蓉是我国北方某高校旅游管理专业的本科毕业生，毕业前五个月就与学校所在城市

---

① 国务院法制办公室. 中华人民共和国劳动法：实用版[M]. 2 版. 北京：中国法制出版社，2018：124.
② 刘仲康，郑明身. 企业管理概论[M]. 武汉：武汉大学出版社，2005：137-138.
③ 董克用，朱勇国. 2018 人力资源管理专业知识与实务（中级）[M]. 北京：中国人事出版社，2018：124.

的一家私营旅行社签订了合同。该份工作是她毛遂自荐得来的。在她心目中，这家旅行社与一般的私营企业不同，旅行社的总经理徐峰拥有某名校旅游管理专业的硕士学位，对人才很重视，在当地旅游行业也有较大影响力。因此，在面临其他就业选择时，她都毫不犹豫地拒绝了。

刚开始工作时，任蓉觉得徐总对她很器重，经常鼓励她，让她好好干。任蓉的业绩也不错，工作不到两个月，就办妥了该城市四所高校韩国留学生的机票预订业务。之后，徐总又派她到滨海开发区的分社推广业务，她去了不到三个月，业绩已经超过其他员工。

可是，她最终还是辞职了。说起个中原因，其实就是薪资问题。虽然人际关系融洽，领导也很重视她，给她培养的机会，但每个月扣掉社会保险等费用，到手的收入不到1500元。除此之外，没有任何的业绩奖励，其实她的工资在这个旅行社里已经是中上水平了。在她工作半年多时间里，徐总也没有提及加薪的事情。在回家过春节的时候，任蓉都不好意思与别人谈论自己的薪资。在她辞职的时候，虽然徐总极力挽留，但仍然没有提出给她加薪。

任蓉现在杭州一家规模较大的旅行社当导游。尽管工作压力较大，但她干得挺开心，因为该旅行社的薪酬水平较高，每个月到手的现金是原来的三倍多。

该案例从一定程度上表明有效的精神激励必须以员工对物质回报感到基本满意为基础。与市场平均水平相比，物质回报必须具有较强的竞争力。薪酬水平的高低仍然是决定企业能否吸引与留住骨干员工的重要因素。骨干员工作为一种稀缺资源，企业想要赢得他们的忠诚，就要打造富有吸引力的薪酬体系。

第三节　酒店薪酬设计与管理

薪酬设计与管理的主要内容包括薪酬水平、工作评价、薪酬结构、薪酬制度、薪酬支付与薪酬调整等。薪酬水平在影响酒店劳动力成本的同时，也会对酒店吸纳、保留、激励员工产生重大影响。薪酬结构在一定程度上反映了酒店的组织设计与业务流程，反映了员工的相对价值。薪酬制度的科学性显著影响酒店的经营效益。薪酬的支付和调整要与酒店和员工的绩效相匹配。

一、薪酬水平

薪酬水平是指组织相对于其竞争对手的平均薪酬的高低。薪酬水平通常反映了酒店薪酬策略的外部竞争性。酒店薪酬水平的高低，反映了这家酒店在劳动力市场获取劳动力能力的大小，即其在劳动力市场上竞争能力的强弱。为了对薪酬水平做出科学决策，酒店必须进行详尽的市场调查。

（一）薪酬调查

酒店在进行薪酬水平决策之前，需要先对行业的平均薪酬水平有充分的了解，根据酒店实际情况与市场现状，建立具有外部竞争性的薪酬水平。薪酬调查是指企业对竞争对手的薪酬水平的系统调查。① 酒店薪酬调查的主要目的包括：了解竞争对手的薪酬状况，并据此调整自身的薪酬水平；推断竞争对手的劳动力成本；构建或评价薪酬结构；剖析竞争对手的人力资源问题等。在掌握竞争对手薪酬水平和薪酬结构的情况下，酒店就可以制定出对自身有利的薪酬政策。

1. 调查对象

在进行薪酬调查之前，酒店首先要明确调查对象，即应调查哪些酒店或者具有参考价值的其他企业以及当中的哪些岗位。薪酬调查的对象应包括酒店在劳动力市场和产品市场上的关键竞争对手。竞争对手主要包括提供类似产品和服务的其他酒店。在选择被调查的岗位时，要确保这些岗位在职责层次、职能领域以及所处的产品与服务市场等方面都具有一定的代表性，同时又要保证这些岗位在不同企业中，其工作内容是相近的。针对某一具体的岗位，酒店需要调查相关企业的基本薪酬及其结构、奖金分配方案、津贴和补贴以及福利政策等方面的内容。由于薪酬信息的排他性，薪酬调查通常会比较困难。一般而言，管理者和决策者的薪酬信息容易获得，而对技术要求更高的一些岗位，要获得有价值的信息存在一定的难度。②

2. 调查方式

薪酬调查的方式有很多，如电话调查、问卷调查、人员访谈等形式。酒店必须结合自己的需要，考虑究竟是自己进行调查还是委托中介机构进行调查。无论采用何种方式，调查人员必须先设计一套系统的、有效的调查提纲，以便能收集到真实可靠的信息。此外，酒店要选择合适的地点、合适的时机和合适的对象进行调查。

3. 统计分析

酒店薪酬调查的目的是为了知悉市场的平均薪酬水平，并且做出合理的薪酬水平决策。在获得相关调查数据之后，调查人员需要依靠数理统计方法对数据进行加工，使之成为有参考价值的信息。在进行统计分析时，调查人员可根据实际情况与调查目的，选择相应方法，如趋中趋势分析、频度分析、离散分析以及回归分析等。其中，趋中趋势分析包括简单平均法、加权平均法与中位数法。简单平均法是将调查中获得的几家企业的薪酬相加，除以参与调查的企业的数目即可获得某个岗位的平均薪酬水平。但是这种方法没有考虑不同企业在相同岗位上员工人数的差异。加权平均法是根据企业在某个岗位上员工人数的多少赋予不同的权重，各自企业的薪酬水平乘以权重之后求和即可得加权总和，再除以参与调查的企业的总数计算出平均薪酬水平。通常这种分析方法得到的结果最接近市场的真实水平。中位数法则要求将获得的数据进行降幂或升幂排列，处于数列中间的那个值表示市场的平均薪酬水平。

4. 调查报告

在完成薪酬调查的统计分析之后，调查人员需要结合酒店的要求，撰写薪酬调查报告。在实践中，酒店基层员工的低薪酬现象普遍存在，相当部分的酒店业主减少人力资本投资，使得酒店工作对高素质人才的吸引力在逐步下降，旅游与酒店管理专业毕业生改行的现象也屡见不鲜，其中的一种解释是酒店基层工作的低技术含量与强可替代性。但这种解释具

---

① 乔治·T. 米尔科维奇，杰里·M. 纽曼. 薪酬管理[M]. 董克用，等，译. 北京：中国人民大学出版社，2002：205.
② WARD S M, PETRUZZ H A. Finding wage and salary information[J]. Reference services review, 1995, 23（2）:17-40.

有很大片面性，因为酒店业是以高接触服务为主要产品、高度依赖于顾客主观体验的服务性产业，基层员工在长期的"一对一"服务过程中累积的服务经验、操作技能与顾客导向理念等隐性知识，对酒店服务品质提升与顾客忠诚度培养具有直接、深远的影响。[①] 因此，酒店经营者在发现业界普遍的低薪酬现象后，必须系统剖析其中的深层原因并采取有效的薪酬管理举措，而不能简单地随行就市。薪酬调查报告要有针对性，要紧扣薪酬调查的目的和主题，从而为酒店制定科学、合理与具有竞争力的薪酬体系提供充分依据。

（二）薪酬水平决策

1. 薪酬水平决策的意义

薪酬水平决策对于酒店的经营和发展具有深远影响。具体而言，可从以下方面探讨薪酬水平决策对于酒店的影响。

（1）控制人力成本。薪酬成本在酒店总成本中占有很大比例，薪酬水平的高低直接影响酒店的总成本支出。较高的薪酬水平有利于吸引人才，使酒店在劳动力市场上拥有更强的竞争力，但劳动力成本上升也会导致酒店产品与服务的价格的上升，这势必会对酒店产品与服务的销售产生消极影响。当酒店提供的产品与服务富有价格弹性时，这种消极作用尤为明显。较低的薪酬水平不利于酒店招募到合适的员工，导致员工离职率上升。因此，在薪酬水平决策中，"度"的把握非常重要。

（2）激发员工动力。如果劳动者的收入水平不高，经济收入没有达到一定程度，薪酬水平就会对劳动者的工作积极性产生显著影响。若酒店薪酬水平过低，就难以激励员工高效工作，影响员工满意度，而员工满意度又会直接影响员工对于酒店的忠诚度。大多数员工努力工作的主要动力是为了获得高报酬或维持高报酬。如果酒店的薪酬水平设计合理，薪酬制度能保证高绩效员工获得高报酬，则必然会激励员工提高工作效率。

（3）树立酒店形象。薪酬水平决策反映了酒店在特定劳动力市场上的定位，同时也说明了酒店对于薪酬政策以及人力资源管理的态度。较高的薪酬水平往往说明了酒店具有良好的资金实力，以及把员工放在较为重要的位置。如果一家酒店有支付较高薪酬的能力，其薪酬水平更具外部竞争力，就会在劳动力市场树立良好的形象，增强员工的归属感与自豪感，而且员工也会把这种感觉传递到酒店服务过程中，从而提升酒店服务质量与整体形象。

2. 薪酬水平决策的影响因素

酒店选择何种薪酬水平受到酒店的规模、投资回报率、薪酬成本在总成本中所占的比例、竞争者的多少与强弱、相关法律法规、酒店所在地的物价指数、人力资源市场的供求状况等因素的影响。酒店想要明确何种薪酬策略对自己最有效，就要了解对薪酬水平决策产生影响的众多因素。以下将重点阐述产品市场竞争态势、劳动力市场竞争状况、组织特征等方面对酒店薪酬水平决策的影响。

（1）产品市场竞争态势。在激烈的市场竞争中，酒店想要获得理想的经营效益，不仅要保证产品与服务能获得顾客的青睐，而且要确保产品及服务的销量与价格能够补偿酒店为此而支出的成本。尽管酒店可以通过提高服务质量等途径与其他酒店展开竞争，但价格竞争依旧占据非常重要的地位。成本是影响价格的一个重要因素。酒店的劳动力成本上升势必会影响产品与服务的生产成本，成本的上升又促使酒店提价以获得盈利。如果相互竞

[①] 饶勇，黄福才. 专用性人力资本投资与饭店业基层员工低薪酬现象成因解释[J]. 旅游学刊, 2011（3）: 78-85.

争的酒店所提供的产品与服务富有价格弹性，价格变化就会对销售量产生显著影响。因此，劳动力成本对酒店在竞争中获取成功产生了很大的影响。一味追求员工的高薪酬只会造成酒店总成本的不断提升，由此引发产品和服务的价格上升，而使酒店失去顾客，最后陷入经营困境。由此看出，产品市场竞争态势为酒店的劳动力成本以及薪酬水平设定了一个上限。

（2）劳动力市场竞争状况。在劳动力市场中，企业必须同所雇用员工与本企业类似的其他企业进行竞争，并付出代价。[①] 酒店经营者需要明确在劳动力市场上的竞争不仅包括酒店与其他酒店的竞争，还包括酒店与隶属其他行业、对员工需求一致的其他企业的竞争。劳动力价格由劳动力市场的供求关系决定。较高的薪酬水平可增加酒店对外部人才的吸引力。在劳动力供不应求时，高薪酬策略显得更为重要。酒店在劳动力市场竞争中占领了先机，掌握了战略性的人力资源，就有了获得成功的筹码。因此，劳动力市场竞争状况对酒店的劳动力成本以及薪酬水平设定了一个下限。

（3）组织特征。酒店组织特征会对薪酬水平决策产生以下重要影响。①酒店经营状况。酒店经营的好坏直接对酒店的收入、利润等产生影响，酒店经营越成功，其薪酬支付能力就越强，员工的薪酬水平就越稳定，同时又有能力适当提高薪酬水平以吸引优秀人才与激励员工提高工作绩效。②酒店规模。一般而言，在其他因素不变的情况下，规模较大的酒店能支付较高的薪酬。首先，规模较大的酒店因员工流失造成的负面影响更大，尤其处于较高职位的人员，他们的流失会带走与酒店相关的重要资料及客户资源，因此，酒店规模越大往往会支付越高的薪酬，以降低经营风险。其次，对于规模较大的酒店，对员工的监督更难，监督成本更高，酒店也会选择稍高的薪酬水平以确保员工的工作质量。最后，规模较大的酒店倾向于与员工建立长期、稳定的雇佣关系，这就需要酒店制定较高的薪酬水平以留住员工。③酒店文化。酒店文化对于薪酬水平的确定也会产生影响。如果酒店将员工看作组织的战略资源，谋求与员工建立长期的合作伙伴关系，就会制定较高的薪酬水平；若酒店只把员工看作一种生产要素，视员工为"成本"而不是"战略资源"，则不会制定高薪酬水平。

3. 薪酬水平策略的确定

合适的薪酬水平有利于酒店兼顾员工价值、企业价值、股东价值和社会价值。酒店薪酬水平策略大致可分为领先型、跟随型、滞后型和混合型四种。

（1）领先型薪酬策略。领先型薪酬策略是指酒店的薪酬水平高于市场的平均薪酬水平。选择这种薪酬水平的企业往往具有规模大、投资回报率高、薪酬成本在总成本中所占比例小、竞争者少等特征。[②] 企业投资回报率高，则无须担心经营过程中的资金周转问题。市场上提供相近产品和服务的竞争者较少，企业的产品和服务具有较小的需求价格弹性，薪酬成本上升引起的产品和服务价格上升对销售量的影响就不会很大。较高的薪酬水平除了可以吸引、激励员工以外，还可以弥补员工对工作环境、工作内容等方面的不满。例如，酒店前台工作人员的工作内容往往单调乏味，如果能给以较高的薪酬，他们在工作中就会减少抱怨并提高主动性。

（2）跟随型薪酬策略。跟随型薪酬策略是指酒店的薪酬水平与市场平均薪酬水平相接

---

① 雷蒙德·诺伊，约翰·霍伦贝克，巴里·格哈特，等. 人力资源管理：赢得竞争优势[M]. 刘昕，柴茂昌，译. 7版. 北京：中国人民大学出版社，2018：447.
② 苏列英. 薪酬管理[M]. 西安：西安交通大学出版社，2006：86.

近。这种薪酬策略的风险较小。由于与市场平均薪酬水平相接近，酒店不必担心因成本上升而引起的客房入住率降低、顾客流失等问题。酒店实施跟随型薪酬策略，员工流动率一般不会增加，只是在吸引人才方面缺乏一定竞争力。但这种策略具有一定时滞性，只有在较多员工流失情况出现后，酒店才会发现市场平均薪酬水平的变化。

（3）滞后型薪酬策略。滞后型薪酬策略是指酒店的薪酬水平低于市场平均薪酬水平。滞后型薪酬策略虽然可以降低企业成本支出，但却不利于吸引高质量员工，同时，企业内部员工的流失率也较高。实行这种薪酬策略的酒店可以分为两种类型：一种是没有能力支付较高薪酬的酒店，这类酒店往往规模小、产品和服务同质化严重、边际利润低。因为边际利润低，酒店的薪酬支付能力就会受到很大限制。另外一种是有支付高薪酬的能力却没有支付意愿的酒店。虽然酒店不提供高薪酬，但却可以为员工提供良好的工作环境和工作氛围，为员工提供宝贵的培训机会等，或者酒店保证员工在未来能够获得可观的报酬，这同样可以减少员工的流动。总之，有支付高薪酬能力的酒店有"取长补短"的能力，可以利用除薪酬以外的其他因素来招募和激励员工。

（4）混合型薪酬策略。混合型薪酬策略是指酒店依据岗位的不同或员工素质的不同而制定不同的薪酬水平。在实行这种策略时，酒店可以依据不同岗位的重要程度，将岗位划分为核心岗位和普通岗位。在核心岗位上工作的员工对酒店贡献大、价值高，因而对其实行领先型薪酬策略。对于在普通岗位上工作的员工，则对其实行跟随型薪酬策略。

酒店之间的竞争相当激烈，要实行领先型薪酬策略必然要求酒店有高盈利能力，有强有力的财务支持。但从现实来看，大部分酒店并不具备实施领先型薪酬策略的意愿与能力。此外，由于酒店组织的特殊性，如组织结构层级多、岗位种类纷繁复杂与基层服务人员队伍庞大等，混合型薪酬策略更适合于大多数酒店。对于客房部、餐饮部的基层员工，可以实行跟随型薪酬策略。但对于能给酒店经营产生重大影响的职位，如营销经理、客房经理、收益经理与高级主厨等，则可以实行领先型薪酬策略。

二、工作评价

酒店通过薪酬调查获得其他企业的薪酬数据，通过工作评价确定酒店内不同岗位价值的大小。工作评价就是将企业中所有的岗位，按劳动的技术繁简、责任大小、强度高低、条件好坏等因素确定其相对价值的过程。工作评价实际上也是对企业各岗位重要程度的评价，决定各岗位的工资等级，直接关系到岗位之间的薪酬公平。较为常用的工作评价方法有以下四种。

1. 排序法

排序法是指评价人员将各个岗位按照相对价值或对酒店的相对贡献进行排列的方法。这种方法主要基于评价人员对各个岗位的整体把握与经验认识，不需要运用复杂的量化技术。它的优点是简单方便、容易理解与运用。它的缺点是评价标准不够明确，因而评价人员可能无法准确认知某些岗位的实际价值。此外，评价人员必须熟知酒店的各个岗位，否则会产生更大的主观误差。

2. 分类法

分类法是指评价人员根据工作内容、工作职责与任职资格等方面的要求，将酒店的所有岗位分成不同类型,然后给每类岗位确定岗位价值的范围,并把同一类的岗位划分为若干等级,进而确定每个岗位的价值。每类岗位等级数的多少主要取决于该类岗位的复杂程度。分类法强调岗位类别的差异。在酒店工作岗位增加的情况下,能较为方便地将新岗位归类到适当的岗位类别中。

3. 因素比较法

因素比较法是指在确定关键性岗位与报酬因素的基础上,评价人员将关键性岗位的报酬因素进行排序后,形成因素比较尺度表,然后将被评价岗位的报酬因素与关键性岗位的报酬因素进行比较,进而确定被评价岗位的等级与薪酬。因素比较法是一种量化的工作评价方法,较为精确和复杂。它是排序法的一种改进。该方法与排序法的区别是,前者选择多种报酬因素进行比较,后者是从整体角度对岗位进行排序。因素比较法的基本步骤包括:确定关键性岗位;确定报酬因素;确定关键性岗位的薪酬;将关键性岗位按报酬因素进行比较与排序;根据市场调查和酒店薪酬水平,将各关键性岗位的薪酬分配到各个报酬因素上,确定每个报酬因素的薪酬标准;对被评价岗位的各个报酬因素进行评审,在参照关键性岗位的基础上,确定其相应的薪酬标准;将被评价岗位的各个报酬因素的薪酬标准相加,得出该岗位的薪酬总值。

4. 因素评分法

因素评分法又称点数法、计点法,是指在确定报酬因素及其权重的基础上,评价人员将每个报酬因素分成几个等级,并赋以相应的分值或点数,然后根据被评价岗位的性质,确定各个报酬因素的等级,经过加权求和,得到该岗位的总分值或总点数。与因素比较法一样,因素评分法是按照客观量化的标准来评价酒店的工作,但前者侧重于将酒店的工作进行相互比较。它的优点是精确、量化,可以减少主观因素对工作评价的影响。它的缺点是过程复杂、工作量大、成本相对较高、对管理水平要求较高。[1] 因素评分法的主要步骤包括:确定报酬因素,如教育、经验、知识、体力、责任、技术、工作条件等;确定每个报酬因素的权重;确定每个报酬因素的等级;为每个报酬因素的各个等级确定分值或点数;将被评价岗位的各个报酬因素的分值或点数进行加权求和,得到该岗位的总分值或总点数;将被评价岗位的分值转换为相应的薪酬待遇。

三、薪酬结构

薪酬水平主要反映不同企业之间的薪酬关系,而薪酬结构主要反映同一组织内不同岗位之间的薪酬关系。假设某酒店以高薪酬引进人才,但人才却可能因为与酒店内其他员工的薪酬差距而离开,或者酒店内部员工因为新进员工的高薪酬而产生不公平感,导致其消极怠工或者离职。这说明酒店要吸纳与保留人才,仅仅依靠高薪酬水平是不够的,还需要在酒店内部建立合理的薪酬结构。

薪酬结构是指酒店各个岗位的相对价值及其对应薪酬水平的比例关系。酒店的薪酬结构应体现多劳多得、能干多得的原则,反映不同岗位的相对价值,并根据员工为酒店创造价值的多少,确定适合的薪酬分配框架。薪酬结构通过内部公平性反映酒店薪酬策略的竞争性。对于工作内容相似、能力要求相同的岗位,薪酬水平应该相接近。合理的薪酬结构

---

[1] 沈文馥. 饭店人力资源管理[M]. 北京:机械工业出版社,2009:159.

对于吸引外部人才与激励内部员工是同样重要的。酒店必须统筹考虑组织结构、发展战略、组织文化、岗位要求、工作评价结果等因素，明确薪酬分等、薪酬区间跨度、薪酬变动比率与薪酬区间叠幅，建立合适的薪酬结构。

1. 薪酬分等

薪酬分等是指根据工作的复杂程度以及责任大小，将员工的薪酬进行等级划分，处于同一等级的薪酬处在相同的薪酬浮动区间。通常在工作分析和岗位评价之后，将价值相近的岗位划分到同一薪酬等级。在进行薪酬等级划分时，要考虑酒店规模、组织结构、员工数量、组织文化等因素。

2. 薪酬区间跨度

薪酬区间跨度是指同一薪酬等级内薪酬的最低值与最高值的差距。例如，某四星级酒店领班的薪酬最低值为月薪 2 700 元，最高值为月薪 3 500 元，则薪酬区间跨度为 800 元。通常，职位越高，薪酬区间跨度越大。因为职位越高，对员工的能力要求越高，并且员工所需承担的责任也越大。薪酬区间跨度越大，对员工的激励效果往往越显著。

3. 薪酬变动比率

薪酬变动比率是指同一薪酬等级内最高值与最低值之间的差值与最低值的比率，即薪酬变动比率=(最高值-最低值)/最低值。在薪酬结构设计中，薪酬区间中值的确定是一个非常关键的环节。薪酬区间中值通常代表了该薪酬等级中的岗位在外部劳动力市场上的平均薪酬水平。薪酬等级中值的计算方法为：中值=(最高值+最低值)/2。一般来说，企业需要在已知同一薪酬等级的中值和薪酬变动比率的情况下，确定这一薪酬区间的最高值与最低值。薪酬等级中值通过薪酬调查获得，而薪酬变动比率的确定则主要取决于某一岗位所需的技能与能力的高低。也就是说，职位越高，薪酬变动比率越大。其主要原因包括三个方面：①职位高，要求人选的能力与素质就高，员工为此支出的培训和教育费用也往往很高；②较高职位的员工所承担的责任更大，对企业经营有更大的影响；③这类员工的晋升空间已经很小，需要确定较大的薪酬变动比率，使得薪酬区间跨度较大，鼓励员工努力工作，提高工作绩效，以获得更高报酬。

4. 薪酬区间叠幅

薪酬分等并不意味着不同薪酬区间不存在重叠。通常，薪酬区间之间是存在相互重叠的。现在，许多企业在设计薪酬结构时，都使相邻薪酬等级之间有一定的重叠部分。这种重叠的实际意义在于确保处于较低职位上的员工通过努力也可以获得较高报酬，而不必依赖于职位晋升。如果薪酬区间没有重叠，员工要想获得较高报酬只能依靠晋升，这不利于酒店内部员工的团结，不利于开展团队合作，并且在酒店内易形成"钩心斗角"的氛围。如果薪酬区间的叠幅过大，则不能反映不同等级的岗位价值的大小。因此，薪酬区间叠幅必须适当。

薪酬结构设计必须以薪酬调查为基础，并且根据不同工作特征，确定薪酬变动比率。通常，薪酬结构可分为分层式薪酬结构和扁平式薪酬结构。分层式薪酬结构薪酬等级多，呈金字塔形排列，同一等级内薪酬的差距小，薪酬跨度区间的叠幅小。实行这种薪酬结构的企业需要对每个岗位进行细致的分析。扁平式薪酬结构薪酬等级少，薪酬区间跨度大，各个区间的叠幅较大。实行这种薪酬结构的企业通常给予员工较大的工作自主决策权，鼓励员工进行团队合作。薪酬等级之间的薪酬差距反映了不同岗位相对价值的大小,员工可能会因为薪酬差距过大而认为薪酬策略不公平,差距过小又起不到应有的激励作用。因此,酒店选择合理的薪酬结构,使得薪酬结构与组织战略和组织结构相匹配,与组织文化相融合,能最大限度地激励员工高效完成任务。

四、薪酬制度

不同的酒店有不同的经营战略、组织结构与组织文化,其薪酬制度必须与之相匹配。这里将介绍几种常见的薪酬制度,即岗位薪酬制、职务薪酬制、能力薪酬制、绩效薪酬制、宽带薪酬制、高级经理人薪酬制。其中,宽带薪酬制适应组织扁平化的发展趋势,而高级经理人薪酬制的主要形式是年薪制。

(一)岗位薪酬制

岗位薪酬制是指根据工作岗位对员工在知识、技能和体力等方面的要求及劳动环境因素来确定员工的薪酬标准。岗位薪酬制主要有以下两种形式。

(1)一岗一薪制,即一个岗位只有唯一的薪酬标准。一岗一薪制强调对同一岗位上的人员执行统一的薪酬标准,优点是简便易行,缺点是薪酬无法体现不同员工劳动的差别。

(2)一岗多薪制,即在一个岗位上设置几个薪酬标准,以反映同一岗位中不同员工之间的劳动差别。对于能力较强、技术熟练程度较高的员工,确定较高的薪酬标准。由于一岗数薪,不同岗位之间的薪酬级别和薪酬标准存在交叉。

岗位薪酬制适用于分工明确、专业化程度高、工种技术较为单一、工作对象较为固定的部门,如餐饮部、客房部、保安部等。

(二)职务薪酬制

职务薪酬制是指按照员工在经营管理中所担任的职务等级来确定员工的薪酬标准。这种制度是根据各种职务的重要性、性质、责任大小、技术复杂程度、工作环境等因素,按照职务等级高低规定相应的薪酬标准。同一职务的薪酬又划分为若干个等级,其基本特点是"一职多级,一级一薪"。[①]

(三)能力薪酬制

能力薪酬制是指对员工具备的各种在工作中应用的能力、技能和知识进行确认并据此发放报酬的一种薪酬制度。在能力薪酬体系下,员工的能力、技能和知识成为薪酬支付的依据,员工报酬的差异主要源于能力水平的差异。[②]它的优点是能够引导员工通过不断学习来提高自身的技能和能力。它的缺陷是不能把劳动者的薪酬待遇与劳动绩效直接联系在一起。这种薪酬制度通常适用于所从事的工作比较具体而且能被清晰界定的操作人员、技术人员以及办公室工作人员等。[③]

---

① 王珑,徐文苑. 酒店人力资源管理[M]. 广州:广东经济出版社,2007:183-184.
② 苏中兴. 薪酬管理[M]. 北京:中国人民大学出版社,2019:115-116.
③ 刘昕. 薪酬管理[M]. 5版. 北京:中国人民大学出版社,2019:190.

（四）绩效薪酬制

绩效薪酬制是指员工的薪酬随着个人、团队或者组织绩效的某些衡量指标的变化而变化的一种薪酬制度。[1]由于在绩效和薪酬之间建立了直接的联系，绩效薪酬制对于员工具有明显的激励效果。企业采用绩效薪酬制的主要目的在于：通过将员工的薪酬水平与绩效水平相挂钩的制度，鼓励员工像考虑个人利益一样去考虑企业整体利益，从而促进企业绩效目标的实现。[2]

（五）宽带薪酬制

目前大多数酒店实行的是与工作等级联系密切的分层式薪酬结构，但是这种薪酬制度的缺陷已经逐渐显现，越来越无法适应酒店的现代化、规范化发展。薪酬水平由工作等级高低决定的制度，使得等级低的员工无法通过努力获得较高的薪酬，相反，等级高的员工即使不付出很大努力也能获得高报酬，这难以真正对员工起到有效激励作用。

宽带薪酬制要求对企业的薪酬等级以及薪酬变动范围进行重新组合，使得薪酬等级更少，薪酬变动范围更大，薪酬区间叠幅加大。酒店行业的竞争十分激烈，为了在竞争中获得生存与发展，许多酒店都在对组织结构进行重组，力争削减组织层级以使其更加灵活，增强对外部环境变化的响应能力。宽带薪酬制更适合酒店组织结构扁平化的趋势。

酒店的职能部门包括餐饮部、客房部、前厅部、工程部、人力资源部、市场营销部、行政办公室等。如果按照各个部门设计薪酬体系，不仅工作量大，在薪酬支付时也会存在诸多不便。实际上，酒店许多岗位的工作性质类似，对员工的技能要求也相近，员工的薪酬差距并不大。例如，酒店餐饮部的基层服务员与临时工、兼职人员、实习生等并不存在很大的薪酬差距。同样，领班和部门主管也处在相同的薪酬等级内。因此，酒店可以在工作评价的基础上，拓宽薪酬区间，而员工实际薪酬的多少则由直线管理者和人力资源部门根据绩效评估、能力评估、个人努力程度等因素来确定。宽带薪酬制要求管理者和人力资源部门对员工的工作更加熟悉和了解，并对员工的素质做出更为准确的评估。

宽带薪酬制更加强调员工的能力和绩效对薪酬的决定作用，有助于促进员工提升工作能力。即使身处较低的职位，如果有高能力、高绩效，员工同样可以获得高报酬。强调能力和绩效的薪酬策略有助于酒店树立团结合作的价值观。

（六）高级经理人薪酬制

随着酒店业竞争的加剧，许多酒店面临着需求多样、市场多变的新问题，高级管理人才成为稀缺资源，因此高级经理人的薪酬体系须根据其工作对组织的价值和履行职责的表现来设计。年薪制是一种国际上通行的高级经理人薪酬制。年薪制是以年度为单位确定企业经理人的基本报酬，并根据经营成果确定其绩效或风险报酬的一种薪酬制度。年薪制是一种风险薪酬制度，依靠激励与约束相互制衡的机制，把经理人的责任和利益、成果和所得紧密结合起来，以保护出资者的利益，促进组织的发展。[3] 年薪制的作用主要体现在以下几个方面。

---

[1] 刘昕. 人力资源管理[M]. 3版. 北京：中国人民大学出版社，2018：315.
[2] 方振邦. 绩效管理[M]. 北京：中国人民大学出版社，2003：227.
[3] 张小林. 人力资源管理[M]. 杭州：浙江大学出版社，2005：305.

（1）有利于提高经理人的积极性，使经理人能够真正致力于促进组织发展的管理与创新活动，改善和提高酒店的经营业绩。

（2）能有效地规范酒店的薪酬分配行为，克服经理人的短期行为，确保酒店的长期、持续、健康发展。

（3）有利于推进酒店经理人队伍的职业化、市场化，对于我国酒店职业经理人阶层的培育和发展具有重要而深远的影响。

通常，高级经理人的薪酬体系包括以下三个方面的内容。

一是基本年薪。它是酒店以契约形式明确规定的高级经理人的基本收入。基本年薪的高低，一方面基于该岗位的市场价值，另一方面是基于高级经理人的实际能力。

二是绩效年薪。这是酒店根据经营状况和高级经理人贡献度大小给予的货币奖励。它的发放是以酒店当期经营业绩为基础的，其比例关系通常是事先确定的。

三是长期激励。它是指通过与酒店市场价值增值挂钩的奖励方式，使高级经理人分享企业增值的好处，如股权激励方式。

酒店薪酬制度应体现员工对工作本身价值的追求。管理者应关注工作在员工生命中的价值，设计、创建、保持让人愿做、能做且做成事的工作平台。

五、薪酬支付

薪酬支付是一门艺术，一旦选择了不恰当的支付方式，不但会削弱薪酬的激励作用，而且会造成负面影响。按照不同标准，可以划分不同的薪酬支付方式。

（一）按薪酬支付的透明度

按照薪酬支付过程的透明程度，可以将薪酬支付方式分为透明支付和保密支付两种。

1. 透明支付

透明支付是指员工薪酬的决策、分配和发放过程是公开进行的。员工不仅知道自己的收入，对其他同事的收入也十分清楚。特别是员工的奖金，因为员工之间清楚各人所得，所以可以很轻易地进行相互比较。如果员工认为薪酬支付是公正的，这种支付方式就会加强薪酬对于他们的激励作用。

透明支付有利于改善员工之间的人际关系，员工不必因为薪酬差距而相互猜忌。薪酬分配和发放的透明化，能有效减少或避免部分管理者对于员工薪酬管理的暗箱操作，从而确保薪酬管理的公正性。同时，这种支付方式可以及时得到员工的反馈，有利于薪酬管理机制的自我完善。但透明支付也存在一些不足之处：会增加员工的心理压力；当员工感知到薪酬支付的不公正时，会加大负面影响。

2. 保密支付

保密支付是指薪酬的决策、分配和发放过程是保密进行的。除了员工本人知道自己的收入外，其他人都无法公开获知关于其他员工收入的信息。这种支付方式的优势在于：有助于缓解员工的心理压力，薪酬低的员工不必为此而感到自卑；可以避免员工之间的相互攀比。但是这种支付方式存在的弊端也显而易见：薪酬的保密性可能会造成员工与员工、员工与管理者之间的不信任；管理者会存在暗箱操作行为，可能凭个人对下属的认知决定员工薪酬的高低。

（二）按薪酬支付的时间

以薪酬支付的时间为依据，可以将薪酬支付方式分为即期支付和延时支付两种。[①]

1. 即期支付

即期支付是指当员工工作表现良好或者达到既定目标时，就把薪酬支付给员工的方式。即期支付的方式对于员工的激励作用最直接。

2. 延时支付

延时支付是指在几年后根据员工的业绩，决定前期的薪酬是否发放以及发放的数额。酒店在采取延时支付方式时，要注意相关法律法规对此做出的规定。通常，延时支付是对员工薪酬中的奖金部分而言的。

即期支付和延时支付两种方式各有利弊。通常，即期支付对于年轻员工的激励作用更大。与年长员工相比，相同的工作时间，年轻员工会觉得过得很缓慢。因此，对于年轻员工，可以采取即期支付方式。当年轻员工完成某项任务后，便可支付一定的奖金，以激励他们更积极地工作。年轻员工需求的更大比例是在物质需求方面，因此，薪酬可以给予他们更大的满足感。

从岗位级别上看，即期支付适宜于岗位级别较低的员工，延时支付对高层管理者更适合。低层级员工注重完成当前的任务，而高层管理者必须对酒店的长远发展负责，对酒店的经营担负更大的责任。延时支付着眼于未来几年后员工工作任务的完成情况，据此决定前期的薪酬。因此，延时支付可以促使高层管理者更加重视酒店的长久发展，避免短视行为的发生。

（三）按工作完成的进度

根据工作完成的进度，可以将薪酬支付方式分为事前支付、事中支付、事后支付和阶段性支付四种。事前支付是指在工作或任务开始时支付薪酬；事中支付是指在工作或任务的完成过程中支付薪酬；事后支付是指在工作或任务完成之后再支付薪酬；阶段性支付则指在工作完成过程中，企业分阶段给员工支付薪酬。

为了选择最有效的薪酬支付方式，酒店可以综合考虑内外部因素。就外部因素来说，酒店可从宏观经济和市场竞争两个方面加以考虑。国家的经济形势和经济发展水平会对酒店的经营产生影响。在宏观经济形势向好时，酒店的发展前景看好，就需要保持高素质的员工队伍为酒店发展注入活力，此时可以采用事前支付方式以吸引人才，或采用事后支付方式以留住人才。

酒店可以从产品市场竞争和劳动力市场竞争两方面来分析市场竞争因素。在产品市场竞争激烈时，如果增加员工薪酬收入，会使产品和服务的成本上升，此时则可适当采取延时支付的方式，以缓解财务上的压力。劳动力市场竞争态势主要取决于劳动力的供需状况。如果劳动力供给小于需求，或者酒店在劳动力市场上不具有竞争优势，则在薪酬支付上要更加注重人性化。即期支付、支付过程透明化等有利于增强酒店在劳动力市场上的竞争力。

---

① 郅元省. 论公司经营者薪酬支付方式及支付策略[J]. 郑州经济管理干部学院学报，2006，21（1）：17-19.

从内部因素角度看，酒店要关注以下几方面：首先，薪酬支付方式必须有利于酒店经营保持顺利运转，即酒店要保证财务状况良好，从财务管理方面，选择合适的支付方式，如即期支付还是延时支付；其次，酒店发展与员工工作是否稳定有一定的联系，员工跳槽，特别是高技能员工、高层管理者的跳槽会对酒店产生很大的影响，因此薪酬支付方式要满足不同员工的需求；最后，管理者的领导风格也会对薪酬支付方式的选择产生影响。

六、薪酬调整

随着外部环境的演变、酒店的战略变革与员工特征的变化，酒店薪酬必须做出适时调整。薪酬调整的常见形式包括以下几种。

（一）奖励性调整

奖励性调整是指针对员工卓越的工作绩效而进行的奖励。这就是论功行赏，因此又称为功劳性调整。当酒店员工绩效突出、贡献卓越时，应对他们加以奖励，适当提高他们的薪酬水平，同时给予口头表扬。这样会极大调动员工的工作积极性和工作热情，并引导其他员工创造出色绩效。

（二）补偿性调整

补偿性调整是指为了补偿员工因通货膨胀因素而导致的实际收入减少的损失而进行的薪酬调整。补偿式调整主要包括以下三种方式。

（1）等比式调整，即所有员工都在原有工资的基础上，按同一百分比调升。

（2）等额式调整，即全体员工不论原有薪酬的高低，一律给以等幅度的调升。

（3）工资指数化，即工资与物价直接挂钩，员工工资用指数表示，实际工资收入等于工资指数乘以最低生活费，最低生活费则依物价的变动而变动。工资指数化的目的就是为了消除物价波动对员工薪酬水平的影响。根据物价指数的变动，酒店对员工工资进行相应调整，使工资的增长幅度高于或至少不低于物价的上涨幅度。

（三）工龄性调整

工龄性调整是指随着员工工龄的增加，逐年提升员工的薪酬水平。工龄的增加在一定程度上意味着工作经验的丰富、工作技能的提升、员工对酒店的忠诚。许多酒店的工龄性调整基本是实行人人等额逐年递增的做法，操作简单便捷。

（四）效益性调整

效益性调整是指根据酒店的经营效益而进行的薪酬水平的调整。当酒店效益良好、盈利颇多时，对全体员工的薪酬水平进行普遍性的调升；当酒店效益欠佳时，有可能维持原来的薪酬水平或降低薪酬水平。效益性调整应涉及全体员工，否则，将会使员工感到不公平。一旦员工有了不公平感，将会导致其工作积极性的降低。

（五）特殊性调整

对那些为企业发展做出特殊贡献或属于市场稀缺的战略性人才，企业应采取特殊的薪酬设计与调整政策。① 酒店应根据行业发展格局、自身经营状况与特殊贡献人才的需求，适时地调整薪酬水平。

本章小结

　　酒店薪酬管理的目的是吸引与激励员工，促使员工努力完成组织使命与战略目标，因此，薪酬管理对于酒店长期发展与竞争力提升具有重要意义。首先，酒店要明确薪酬的内涵与功能以及薪酬管理的原则。酒店薪酬管理要遵循竞争原则、公平原则、激励原则、经济原则、合法原则与沟通原则。其次，要选择合适的薪酬形式。薪酬的主要形式包括工资、奖金、福利、津贴和补贴以及股权等。最后，要明确薪酬设计与管理的内容，主要包括薪酬水平、工作评价、薪酬结构、薪酬制度、薪酬支付与薪酬调整等部分。

复习思考题

1. 如何调整员工的薪酬？
2. 酒店薪酬管理应遵循哪些原则？
3. 如何开展薪酬调查与工作评价？
4. 如何有效设计酒店的薪酬结构？
5. 薪酬水平与薪酬结构有什么区别？
6. 如何制定酒店高级经理人的薪酬制度？
7. 酒店如何有效发挥不同薪酬形式的作用？
8. 根据一个知名酒店集团的发展历程，请分析其自身发展与外部环境变化对该酒店薪酬设计与管理的影响。

案例分析题

　　浙江家馨实业股份有限公司（简称家馨股份公司）的主业是酒店业、房地产业与建筑安装业，拥有浙江家馨连锁酒店有限公司、浙江家馨房地产开发有限公司、杭州家馨酒店管理有限公司、浙江家馨装饰工程有限公司等子公司。② 浙江家馨连锁酒店有限公司（简称家馨连锁酒店）成立于2003年，注册资本为1 600万元人民币，以经济型连锁酒店为核心业务，旗下拥有商务连锁酒店12家、快捷连锁酒店14家，已从浙江省发展到长三角地区乃至华南等五省区域，初步树立了品牌形象，获得了消费者的信赖。2010年，公司酒店业务的营业收入为1.06亿元。根据长期发展战略，家馨股份公司将重点发展酒店连锁业务与商业地产投资开发业务，以成为业绩优秀、核心竞争力强大的组织。

　　酒店业与房地产业是家馨股份公司产业构架的两个支撑点，两大产业所形成的两股力量正逐步强大，所形成的联动效应与整合优势正逐步显现。家馨连锁酒店在创业初期获得

---

① 中国就业培训技术指导中心. 企业人力资源管理师（三级）[M]. 北京：中国劳动社会保障出版社，2007：218.
② 本案例的素材主要源自作者的咨询实践，基于真实企业的背景信息改编而成。案例描述与企业实际情况可能出现不一致之处，所涉及的企业名称及相关信息进行了一定处理。

快速发展主要得益于公司正确的战略定位，主要依托于公司发现并把握市场机会的能力，而这种能力源于核心管理团队的战略直觉、社会关系和资源整合能力。家馨连锁酒店以沪杭地区为重点，开拓与整合华东区域的酒店业务。公司在相关城市中心地带拥有具备发展潜力的地块，这为公司实现酒店业务与房地产业务联动发展的战略提供了一定基础。

随着经营范围的扩大，公司面临更为复杂的市场机会选择，制约连锁酒店战略实施的"瓶颈"因素也逐渐显现。公司在管理工作上还存在一定的问题，主要表现在管理措施落实不到位，部分管理者的责任心不强，团队执行力有待提升，以及运作效率低下等。人力资源是连锁酒店保持品牌优势、竞争优势、成本优势的动力资源和关键所在。人力资源管理的核心目标，就是形成一个高素质的人力资源组合。随着连锁酒店经营战略的推进，人力资源短缺的问题日益凸显：一是管理人才非常短缺；二是优秀人才难以引进；三是核心人才的凝聚力有待进一步提升。与此同时，相当一部分的酒店员工缺乏创新进取精神与工作热情，无法获得令人满意的工作效果。当前的人力资源管理机制存在授权不充分、职责不分明、激励不到位的情况。员工潜力的挖掘必须有一整套机制来保证。有效的机制能够充分发挥人才本身的创新精神与工作热情。公司现有的薪酬管理体系在行业中缺乏足够的吸引力，使部分管理者有力不愿使，以及无法获得公平公正的竞争平台，难以施展其才能，最终严重影响了人才的积极性和创造性的发挥。第一，公司虽然构建了长期发展战略，但其薪酬管理与公司战略脱节，薪酬管理人员的素质不高，他们不能完全适应公司发展的要求；第二，薪酬形式较为单一，不能有效体现岗位与能力的不同；第三，福利措施不够人性化与缺乏吸引力，公司对所有员工提供统一的福利，忽略了对员工个性化需求的满足；第四，缺乏有效的精神激励手段，许多员工感觉无法从工作中获得自我满足与实现自我价值；第五，没有使用股权激励手段，现有公司的经营层没有持有公司的股份，部分高层管理者拥有"打工"心态，不关心公司的长期发展。国内外实践证明，股权激励对于降低代理成本、吸引与激励优秀高层管理者、增强公司竞争力等方面具有非常积极的作用。现在，许多股份有限公司都采用了股权激励的方式，而家馨股份公司由于缺乏相应的激励手段，导致了部分高层管理者的不满。

问题：

家馨股份公司如何构建具有竞争力的薪酬管理体系？

第八章　酒店员工工作环境管理

引言

　　工作环境是指影响员工心理、态度、行为、工作效率及效益的各种因素的总和。酒店工作环境主要是指员工做人处事的条件、空间与氛围。酒店工作环境与员工的工作心态和工作成效密切相关。员工的敬业度、满意度与忠诚度在很大程度上取决于他们感知的工作环境。在理想的工作环境中，员工能够体现自身个性，体现自主工作能力，体现自我实现价值，找到工作的意义与价值，在达成工作目标的过程中体会快乐人生。因此，为了让员工高效工作，酒店就必须注重为员工构建团结、向上、有序、愉悦、温馨、和谐的工作环境。有序的工作环境有助于员工提升工作效率；足够的工作空间有助于员工展现独特魅力；和谐的人际氛围有助于员工融入团队。

学习目标

（1）掌握制度管理的要求。
（2）了解文化构成的层次。
（3）理解文化形成的过程。
（4）了解文化变革的时机。
（5）理解现场管理的策略。
（6）掌握指令的内容与形式。
（7）了解批评的思路与方式。
（8）理解员工工作空间的管理。
（9）理解酒店人际氛围的管理。

第一节　工作秩序管理

　　为了让员工高效、愉快地工作，酒店管理者必须具有明晰的管理风格，懂得合理的授权，进行有效的制度管理、文化管理与现场管理，为员工创造井然有序的工作秩序。有序的工作环境能减少员工忧虑感，增加工作安全感，增强员工信心。[1]

---

[1] KAHN W A. Holding environments at work[J]. Journal of applied behavioral science, 2001, 37（3）：260-279.

一、制度管理

为了构建井然有序的工作秩序,酒店就必须有明确的规则来引导、约束和激励员工,即进行有效的制度管理。制度管理就是以制度的制定与执行来协调组织集体行为的管理方式,其实质在于以合理规范的制度作为约束组织各组成部分和人员行为的基本机制,主要以依靠外在于个人的、科学合理的理性权威实行管理。酒店制度管理需要达到科学性、权威性与艺术性等基本要求。[①]

(一)科学性

制度管理的科学性是指酒店制度的制定与执行必须符合管理的客观规律。酒店制度是指酒店用以引导、约束与激励全体员工,确定办事方法,规范工作流程的各种章程、条例、守则、程序、标准、办法的总称。酒店制度包括基本制度、管理制度、业务技术规范、个人行为规范等内容。酒店制度是建立组织联系、协调集体行为、规范个人活动、实行科学管理、维系组织正常运转的基本手段。

1. 目的性

酒店制度是实现酒店经营管理目标的有效手段,必须根据酒店经营管理的需要和全体员工的共同利益来制定。对员工而言,制度不仅要起到规范员工行为的作用,而且必须起到引导与激励作用。制度管理应本着"鼓励优点,抑制缺点"的原则,使制度起到"扬善"的目的,促进员工人性中优点的发挥。在制度管理的过程中,酒店既要充分考虑战略目标,又要充分考虑员工利益。如果过于强调酒店目标而不顾及员工利益,就会影响到酒店制度的有效执行。

2. 可行性

可行性是指制度管理必须符合酒店的客观实际条件。酒店实际状况是制度管理的客观基础。酒店制度不应千篇一律,制度制定必须考虑酒店的基本特征、技术类型、管理风格,反映酒店组织活动中的规律性,体现酒店实施的客观条件,从而保证制度管理具有可行性与实用性。制度管理还必须考虑到绝大多数员工的思想觉悟水平与心理承受能力,符合人们的行为规律,体现合理化原则。酒店要避免过分使用强制手段,充分发扬自我约束与激励机制的作用,循序渐进地推行制度管理。

3. 严谨性

严谨性体现为严谨的态度、严谨的程序与严谨的体系。首先,在制定制度时,必须有严谨的态度。没有经过认真论证就仓促出台制度,或者经常性朝令夕改,会使得员工无所适从。因此,酒店制定什么制度,制度约束到什么程度,均应认真研究,仔细推敲,切忌随心所欲。同时,制度条文要明确、具体、易于操作。其次,在制度的形成过程中,必须有严谨的程序,需要经过制度提出、制度讨论与审查、制度试行、制度修正与完善、制度正式推行等步骤。最后,制度管理必须有严谨的体系。酒店制度要全面、系统和配套,要保证制度体系的一致性。基本章程、条例、流程、办法等必须构成一个内在一致、相互配套的体系。

---

① 邹益民,周亚庆,高天明. 旅游企业战略管理[M]. 北京:中国人民大学出版社,2009:239-241.

（二）权威性

制度管理的目的之一是为了规范员工行为，而要达到这样的目的，不仅要求制度具有科学性，还要求维护制度的权威性。酒店制度犹如"火炉"一样，是不认人与原因的。"火炉"并不因人而异或是因无意触及而留情，任何人在它面前一律平等。由此可见，制度管理的权威性，就是必须维护制度的强制性、客观性与公平性。

1. 强制性

制度是企业的"法"，是"高压线"，是不可违反的，违反制度必将受到相应的惩罚。所有人必须清楚地认识到遵守制度与按制度办事是每个员工应尽的义务。酒店制度作为约束组织活动与员工行为的管理手段，具有强制性，需要依托强制力。强制性在一定程度上表现为强迫性、不可抗拒性。没有强制性的制度管理，只是一纸空文，不会使员工真正遵从。为了保证制度的权威性与强制性，需要保证制度的相对稳定性与持续性。

2. 客观性

制度管理的客观性，就是要求在执行制度时，不能从主观意愿出发，而必须以客观事实为依据，以管理制度为准绳。

一是作为管理者不能对下属存在偏见。如果存在偏见，可能对员工加诸子虚乌有的"罪名"。俗话说："欲加之罪，何患无辞。"人具有选择性知觉，对于同一件事情，不同的人去做，管理者往往产生不同的看法，也常常会采用截然不同的处理方式。物无美恶，过则为灾；人无好坏，喜则为善。[①] 选择性知觉所造成的不注意视盲，使人形成路径依赖，常常陷于"困境"或"错觉"而不自知。例如，当感觉某人与己投缘时，就会"酒逢知己千杯少"，而感觉他人与己对立时，就会"话不投机半句多"。如果管理者对某个下属存在偏见，一旦这个员工犯错，管理者可能做出非理性和不客观的判断，夸大员工错误，进而加大惩罚力度，从而影响制度的权威性。管理者应透过现象看本质，不要轻易对员工下结论，因为一旦结论不准，就会严重挫伤员工的积极性，影响其工作热情。

二是作为管理者在奖励或处罚员工时，必须以事实和制度为依据。法律讲求证据，惩罚员工也应讲求证据。在制度执行时，酒店必须提倡"没有客观的调查和确切的证据，就没有发言权"。

3. 公平性

俗话说："王子犯法，与庶民同罪"。这在很大程度上反映了民众对于制度普适性的渴望。制度是一套理性的、非人格化的体系，是全体员工必须共同遵守的规则，是员工行为的依据。制度作为一种带有法规性质的管理手段，具有无差别性特点，在制度约束范围内一律平等。在执行制度时，酒店要做到有制度必依，违反制度必究，制度面前人人平等。在任何情况下，酒店管理者都不能在制度管理上亲疏有别，否则便会损害员工积极性，并危及制度的权威性，使制度管理的环境发生异化，令制度管理难以有效推进。"公平"的另一层含义是赏罚分明，功就是功，过就是过，管理者要做到赏罚有理有据、合情合理。

（三）艺术性

制度无情人有情。一方面酒店管理者要严格按照制度办事；另一方面在具体管理中要

[①] 项保华，李绪红. 管理决策行为——偏好构建与判断选择过程[M]. 上海：复旦大学出版社，2005：24.

注意方式方法，把制度管理工作艺术化，从而提高管理有效性。

1. 针对性

制度管理的艺术性，就是要求管理者在制度管理中坚持"一把钥匙开一把锁"，必须根据不同的人采取不同的办法。因此，酒店在设计相关制度时，要以正面强化为主导，即制度是为了帮助员工更好地工作，是为了规范员工行为而不是为了惩罚。管理者要针对不同的员工采取不同的方法，注意激励、批评、处罚的针对性，因为只有适合员工的管理方法才是最好的管理方法。

2. 情感性

制度管理的情感性，是指要做到以理服人、以情感人，做好员工的思想工作。制度可以影响违纪员工的利益，但不能伤害违纪员工的感情。员工违反制度，绝大多数是由于客观原因，而非有意违抗。酒店管理者必须把执行制度和思想工作结合起来，把执行制度和解决员工的实际问题结合起来。

3. 灵活性

制度管理的灵活性，是指要做到具体情况具体分析，动态适应变化，灵活处理问题，如奖惩并举、恩威并施、将功补过、多样化选择等。正如诺贝尔经济学奖得主道格拉斯·诺斯（Douglass North）指出的，只要保持制度的灵活性与在此制度下选择的多样化，一切预测都没有什么必要，因为弹性的制度能确保在此路不通的情况下，还有其余的路可以走。因此，制度管理应更多地从挖掘员工的潜能出发，而不是简单地控制员工的行为，以使环境、制度、员工在动态变化中形成良性互动关系。[①]

二、文化管理

文化管理是指以文化建设为基础，以人为中心进行管理，创造团结合作的工作氛围，发挥员工的主观能动性，以有效满足员工的精神需要来提升工作效率与效益。酒店文化管理包括文化的创建、塑造、变革等过程。

（一）文化的内涵

1. 酒店文化的概念

组织文化由一套潜在的价值观、假设与信仰组成。每个酒店都有独特的文化，如创业史、特有的办事原则、管理者的个性与风格、员工的行为榜样等。这些因素决定了酒店的环境氛围、传统习惯与组织特征。文化通常对员工的行为具有引导与约束作用，在员工的头脑里，"这就是我们做事的方式"影响着对有关问题的定义、分析与解决。

对组织文化概念的认识是一个逐步发展的过程。组织文化是"组织成员的共同价值观体系"这一观点长期以来得到广大学者的认同。组织文化有多种定义，如"总和说"认为，组织文化是精神文化与物质文化的总和；"精神现象说"认为，组织文化是以物质为载体的精神现象，以价值体系为主要内容。斯本德（Spender）认为，组织文化是组织成员共有的信念体系；迪尔（Deal）认为，组织文化是我们在这里的做事方式；沙因（Schein）认为，

[①] 项保华. 战略管理：艺术与实务[M]. 上海：复旦大学出版社，2007：263.

组织文化是群体在适应外部环境及内部整合的过程中，创造、发展或形成的基本假设。[①] 邢以群（2016）认为，组织文化实际上是指组织的共有观念系统，是一种存在于组织成员之中的共同理解。[②] 酒店文化是组织文化在酒店中的具体化，简单而言就是酒店味道、酒店气息。这种味道与气息虽然无形，但是可感知，并给客人留下深刻的印象。[③] 狄保荣与王晨光等（2010）指出，酒店文化是一种管理哲学，是酒店在长期经营管理实践中逐渐培育而成的、占主导地位的、为全体员工所认同和遵守的企业价值观、企业精神、经营理念以及行为规范的总和。[④] 综上所述，酒店文化是指酒店在创建与发展过程中，在企业家积极倡导与全体员工自觉实践的基础上，逐步形成的独特的、共有的价值观与信念体系，以及以此为核心形成的行为规范、道德准则、群体意识和风俗习惯等的总和。

在酒店经营管理的过程中，组织文化可能产生的影响包括两个方面：一方面是来自固有文化的障碍；另一方面是围绕文化的核心假设与价值观变革而对整个组织可能带来的震动。如果酒店欲采取的"看待问题的方式"与"解决问题的方式"不一致，员工就会使自己深深地陷入"认知"与"行动"的混乱之中。这种混乱必然对酒店经营产生根本性的影响。因此，如果酒店不能使员工认知与具体实践相一致，就不会形成具有强执行力的文化。

2. 酒店文化的层次

酒店文化主要包括三个层面：物质文化（外层文化）；制度文化（中层文化）；精神文化（内层文化）。

物质文化位于酒店文化系统的最外层。这是酒店文化最直接的外在表现，也是酒店文化存在的基础。物质意义上的文化即为酒店各种物质设施与有形产品中蕴涵的文化价值。酒店的物质文化主要表现在具有文化艺术氛围的建筑造型、功能设计、装饰风格、基本标识、员工着装、娱乐设施、产品与品牌等方面。物质文化具有很强的直观性，能被相关利益者直接感知，不仅在一定意义上影响社会对酒店的整体感觉，而且直接关联到员工的工作情绪。

制度文化位于酒店文化系统的中间层。制度文化规定了组织成员在共同活动中应当遵循的行为准则，主要是指对组织及其成员的行为产生规范性、约束性影响的部分，集中体现了物质文化与精神文化对组织中个体行为与群体行为的要求。[⑤] 每个酒店都应构建规范化的制度体系，以保证各职能部门与工作团队的日常业务运作。酒店制度文化蕴含于制度结构之中，影响着制度的实施与变革。制度文化作为酒店文化层次体系的中间纽带，在酒店文化塑造中，发挥保证价值观体系的效用。酒店的使命、愿景、目标、核心价值观、权力结构都需要制度的保证与强化，因此，可从酒店制度上发现其文化风格。例如，根据酒店权力体系，可发现权力观念；根据酒店营销与服务制度，可发现顾客服务观念。

精神文化位于酒店文化系统的内核层。精神文化是酒店员工共同信奉的核心价值观与基本信念。精神文化通常要经由长久的价值判断与认同才可形成，体现出较为稳定的思维方式和文化沉淀。精神文化作为酒店文化的核心与灵魂，是物质文化与制度文化的升华，影响着酒店员工做事的思维方式。酒店精神文化主要包括企业使命、企业愿景、核心价值

[①] 张德. 企业文化建设[M]. 2版. 北京：清华大学出版社，2009：2.
[②] 邢以群. 管理学[M]. 4版. 杭州：浙江大学出版社，2016：33.
[③] 余昌国. 现代饭店管理创新[M]. 北京：北京燕山出版社，2005：163.
[④] 狄保荣，王晨光，等. 饭店文化建设[M]. 北京：中国旅游出版社，2010：5.
[⑤] 张德. 企业文化建设[M]. 2版. 北京：清华大学出版社，2009：4.

观、经营理念、服务理念、管理理念等。企业使命是"企业的立身之本",是指企业在社会经济发展中所应承担的角色和责任,是指企业的根本性质和存在理由,说明企业的经营领域、经营思想,为目标的确立与战略的制定提供依据,是企业经营的根本出发点。企业愿景是"企业向往的前景",体现了企业家的立场和信仰,是最高管理层对企业未来的设想,是全体员工憧憬的前景。它是对"我们代表什么""我们希望成为什么样的企业"的持久性回答和承诺。核心价值观是"企业的共同信仰",是企业努力使全体员工认同的信条。

价值观是价值主体在长期的工作和生活中形成的对于价值客体的根本性看法。价值观是一个长期形成的价值观念体系,具有鲜明的评判特征。企业价值观就是一种以企业为主体的价值观念,是企业人格化的产物。具体地讲,企业价值观就是一个企业在追求经营成功的过程中,对目标追求以及自身行为的根本看法和评价。它解释了企业秉承什么、支持什么、反对什么。总的来说,企业价值观是企业全体或多数员工一致赞同的关于企业意义的终极判断,是对企业性质、目标、经营方式的取向所做出的选择,是为员工所接受的共同观念。

酒店价值观是酒店有意识培育和长期积淀的结果。只有当酒店绝大部分员工的个人价值观趋同时,整个酒店的价值观才可能形成。酒店倡导的价值观只有转化为普通员工的信念,才能成为酒店实际的价值观。酒店价值观转化为全体成员的信念的过程,就是让员工接受并能够去自觉实施价值观的过程。在这一过程中,领导者的作用是举足轻重的。领导者必须认真考虑究竟什么是酒店最实际、最有效的价值观,然后不断地检讨和讨论,通过坚持不懈的努力,并通过打入酒店基层的方式,以培育为大家共同接受的价值观,并使这些价值观永葆活力。领导者要以身作则、言行一致,恪守自己所提倡的价值观。只有领导者做出了良好的表率,对员工才有说服力。领导者应在日常经营中不断把企业价值观向员工灌输,对员工详细地说明酒店行为准则,使员工对酒店价值观产生内心的共鸣,把酒店价值观转化为员工内心的信念。只有这样,员工才能对酒店价值观的实质有全面而深刻的理解,才能积极地把酒店价值观付诸实施。酒店经营者必须致力于构建一套系统、科学、明晰的价值观,以引领组织健康有序发展。

案例 8-1 A 酒店的核心价值观[①]

A 酒店的核心价值观为:人为本、理为魂、德为先、诚为基、和为美(见图 8-1)。

人为本。我们的发展立足于尊重人、关爱人、依靠人和安人心。管理中,用爱使员工安心,关怀员工和员工的家庭;服务中,用爱使宾客安心,创造安全、舒心、宜人的消费环境,让宾客安享可靠、体贴、舒适的高品质服务;经营中,用爱使伙伴安心,展现真诚的态度,创造愉快的合作经历,体谅伙伴的难处,赢得伙伴的信任。

理为魂。我们重视理想、理念、理性、理解,因为有效管理的关键在于管得有"理","理"是灵魂,"理"是先导,"理"是依据。我们重视理想,激发志同道合的员工实现共同理想,达成对于发展愿景和战略目标的共识,塑造团队合作精神,发挥组织聚合能量;重

[①] 该案例摘录自笔者主持的"A 酒店企业文化研究"项目。

视理念，踏实践行经营、管理与服务理念，用正确的理念指导实践；重视理性，以强化组织执行力与制度权威性为基础，以科学合理的制度体系为支撑；重视理解，倡导积极沟通，努力与宾客和伙伴达成共识，为宾客提供舒心、贴心、暖心的亲情式服务。

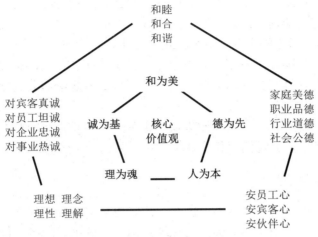

图 8-1 A 酒店的核心价值观

德为先。我们倡导管理者用自己的道德素养去感召员工，倡导全体员工用自己的道德素养让宾客与伙伴感动。我们弘扬家庭美德，创造和谐工作环境，共建具有美德的家园；树立良好的职业品德，坚持职业操守，主动履行职业责任；恪守行业道德，维护行业规范；坚守社会公德，维护社区的安定与和谐。

诚为基。我们信奉与推行"以诚为基，厚德载物"。我们对宾客真诚，竭尽所能地为宾客提供周到、细致、优质的服务；对员工坦诚，倡导员工之间坦诚交流，上下级之间有效沟通，维护酒店团结友爱的氛围；对企业忠诚，拥有高度的责任感和自豪感；对事业热诚，将个人目标与酒店目标相融合，将个人事业与酒店事业相结合。

和为美。我们致力于营造一种和睦、和合、和谐的经营管理环境，具体表现在员工间的和睦、伙伴间的和合以及酒店与外部环境间的和谐。其一是上和下睦，我们在内部努力营造一种和睦相处的氛围，坚信互动沟通是解决内部冲突的有效手段，本着严于律己、宽以待人的态度去解决内部矛盾；其二是和合运营，我们与合作伙伴携手创造和衷、合作、共赢的关系；其三是和谐为美，我们与周边社区构建融洽的关系，关爱社区居民，维护社区环境，促进社区和谐发展。

（二）文化的创建

酒店文化的形成是从物质文化、制度文化到精神文化层层递进的，因此在文化创建时，必须理解文化从表层向深层转化的原理。从文化的起源上，酒店文化常常反映创始人的远见与使命，主要包括创始人的创造性思想以及实现这些创造性思想的倾向性。在酒店建立之初，往往依靠创始人的人格魅力与运作能力把全体员工凝聚在一起，因此，创始人的思维方式与行为习惯深刻地影响着组织中的所有人。文化起源主要是两方面因素相互影响的结果：创始人的倾向性和假设；第一批成员从经验中领悟到的东西。① 在此基础上，企业

---

① 斯蒂芬·P. 罗宾斯. 管理学[M]. 黄卫伟，等，译. 4 版. 北京：中国人民大学出版社，1996：61.

才有可能创建特有的做事与思维方式。

组织文化是在创始人倡导与实践的基础上,经过较长时间的提炼、传播与规范管理而逐步形成的。组织文化的形成过程为:①文化在特定环境与条件下产生,反映组织不断适应环境变化的需要;②文化发端于创始人与先进分子的倡导与示范,并逐渐为大多数人所理解和接受;③通过文化的梳理、提炼与整合,形成一定的理论与规范,使之不断科学化与系统化;④在相互沟通、逐步强化、不断修正的基础上,使全体员工思想观念与行为趋同化,形成共有观念体系。[①] 因此,酒店想要创建适应组织发展的文化,就要重视发挥高层领导的作用。一旦高层领导没有相应的理念与努力,那么更换其中的关键领导就成为文化建设必不可少的一步。

独特酒店文化的创建是一个循序渐进、由表及里、不断强化的过程,必须以行为的强化、制度的保证为基础,并逐渐促使全体员工拥有共同的价值观念与行为习惯。

(三)文化的塑造

文化与战略之间有一种内在联系,因此,酒店想要塑造独特的价值体系,就要从战略角度出发,通过一系列实施方案,促进文化朝预期方向变化。酒店文化应渗透于战略实施过程中,应同酒店经营环境相匹配。文化的塑造是一个长期的过程,因此,在战略的指导下,将文化观念渗透于相关管理行为中是酒店文化塑造的核心工作。由于文化对酒店的影响是持久的,管理者必须掌握塑造文化的有效策略。

1. 明确基本要求

塑造独特酒店文化的基本目的是为了统一员工认识,引导员工行为,凸显酒店品牌形象,提升酒店竞争力。为此,酒店文化的塑造必须达到以下三个基本要求。[②]

(1)自己的文化。酒店文化是酒店在经营管理实践中形成的,并被社会与全体员工认可的意识形态与表现方式。因此,酒店文化必须来源于酒店的经营管理实践,充分体现酒店的追求与个性和全体员工的智慧,特别是创始人的追求与风格,具有独特性与不可复制性,并形成完整的结构与体系。

(2)生动的文化。酒店文化是全体员工的共同追求、基本信念与行为准则。只有被员工广泛认知并充分领悟的文化,才能成为指导员工行为的文化。酒店文化也是社会公众认识与评价酒店的主要因素。举办丰富多彩的文化活动是酒店文化得以推广的重要途径,活动主题应围绕企业使命、发展愿景与核心价值观展开,使文化活动逐步走向常态化、长效化与可持续化。因此,酒店文化塑造必须基于必要的文化活动,通过多种形式和途径,生动地传递给相关利益者,使文化在酒店内人人皆知并深刻理解,在社会上被公众所认知并具有较大的影响。

(3)可信的文化。酒店文化要成为酒店的灵魂,就必须"落地",即将酒店文化打造成可信的文化,被员工、顾客、社会所感知和认同。为此,在塑造文化的过程中,酒店必须注重制度体系、榜样示范和实践证明三个方面。制度能起到固化理念和思想的功能,并具有强制性,是酒店文化得以实施的基本保证;榜样具有号召力,能起到吸引员工参与的作用,是酒店文化得以推进的必要举措;实践是检验真理的唯一标准,酒店文化的最终"落

---

① 刘仲康,郑明身. 企业管理概论[M]. 武汉:武汉大学出版社,2005:102-103.
② 酒店文化塑造的三个基本要求由邹益民教授首先提出,相关内容由笔者在邹益民教授提供的观点的基础上结合自身的认识整理而成。

地",还必须靠事实说话,用实践加以证明。

2. 分析文化现状

为了促进员工更好地达成目标,酒店就必须明确需要怎样的文化。在剖析酒店内外环境与发展战略的基础上,酒店经营者进一步评价现有文化的优劣势,分析现有文化与预期文化之间的差距,发现现有文化改进的关键要素。通过文化分析,对文化的层次结构进行深入理解,并掌握文化形成的过程与原理,也就基本抓住了文化塑造的本质。从文化的层次结构与类型分析着手,对酒店文化现状进行审核,可使文化塑造进程更有针对性,同时能够促进管理人员按照文化层次、文化类型、文化形成与演变规律,把握文化与规章制度和发展战略的关系,并根据相互适应性状况对文化做出适合战略定位的调整,把文化塑造真正融入酒店经营管理之中。

3. 强化高层支撑

酒店高层领导的主观重视与大力支持是文化塑造的关键环节。文化塑造是一项繁重而持续的工作,需要酒店管理层的巨大努力和全体员工的积极配合。酒店必须确保主管人力资源的领导是组织文化的热心推行者,且有足够的信心与能力。高层领导应正确引导员工的行为,促使员工达成一致的共识,促进共有价值观念扎根于组织。

4. 落实配套举措

酒店文化的塑造必须基于有效的人、财、物支撑,因此需要落实配套的战略举措。其重点是抓好两方面工作:一方面是设立更有利于文化植入和传播的组织结构;另一方面是加强控制与考核制度的建设,以制度来保证员工对于核心价值观的学习与践行,促进员工相信卓越文化有助于创造卓越价值。

制度管理与文化管理是相辅相成的。制度与文化建设的核心在于能为员工提供一个充分发挥潜能、做好顾客服务、提升生命意义的架构,促使他们能够在适当价值观的指导下充满激情地工作与生活。① 例如,以酒店业为基础产业的远洲集团的管理哲学是"制度与文化并重,自我与超我结合"。远洲集团努力构建合法、合理、合情的管理模式,追求制度规范与人文关怀的统一,从而使远洲事业不断壮大,生命之树长青;承认并尊重员工的个性、自主和个人利益的"自我"倾向,同时强调用制度来规范并约束员工的利己行为;用文化价值观引导和统一员工的思想和行为,倡导"先人后己,先企业后个人"的"超我"境界,实现"人企合一"的理想目标。在远洲集团的酒店产业发展上,其经营层以国际标准搭建平台,坚持"文化经营酒店,人本塑造品牌"的理念,营造高品质的酒店文化氛围,致力于构建具有远洲特色的市场化、专业化、制度化、人本化的经营管理模式。

案例 8-2 不同的地方,如旅随行②

由原首旅酒店集团和如家酒店集团合并后成立的首旅如家酒店集团(简称"首旅如家")实现了优势互补、资源整合,达成了产品全系列、信息全覆盖、会员全流通、价值全方位

---

① 项保华. 战略管理:艺术与实务[M]. 5版. 北京:华夏出版社,2012:330.
② 根据首旅如家酒店集团官网与北京首旅酒店(集团)股份有限公司2018年年度报告等资料整理而成。

的整合效果。截至2018年12月底，首旅如家在国内外400余个城市运营4 049家酒店（包括925家直营店与3 124家特许加盟店），客房间数397 561间。目前，首旅如家旗下拥有以住宿为核心的近20个品牌系列、近40个产品，覆盖"高端""中高端""商旅型""休闲度假""社交娱乐""长租公寓""联盟酒店"全系列酒店业务。

首旅如家专注核心住宿业务，实施"向存量要发展、向整合要发展、向创新要发展"的战略，积极跨界创新，打造一个面向未来，覆盖吃、住、行、游、购、娱的顾客价值生态圈。在战略实施过程中，首旅如家逐步形成了独具特色的文化。为了使文化成为引领"首旅如家人"前进的精神力量，首旅如家倡导"乐游天下，如旅随行"的生活方式，并对文化内涵进行了具体诠释。

我们的使命：通过我们专业和激情的工作，引领大众旅行住宿方式，满足宾客多元的个性化需求；以住宿为核心，融合吃、行、游、购、娱资源，全渠道提升宾客价值，不仅好住，更要好玩；把我们"快乐和真诚的微笑"献给每一位顾客、同事与合作伙伴；为股东创造持续稳定的回报，为社会承担企业公民的责任。

我们的愿景：将首旅如家打造成为中国乃至世界领先的全价值链旅行聚合平台。

我们的核心竞争力：微笑力与融合力。

我们的价值观：人本，诚信，合作，尽责，创新。

独特有效的文化统一了"首旅如家人"的思想和行动，指导着首旅如家的经营实践。首旅如家将致力于洞察大众多元的旅行住宿需求和未来趋势，为宾客提供随时随地的全方位服务。

（四）文化的变革

酒店文化渗透于各项经营活动领域，影响员工做事的思维与行为方式。酒店文化深深地扎根于酒店的创业史、模范事迹、行为习惯、规章制度、精神风貌、道德准则之中，一旦形成就难以改变，并对酒店塑造新的文化价值观造成重重阻力。因此，酒店想要促进文化变革，就要把握有利时机。一般来说，以下情景是文化变革的有利条件。

第一，遭遇重大危机。这可以引发员工对现有文化与战略间适应性的思考，对文化中不合时宜的价值观念做出较为客观的评价。与此同时，高层管理者推进新型文化的设想与措施，更有可能得到员工的广泛认同。例如，顾客的大量流失、失去部分最有价值顾客群或顾客投诉日益增多，或者没有把握所在城市巨大的商务旅游增长机会等，都是酒店推进文化变革的合适时机。

第二，意料之外的成功。出乎意料的成功可成为酒店改变原有价值观念的有利条件。因为它促使人们重新思考原来做事的思维方式，认识到"新的方式能取得更大的成功"。对于大型酒店集团来说，如果某一成员酒店因为致力于顾客价值创造，而获得比其他成员酒店高得多的收益，集团高层管理者就可以乘机在整个集团推进顾客导向理念。

第三，关键领导岗位变动。这些领导岗位因故变动，往往就给员工一个预期，那就是新领导往往会带来新的价值观念，会有新的业务运作模式。因此，新领导推行新型文化，员工的抵触情绪要低得多，相对来说更容易开展文化的变革活动。

第四，酒店集团新建核心战略业务单元或酒店创业之初。由于经营环境的变化，如技术变革与消费观念变化等，酒店集团往往会新建核心战略业务单元以抓住新出现的机遇。由于新业务单元的权力体系、机构设置、员工配备都需要重新组合，如果能得到酒店集团总部的支持且新业务单元的领导强有力，那么在新业务单元中建立新型文化，就相对容易得多。而一旦新业务单元的文化变革活动取得成功，就可以为酒店集团文化的整体转型创造机会。对于新建酒店，文化还没有形成，管理层更容易向员工传播自身倡导与实践的价值观念。

第五，酒店文化弱。强文化是指核心价值观被组织成员强烈坚持并广泛共享的文化。[①]如果酒店已经形成比较稳固的价值观念，那么改变就比较困难。而弱文化酒店，由于还没有形成主流与共享的价值观，在建立新文化的过程中，就不存在必须先消除固有文化影响的问题。因此，弱文化酒店具有更强可塑性，文化变革更易得到员工支持。

第六，业务流程中难以协调的矛盾。为顾客创造价值的过程涉及一系列连续的活动，如果某一个环节出现瓶颈，不仅会降低酒店运作效率，而且会引起顾客不满，并导致顾客流失。如果酒店一直不能解决这一问题，就会导致盈利能力的持续下降，并可能造成重大危机。因此，酒店在推进员工分析业务流程的过程中，应让员工逐步认识到其中存在的重大问题，酒店乘机推进文化变革，就更可能获得员工的理解与认同。

三、现场管理

现场管理是指管理者通过指挥与协调员工，对现场的各种要素进行有效组合与动态配置的过程。酒店产品生产和消费的同时性以及不可存储性突出了员工的重要性。一线员工既是产品的生产者，又是产品的推销者。如果没有高素质的服务人员，就没有高质量的产品，酒店的生存与发展就会存在问题。如果管理者瞎指挥，现场管理不到位，就难以提供满足顾客期望的服务。因此，管理者需要进行有效的现场管理，展现鲜明的管理风格，下达内容明确、层次合理、形式可行的指令，及时指挥员工解决出现的问题与高效完成工作任务。

（一）鲜明的管理风格

管理风格主要是指管理者在管理工作中待人处事的准则与方式。管理者的管理风格在很大程度上影响着下属做事的方式，因为大多数下属希望能够按照管理者的意愿与喜好行事。管理者必须确立明晰的是非观念、高度的言行一致以及良好的管理作风。明晰的是非观念指引了员工做事的方向；高度的言行一致设定了员工工作的标准；良好的管理作风能够让员工"心无杂念"地按照客观的规则做正确的事情。

1. 明晰的是非观念

是非观念，就是管理者在工作中喜欢什么、提倡什么，厌恶什么、反对什么。明确的是非观念，就是要让下属知道应该做什么，知道应该展现的态度、行为与结果。是非观念强调管理者观念的正确性与鲜明性。酒店管理者要旗帜鲜明地表明自己对工作的态度，将自己的是非观念传达给下属，并让下属感觉到上司与他们一起为共同目标而努力奋斗。只有工作方向明确，员工才有目标与动力。管理者如果不清楚自己内心的想法，很可能在各种潮流面前改变自己的观点。明确的观点就像指路的航标，指引着员工前进的方向。酒店管理者要尽可能地与员工分享信息，以培育员工的参与感与归属感；反之，如果管理者为

---

① 斯蒂芬·P. 罗宾斯，玛丽·库尔特. 管理学[M]. 李原，孙健敏，黄小勇，译. 12版. 北京：中国人民大学出版社，2012：49.

了表明自己的与众不同，为了在下属面前显示自己的"高深"，从不明确表露自己的心意，让下属难以捉摸，那么下属在做事时，为了能够让管理者满意，就需要花费大量的时间和精力来揣摩管理者的想法，真正花在做事上的时间和精力自然就少了。员工希望能够按照管理者认可的观点工作，同时兼顾自己的兴趣。管理者的观点正确、明晰，员工就能够知晓自己该如何做，更容易把自己的兴趣爱好与工作表现有机结合起来。同时，管理者在理清自己的工作思路后，应通过各种方式告知下属，或者就目前正进行的工作向下属征求意见，善于倾听员工的心声，以增加下属的参与意识与提升下属的工作效率。

2. 高度的言行一致

明确的是非观念强调了管理的一个基本问题，即管理者应引导下属做正确的事情。为了使下属明白管理者真正在乎什么，管理者要把自己的意图说出来，更要做出来。为了表明自己的观点，管理者可以利用各种事件、故事、语言、类比与隐喻等进行说明。当然，要让员工深信不疑，关键在于行动。因为人们重视管理者说什么，更看重管理者做什么。在管理者与追随者之间的关系构建与持续中，"真诚"是非常重要的因素。詹姆斯·库泽斯（James Kouzes）和巴里·波斯纳（Barry Posner）一直致力于探究追随者对领导者的期望是什么，并在全球范围内进行了关于追随者最期望的领导者品质的问卷调查。虽然四次问卷调查的时间跨越20年，但是每次调查结果都表明"真诚"是最重要的领导品质。[①] 信誉是领导的基石，为此，管理者必须努力做到言行一致、表里如一。

3. 良好的管理作风

管理者的作风能否被下属所认同、所赏识，在很大程度上取决于管理者的态度与行为是否"可预期"。组织生存发展的"可预见性"让员工觉得"有前景"，能激发众多员工带有情感地关注未来。管理者态度与行为的"可预见性"让员工觉得"有干头"，能增强员工的工作信心，因为他们能通过上司一贯的言行，预计自身行为的结果，不会因时时揣摩上司的心思而迷失自我，从而快乐地依照规则工作。酒店管理者必须置身于团队之中，而不能游离于团队之外，更不能凌驾于团队之上。管理者不仅仅是规则制定的参与者和维护者，更应该是规则的执行者。尊重和遵守规则是一种教养、一种风度、一种文化，是一个酒店人必备的品格。管理者不遵守规则，会失去别人的信任。管理者不遵守规则或许可得到一时私欲的满足与即时的利益，但这是在提前透支酒店和个人的长远利益。由于决策条件的限制，管理者制定的策略可能不适合实际情况，有时甚至与原来预计的结果完全相反。此时，管理者就应主动承担责任，而不是为了证明自己原来决定的正确，导致一错再错，最后把自己和企业都带到绝境。权责是对等的，当酒店出现困境时，管理者应进行认真的分析，找出问题发生的原因，明确谁是主要责任人，尤其要勇于承担属于自己的责任，再根据具体的情况制定严谨的行动方案，以获得最终的成功。

"黑白无常"的管理者往往情绪化处事，常常令规则名存实亡，令下属无所适从。良好的管理作风保证了客观规则的有效实施，使得员工能更好地预期依规则办事的结果，更好地掌控工作内容与工作环境。酒店管理者想要确立有效的管理风格，就要在处理事情的态度与规则上达成前后一致。当然，在具体方法和技巧上，管理者可视员工特点、工作性质与环境变化，进行适当调整。如果管理者的作风变幻莫测，那么员工在工作过程中会感觉非常为难，甚至会感到异常痛苦。员工痛苦的原因在于，对于同样结果，今天管理者呵斥

---

① 詹姆斯·库泽斯，巴里·波斯纳. 领导力[M]. 李丽林，张震，杨振东，译. 4版. 北京：电子工业出版社，2009：22-25

有加，明天管理者又春风细雨，让员工自己都不明白应该怎么做了，不知道自己到底是做对了还是做错了。另外，管理者保证客观规则的实施，也是为了树立统一的酒店形象。根据希尔顿酒店管理手册，在员工与宾客的关系中，每一位员工都代表"希尔顿"，在宾客面前都是希尔顿大使，都致力于构建良好的宾客关系。为了统一行动、统一形象，员工应遵循统一的工作规则。只有管理风格一致与工作规则一致，员工才会采用一致的服务标准来接待顾客。如果管理风格时刻在变，那么员工为了迎合管理者的变化，就会经常转换工作态度与行为。总之，员工欣赏的管理风格都有一个共性，即在管理员工与处理事情上，管理者能够努力做到前后一致，不随时间变化、心情好坏而随意变更，但在具体处理方式上，又讲究一定艺术性。

案例 8-3　行动胜于语言[①]

经过三十多年的创业与发展过程，开元旅业集团（简称"开元"）成长为一家持续追求价值领先的旅游产业投资与运营集团，以酒店业为主导产业、以房地产业为支柱产业、兼具物业管理等辅助性产业。2017 年，开元旅业集团入选"中国旅游集团 20 强"与"中国民营企业服务业 100 强"。开元在民营企业拓展酒店业上独树一帜，这固然有良好的环境因素，但是与开元旅业集团的创始人陈妙林的个人品行也有着必然联系。以下摘录的是他在处理个人利益和企业利益时的几个小片断。

1992 年年初，正当萧山宾馆贵宾楼基建和杭州之江度假村改建的节骨眼上，一场不幸悄悄地降临在陈妙林的家庭。他的小女儿因病住在浙二医院，时间长达半年；而他的妻子又偏偏在这个时候得了肝炎，家庭的重担全部压在了这个事业正旺的壮年男子身上。浙二医院管理制度较严，晚上一般不允许家属陪夜。陈妙林找到医院领导，希望能够破例让他陪夜，以尽到做父亲的责任。医院领导说要陪就白天来。陈妙林说："白天很想来但是不能来，也不可以来。我的员工为了我们酒店每天加班加点，我不管因为什么样的原因，都应该跟他们奋斗在一起，我不能破了做人做事的基本原则。但是我也必须照顾女儿，因为她是我最爱的人。"医院领导看着陈妙林因劳累而充满血丝的眼睛，终于被他的真诚所打动。最后作为特殊情况，医院领导允许陈妙林在病房陪夜。同室病友也纷纷伸出援助之手，所有三张小方凳都递给了陈妙林。就这样，病床边的三张小方凳支撑起了他一米八的身体。

在中秋节的晚上，陈妙林的爱人有事出去了，两个女儿不想待在家里，跟陈妙林说想到酒店去找他。陈妙林开始不同意，后来想想是中秋节也就默许了。女儿来后，陈妙林从抽屉里撕下自己的饭票，叫女儿去员工食堂吃饭，女儿懂事地接过饭票，并道了声谢谢。整个晚上，两个女儿都待在爸爸的办公室，看书，玩计算机。那晚之江度假村正举行盛大的露天酒会，陈妙林没有为女儿破例，两个女儿也格外懂事，她们没有去破坏爸爸的规矩。在她们的血液里，流淌着陈妙林自律的基因。

那一年，陈妙林的爱人所在单位效益很差，面临倒闭。她想调到陈妙林这里来，陈妙林坚决不同意。"在家她是要管我的，连我都管不了她，以后谁来管她？"这就是陈妙林顾

[①] 根据邹益民教授与开元旅业集团提供的资料稍作整理而成。

全大局的理由。其实陈妙林也不是那种不通人情的人，他的两位下属的爱人因原单位效益不好，他就给他们在集团公司里安排了工作。

有一年春节，在宾馆吃年夜饭已经在流行了，陈妙林的母亲也要求到宾馆来吃饭，陈妙林安排了1000元一桌的餐标，陈妈妈吃得很满意。第二年春节，她又要来，以为儿子是总经理，可以不用付钱。知情者是陈妙林的妹妹，她告诉母亲："哪里来的白吃？是哥哥自己付的钱！"母亲明白了，连连摇手，表示不去了。还有一次，陈妙林的两个女儿去千岛湖开元度假村玩，酒店给打了个折扣。事后陈妙林知道了，非常生气，硬是把打折的钱补上，并说："公私分明，该收多少就收多少，不能乱了规矩。"开元转制后，陈妙林廉洁的风格依然没变，他和家里人在开元旅业集团所属酒店消费，收费跟其他客人一样。

由此可见，每个企业都有自己的制度，而制度能否真正有效地执行，在很大程度上取决于管理者的决心和品行。同时，每个人都有自己的家庭，每个人都有自己的私事，家庭和事业难免出现摩擦。开元创始人陈妙林，就是以自己的行动，诠释了"个人利益首先应该服从企业利益"和"制度至上"的管理理念，显示了一个优秀企业家的风范，这比在大会上发表多少豪言壮语都更有说服力。

（二）正确规范的指令

酒店管理者大都依靠指令来进行现场管理。为了达到良好的管理效果，管理者需要下达正确规范的指令。

1. 指令的性质

管理者要精于现场管理，必须善下指令，否则下属就会很痛苦，不知从何处着手、该做什么、从哪做起。根据对下属的约束程度，指令大体可分为命令、要求与建议三种类型。管理者应视岗位要求、任务难易、职权范围、下属成熟度等下达不同性质的指令。

（1）命令。命令是下属必须坚决执行、无条件服从的指令。命令的适用范围，一般是事情非常重要或者紧急的情形，属于管理者的职权范围，且管理者对于所要完成的任务有着非常明确的观点。一般来说，命令所对应的任务难度比较小，方向比较明确，不需要下属具有较高的成熟度，下属按照一定的程序执行即可完成任务。但也可能任务具有一定的难度，下属成熟度比较低，管理者只能指定某种完成任务的方法。对于管理者的命令，下属基本没有选择的余地，只能按照管理者的规定行事。

一般来说，在下达命令时，管理者需要将任务完成方式、期限等信息进行详细说明，以使整个任务处于管理者的完全控制之下，并保证下属能够比较快速、高效地执行。

（2）要求。要求是下属必须执行的，但可商量执行条件和相关细节的指令。要求的适用范围，一般是工作任务比较重要或者紧急，下属必须完成，管理者需要下属在指定时间内达到一定的效果，但是对于完成工作的具体方法，下属可以有多种选择，属于自我抉择范围。这一般要求下属具有一定的成熟度，对于所要完成的任务具有一定经验，能够掌握完成任务的多种方法。

在提出要求时，鉴于下属具有一定成熟度，管理者需要告知下属完成任务的效果和期限，而对于具体采用的方法，不必进行强制要求。即使管理者对具体方法有自己的想法，也应提出建议，至于是否采用，则由下属定夺。

（3）建议。建议是下属可执行、也可不执行，不是很紧急、明确，但必须给予反馈的指令。建议的适用范围，一般是工作任务不是非常重要或者紧急，而且下属具有比较高的成熟度。管理者只要说明任务以及期望的结果，下属就能够对任务进行分析，并选择完成任务的方法。如果管理者觉得有必要做某件事情，但自己没有清晰的思路，不知如何去完成，也没有明确的目标，那么也可以采用建议的方式，让下属决定是否接受任务。如果下属接受任务，那么如何完成任务也基本由下属决定。另外，如果遇到可做可不做的任务，而且完成的方法比较程序化，管理者也可以采用建议的方式。

2. 指令的内容

（1）谁去做。谁去做，即决定由谁来执行指令。管理者需要挑选合适的人来完成任务，做到人尽其用。虽然德才兼备可以作为合适人选的标准，但在一般情况下，对于执行上司命令的下属，更多强调其执行能力；对于适用以建议方式进行指导的下属，更多强调其创新能力和变通能力。

（2）做什么。做什么，即确定所涉及的任务。明确的任务是指令最重要的方面。根据任务性质、难易程度的不同，管理者应采用不同的指令形式，并决定下达给何种类型的下属。

（3）为何做。为何做，即说明做事情的原因和依据。管理者需要通过有效沟通向下属说明任务的重要性。例如，某高星级酒店的管理者在要求客房服务员在早晨8点到9点打扫客房的同时，需要说明这样做是为了利用顾客的用餐时间，避免顾客在客房的时候被打扰。

（4）何时做。何时做，即限定任务开始和完成的时间。没有期限的任务不能算作任务，因为可以无限期拖延，也就不需要做了。酒店服务的时效性比较强，很多工作都需要在限定时间内完成。例如，处理客房洗手间淋浴喷头水流过小的问题，在接到指令后，工作人员应在尽可能短的时间内完成。如果等到顾客洗澡后才上门服务，可能就失去了意义。

（5）有何标准与要求。标准与要求，即表明任务需要达到的目标与程度。所需完成的任务不管属于何种性质，都有一定的标准与要求。在下达命令时，管理者一般限定了完成任务的方式和结果。在提出要求或建议时，管理者虽然不必拘泥于采用何种形式，但对于结果也要有明确的指示。

（6）如何检查与反馈。检查与反馈，即衡量与监控任务的完成情况。汇报绝不是可有可无的，也不是下属凭兴趣可干可不干的事情。下属负有向下达指令的管理者汇报工作进展和结果的义务。不管任务完成的效果如何，管理者都要给予合理的评估，且这种评估必须是与下属共同完成的。管理者与员工要一起对工作成效进行总结，以便在今后工作中做得更好。

（7）如何奖励与处罚。在一个完整的指令中，管理者还需要让下属明确做好了有什么样的奖励，做坏了有什么样的惩罚，即通过对任务执行情况的评估，总结经验教训，兑现奖罚承诺。管理者只有做到赏罚分明，才能达到有力激励下属的效果，并有效推进任务的完成。

3. 指令的形式

指令的发布一般有三种形式，即口头指令、电话指令、书面指令。酒店管理者应依据任务的性质与轻重缓急程度，选择合适的指令形式。

（1）口头指令。口头指令是指在现场通过语言形式下达的指令。口头指令适用于任务比较简单、便于描述、需要及时处理的情况。口头指令是管理者在现场指挥时用得比较多的指令。口头指令具有发布时间短、利于沟通、能够及时解决问题的优势。在酒店管理者的现场指挥中，口头指令尤为频繁，因为大量问题基本上都是与顾客相关的，处理问题的时机尤为重要。口头指令也存在一些缺陷：形式过于简单；不能描绘过多细节；对于复杂的指令描述不全；指令内容易遗忘；不便于记录和反馈等。

（2）电话指令。电话指令是指管理者通过电话形式下达的指令。电话指令适用于管理者不在事发现场，但是工作需要管理者的指示方能进行；或者接收指令的下属不在现场。通过电话发布指令的效果往往存在不尽如人意之处，对于需要动作描述的内容无法表达，传达的内容也不够丰富。

（3）书面指令。书面指令是指利用正式的书面形式下达的指令。随着计算机和互联网技术的不断发展，无纸化办公已经成为一种趋势，电子指令作为书面指令的一种延伸形式，越来越受到认可。

书面指令通常用于解决现场发生的重大问题，指示的工作可在指令发布后在规定时间内执行，完成指令工作需要的时间周期较长。由于书面指令更改较为困难，因此指令的内容一般不能变化过快，适用于原则性问题或者任务的安排，一旦确定，更改的机会比较小。

书面指令能够比较详细地记述指令的内容。对于比较复杂的指令，或者口头形式难以完全表达清楚的指令，一般适宜采用书面指令，以让下属能够随时查阅指令的内容，也便于管理者在指令的执行过程中随时检查任务的完成情况。

电子指令解决了书面指令传达速度慢和沟通效果差的问题，同时解决了口头指令内容较为简单的缺陷，而且便于保存。

（三）有效的现场指挥

酒店管理者应对员工进行适当的现场指挥，以有效地引导与推动员工开展各项工作。现场指挥的方式有许多种，但概括起来，主要包括指令式、说服式和示范式三种。

1. 指令式

在现场指挥时，管理者可以根据具体情况，下达有效指令。根据前文所述，指令包括命令、要求、建议等类型。例如，命令以无条件服从为前提，被指挥者有令必行、有禁则止，这有利于集中指挥和有效控制全局各个部分的行动。当然，命令也有一些弊病，有时会限制下属主动性的发挥。对于成熟度比较高的下属，管理者应倾向于采用要求或建议的方式，以充分调动下属的积极性与提升下属的士气。因此，管理者是否要采取正式规范的指令，应视工作情景、管理问题与下属素质而定。

2. 说服式

说服式指挥是指管理者通过教导与说服，使员工自觉自愿地从事管理者所期望的行动。管理者在运用这种现场指挥方式时，要向员工讲道理，使员工深刻认识行动的意义与效果，让员工心中有数。同时，管理者要注意解决员工的思想问题，对员工的思想障碍要认真分析与冷静对待。在日常工作中，管理者常常遇到说服别人和被别人说服的情景，从而会有态度强度的增减甚至方向的改变。管理者想要使员工接受自己的观点与达到预期的目的，就要掌握相关的技巧。基于有效的教导与说服，管理者与员工心往一处想、劲往一处使，就会获得事半功倍的效果。这种方式易于调动员工的积极性、主动性和创造性，因而有助于提高现场管理的效果。

3. 示范式

当下属成熟度较低或不知道从何处着手开展工作时，示范式就是一种较为有效的现场指挥方式。示范式指挥的做法主要有两种：一是管理者身先士卒，做出表率，用自己的模范行动带领员工前进；二是管理者通过树立榜样与表扬先进人物等途径，推广正确的做法。榜样的力量是无穷的，通过典型引路，员工学有榜样，行有所循，赶有目标。示范式是一种重要的现场指挥方式，可以使员工直接学到应怎样行动。

第二节　工作空间管理

为了让员工知之、好之、乐之，酒店管理者就需要为员工营造一个宽松愉快的工作空间。员工的个性、过错与抱怨是一把"双刃剑"，疏或堵需要管理者好好斟酌，处理得好坏直接影响员工的满意度与生产率，最终影响酒店的生存与发展。酒店管理者需要给予员工一定的个性空间、过错空间与表演空间，用心了解员工的个性，正确对待员工的过错，充分挖掘员工的潜力。

一、个性空间

酒店管理者需要合理利用人力资源，对员工进行合适的岗位安排与职责分工。因此，管理者必须了解员工的个性特征和发展潜力。尊重员工个性特征体现了管理者人性关怀的一面，而给予员工个性展示的空间是酒店服务和文化特色展现的重要基础。

（一）了解员工的个性

个性是一个人的整个心理面貌，即具有一定倾向性的各种心理特征的总和。个性最突出的一个方面是独特性，即个别性，是一个人的心理倾向、心理特点和心理过程的独特结合，其中包括兴趣、需要、动机、信念、世界观的特点，能力、性格、气质的特点，以及认识过程、情感与意志等特点的独特结合。[①] 个性无优劣之分，但岗位与个性的不匹配却常常导致许多员工有力不愿使或有力无处使的结果。人的个性特征有些是与生俱来的，有些是长期受后天环境影响形成的。每个人都会表现一种独特的风格，其中的某些特质可能有助于酒店经营的成功。人在个性的形成过程中，已经养成了相应的认识问题和解决问题的思维方式和行为习惯。如果从事适合个性的工作，员工就会感到驾轻就熟。不同的员工习惯于不同的工作方式，因此对员工进行指导时，也应采取更具针对性的办法。为了与不同个性的员工进行有效沟通，并且消除由于个性导致的误解，管理者就需要与他们多多交流，以增进相互了解，从而能够以更合适的方式指导员工与分配任务，赢得不同个性的员工的大力支持。管理者应全面了解员工的个性特征，知悉员工的处事风格、行为习惯与兴趣爱好，并尽可能安排与员工个性较为匹配的岗位，提供员工个性发挥的空间，使员工在工作中展现个性优势，从而使员工安心工作、乐于工作。

（二）尊重员工的个性

酒店人力资源管理是互动式管理，管理者与员工在相互尊重的前提下达成互动式沟通。

[①] 张朝，李天思，孙宏伟. 心理学导论[M]. 北京：清华大学出版社，2008：54-56.

管理者尊重员工的个性特征是互动式管理的前提。一般来说，管理者喜欢使用与自己较为投缘的下属，或者偏爱与自身各方面都较为相似的下属。这类员工虽然能与管理者心意相通，甚至"英雄所见略同"，但问题是，员工与管理者可能存在同样的不足之处。尊重不同员工的个性，虽然在一定程度上会增加工作中的"不和谐"因素，但有助于增加决策的正确性与行动的有效性。因此，管理者应给予员工充分的尊重，让员工自主地完成工作，以最大限度地挖掘员工潜力。

不同的员工有不同的个性，在工作中也会表现出不同的能力和协作态度，如何有效协调他们以实现既定目标是酒店管理者的第一要务。这就要求管理者拥有宽容之心，容纳员工与自己的不同，容纳员工敢于展现个性。员工的个性迥异是一种正常现象。正是因为人的多样性和复杂性，因此管理者要学会宽容与接纳员工，以给酒店增添活力与精彩。实践证明，团队成员的个性越是多样化，在有效融合后，其战斗力就越强；团队成员的个性越是单一，其战斗力相对来说就越弱。

（三）欣赏员工的个性

酒店管理者要努力学会欣赏员工的个性，给员工创造个性充分发挥的空间。优秀的管理者懂得惜才、用才、留才，懂得如何理解、包容、迎合员工的个性。管理者只有欣赏员工的个性，才会使酒店成为欢乐的大家庭。如果管理者视员工独特个性为缺点，并想方设法去纠正"缺点"，那么将抹杀员工个性，引起员工反感，往往徒劳无功。若管理者视员工个性为优点，则会千方百计思考如何发挥"优势"，让员工乐于表现自我，展现个性风采，常常皆大欢喜。只有管理者先欣赏员工，员工才会反过来欣赏管理者，从而建立起"相互欣赏"的关系。如果管理者能欣赏别人的个性，就会变得乐意倾听别人、观察别人与运用别人。不同个性的人各有优势和不足，习惯于欣赏员工个性的管理者能够打造珠联璧合、配合无间的多元化团队。

酒店属于规范性比较强的服务行业，有统一标准，因而不论员工有什么样的个性，都需要遵守规则。但过于刚性的管理方式，会使员工感觉动弹不得；相反，适度宽松的管理方式有助于管理者与员工之间达成相互理解，营造心情愉悦的工作环境。满足员工个性需要的前提是"合理"，对于员工必须遵守的规章制度和行事原则，"个性"就要让位于"规则"，否则整个团队就会变成一盘散沙，也就无法向顾客提供高品质服务。

案例 8-4 "个性张扬"的员工

江西省某高星级酒店的员工焦详在人力资源部已经工作一年多了，其表现不仅让上司叶荣深感愤怒，而且也令众多同事大为不满。在大家心目中，他个性独特、我行我素、吹毛求疵。刚进入酒店工作时，焦详表现得还是比较积极的，敢于发言，敢于承担责任，但总喜欢在会议上提出不一样看法，常常使别的同事在公开场合"失面子"，甚至有时公开反驳上司的观点。渐渐地，大家有意疏远他、孤立他，他也变得与大家格格不入。由于在工作中找不到感觉，他想到了辞职。主管人力资源的副总经理蒋晶知道这件事情后，开始了解他的工作表现及个性特征，并征求他是否同意转岗。于是，在多方协调下，他成为酒店市场营销部的一员，负责酒店宣传与营销策划工作。在新的岗位上，他开始显示潜力。与人力资源部相比，现在的工作环境比较宽松，上司善于接纳不同的观点。策划工作是需要创意的，而他总能从另外一个角度切入，提出新的看法。即使大家基本达成共识的创意，他也会提出一些看上去"非常无聊，甚至愚蠢"的想法。对于多数员工来说，即使有这种想法，可能也不好意思讲出来。他敢想敢为的作风，不怕得罪人的性格，勇于反驳"权威"观点的气魄，常常使得很多看上去可行的方案搁浅，也常常"迫使"别的员工提出新的方案。虽然在转岗后的初期，他一样不受欢迎，但自他到达市场营销部后，很多策划方案都获得了很好的反响。于是，他的个性慢慢被同事所接受、所欣赏。在后来的营销策划过程中，大家不仅能在开放氛围中听到他的"奇思怪想"，还促使其他的员工有了更多新颖的观点。有了展现个人魅力舞台的焦详，已成为该酒店的"红人"，他的工作热情、敏锐观点与独到创见绽放出耀眼的光芒。

在酒店的大多数职能部门中，尤其是工作任务较为简单、工作流程相对稳定的部门，吹毛求疵、个性张扬、见解独到的"聪明人"常常不受欢迎，因为这类员工往往是"麻烦"制造者，且不甘心于从事相对单调的重复性工作。但在需要"创意"的营销策划或战略发展部门，却正需要这种富有创造性、喜欢挑战、不安于现状的"问题分子"。

二、过错空间

服务的生产和消费同时发生，这种同时性的特点增加了员工犯错的成本。因此，管理者需要正确看待和处理员工的过错。

（一）明确员工过错的性质

在对待员工过错的问题上，酒店管理者既不应纵容员工的过错，也不应简单地处罚员工，而应首先明确过错的性质，帮助员工正视存在的问题，寻找错误产生的根源，让员工认识到错误，避免再次犯错，并在改正错误的过程中提升素质。

1. 主观过错还是客观过错

所谓主观过错就是员工自身原因或者主观意愿所造成的过失，客观过错是指源于员工无法左右的某些客观原因所造成的过失。判断主观过错和客观过错的依据是看员工的个人因素是否占主导地位。例如，酒店餐厅服务员打碎了一个盘子，究其原因，如果是服务员刚洗完手，未擦干就端盘所致，则是主观过错；如果是因为餐厅地面不平或太滑导致服务员摔跤所致，则是客观过错。

2. 有意为之还是无意为之

无意过错是指员工在酒店日常服务中，由于工作的疏忽大意，或者一些不得已的原因，所导致的一些过失。例如，前厅部与客房部沟通不及时，致使在客人进入房间时客房仍未打扫完毕。虽然造成了不良影响，但非前厅部与客房部员工主观所愿，故属无意过错。

与无意过错相对的，是恶性过错，即故意过错。有些酒店员工出于某种原因，如对薪酬不满或工作压抑等，往往在工作时故意犯错。某酒店客房部员工因屡次迟到而被上司批评，心中很不服气，在整理客房时，故意用工作车撞坏走廊墙壁，即属有意犯错。

3. 员工问题还是系统问题

员工能控制的过错是指在员工的工作范围内，个人有能力掌控工作任务的适当处理方法并可以避免的过失；管理系统所导致的过错则是指非员工个人因素，而是由于酒店管理系统的设置和运行的不合理所产生的过失。酒店管理者应通过分析业务流程与重新设计系统，尽量消除源于系统的问题。

（二）理解员工犯错的心情

每位员工在主观上都不愿犯错。如果一再指责员工的过错，就会让员工的心理存在阴影，甚至对现有工作失去自信。

1. 以积极的角度去理解

酒店管理者应重视从员工的立场去理解过错的性质，以积极的角度剖析员工产生过错的原因。如果员工既缺乏相关经验，又缺乏应有指导，那么在工作中出现过错是难以避免的。如果一味严惩有过错的员工，其后果是员工将在工作中变得畏首畏尾，不敢越雷池半步。与此同时，其他员工也可能变得不敢主动承担工作，甚至想方设法少做事情、不做事情，毕竟"多做多出错，不做不犯错"。从某种程度上来说，从不犯错的员工往往是最为"平庸"的员工。因此，有些企业甚至将每年犯错的次数作为衡量员工主动性的指标之一。尤其对于从事创新性工作的员工，因为没有先例可循，试错、改正、再试错、再改正的循环已成为其工作的重要部分。酒店管理者应鼓励员工敢于尝试各种创新的方法，敢于积极面对创新过程中出现的过失，从而早日获得创新的成功。管理者的心态欠积极，工作的氛围欠宽松，创新工作无起色是必然的结果。因此，从积极的角度看待员工的过错，才会真正赢得高绩效员工的认同，才会有利于促进年轻员工的成长，才能推进酒店持续快速的创新。

2. 以博大的胸怀去包容

每位员工都有较强的自尊心与进取心，都不愿意在工作中出现什么差错。对员工造成的工作过失，酒店管理者应以博大的胸怀去包容与谅解，并给予精神上的支持。

员工在工作中难免会犯错误，这并不可怕，关键是员工要从错误中吸取教训并改正错误。因而管理者的批评教育应是善意的，其目的不是责备下属，而是让其明白如何将事情做好。

从效果上看，管理者批评员工的目的是让其明白错在哪里，让其悔过、改正。如果员工对此已经感到十分愧疚，诚恳承认错误，并且甘愿接受惩罚，那么管理者的宽容态度会使犯错员工感到非常温暖，觉得管理者有人情味，而且会从心里牢记所犯的错误，下次再犯的概率也就大大减少了。人都是有感情、有自尊的，因此管理者在让员工明白过错的同时，应尽力维护员工的尊严。

3. 以冷静的态度去处理

酒店管理者一方面要理解员工、体谅员工，另一方面还要勇于承担责任。员工能够信任管理者，从某种意义上说，不是因为管理者的职权，而是因为管理者能够承担责任，并真心帮助员工改正缺点。员工有过错，管理者首先要冷静检讨自己，然后冷静分析过错的性质与缘由。一般来说，员工的过失，管理者往往有一定的责任，不要把自己的判断失误归于员工的汇报不力而推卸责任。管理者最合适的做法是把责任担负起来。在管理者勇于承担相应责任的前提下，犯错员工必然会虚心接受批评并从自己身上找原因。而此时的关怀和宽容往往会更令员工感动，也会增加员工对管理者的信任，工作中也就会更加富有激情。当然，如果完全是员工的疏忽所导致的错误，那么管理者应与员工单独会谈，冷静分析事件发生的整个过程，与员工共同研究过错的前因后果，告诉员工错在什么地方，并鼓励员工以后加强与相关人员的沟通；同时，也要让员工意识到问题的严重性，并心平气和地与员工一起寻找改进和防范错误的途径。

（三）运用恰当的批评方法

批评并不像表扬那么容易使人接受，只有准备充分与方法恰当，才能让对方心服口服，因此，管理者应慎用批评。为了让批评达到理想的效果，且不会伤害员工的自尊，管理者要学会恰当的批评方法。

1. 正确的思路

酒店管理者难免要批评员工，然而，批评只是一种手段，应讲究方法与艺术，要让员工体会到关怀，要有效指正员工的过错，要让不同个性的员工都从中得到提高。在批评员工的过程中，要有明确的目的、真诚的态度与权变的思维。

（1）明确的目的。在批评员工时，管理者要有明确的目的与良好的出发点。批评的目的是让员工认识到过错，避免员工今后再次犯错，引导员工达成工作目标。如果管理者把焦点放在员工身上，而不是犯错这件事本身，就会让员工觉得管理者对其怀有成见，可能导致相互冲突。如果管理者就事论事，对事不对人，与员工共同商讨解决问题的办法，帮助员工弥补过失，那么员工在无形中已接受了批评。

（2）真诚的态度。管理者的态度往往影响着沟通的进程与结果。管理者要抛开个人成见，真诚帮助员工改正错误，这样才能赢得员工信任，批评也才能被员工所接受。在许多场合，善意的引导会获得更佳的效果。善意而真诚的批评，会使员工感到管理者既是好上司，也是可信赖的朋友。

（3）权变的思维。管理者要掌握批评的"度"和技巧，要表扬与批评相结合，要肯定与否定相结合，要鼓励与鞭策相结合，应因事、因人、因时而异，具体而言，应重视以下三点。

① 因事制宜。管理者需要区分员工过错的类型和性质。对于员工难以控制的、客观的、无意的过错，管理者要开导与体谅员工，与员工一起寻求过错根源与解决方法。对待恶性的过错，管理者绝不能姑息，必须找到相关当事人，明确过错原因及深层根源，给予相应惩罚。

② 因人而异。由于个性、经历与能力的差异，不同的员工对批评的反应有很大区别，管理者应针对性处理。

③ 适时适地。在批评员工时，管理者还要选择合适的时机与恰当的地点。

2. 动态的过程

管理者应从动态角度进行统筹考虑，关注批评前、批评中及批评后的整体过程，在批评前做好充分准备，提高批评的针对性；在批评中掌握正确的原则与灵活的方式；在批评后关注员工态度与行为的变化，一旦发现不好苗头，应采取恰当补救措施。

（1）充分的前期准备。管理者在批评员工之前，必须做足功课，了解事情的来龙去脉，准备好批评的重点，必要时要明确包括时间、地点等比较精确的细节。信口开河的批评，不仅不能收到预期效果，还会损害管理者的威严和形象。充分的准备和可靠的依据能够让员工心服口服，让员工真正认识到错误所在，否则往往会导致员工的狡辩、争论或无声抵抗。充分准备后的批评能让员工感觉到上司处理问题的真诚态度。管理者可以根据事先准备的批评思路展开，切忌逐条宣读或刻意淡化问题。

（2）灵活的批评方略。充分的准备是成功的基础，但无论事先如何精心考虑，在面对员工时，都会出现一些难以预料的事情。因此，管理者应根据当时的情景，采取灵活的应变措施。首先，应努力打开员工的心扉，让员工放松，让员工肯讲。其次，应尽快找到批评的有效切入点。批评应围绕关键切入点展开，一旦无法以该"点"取得突破，无法以该"点"带"面"，就应及时地寻找新的切入点。最后，应敏感捕捉员工的变化。在双方交流过程中，管理者应不断关注员工言行变化，把握双方深入沟通的时机。一旦发现陷入僵局，应及时改变做法。如果确认本次交流无法取得成效，应及时结束批评进程，同时为下一次沟通进行更有针对性的部署。

（3）有效的事后管理。为了达到纠正员工过错的目的，管理者还要开展有效的事后管理工作。事后管理的重点包括两方面：一是及时发现员工的不良反应与采取应对措施；二是及时表扬与奖励被批评员工的良好表现。一般来说，有些员工在受到批评和处罚后，可能有一段情绪低潮期，有些员工会有意疏远管理者，甚至因而自暴自弃。发现上述问题后，有的管理者可能会采取"彼此彼此"的原则，即也有意疏远或刁难这类员工，其后果要么是员工表现拙劣，要么是员工离开所在部门。正确的做法是，管理者应放下姿态，主动示好，表达真诚，逐步让员工恢复激情与干劲。

3. 合适的方式

在批评员工时，管理者应注重艺术性，不伤害员工的自信心、自尊心。灵活适度的批评，能有效纠正员工的过错。管理者只有使用合理的批评方式，提高批评的感染力，增加下属的认同度，才能收到良好的批评效果。

（1）暗示式。暗示式，即不伤害员工自尊的暗示性批评方式，比较适合于敏感细心、知错能改的员工。例如，某酒店管理者看到平时工作认真并重视细节的某位员工在上班时间浏览网站，并没有立即加以制止，只是悄悄地站在员工的后面，并有意让员工意识到他的存在，接着就走开了。该员工立即会意，不动声色地纠正了自己的错误。

（2）幽默式。针对员工存在的小缺点，或者员工自身没有意识到的小错误，管理者可采取幽默的批评方式，让员工欣然接受自己的好意。例如，某高星级酒店员工喜欢将各种东西放在办公桌上，如文件、书籍、照片、镜子等。酒店总经理看到后，没有马上说这件事情，而是看准时机，先与该员工闲聊一会儿，然后看似无意实则有意地开始切入正题，他半开玩笑地说："你的办公桌摆设与我家的书桌差不多，看来你真的以酒店为家了。"这种方式既不会影响彼此关系，又能让员工明白上司的意图。

（3）自嘲式。有些管理者在员工犯错时，喜欢用讽刺的口吻批评员工，用词尖酸刻薄，且自我感觉良好。这不仅极大伤害了员工的自尊，且严重损害了自己在员工心目中的形象。与此相反，部分管理者善用自嘲的方式引导员工认识与正视自己的过错。管理者通过揭开自己的"伤疤"，暴露自身的过错，让员工感觉"原来管理者以前与我一样或比我更差"，从而促使员工更客观地看待自己的不足。

（4）勉励式。对于积极肯干、勇于创新的员工，或者自信心缺乏的员工，或者初涉职场的新人，管理者应努力发掘员工过错中的正面因素，以鼓励的方式与员工深切交流，肯定员工好的一面，提出进一步的期望。近年来，许多管理者日益体会到勉励式批评的意义，也有意识地在批评员工之前，先肯定员工优点，不过实际做法却使员工无法体会到这一点。例如，有些管理者往往先赞赏员工，再用"但是"一词过渡到批评员工的过错。这种做法常常让员工反感。若用"如果"一词进行过渡，则让人体会到勉励、期望与关爱，员工也就更乐于接受。

（5）启发式。对于个性内敛、极有主见的员工，管理者应循循善诱、入情入理，以启发员工通过理性分析，认识到自己的过错。一般来说，个性内向的员工不轻易表达自己的主见，管理者应设法让其开口。如果整个过程只有管理者的"一言堂"，那么要想获得富有主见的员工的认同几乎是不可能的。假如没有好的切入点，管理者可采用连续提问的形式，让员工不断开口。内向的员工一旦打开话匣子，管理者就应在不偏离沟通目标的情况下，努力做一个好听众，直到让员工在逻辑演绎过程中明白自身错误。

（6）类比式。对于刚进入酒店行业的新员工，由于还处于职业定位阶段，且对工作缺乏感性认知，可能会对自己的过错认识不足。管理者可采用类比的方式，以具体的事例、具体的人物，最好是员工熟知的人与事，促使员工剖析、理解与反思错误所在。对于新员工，除非重大过错，否则不宜采用直接批评的方式，而应努力寓批评于个案或比喻之中，以此弥补其经验或火候不足的劣势，或旁敲侧击，或由浅入深，或由实到虚，再由虚到实，促使员工从内心深处认识到问题的严重性，逐步明晰与认可解决过错的策略与途径。

（7）商讨式。商讨式批评是指以商量、探讨、互动的形式，让员工在平等、友好、宽松的氛围中，意识到自己的过错。这种批评方式要求管理者保持低姿态，通过双方的积极商讨，达到解决问题的目的。其适用范围是个性倔强或性格暴躁或德高望重的员工。管理者在发现上述员工的过错后，切忌以居高临下的态度去对待，和风细雨、平心静气、不动声色的作风，更能使他们认识不足与坦承错误。尤其对于资历深、阅历广、有影响力的元老级员工，更应把握批评分寸，竭力维护对方自尊。

（8）渐进式。对于个性敏感、自尊心强、承受力低的员工，管理者在批评时应分层次、分阶段进行，让员工逐步认识到错误与缺点。管理者应有意识、有策略地把员工的过错进行有效分解，把员工的错误修正分步推进。在员工认识到部分错误并逐步改进后，创造机会让员工认识与改正其他错误，从而在没有超出其心理承受能力的情况下，使员工慢慢向着好的方向转化。有效的渐进式批评会使员工体会到上司的真诚，感应到温暖的氛围，达到"润物细无声"的效果。

（9）严厉式。对员工的原则性错误，或者性质严重、影响面广的过错，或者有可能导致重大不良后果的过错，应严厉批评，让其深刻认识到问题的严重性，以防止其再犯类似错误。一般来说，管理者应公开表扬、私下批评。但面对影响恶劣的过错，如果不正式、不公开批评，那就是纵容员工了。因此，公开的严厉式批评须目标集中、证据充分、表达有力、形式正规，不仅使有过错的员工从中得到深刻教训，而且使全体员工都认识到过错的严重性。

（10）命令式。对于反应迟钝或屡教不改的员工，应以命令的形式进行批评。有些员工的反应总比别人慢，常常难以领会管理者的循循善诱、迂回批评。虽然其品性良好，但由于理解有误，往往会导致再次犯错。对于此类员工，管理者应直接告诉他错误所在，告诉他怎么做，然后命令他照此执行就是了，至于其中道理，留待他自己慢慢体会。对于屡教不改的员工，可能单靠思想教育已无济于事，管理者只能态度强硬，"迫使"其按命令执行。

三、表演空间

在酒店经营管理过程中，管理者要根据员工的特点，培养他们，使用他们，即"因材施教""因材施职"。每个人的潜能都是无限的，关键是能否遇到一个能充分发挥潜力的舞台。因此，管理者应根据员工的知识、能力、特长与个性，提供与创造适合员工发展的表演空间。

（一）发现员工个人特长

员工的工作成就，除了受客观环境制约外，既取决于员工自身的实力，也取决于员工的敬业程度，而个人的敬业程度则主要取决于其特长与兴趣。管理者应善于发现每位员工的长处，并创造条件帮助员工发挥潜能，而不是一直盯着员工的短处，那就无法真正发现员工的价值和适合的工作。就工作本身而言，有些员工能够灵活掌握适合自己工作的方式，他们会提出更有效率的工作程序，当然这可能与酒店现有规定不符。管理者要注意这些机会，在对建议进行反馈时，要有足够的灵活性。员工的建议不一定最终被采纳，但是管理者应该表现出足够的诚意，体现对员工的尊重以及对效率的追求。人们做事的顺序不尽相同，做事的节奏也有快有慢，但大多数人都有一套可以使自己更舒服、更有效率、更快达到预期效果的"绝招"。当员工认为自己有能力进行积极改变时，管理者要倾听他们能做出什么贡献。酒店拥有各种特长的员工，关键是能否因人而异、善用长处。如果管理者善于将心比心，积极认同个体的差异性，充分发挥员工的个性与特长，酒店就更有机会获得新的发展契机。

（二）搭建员工表演舞台

　　管理者想要让员工人尽其才，就要为员工安排适合的工作。实践证明，员工与工作需要"门当户对"。如果管理者把员工安排在不合适岗位上，那么员工往往工作低效、事倍功半。员工不是机器，他们有思想、有情绪、有个性。"合适的工作"可以满足人的心理需求。许多员工缺乏工作热情和创造性就是由于他们的心理需求未得到满足造成的。有时，我们还可能面对这样的员工：他们总是在寻找自己的"兴趣"所在，无论在什么岗位上都干不长，都觉得没有兴趣或者得不到施展，那么这就不单单是"工作是否符合兴趣"的问题，而是这类员工本身存在着对自己认识不清、对客观条件估计不足的问题。面对这样的员工，纵使管理者如何努力寻找工作和兴趣的结合点，也难以获得圆满结果，那么唯一的办法就是让其另谋高就。为了使员工达成"自我实现需要"，管理者就必须为员工搭建表演舞台，创造表演空间。管理者给员工创建良好的展示平台，赋予员工一定的权力和责任，使他们感觉到上司看重、相信他们，工作干劲自然被激发出来，进而表现出超乎寻常的自信，释放出更大的能力。

（三）彰显员工独特魅力

　　具有人格魅力的管理者可以获得众多员工的真心服从与拥护，增强员工的凝聚力与执行力。与此同时，彰显员工的独特魅力也同样重要。酒店的正常运作主要依靠规章制度的有效实施，但要使酒店的工作氛围更加宽松愉快，提供给顾客的服务更加温馨周到，往往需要依托员工的个人魅力。员工的独特魅力彰显不能成于一朝一夕，而需要管理者充分了解员工特长，精心搭建表演舞台，进而在不同岗位上发挥员工魅力。在工作中，凸显员工的价值，发挥员工的特长，彰显员工的迷人魅力，常常会有意想不到的效果。

　　酒店员工常常会因为观念、习惯等因素制约自己潜能的开发，因此，管理者应通过将酒店使命和员工目标相联系，相信员工的能力，激发员工高昂的工作热情，促使员工在酒店大舞台上不断展示能力。在彰显员工魅力的过程中，管理者应引导员工充分利用自身的特长，展现自身的特质，将酒店的风貌传递，让自身的优质服务、敬业精神和酒店形象融为一体，以赢得顾客的尊重，散发自己动人的光彩。

第三节　人际氛围管理

　　良好的人际氛围是员工快乐高效工作的重要前提，使酒店充满活力与生机，使团队保持高昂的士气，使员工体会工作的美好。有效的人际氛围管理既可以促进员工之间的相互信任，又有助于培养员工的团队合作精神，从而使员工感到工作顺心，并体会团队协作的乐趣。为此，酒店管理者必须充分理解员工的苦衷，设身处地，宽以待人；提升情绪管理能力，疏导员工不满情绪，激发员工工作热情；关心员工工作与生活，想其所想，解其所忧。只有酒店全体成员相互尊重、坦诚相待、真诚合作，才能创建友好、温馨、和谐的人际氛围，给顾客"家"的感觉，给员工"家"的温暖。

一、理解员工

理解是人们共同的需要。酒店需要社会和员工的理解与认同，员工需要管理者和顾客的谅解与信任。每个人都有自己的尊严和人格，需要得到社会的承认和别人的尊重。作为酒店员工，这种欲望往往会表现得更为强烈。因为酒店要取得良好的社会效益与经济效益，就必须确立"顾客至上"的服务宗旨，即把客人当作"衣食父母"一样，给予充分的尊重，并努力为他们创造利益与愉悦。但是，酒店员工同样需要得到别人的尊重，同样需要欢乐。因此，酒店管理者必须充分理解员工的各种苦衷，采取有效措施，使员工快乐工作、快乐生活。总的来说，员工的苦衷主要来自以下三个方面。

（一）工作时间不稳定性

酒店一般实行每周工作五天（部分酒店还每周工作六天）、每天八小时工作制，但由于酒店业务经营的特点，往往要突破这一界限，临时加班现象在所难免。同时，由于酒店业务的不稳定性和顾客活动的不规律性，员工的工作负荷往往也呈现不确定性，空闲时连续几个小时无事可做，而忙碌时则紧张到连上洗手间的时间都没有，节假日经常需要加班，这在过去物资匮乏的年代，也许是增加收入、改善生活的一种办法，但现在则成了大部分员工的一大烦恼。这些都给员工安排自己的生活带来了诸多不便，如有些年轻人就因为工作时间不稳定，导致恋爱出现挫折。在酒店业员工满意度调查中，"工作时间不合理"已成了导致员工不满意的主要原因。从员工需求角度出发，如何合理安排员工工作时间，适度增加工作时间的灵活性，实行富有人性化的工作时间管理，对于提高酒店员工的工作满意度已显得十分必要和迫切。

酒店一方面应合理安排员工的工作时间，逐步推行弹性时间工作制，尽可能避免加班加点，以保证员工的休息时间；另一方面，应逐步推行灵活的休假制度，根据酒店业务特征，有计划安排员工度假旅游，从而使员工体会工作的价值和生活的快乐。酒店业需求的季节性特点决定了采用弹性时间工作制的可行性。弹性工作制是企业在限定一定周期内日平均工作时间的前提下，控制部分核心工作时间、让员工自由支配其余工作时间的一种工时制度。核心工作时间是员工必须上班的时间，这部分时间用于员工之间的沟通和协作；弹性工作时间是员工自主选定上下班的时间，这部分时间由员工根据自己的安排来工作。为了保证工作时间充足，一般限定在一定周期（如周、月、季）内，平均每个工作日的工作时间仍不少于法定工作时间（一般为八小时）。酒店管理者可以将忙时定为核心工作时间，员工必须到岗工作，而将闲时定为弹性工作时间，员工在工作安排上有一定自主权。这种管理方法可能会增加一些人力资源管理的成本和工作安排上的难度，但是对于降低员工压力、提高员工满意度则大有帮助。

（二）工作角色特殊性

在社会生活中，每个人都必须充当一定的社会角色，并作为特定的社会角色与他人进行交往。酒店员工这一社会角色所从事的服务工作同其他工作一样，既是自食其力和勤劳致富的手段，又是施展才能、为社会尽义务的表现。但是，这一工作与其他工作相比，也有其特殊性，即是一种"直接伺候人"的工作。酒店员工与顾客的关系是一种服务与被服务、支配与被支配的关系，即客人尽情地玩耍和享受同酒店员工的辛勤劳动处于同一时间。正如许多服务员所说的：客人坐着我站着，客人吃着我看着，客人玩着我干着。在将顾客奉为"人上人"的服务氛围下，部分酒店里充满着"顾客永远是对的""顾客是上帝""顾客是皇帝"等理念，客人有权"支配"员工的劳动，挑剔员工的毛病，而员工却只能逆来顺受。即使客人有过错或无礼举动，员工也要忍耐、宽容。有时尽管员工尽了最大努力去为顾客服务，可仍避免不了冲突和意外。这在整个社会的精神文明尚未达到一定高度、部分客人素质确实不高的情况下，作为酒店员工有着说不尽的委屈和苦衷，不公平感也往往油然而生。

强调顾客至上、忽略员工感受的经营理念是把顾客满意和员工满意割裂的单纯顾客导向，并不是圆满的管理境界。酒店要求员工无条件地（不顾个人意愿、兴趣）满足顾客要求，很容易形成企业、顾客、员工三者之间利益的冲突。大量事实证明，没有满意的员工，就不可能有满意的顾客。只有把员工和顾客处理为主人和客人的关系，才会出现富有人情味的周到服务。只有使员工这个主人满意了，他们才可能想方设法使客人满意。例如，万豪酒店集团的创始人马里奥特强调营造顾客、服务人员与雇主之间的"大家庭气氛"。

为了使员工适应其扮演的工作角色，酒店管理者应引导员工改变对工作的看法。同时，管理者必须深刻认识到，一线员工时常会面对来自顾客、组织和工作本身的多个彼此冲突的要求。[①] 顾客需求的多样化、环境的不确定与上级管理风格的不鲜明都会成为员工工作的压力源。在入职培训时，管理者应引导员工正确看待酒店工作，让员工明白任何职业都是服务于社会与大众的，需要由规范来统一。

（三）工作性质严谨性

酒店工作大多属于以手工劳动为主的简单劳动，工作内容相对比较单调和枯燥，这容易使员工感到工作纯粹是一种任务，而不是一种乐趣。同时，作为直接面对顾客的窗口服务行业，为了保证正常运行并塑造良好形象，几乎所有酒店都制定了严格而具体的纪律和规范。例如，仪表仪容、衣着打扮和言行举止必须符合酒店的规定；在工作中，必须做到说话轻、走路轻、操作轻，不得大声说笑及议论；在任何情况下，都不得和顾客争吵；在顾客面前，必须保持甜美微笑等。若有违反，都会受到不同程度的处罚。酒店工作可谓标准高、要求严。这就意味着酒店员工必须时时克制自己，不能随心所欲。即使工在生活和工作中，遇到各种困难和烦恼，也要求进入岗位就进入角色，努力忘却心中的忧愁和烦恼。大多数酒店员工是年轻人，这些工作要求和年轻人的特点有较大的冲突。

为此，科学地进行工作设计，使工作丰富化，就显得非常必要。酒店管理者要创造条件让员工有机会跨岗位、跨部门工作和发展。通过工作轮换、安排临时任务等途径，酒店

---

① SCHWEPKER C H JR, HARTLINE M D. Managing the ethical climate of customer-contact service employees[J]. Journal of service research, 2005, 7（4）: 377-397.

可以给员工提供各种各样的经验，使他们熟悉多样化的工作，掌握多种岗位的服务技能和服务程序。这有助于提高员工的协调能力，为其日后晋升管理岗位创造条件。同时，酒店可定期进行员工交叉培训，即一个部门的人员到另一个部门的工作现场接受培训。通过员工交叉培训，既可以在一定程度上避免员工对单调工作的厌烦，提高员工积极性，又能节约酒店人力成本。此外，通过轮岗与转岗，使员工熟悉其他岗位的服务程序，有助于部门之间工作的协调。

改变工作单调性的另一有效途径是给酒店员工"参与管理"的机会。这需要管理者充分认识到员工在酒店中的主体地位，主动创造条件，让广大员工以主人翁身份，介入酒店的经营管理甚至重大决策活动，满足员工实现自身价值的需求。员工参与酒店管理，既有助于做精、做透本职工作，又有助于其积极施展管理才能。

总之，酒店管理者应努力解决或缓解员工工作单调、工作满足感低的问题，使工作的现实水平达到或超过员工的期望值。此外，管理者还要让员工在工作中有一定自由度，让他们有时间思考开拓性工作，发挥自身潜能。只有给员工足够的空间，员工才会有自由感、成员感、成就感，才会真正体会到工作的快乐与价值。

二、激发员工

做事不要情绪化，但一定要有激情，而激情则源于"好的感觉"。充满激情的员工不仅能高效完成工作，而且能感染其他人，使酒店充满活力。酒店管理者怎样才能有效激发员工呢？其关键在于激发员工的工作热情，让员工对工作有"感觉"！感觉对了，情绪好了，热情自然来。为了激发员工热情，管理者必须努力培养员工的方向感、兴趣感、团队感、危机感和成就感。

（一）方向感

明确的使命与目标能增强员工的方向感，既提升员工对酒店的认同感，又增进员工对未来的"确定感"。例如，客房保洁员的工作目标应是具体的房间数量而不是简单的"高效"。无形的目标太过抽象、不够明确，会使员工手足无措或视而不见。目标的可行与否，直接影响到员工的工作动力。酒店管理者要根据员工的个人能力，制定稍稍超出其能力范围的目标。在员工完成既定目标后，管理者必须立即发掘另一个能让员工积极投入的兴奋点，即另一个具有同样或更佳激励效果的目标。如果管理者无法为员工设置新的目标，员工的热情和兴奋将很快被自我满足和松懈所取代。

（二）兴趣感

工作兴趣感能让员工从内心迸发强烈意愿和必胜决心。每个人都需要对自己所从事的工作充满兴趣。比尔·盖茨有一句名言："我每天早晨醒来时，一想到所从事的工作和所开发的技术将会给人类生活带来巨大的影响和变化，就无比兴奋和激动。"这句话就阐释了他对于工作的兴趣与激情。兴趣是最好的"兴奋剂"。员工之所以能快乐工作，能忠诚于一家企业，是因为能力得到认同，或自身的价值得到体现，或与本质兴趣相符，其中，生命中的本质兴趣是快乐工作的根本源泉。①因此，一方面，酒店管理者必须针对特定岗位的职责要求，让具有潜力的员工承担富有挑战性的工作；另一方面，必须采取有效措施增进员工对自身工作的兴趣或努力把员工调配到适合其发展的岗位上。员工只有对自己所从事的工作真正感兴趣，并从中获得快乐，才会真正"点燃"其工作热情。

（三）团队感

酒店管理者要努力培养员工的团队感，消除本位主义、个人主义的影响，鼓励员工之间交流与合作，营造相互理解、相互支持、相互帮助的团队氛围。团队合作能产生聚合能量，能发掘员工潜能，能开拓前所未有的新天地。有效的团队合作要求员工围绕团队目标来相互协作，尽心尽力地发挥自己在团队中的作用。管理者要努力培养员工的参与感。很多人都有这样的体验，即自己亲身参与的事情会比自己置身事外的事情更有吸引力。如果员工能够参与团队决策，会更加激发其工作积极性，提高其工作效率。大量事实证明，参与计划的一方一般比不参与的一方拥有更高的生产效率和工作满意度。这说明，员工参与即将从事的工作计划的制订，会让员工有当事人的感觉，从而更加努力工作，一方面是因为该工作计划的制订凝结了自己的汗水，另一方面也是个人喜爱体验的本性所致。管理者要努力培养员工的团队荣誉感，使员工为自己所在的团队感到骄傲与光荣。管理者要努力使员工感知到所在团队的宽容、敬业、进取、合作，有效改善员工之间的关系，使员工充分发挥才干，既满足员工自我发展的要求，又共同创造卓越的团队价值。

（四）危机感

没有危机感的工作就没有挑战性，缺乏刺激或变化，因此危机也有正面价值。危机伴随着机会、限制或要求，又常在不确定氛围下发生，所以危机造成压力。由于危机有激发人们潜能的作用，酒店管理者应考虑如何灌输危机意识、创造压力、鼓励竞争等来激发员工的工作热情。

首先，基于行业竞争的危机意识培养。行业竞争对酒店经营带来巨大压力，会激励管理者不断进取。管理者通过把竞争带来的危机传达给员工，以激发员工与酒店共同成长。

其次，基于有限机会的竞争意识培养。成功表明一个人的社会存在价值，是自我价值实现的体现。员工都有获得成功、求得荣誉的愿望，而愿望的实现伴随着种种要求和限制。升迁、加薪、奖励的机会总是有限的，竞争不可避免。有的酒店设立各种"荣誉奖"激励员工，就是希望员工在争取荣誉的竞争中提升士气与提高绩效。

最后，优胜劣汰的组织文化构建。在一个人人不甘示弱、个个争强好胜的组织里，员工的危机意识很强，从而激发员工潜能。

（五）成就感

针对性激励能兼顾员工生存、发展、自我实现等各种需要，使员工不仅感到有生活的保障，而且获得社会地位和个人成就的提升。为了提升员工成就感，酒店管理者必须识别不同员工的需求，按个人需求进行奖励，以激发员工工作热情。真正重视员工的管理者总

---

① 吴珊瑚. 员工离职根源初探——基于快乐工作的源泉视角[J]. 企业经济，2006（7）：32-35.

是将员工的发展放在首要位置,并帮助员工制订个人发展计划。管理者应协助员工学习新知识和新技能,特别是专业性知识和技能,以协助他们尽快适应酒店多方面的工作及未来发展的需要,使员工个人的特长及发展方向符合酒店变化的需求。有效的员工开发举措能够促进员工的成长,提升员工的成就,增强员工的奉献精神。根据调查,许多酒店依旧是"大锅饭"盛行,无论员工的工作表现如何,服务质量如何,只要没有遭到客人投诉,就按统一标准发放工资、奖金。无竞争意识,谈何提高服务品质?奖罚不分明,谈何提升优秀员工满意度?无进取心,谈何提升员工成就感?酒店必须细化考核内容和评价标准,制定严格、有效的绩效管理制度。有效的考核与奖励制度可以使员工充满信心,让"德才兼备"者很容易从工作中获取成就感。

三、关爱员工

关爱员工是指管理者发自内心地关心与爱护员工。这要求管理者真正了解员工需求,并给予合理满足;在酒店运营中增添丝丝温暖和人情味;充分利用各种渠道接触员工,不拘一格与员工进行沟通。关爱的力量能将员工紧紧凝聚在一起,能使员工获得快乐的工作与生活体验,能使酒店具有友好温馨的人际氛围。独乐不是乐,大家乐才是真的乐。管理者通过关心员工生活,营造相互关爱的氛围,"人和"的局面就会逐步形成。

(一)把握员工需求

不同的员工有不同的需求,且员工需求是动态变化的。酒店管理者需要关注员工的个性需求,从而采取针对性的关爱途径。有些高星级酒店高薪、高福利或培训力度很大,却仍很难留住优秀人才,其根本原因就在于未能正确了解和把握员工的真正需求。

1. 准确识别

酒店管理者要正确对待员工需求,实现员工个人目标和酒店目标的契合。亚伯拉罕·马斯洛提出的需要层次论,为正确认知员工需要的多样化与发展性提供了基本依据。他把人们的需要分为五个层次,即生理需要、安全需要、社交需要、尊重需要和自我实现需要。这些需要是按从低到高的顺序排列的,低层次需要首先要被满足;当低层次需要得到满足时,高一层次需要就会被激活。酒店业在部分人的观念中是低人一等的行业,有些人瞧不起服务人员,一些从业者也感到自卑,导致酒店从业人员流动频繁。人人都希望被别人尊重,"内部的尊重因素包括自尊、自信和成就感;外部的尊重因素包括地位、权力、名誉和被社会认可等"。[①] 管理者必须重视员工的尊重需要,因为只有当员工觉得自己被别人尊重,并因此产生自信和成就感时,他的潜能和价值才能最大限度地发挥。例如,酒店管理者在处理顾客与员工冲突的时候,要给员工"面子",让员工保持尊严,这往往会收到更好的效果。管理者若能给员工提供充分的发展空间,使员工的个人能力和素质随着酒店的发展而成长,那么员工就会充分信任、认同酒店,员工的凝聚力也就会大大增强。由于每位员工的需求各不相同,对于某人有效的激励措施对其他人可能就毫无效果。管理者应当关注不同员工的需求,针对员工的差异性推进个性化奖励与真诚关爱行动。

---

① 关力. 管理员工的方圆艺术[M]. 北京:中国华侨出版社,2006:132.

2. 换位思考

换位思考是准确识别员工需求的有效手段，有助于管理者从员工角度思考问题，并提出人性化解决方案。员工在日常工作中会受到种种制约，容易产生消极心态。因此，管理者要站在员工角度来考虑他们的需求，了解他们所处的环境和真正的感受，尊重员工个体差异，关心员工家庭问题，解决员工后顾之忧。

对员工家庭的关爱往往更能抓住员工的心，因为酒店的种种关爱让员工在亲人面前很有面子与成就感。例如，员工的家属生病住院，酒店及时派代表予以探望；员工的子女考取名校，可以给予适当奖励；员工的婚姻大事更希望能得到全体同事的庆贺，酒店不妨以此作为一个聚会的契机；对于家庭暂时出现困难的员工予以财务上的支持，这种"雪中送炭"的深情厚谊会令员工永远难忘。

在不影响工作质量的前提下，酒店管理者要尽可能多替员工考虑，以解决员工后顾之忧。例如，员工的家属病了需要照顾，可以在早、中、晚班次上予以协调；员工家属的医药费用，酒店适当予以承担；以酒店名义为员工的孩子们请看护人员等。如此，员工才能对目前的工作投入更多的精力，才会对组织文化有更深刻的认同感。

3. 合理满足

在识别员工需求的基础上，酒店应努力满足员工需求，但前提是合理的需求。因为人的需求是无止境的，或者可能是不合理或不道德的，酒店没有能力也不应无限制地满足员工的所有希望和要求。为了合理满足员工的需求，管理者应根据酒店能力、工作需要及员工自身情况，采取相应的激励措施与关爱方式。既要充分激励员工，调动员工的工作热情，又不能让员工觉得所有要求都可以被满足而无理取闹。例如，有些女性员工在工作投入和家庭照顾方面存在冲突，这确实是让她们很头疼的问题，但这绝对不能成为工作懈怠或无故缺勤的借口。管理者只有在了解员工实际困难和工作表现情况的基础上，才能对在时间安排上的确存在问题的某些员工给予特殊照顾，如实施弹性工作制，从而给予员工更多自主权和可支配时间。

4. 有效引导

酒店管理者在面对员工需求时，不能只是一味被动地满足，而应当主动对员工需求进行分析处理，努力把员工需求引向更高层次。员工的部分个性化需求一旦得到满足，可能具有很大激励效果。但在超出酒店能力范围而无法有效满足的时候，管理者就应适时引导，即通过恰当引导使员工产生酒店能够满足的新需求，而淡化原需求。员工的新需求最好比原需求的层次更高，以获得酒店与员工双方都满意的结果。例如，在圆满完成一项重大任务后，员工要求加薪，而加薪幅度超过了组织规定的薪酬标准，一旦其需求得到满足，就会让其他员工产生不公平感。管理者应对这类员工进行及时引导，如为其提供更好的培训机会，以帮助其职业生涯规划的顺利实现，把员工对金钱的需要转化为对自我实现的需要。

（二）增加组织人情味

人非草木，孰能无情。员工不仅仅是为了物质利益而工作，他们同样有精神需求，渴望得到组织的人性关怀。管理者从细节入手，对员工进行关怀，使酒店内部充满人情味，更能打动员工的心。增加组织人情味就是要让员工充分体会到自己不仅仅是上司的指挥、评价和赏罚的对象，而且是上司理解、关心与帮助的对象，以使员工在日常工作中充分展现人性优点。优秀管理者会用人本思想和人性视角看待员工，把员工的工作环境、生活条件、成长需求等纳入议事日程，大到酒店管理理念，小到日常细节，都做好计划，确保有效实施，以保证人情味能够长久留驻酒店。

1. 了解员工，谅解员工

"了解"和"谅解"能拉近员工与上司之间的距离。在处理顾客投诉时，管理者既要注意给顾客留足面子，也要注意维护员工的自尊心，避免员工产生人格剥夺感。对员工由于客观原因造成的工作过失，要以博大胸怀去包容、谅解，并给予必要支持。只有管理者"将心比心"地理解员工，"设身处地"地为员工利益着想，才能让员工感受到组织的温暖，才能让人情味真正驻足酒店。因此，管理者必须使"理解"成为酒店核心价值观的构成元素。例如，万豪国际酒店集团的"人服务于人"的理念；华住酒店集团所倡导的"一群志同道合的朋友，一起快乐地成就一番伟大的事业"的组织文化。可见，作为富有人情味的酒店，主要表现之一就是树立"以员工为本"的理念。

2. 关心员工，帮助员工

大多数基层员工往往只能获得相对单薄的工资和福利，因此，酒店仅靠物质报酬难以留住优秀潜在人才。酒店需要增加组织的人情味，让员工在工作中体会到家的温暖，让员工不想离开，使员工热爱工作、乐于工作。酒店员工从事的服务性工作，对身体素质要求较高，因而管理者要重视员工的身心健康，缓解员工的工作压力，最大限度地满足员工的各种需求。酒店可以积极开展文化娱乐活动，这既培养了员工的团队精神和竞争意识，又丰富了员工的业余生活。特别是对于新入职员工，酒店要在工作、生活上加大关心力度，使他们深切体会到酒店是员工的强大依托。这不仅会让员工感到骄傲和自豪，而且为酒店留住人才、吸引人才创造了有利条件。此外，酒店还应关注员工的职业生涯设计，帮助员工正确择业，使员工发挥所长。

万豪国际酒店集团的"大家庭气氛"与"团队精神"在酒店行业中声名远播。员工病了，管理人员亲自去医院探望；家里有了麻烦，酒店无条件地伸出援助之手；员工情绪不佳，上司主动与其交心。更为难得的是，其创始人马里奥特本人在关爱员工上常常身体力行，因为"人是第一位的"是他的经营哲学。小马里奥特给员工提供全套完整价值，包括弹性工作时间、为个别员工量身定制福利及发展计划等。正是因为组织拥有人情味，万豪国际酒店集团的员工离职率才能够位于业界最低之列。

3. 亲近员工，忠于员工

亲近员工是增加组织人情味的重要砝码。管理者在细节上的用心往往更能体现组织人情味。例如，管理者在员工生日会时与员工一同分享快乐，并亲自将精心准备的小礼物送给员工，会带给员工特别的惊喜；多为员工配备几套夏天的工作服以方便员工换洗；关注员工餐厅与休息室的舒适度等。这种种看似琐碎的行动，却实实在在地体现了管理者对员工的亲近，使酒店富有浓厚人情味。

一提到忠诚，许多酒店总是把它看成是对员工单方面的要求，很少考虑酒店也应忠诚于自己的员工，如尊重员工自我，帮助员工建立自尊和自信，创造机会让员工获得更大成功等。尤其在员工受到重大挫折时，管理者要主动伸出援助之手。酒店员工，尤其是身处第一线的服务人员，工作量大，工作辛苦，有时甚至还要遭受少数客人的有意刁难或人格侮辱，管理者适时表示对员工的"忠心"往往会收获员工的"真心"。

案例 8-5　"不忠"的管理者终于自食其果

近几年来，C酒店保持良好发展势头，业务量逐年上升。每到旺季，酒店就会到人才市场大批招聘服务人员，而一旦到了淡季，又会大量裁减服务人员。就这件事，客房部经理曾给总经理程杰提过几次意见，而程总却说："人才市场中有的是人，只要我们工资待遇高，还怕找不到人吗？一年四季把他们养起来，开支太大了。"不可避免地，C酒店的服务人员流动很大，包括一些骨干也纷纷跳槽。但程总不以为然，仍照着惯例，派人到人才市场中去招人来填补空缺。没过多久终于出事了，有一年旺季时，跟随程总多年的客房部经理和大部分服务人员集体辞职，致使C酒店工作近乎瘫痪。这时，程总才感到问题有些严重。因为人才市场上可以招到一般服务人员，但不一定总能招到优秀的服务人员和管理人才。在这种情势下，他亲自到客房部经理家中，开出极具诱惑力的年薪，希望他和一些骨干能重回C酒店。然而，这不菲的年薪，依然无法召回这批曾经与他多年同甘共苦的老部下。

酒店总经理对员工的不忠诚，使得核心管理层对其失去信心，无归属感，人心动摇，导致酒店发生严重的人才流失问题。虽然劳动力市场上有的是人，但人才市场上的"人才"，不一定会适合本酒店的工作，而且酒店一旦出现不好兆头，新进人才往往会另谋出路。因此，管理者应抛弃"飞鸟尽，良弓藏"的"用人艺术"，这样会导致骨干员工不再依恋酒店。酒店想要实现稳定发展，就要依托扎根于本酒店的中坚人物。

（三）重视非正式沟通

行为科学的研究表明，人们之间亲密无间的融洽关系往往不是在正式工作之中，而是在工作时间之外的一些非正式交往中形成的。非正式沟通能使上下级之间随时保持交流，降低信息不对称，有时其效果反而胜于正式沟通。如果酒店不仅为员工提供工作联系的渠道，而且为员工搭建社会关系网络的平台，那么将有助于员工之间情感的交流，促进彼此信任与相互接纳，实现团结协作，提升工作效率。

1. 明确适用范围

有效沟通的重要作用之一是使员工感到自己是酒店的一员，感受到管理者的认可和关爱。在一个组织中，既有非正式人际关系，又有正规权力系统，因此，组织沟通可分为两大类，即正式沟通与非正式沟通。① 正式沟通是指通过组织正式结构或层次系统来进行信息的传递和交流，具有效果直接、约束力强但速度慢、较刻板等特点；非正式沟通则是通过正式系统以外的途径来进行信息传递和交流，具有自发性、灵活性、迅速性、随意性等特点。非正式沟通普遍存在于各种组织中，有效的内部沟通应以正式沟通为主，但也不能忽视非正式沟通的作用。在酒店管理中，非正式沟通可以作为正式沟通的一个有益补充，以有效营造融洽的组织氛围。由于非正式沟通过程较难控制，且所传递的信息易失真，管

---

① 邢以群. 管理学[M]. 4版. 杭州：浙江大学出版社，2016：265.

理者应明确其适用前提，注意防止和克服其消极的一面。

2. 重视沟通技巧

相对于正式沟通而言，非正式沟通具有更加灵活的形式和内容。若要取得理想的效果，管理者在进行非正式沟通时必须注重沟通技巧，以避免沟通内容的空洞无物，甚至与出发点背道而驰。

（1）认识他人为沟通起点。酒店管理者在与员工进行非正式交流之前，必须对员工有一个充分的了解，熟悉员工的性格、兴趣与特长，以找到合适的沟通渠道和有效的切入点。例如，某员工爱好足球，上司可以在空余时间与其聊聊足球方面的话题，以拉近彼此距离。认识他人，才能接近他人内心，从而实现有效沟通。

（2）换位思考为沟通基础。换位思考是管理者与员工有效沟通的前提与基础，也是管理者理解员工、关爱员工的体现。非正式沟通讲究轻松随意，同时需要管理者站在员工角度去看待问题。酒店员工工作压力大，有许多难言苦衷。管理者换位思考，切实体会员工的烦恼，必然会收获良好结果。

（3）彼此尊重为沟通准则。非正式沟通弱化了正式的上下级关系，但它须建立在彼此尊重的基础上。等级的弱化并不代表员工可以完全不把上级放在眼中，也不代表管理者可以轻视员工的权利。彼此尊重才能让对方放下成见，坦诚相对，真诚倾听，效果自然大大提升。

（4）共赢结果为沟通目标。非正式沟通与正式沟通的目标应该是一致的，即准确传递信息、实现情感交流、采取有效行动和达成期望结果。大家应努力达成共识和实现共赢。管理者应改善人们的沟通环境和彼此在一起交流的方式，从而让人们在自愿、平等、友好的氛围中产生良性互动、工作热情和聚合能量。在沟通过程中，管理者应拉近自己与员工的距离，把握员工的真实想法，让员工获得有效信息，缓解员工压力，增强员工信心，帮助员工达成目标。

3. 避免弄巧成拙

非正式沟通具有速度较快、不拘泥于形式、简单明了的特点，但也存在弊端。酒店管理者在运用过程中要注意克服弊端，以免影响酒店正式沟通链条和员工凝聚力，切忌"弄巧成拙"。

（1）言行不符身份。在非正式沟通过程中，管理者也需要注意身份，避免说出一些与身份不相符的言语，做出与身份不相符的举动。例如，管理者在与员工聚餐时可以高谈阔论，但不能借机乱说话，否则会影响管理者在员工心目中的形象，也会让员工怀疑管理者的能力。同时，管理者要注意放下架子，不能以职位压人，要与员工平等交流，使气氛保持轻松活跃。

（2）职责缺乏定位。在非正式沟通中，管理者仍占主导地位，因而必须负责起调动气氛、鼓舞士气、指点迷津等作用。管理者不能让自己置身事外，忽视员工真实想法，否则无法实现沟通初衷。尤其要注意的是，管理者不能把自己完全等同于员工，切忌以员工身份随意评价酒店是非，或者一切"跟着员工感觉走"，或者过于没有架子与刻意讨好员工而导致自己"失位"与"失责"。

（3）沟通不合时机。管理者要适时引导员工理解酒店的核心价值观，为他们创造重新认识自我的机会，让他们在获得自信的同时，增强对酒店的认同感，使他们更好地融入团队之中。因此，管理者引导的方向、方略与方式是否得当，会直接影响非正式沟通的效果。若管理者不知道如何适时引导，无法把握沟通的最佳时机，不懂及时辨识员工情绪状态，就会使沟通进程陷入尴尬局面，如此，要想达成共赢目标就犹如天方夜谭。

4. 开拓多元渠道

酒店管理者应鼓励具有相似背景、专长、兴趣爱好的员工组建社群。酒店可以采取一些有效鼓励措施，如提供活动场所、允许在酒店内部媒介上开设专栏等。在条件允许的情况下，酒店可以为这些活动的组织提供赞助资金。管理者应选取与创造合适的交流机会，利用各种可能的非正式沟通渠道，在相对轻松的环境下与员工进行有效沟通。例如，组织非正式聚会，主动走入员工工作场所，乐于与员工共餐，组织社会性活动，以及组建员工俱乐部等。在非正式场合中，管理者一般应回避谈论工作问题，而需要更多关心员工的思想和生活。管理者应努力打破那种过于正式的氛围，让员工可以很放松地交谈。管理者既要仔细倾听员工的言辞，又要对他们提出的问题立即采取必要反馈。管理者的态度越真诚，就会产生越显著的效果。管理者要注重以情动人，提升自己的亲和力，多从员工立场考虑问题，真心为员工排忧解难，真诚帮助员工发挥潜能，真正做到理解人、尊重人、关怀人。

酒店想要营造友好温馨的人际氛围，就要理解、激发与关爱员工。良好的人际氛围既能使员工的服务态度更加热情，又能使员工的工作成效更为显著。相互关爱的人际氛围可以使员工乐于到酒店来，而且以工作为乐。管理者应根据人性化管理的原则，正确处理制度契约与心理契约的关系，为员工创造身心愉悦的人际氛围，让酒店成为员工赋能和创造精彩的平台。

本章小结

酒店需要努力为员工创造理想的工作环境，让员工快乐高效地达成工作目标。首先，管理者要致力于为员工创建井然有序的工作秩序，实现制度管理、文化管理与现场管理的有效融合，让员工清楚地知道做什么、如何做以及做到什么程度；其次，要致力于为员工创建足够的工作空间，给予员工合适的个性空间、过错空间与表演空间，让员工个性得以展示、过错得以纠正、魅力得以彰显；最后，要致力于为员工创建友好温馨的人际氛围，理解员工苦衷，激发员工热情，关爱员工生活，让员工感知工作和生活的相辅相成。

复习思考题

1. 如何增加酒店人情味？
2. 管理者应如何下达指令？
3. 如何理解酒店文化的层次？
4. 如何正确对待员工的过错？
5. 如何把握酒店文化变革的时机？
6. 如何营造良好的酒店人际氛围？
7. 酒店制度管理应遵循哪些基本要求？
8. 如何塑造适应组织发展的酒店文化？

9. 如何开展有效的员工工作空间管理？
10. 酒店员工的苦衷主要表现在哪些方面？
11. 如何创造适合酒店员工发展的表演空间？
12. 酒店如何构建快乐高效的工作环境？请举例说明。

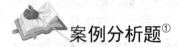

案例分析题[①]

  杭州 A 酒店前身为中国煤矿工人大厦，创立于 1990 年 4 月。1994 年，A 酒店被评为三星级旅游涉外酒店；2003 年，成为最佳西方国际集团在华东地区的首家成员酒店；2004 年，被评为四星级酒店。A 酒店占地面积 6 500 多平方米，建筑面积 18 000 平方米，共拥有 233 间（套）客房，餐位近 800 个，各类会议室 9 个，设有咖啡厅、专业酒吧、健身俱乐部、行政楼层、行政酒廊、贵宾接待室等配套服务设施。

  A 酒店紧跟时代步伐，不断拼搏，积极开拓，持续创新，稳稳屹立于杭城酒店业。1990 年 4 月 1 日，中国煤矿工人大厦开始试营业，定位为煤炭系统职工疗养的服务性事业单位。1992 年，中国煤矿工人大厦正式改制为杭州 A 股份有限公司，成为浙江省旅游行业首家股份制企业，并于同年完成一期工程改造，被列为旅游涉外酒店。通过制度的改革与实践，实行了全员劳动合同制、干部聘任制、岗位（职务）工资制，由事业单位改制为企业单位，实行工效挂钩，成为独立核算、自负盈亏的经济实体。1994 年完成二期工程改造，被评为三星级旅游涉外酒店。该阶段强化制度管理，由于经营有方与管理到位，A 酒店逐步在业界确立了自己的地位，为今后发展奠定了坚实的制度基础。

  在以制度规范员工行为的基础上，酒店管理层开始探索管理的灵活性、情感性与艺术性，以提高管理的有效性。在 1995—1998 年，A 酒店连续四年被评为浙江省"十佳酒店"。A 酒店经营管理层在 1995—2002 年陆续参与了慈溪大酒店、海宁新世纪大酒店、杭州潮王大酒店、海盐南北湖荣昌度假村的上三星项目。A 酒店被授予多种称号，包括浙江省首批"绿色酒店"、杭城首家通过 ISO 9002 认证的旅游酒店、省级"青年文明号"等。此外，A 酒店坚持推进服务"软件"升级，取得 1999 年旅游行业青工技术比武团体总分第二名及 2001 年"食在杭州"全省烹饪大赛团体赛一等奖。2003 年，A 酒店加盟最佳西方国际集团，并于年末进行上四星改造，先后完成了庭院、酒吧、咖啡厅、中餐厅、多功能厅、3～9 楼客房、健身俱乐部、屋顶网球场、高尔夫练球场装修改造、计算机系统更新及宽带网接入等项目。在该阶段，A 酒店特别强化了柔性管理，以创建友好、温馨、和谐的人际环境，给宾客"家"的感觉，给员工"家"的温暖。

  2004 年，A 酒店升级为四星级酒店，由会议接待型酒店转型为国际商务型酒店，致力于铸就精致、细腻、舒适、典雅的品质与品位。A 酒店以不骄不躁的态度、持之以恒的品质，专注经营管理升级和产品结构优化。2007 年，A 酒店继 2004 年之后再次荣获杭州市"十佳星级酒店"称号。A 酒店秉承"营造高雅空间，提高生活质量"的理念，推出主题商务之旅，致力打造时尚、便捷、健康的商务酒店环境，以热忱与真诚，充满亲和力与个性化的服务，营造着温馨、浪漫、精致的酒店氛围。通过开拓进取，A 酒店积累了丰富的管理经验。2009 年，A 酒店正式成立项目管理部拓展管理输出业务，所管理项目在行业内赢

[①] 该案例根据笔者主持的"A 酒店企业文化研究"项目与 A 酒店提供的基本素材整理而成。

得一致认可，为员工提供了更为广阔的发展空间。2010 年，酒店经营管理层开始进一步探究经营的升级与文化的凝练等战略问题，以把 A 酒店打造为具有引领与典范作用的旗舰店。2011 年 1 月，作为持续性奖励忠诚宾客计划，A 酒店"美悦会"正式启动，旨在充实与扩展宾客礼遇，为忠诚宾客设计并推出一系列特权和优惠。2017 年，A 酒店进行了翻新与改造，整体氛围变得更为雅致，客房布置变得更为温馨。A 酒店在提炼服务质量标准、精铸品牌与健全网络的基础上，开始全面拓展，提升整体实力，给员工创造更佳平台和提供更多机会。

A 酒店在抓经营、重品质的同时，充分意识到人文关怀的重要性。近三十年的春华秋实，管理层始终坚持酒店与员工"共"赢的管理理念。一个"共"字，充分体现着酒店大家庭的概念，洋溢着人文关怀，流淌着"家"的温馨与关爱。对于宾客而言，A 酒店是一个非常舒适的家；对于员工而言，亦是如此。酒店员工来自五湖四海，大家因为缘分而相聚在这个大家庭中，大家相遇、相知、相识、相爱，每位成员都在为创建美好家园奉献着自己的力量。为有效推进酒店集团化发展战略，A 酒店开始提炼自身的企业文化。通过人员访谈和资料分析，我们可以发现 A 酒店具有以下特征："给你家的感觉"得到绝大多数员工的认可；以人为本、重视员工、积极向上，像充满了人文关怀的大家庭；员工相处中的人际关系简单，沟通渠道非常通畅；体系规范，给员工公平竞争的机会；员工认为"以人为本，共创、共进、共荣"的企业精神符合企业背景与发展方向；服务产品定位是"高品质、高品位、精致、细腻、予人以舒适感"。在近三十年的历程中，A 酒店的成长与升级，离不开对战略定位的准确把握，离不开对目标市场的积极调整，离不开对制度与文化的持续传承和改进。

问题：

1. 在 A 酒店发展过程中，其制度管理是如何动态调整的？
2. A 酒店文化是如何形成的？A 酒店核心价值观是什么？

参 考 文 献

[1] BARNEY J B. Firm resources and sustainable competitive advantage[J]. Journal of management, 1991, 17（1）：99-120.

[2] CONNELLY C E, KELLOWAY E K. Predictors of employees' perceptions of knowledge sharing culture[J]. Leadership and organization development journal, 2003, 24（5）：294-301.

[3] ETTINGTON D R, CAMP R R. Facilitating transfer of skills between group projects and work teams[J]. Journal of management education, 2002, 26（4）：356-379.

[4] HARPER S, VILKINAS T. Determining the impact of an organisation's performance management system[J]. Asia pacific journal of human resources, 2005, 43（1）：76-97.

[5] HOBMAN E V, BORDIA P, GALLOIS C. Consequences of feeling dissimilar from others in a work team[J]. Journal of business and psychology, 2003, 17（3）：301-325.

[6] KAHN W A. Holding environments at work[J]. Journal of applied behavioral science, 2001, 37（3）：260-279.

[7] MILES S A, WATKINS M D. The leadership team: complementary strengths or conflicting agendas?[J]. Harvard business review, 2007, 85（4）：90-98.

[8] SHAMIM S, CANG S, YU H. Supervisory orientation, employee goal orientation, and knowledge management among front line hotel employees[J]. International journal of hospitality management, 2017, 62（4）：21-32.

[9] SCHEIN E H. How career anchors hold executives to their career paths[J]. Personnel , 1975, 52（3）：11-24.

[10] SCHWEPKER C H JR, HARTLINE M D. Managing the ethical climate of customer-contact service employees[J]. Journal of service research, 2005, 7（4）：377-397.

[11] SPREITZER G M, COHEN S G, LEDFORD G E, JR. Developing effective self-managing work teams in service organizations[J]. Group & organization management, 1999, 24(3): 340-366.

[12] WANG S, NOE R A. Knowledge sharing: a review and directions for future research[J]. Human resource management review, 2010, 20（2）：115-131.

[13] WARD S M, PETRUZZ H A. Finding Wage and salary information[J]. Reference services review, 1995, 23（2）:17-40.

[14] YEUNG A. Setting people up for success: how the portman Ritz-carlton hotel gets the best from its people[J]. Human resource management, 2006, 45（2）：267-275.

[15] 黄洁华. 女性职业发展的理论与实践述评[J]. 广州大学学报（社会科学版），2008（3）：48-51.

[16] 李立国，程淼成. 绩效反馈面谈的SMART原则[J]. 中国人力资源开发，2004（6）：41-42.

[17] 李力，沈雅雯. 我国旅游高等院校酒店管理专业人才培养模式解析[J]. 旅游论坛，2011（1）：120-126.

[18] 刘伟. 绩效反馈面谈有技巧[J]. 中国劳动，2005（5）：51-52.

[19] 苗青，王重鸣. 20世纪职业选择与职业发展理论综述[J]. 人类工效学，2003（1）：35-38.

[20] 钱路. 对比鲜明的绩效反馈面谈[J]. 人力资源开发. 2008（3）：42-43.

[21] 邱艳. 现代人力资源管理的新趋势[J]. 中山大学研究生学刊（社会科学版），2000（1）：50-54.

[22] 全刚，李鹏. 绩效反馈的原则和方法[J]. 技术与市场，2007（10）：65-66.

[23] 饶勇，黄福才. 专用性人力资本投资与饭店业基层员工低薪酬现象成因解释[J]. 旅游学刊，2011（3）：78-85.

[24] 孙成磊，陈惠雄. 打造学习型团队——高级酒店高级管理人才的管理新策略[J]. 新西部，2007（10）：61-62.

[25] 陶小龙，姚建文. 基于战略的职业生涯管理[J]. 现代企业教育，2008（2）：44-45.

[26] 王丹丹. 员工健康计划[J]. 人力资源开发，2006（5）：92-93.

[27] 王君. 绩效评估误差产生的因素及控制[J]. 辽宁经济管理干部学院学报，2008（3）：17-19.

[28] 温碧燕. 有满意的员工就会有满意的顾客吗——员工敬业度的影响[J]. 旅游学刊，2011（5）：68-76.

[29] 杨云. 国外接待业人力资源管理研究评述[J]. 旅游学刊，2006（2）：82-88.

[30] 郑向敏，马东升. 我国饭店员工职业压力与健康现状分析——以青岛市饭店为例[J]. 华侨大学学报（哲学社会科学版），2008（3）：55-62.

[31] 郅元省. 论公司经营者薪酬支付方式及支付策略[J]. 郑州经济管理干部学院学报，2006，21（1）：17-19.

[32] 朱富强. 现代经济学中人性假设的心理学基础及其问题——"经济人"假设与"为己利他"行为机理的比较[J]. 经济学家，2011（3）：49-58.

[33] 汉迪. 大师论大师：汉迪解读13位管理大师[M]. 汪芸，译. 北京：中国人民大学出版社，2006.

[34] 杰克·特劳特. 什么是战略[M]. 火华强，译. 北京：机械工业出版社，2011.

[35] 劳伦斯·彼得. 梯子定律[M]. 罗耶，译. 北京：民主与建设出版社，2004.

[36] 雷蒙德·诺伊，约翰·霍伦贝克，巴里·格哈特，帕特里克·赖特. 人力资源管理：赢得竞争优势[M]. 刘昕，柴茂昌，译. 9版. 北京：中国人民大学出版社，2018.

[37] 乔治·T. 米尔科维奇，杰里·M. 纽曼. 薪酬管理[M]. 董克用，等，译. 北京：中国人民大学出版社，2002.

[38] 史蒂芬·柯维. 高效能人士的七个习惯（20周年纪念版）[M]. 高新勇，王亦兵，葛雪蕾，译. 北京：中国青年出版社，2010.

[39] 斯蒂芬·P. 罗宾斯，玛丽·库尔特. 管理学[M]. 李原，孙健敏，黄小勇，译. 12版. 北京：中国人民大学出版社，2012.

[40] 汤姆·彼得斯. 追求卓越·个人成长版[M]. 席玉苹，译. 北京：中信出版社，2006.

[41] 詹姆斯·库泽斯，巴里·波斯纳. 领导力[M]. 李丽林，张震，杨振东，译. 4版. 北京：电子工业出版社，2009.

[42] 毕意文，孙永玲. 平衡计分卡中国战略实践[M]. 北京：机械工业出版社，2003.

[43] 陈芳. 绩效管理[M]. 深圳：海天出版社，2002.

[44] 程延园. 员工关系管理[M]. 上海：复旦大学出版社，2004.

[45] 陈镭. HR达人教你绩效管理一本通[M]. 北京：中国铁道出版社，2018.

[46] 陈磊. 绩效管理实操全流程演练[M]. 北京：中国铁道出版社，2018.

[47] 陈琦，刘儒德. 当代教育心理学[M]. 3版. 北京：北京师范大学出版社，2019.

[48] 陈全. 职业安全卫生管理体系原理与实施[M]. 北京：气象出版社，2000.

[49] 陈绍友，林增学，李俊. 饭店人力资源管理[M]. 重庆：重庆大学出版社，2003.

[50] 崔宝华. 人力资源整合精华读本[M]. 合肥：安徽人民出版社，2002.

[51] 狄保荣，王晨光，等. 饭店文化建设[M]. 北京：中国旅游出版社，2010.

[52] 董克用，朱勇国．2018人力资源管理专业知识与实务（中级）[M]．北京：中国人事出版社，2018．
[53] 方振邦．绩效管理[M]．北京：中国人民大学出版社，2003．
[54] 关力．管理员工的方圆艺术[M]．北京：中国华侨出版社，2006．
[55] 谷慧敏，田桂成．饭店集团案例库（中国卷）[M]．北京：旅游教育出版社，2008．
[56] 郭庆松．企业劳动关系管理[M]．天津：南开大学出版社，2005．
[57] 胡君辰，姚凯，陶小龙．人力资源开发与管理[M]．5版．上海：复旦大学出版社，2018．
[58] 季琦．一辈子的事业：我的创业非传奇[M]．广州：广东经济出版社，2011．
[59] 李剑锋．劳动关系管理[M]．北京：对外经济贸易大学出版社，2004．
[60] 李燕萍，李锡元．人力资源管理[M]．2版．武汉：武汉大学出版社，2012．
[61] 刘爱军．薪酬管理：理论与实务[M]．北京：机械工业出版社，2008．
[62] 刘昕．人力资源管理[M]．3版．北京：中国人民大学出版社，2018．
[63] 刘昕．薪酬管理[M]．5版．北京：中国人民大学出版社，2019．
[64] 刘颖，杨文堂．绩效考核制度与设计[M]．北京：中国经济出版社，2005．
[65] 刘仲康，郑明身．企业管理概论[M]．武汉：武汉大学出版社，2005．
[66] 李焰，江娅．公司绩效测评[M]．北京：中国人民大学出版社，2001．
[67] 马浩．决策就是拍脑袋[M]．北京：中信出版社，2005．
[68] 沈文馥．饭店人力资源管理[M]．北京：机械工业出版社，2009．
[69] 石金涛．绩效管理[M]．北京：北京师范大学出版社，2007．
[70] 时志明，刘红霞．人力资源管理理论与实务[M]．重庆：重庆大学出版社，2011．
[71] 石先广．劳动合同法——深度解释与企业应对[M]．北京：中国法制出版社，2007．
[72] 苏列英．薪酬管理[M]．西安：西安交通大学出版社，2006．
[73] 苏中兴．薪酬管理[M]．北京：中国人民大学出版社，2019．
[74] 王琪延．企业人力资源管理[M]．北京：中国物价出版社，2002．
[75] 王珑，徐文苑．酒店人力资源管理[M]．广州：广东经济出版社，2007．
[76] 王泽光．中国旅游饭店的机遇与发展：论加入WTO后旅游饭店的走向[M]．北京：中国旅游出版社，2002．
[77] 魏洁文．酒店人力资源管理实务[M]．北京：中国人民大学出版社，2015．
[78] 魏卫，袁继荣．旅游人力资源开发与管理[M]．北京：高等教育出版社，2004．
[79] 魏星．饭店文化建设案例解析[M]．北京：旅游教育出版社，2007．
[80] 吴慧，黄勋敬．现代酒店人力资源管理与开发[M]．广州：广东旅游出版社，2005．
[81] 奚晏平．世界著名酒店集团比较研究[M]．2版．北京：中国旅游出版社，2012．
[82] 项保华，李绪红．管理决策行为——偏好构建与判断选择过程[M]．上海：复旦大学出版社，2005．
[83] 项保华．战略管理：艺术与实务[M]．5版．北京：华夏出版社，2012．
[84] 邢以群．管理学[M]．4版．杭州：浙江大学出版社，2016．
[85] 姚琼．世界500强绩效管理你学得会[M]．北京：中华工商联合出版社，2017．
[86] 姚凯．企业薪酬系统设计与制定[M]．成都：四川人民出版社，2008．
[87] 叶伯平，邱琳琳，匕瑛．餐饮业人力资源管理[M]．北京：清华大学出版社，2006．
[88] 余昌国．现代饭店管理创新[M]．北京：北京燕山出版社，2005．
[89] 张爱卿，钱振波．人力资源管理[M]．3版．北京：清华大学出版社，2015．
[90] 张朝，李天思，孙宏伟．心理学导论[M]．北京：清华大学出版社，2008．

[91] 张德. 企业文化建设[M]. 2版. 北京：清华大学出版社，2009.
[92] 张四成，王兰英. 现代饭店人力资源管理[M]. 广州：广东旅游出版社，1998.
[93] 张小兵，孔凡柱. 人力资源管理[M]. 3版. 北京：机械工业出版社，2017.
[94] 张小林. 人力资源管理[M]. 杭州：浙江大学出版社，2005.
[95] 张莹. 如何进行职业生涯规划与管理[M]. 北京：北京大学出版社，2004.
[96] 张再生. 职业生涯开发与管理[M]. 天津：南开大学出版社，2003.
[97] 张正堂. HR三支柱转型：人力资源管理的新逻辑[M]. 北京：机械工业出版社，2018.
[98] 赵嘉骏，招戈，刘丽. 现代饭店人力资源管理[M]. 北京：中国物资出版社，2012.
[99] 赵曙明. 中国企业集团人力资源管理战略研究[M]. 南京：南京大学出版社，2003.
[100] 郑瀛川. 绩效评估兵法[M]. 厦门：厦门大学出版社，2006.
[101] 中华人民共和国劳动法：实用版[M]. 2版. 北京：中国法制出版社，2018.
[102] 中华人民共和国劳动合同法：实用版[M]. 7版. 北京：中国法制出版社，2018.
[103] 中华人民共和国劳动合同法注释本[M]. 4版. 北京：法律出版社，2017.
[104] 周亚庆. 现代管理基础[M]. 2版. 杭州：浙江大学出版社，2018.
[105] 周亚庆，邹益民. 饭店员工管理新思维——快乐工作管理研究[M]. 天津：南开大学出版社，2008.
[106] 邹益民，周亚庆，高天明. 旅游企业战略管理[M]. 北京：中国人民大学出版社，2009.